“十四五”高等职业教育轨道交通类专业系列教材

轨道交通电工电子技术

金丽斯　张再利◎主　编
裴红林　姚　远　刘　欢◎副主编

中国铁道出版社有限公司
CHINA RAILWAY PUBLISHING HOUSE CO., LTD.

内 容 简 介

本书是黑龙江省第二轮高水平高职学校和专业群建设项目成果之一，是为适应高等职业教育人才培养模式和教学内容体系改革的需要而编写的。

本书结合轨道交通相关专业所必须具备的涉电基础知识，精选电路基础、电子技术、轨道交通设备、轨道交通测量工具四篇内容进行了系统阐述。同时，为提高人才培养质量，本书还融入了课程思政元素。

本书适合作为高等职业院校铁道运输类、城市轨道交通类、轨道装备类相关专业及成人高校轨道交通专业的学生用书，还可供电类行业的专业人员参考。

图书在版编目(CIP)数据

轨道交通电工电子技术/金丽斯，张再利主编．—北京：中国铁道出版社有限公司，2022．8(2023．12 重印)
"十四五"高等职业教育轨道交通类专业系列教材
ISBN 978-7-113-29590-5

Ⅰ．①轨…　Ⅱ．①金…②张…　Ⅲ．①城市铁路-轨道交通-电工技术-高等职业教育-教材②城市铁路-轨道交通-电子技术-高等职业教育-教材　Ⅳ．①U239．5

中国版本图书馆 CIP 数据核字(2022)第 156095 号

书　　名：轨道交通电工电子技术
作　　者：金丽斯　张再利

策　　划：王文欢
责任编辑：李中宝　　**编辑部电话：**(010)83527746　　**电子邮箱：**578399731@qq.com
封面设计：刘　颖
责任校对：孙　玫
责任印制：樊启鹏

出版发行：中国铁道出版社有限公司(100054，北京市西城区右安门西街 8 号)
网　　址：http://www.tdpress.com/51eds/
印　　刷：三河市兴达印务有限公司
版　　次：2022 年 8 月第 1 版　2023 年 12 月第 3 次印刷
开　　本：787 mm×1 092 mm　1/16　**印张：**21　**字数：**508 千
书　　号：ISBN 978-7-113-29590-5
定　　价：59.00 元

前言

轨道交通(含铁路和城市轨道交通)是国家的重要基础设施,是人们出行的主要交通工具,在经济社会发展中扮演着重要角色,因此需要大量的轨道交通行业相关技术技能型人才。

“轨道交通电工电子技术”作为高等职业院校轨道交通相关专业开设的一门专业基础课程,在课程体系中居于重要地位,为学生学习轨道交通涉电课程提供了必要的基础知识。本书以培养技术技能型人才为目标,对教学内容进行了设计,去除了复杂的公式推导过程,侧重实用、够用。编者在编写本书的过程中调研了行业发展趋势,并与哈尔滨地铁集团有限公司达成合作,双方结合岗位和后续专业课程的需要,共同确定了本书的内容,包括电路基础、电子技术、轨道交通设备、轨道交通测量工具四篇内容。同时,为提高人才培养质量,本书还融入了课程思政元素。

为使学生更加深入、直观地理解理论知识和设备结构特点,同时方便教师教学,本书配套立体书城 App 和在线开放课程,集微课、三维动画、二维动画、现场视频、图片、案例、习题、PPT 等资源于一体;通过交互(立体书城 App 扫描二维码)、二维码技术(微信扫描动画、视频二维码)实现纸质教材与移动终端互动,并支持多终端的在线学习和测试,使教、学、考核的形式更加灵活,提升教师团队的信息化教学水平。

本书由哈尔滨铁道职业技术学院金丽斯、张再利任主编,哈尔滨地铁集团有限公司裴红林、中国铁路哈尔滨局集团有限公司职工培训中心姚远、哈尔滨铁道职业技术学院刘欢任副主编,哈尔滨地铁集团有限公司李钢、刘春声、朱泓安、吴双龙参与了本书的编写。具体编写分工如下:金丽斯编写第 1 篇和第 3 篇的第 1 ~ 3 章,张再利编写第 2 篇,刘欢编写第 3 篇的第 4 ~ 9 章及第 4 篇的第 1 ~ 3 章,裴红林编写第 4 篇的第 4 章,姚远编写第 4 篇第 5 章,李钢、刘春声、朱泓安、吴双龙负责第 3 篇和第 4 篇设备仪表操作视频的演示与录制,金丽斯负责本书的统稿工作。编者在编写本书的过程中,参考了许多专家的研究成果和有关文献资料,在此谨向各位专家、作者表示衷心的感谢。

由于编者水平有限,书中难免存在疏漏之处,诚请广大读者批评指正,以便对本书加以修正,使之不断完善。

编　者

2022 年 4 月

目录

第1篇　电路基础篇

第 2 篇 电子技术篇

第 3 篇 轨道交通设备篇

第4篇　轨道交通测量工具篇

电路基础篇

第1章 直流电路

学习目标

1. 掌握电压和电流的参考方向和关联参考方向的概念。

2. 掌握欧姆定律、基尔霍夫定律、支路电流法、叠加定理、电压源与电流源的等效变换、戴维南定理及应用。

3. 掌握基本物理量,电阻、电感、电容的特点及电压和电流的关系。

4. 掌握电路的功率计算及吸收、输出功率的判断方法。

学习重点

1. 电压和电流的参考方向和关联参考方向的概念。

2. 欧姆定律、基尔霍夫定律、支路电流法、叠加定理、电压源与电流源的等效变换、戴维南定理及应用。

3. 基本物理量,电阻、电感、电容的特点及电压和电流的关系。

4. 电路的功率计算及吸收、发出功率的判断方法。

学习难点

1. 电压和电流的参考方向和关联参考方向的概念。

2. 欧姆定律、基尔霍夫定律、支路电流法、叠加定理、电压源与电流源的等效变换、戴维南定理及应用。

3. 电路的功率计算及吸收、发出功率的判断方法。

直流电(Direct Current,DC)所通过的电路称直流电路,是由直流电源和直流负载构成的闭合导电回路。直流电又称恒流电,其特点是大小和方向不随时间变化而变化,无法利用变压器改变电压,经常用在低压电器里。直流电主要应用于各种电子仪器、电解、电镀、直流电力拖动等方面。

视频

电路模型

1.1 电路模型

1.1.1 电路的组成及作用

电路是为实现某种目的,由各种设备或元器件按照一定的连接方式连接而成的整体。简单

交互
牵引供电系统

地说,电流流通的路径称为电路。

1. 电路的组成

根据电源提供的电流不同,电路可以分为直流电路和交流电路。一个完整电路一般由电源、负载和中间环节三部分组成。

(1)电源——供能元件:为电路提供电能的设备和器件(如电池、发电机等),其作用是将化学能、光能、机械能等非电能量转换为电能。

(2)负载——耗能元件:使用电能的设备和器件(如电灯、电动机等),其作用是将电能转换为其他形式的能量。

(3)中间环节——传输控制元件:控制电路工作状态的设备和器件(如连接导线、控制电器、保护电器、测量仪等),其作用是将电源和负载连接起来形成闭合电路,并对整个电路进行控制、保护及测量。

图 1-1-1 所示为一个简单的手电筒电路。其中,干电池为电源,其作用是将化学能转换为电能;灯泡为负载,其作用是把电能转换为光能和热能;开关和导线构成中间环节。

2. 电路的作用

(1)实现电能的传输、分配和转换,如手电筒电路将电能转换成光能。

(2)实现信号的传递和处理,如电视机电路将无线电信号或者网络信号经过处理转换成图像和声音。

动画

电路模型图

1.1.2 电路图

1. 实际电路图

实际电路图是指将电路元件、设备及连接关系以实物的形式画出来,作为电路分析依据的示意图。图 1-1-1 所示手电筒电路即为实际电路图。

2. 电路图

理想电路元件:把实际元件的本质特性抽象出来所形成的理想化的电路元件。

在电路分析和计算中,画实际电路图很不方便,为便于进行分析和计算,常用理想电路元件及其组合来近似地代替实际的电路元件,从而构成与实际电路相对应的等效电路,也叫作实际电路的电路模型图或电路原理图,简称电路图。

图 1-1-2 所示为图 1-1-1 所示手电筒电路的电路图。

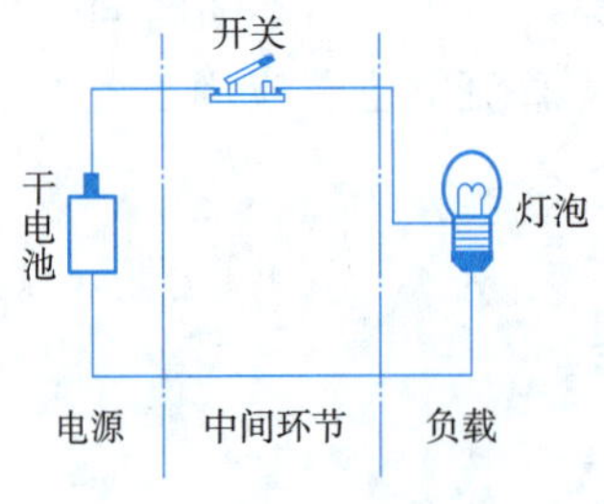

图 1-1-1　手电筒电路

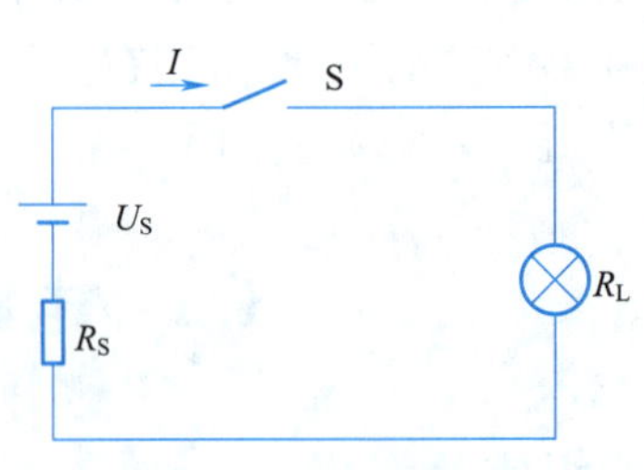

图 1-1-2　手电筒电路图

勿以善小而不为,勿以恶小而为之

"勿以善小而不为,勿以恶小而为之",出自《三国志·蜀书·先主传》。这是刘备去世前给其子刘禅的遗诏中的话,原句为:"勿以恶小而为之,勿以善小而不为。惟贤惟德,能服于人。"目的是劝勉他要进德修业,有所作为。不要因为好事小而不做,更不能因为坏事小而去做;小善积多了就成为利天下的大善,而小恶积多了则"足以乱国家"。

视 频

电路的基本物理量

1.2 电路的基本物理量

物理量是描述物理属性和物理现象的量,用数字和单位联合表达。

电路中常用的基本物理量有电流、电压、电位、电动势等。电路分析过程中要用到的物理量有两个:一个是电流,一个是电压,其他的物理量都是由这两个物理量推导而来。

1.2.1 电流

1. 电流的基本概念

带电粒子或电荷在电场力作用下的定向移动形成电流。电流的大小等于单位时间内通过导体横截面的电荷[量],用 $i(I)$ 表示:

$$I=\frac{Q}{t}$$

国际单位制(SI)规定,在 1 s 内通过导体横截面的电荷[量]为 1 C(库[仑])时,其电流为 1 A(安[培])。电流的单位除了安[培](A),常用的还有千安(kA)、毫安(mA)和微安(μA)等,它们之间的换算关系为

$$1\ \text{kA}=1\ 000\ \text{A}\quad 1\ \text{A}=1\ 000\ \text{mA}\quad 1\ \text{mA}=1\ 000\ \mu\text{A}$$

习惯上把正电荷移动的方向规定为电流的实际方向,因此不同导体中电流的实际方向和带电粒子的运动方向有时相同,有时相反。

电流的方向可以用箭头表示,也可以用字母顺序来表示(I_{ab}或 i_{ab}),如图 1-1-3 所示。

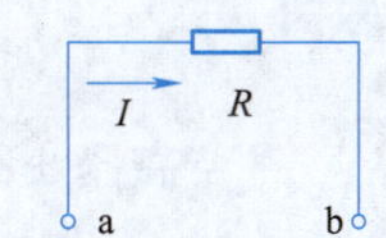

图 1-1-3 电流方向的表示方法

2. 电流的分类

1)直流

大小和方向都不随时间变化的电流称为恒定电流,简称直流。即在单位时间内通过导体横截面的电荷[量]相等,用大写字母 I 表示。

2)交流

大小和方向随时间按正弦规律周期性变化的电流称为正弦交流电,简称交流,用小写字母 i 或 $i(t)$ 表示。

3. 电流的参考方向

在复杂电路中,电流的实际方向有时难以确定,为了便于分析、计算,引入电流的参考方向概念。

所谓参考方向,就是分析计算电路时,任意选定某一方向作为待求电流的方向,并根据此方向进行分析计算。若计算结果为正值,表示参考方向与电流的实际方向相同,即 $I(I_{ab})>0$,如图 1-1-4(a)所示;若计算结果为负值,表示参考方向与电流的实际方向相反,即 $I(I_{ab})<0$,如图 1-1-4(b)所示。

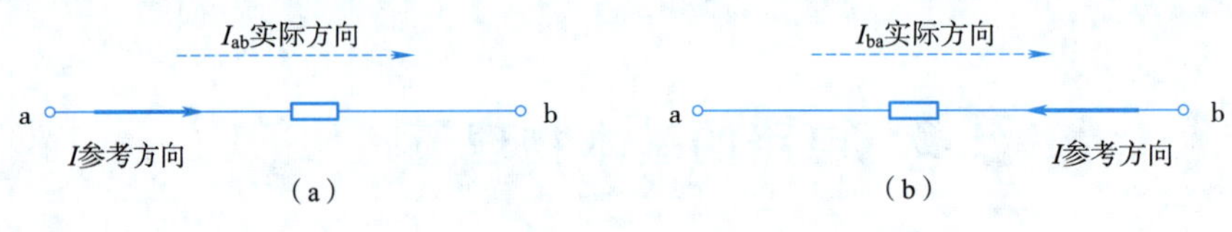

图 1-1-4　电流参考方向与实际方向的关系

【例 1-1-1】　如图 1-1-5 所示,电流的参考方向已标出,已知 $I_1=-1$ A,$I_2=1$ A,试指出电流的实际方向。

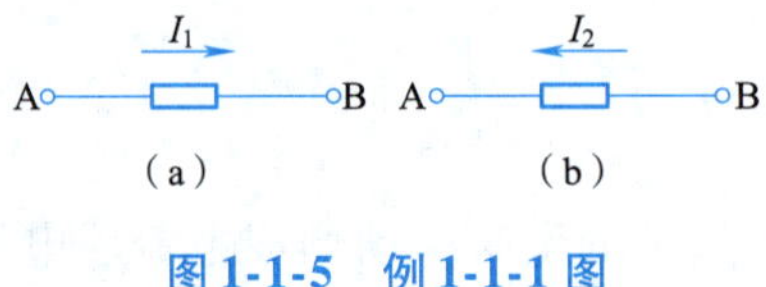

图 1-1-5　例 1-1-1 图

解:

(1)$I_1=-1$ A<0,则 I_1 实际方向与参考方向相反,由点 B 流向点 A。

(2)$I_2=1$ A>0,则 I_2 实际方向与参考方向相同,由点 B 流向点 A。

注意:无论参考方向如何设定,对结果的准确性没有影响。且只有在选定参考方向后,电流的值才有正负之分。本书中如无特殊说明,所指方向均为参考方向。

素养教育

"特高压 ±800 kV 直流输电工程"获国家科学技术进步奖特等奖

发展特高压,是 21 世纪以来我国电力工业最成功的创新实践之一。特高压 ±800 kV 直流输电技术是实施我国大规模跨区域能源优化战略的重大关键技术,是目前世界上电压最高、容量最大(800 万 kV 级)、经济输电距离最远(2 000 km 级)的直流输电技术,具有输电损耗低、输电走廊利用率高的特点和优点。特高压 ±800 kV 直流输电技术极其复杂,国内外没有可借鉴的经验,研发难度极大。

特高压 ±800 kV 直流输电工程有着特别显著的社会效益和经济效益,对落实能源生产与消费革命、加快我国能源转型升级和促进"一带一路"建设具有特别重大的意义。该项目大幅提高我国西部和北部水电、风电、太阳能等新能源电力外送能力,有力促进清洁能源的大规模集约开发和大范围消纳。

1.2.2 电压

1. 电压的基本概念

电场力把单位正电荷由一点(a 点)移动到另一点(b 点)所做的功称为电压,用 u_{ab}(U_{ab})表示。

国际单位制规定,电场力把 1 C(库[仑])的电荷[量]从一点移动到另一点所做的功为 1 J(焦[耳])时,这两点间的电压为 1 V(伏[特])。电压的单位除了伏[特](V),常用的还有毫伏(mV)、微伏(μV)、千伏(kV)等,它们与伏[特]的换算关系为

$$1\ \mathrm{kV}=10^{3}\ \mathrm{V}\quad 1\ \mathrm{mV}=10^{-3}\ \mathrm{V}\quad 1\ \mu\mathrm{V}=10^{-6}\ \mathrm{V}$$

习惯上把电位降低的方向规定为电压的实际方向。电压的方向可用“+”“-”、箭头或者字母顺序来表示,如图 1-1-6 所示。

2. 电压的分类

1)直流电压

直流电压的大小和方向都不随时间变化,用大写字母 U 表示。

2)交流电压

交流电压的大小和方向随时间按正弦规律作周期性变化,用小写字母 u 或 $u(t)$ 表示。

3. 电压的参考方向

与电流的参考方向规定相同,电压的参考方向也是任意指定的。

当电压的实际方向与它的参考方向一致时,电压值为正,即 $U(U_{ab})>0$,如图 1-1-7(a)所示;当电压的实际方向与它的参考方向相反时,电压值为负,即 $U(U_{ab})<0$,如图 1-1-7(b)所示。

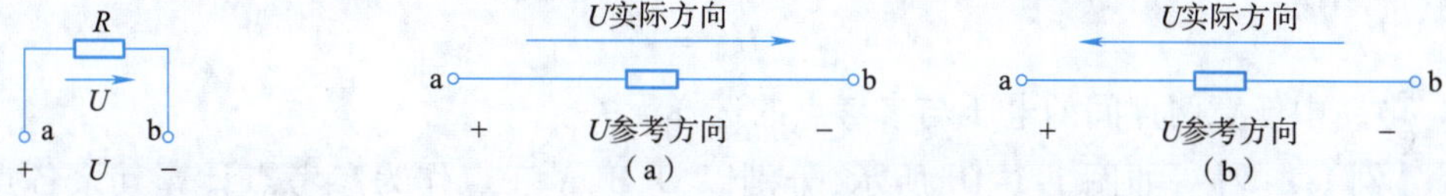

图 1-1-6 电压方向的表示方法　　图 1-1-7 电压参考方向与实际方向的关系

【例 1-1-2】 如图 1-1-8 所示,电压的参考方向已标出,并已知 $U_1=1$ V,$U_2=-1$ V,试指出电压的实际方向。

解:(1)$U_1=1\ \mathrm{V}>0$,则 U_1 的实际方向与参考方向相同,由 A 指向 B。

(2)$U_2=-1\ \mathrm{V}<0$,则 U_2 的实际方向与参考方向相反,由 A 指向 B。

4. 关联参考方向

如果指定流过元件的电流的参考方向是从标以电压正极性的一端指向负极性的一端,即两者参考方向一致,这种参考方向称为关联参考方向,如图 1-1-9 所示;反之,为非关联参考方向。

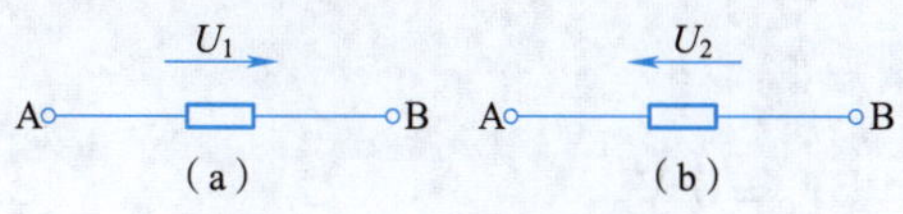

图 1-1-8 例 1-1-2 图

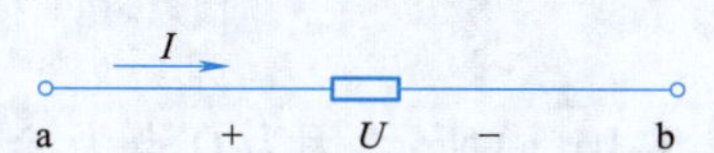

图 1-1-9 电压和电流的关联参考方向

素养教育

伏 特

亚历山德罗·朱塞佩·安东尼奥·安纳塔西欧·伏特(1745—1827),意大利物理学家、化学家。历任科莫高等学校、帕维亚大学教授。法兰西科学院院士,英国皇家学会会员。1778 年首次分离出甲烷。曾发明气体液化计、树脂起电盘、麦秸验电器等。主要贡献是在研究伽伐尼电流的基础上提出电的接触学说,并于 1779 年制成第一个伏特电堆,这是世界上第一个可以产生稳定、持续电流的装置。

1.2.3 电位

电场力把单位正电荷由一点(a 点)移动到参考点($V_0=0$)所做的功称为电位。

电位在直流电路里用 V 表示,在交流电路里用 v 表示。在电路中任选一点作为参考点,则电路中某一点与参考点之间的电压称为该点的电位,也就是单位正电荷在该点对参考点所具有的电势能。

电位的单位与电压相同,也是伏[特](V)。

电路中的参考点可以任意指定。当电路中有接地点时,则以接地点为参考点。若没有接地点,则选择较多导线的汇集点为参考点。在电子线路中,通常以设备外壳作为参考点,参考点用符号“⊥”表示。

在电路中,任意两点之间的电位差称为这两点间的电压。所以,电压也叫作电位差,即

$$U_{ab}=V_a-V_b$$

电路中任意两点间的电压与参考点的选择无关。

【例 1-1-3】 如图 1-1-10 所示,分别以 O、B、A 三点作为参考点计算其余各点电位及电位差。

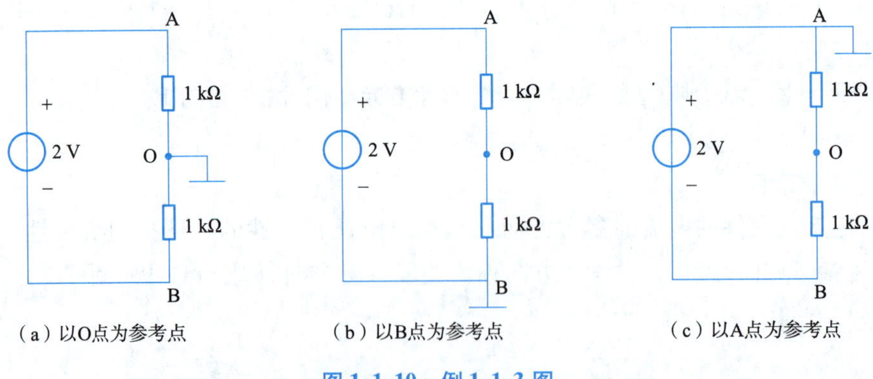

(a) 以O点为参考点　(b) 以B点为参考点　(c) 以A点为参考点

图 1-1-10 例 1-1-3 图

解:(1)如图 1-1-10(a)所示,因为 O 点为参考点,所以 $V_O=0$ V。

已知电源电压为 2 V,总电阻为 2 kΩ,所以电路电流为 1 mA,方向由 A 流向 B。

$$V_A = U_{AO} + V_O = 1\ \text{mA} \times 1\ \text{k}\Omega + 0 = 1\ \text{V}$$

$$V_B = V_O - U_{OB} = 0 - 1\ \text{mA} \times 1\ \text{k}\Omega = -1\ \text{V}$$

(2)如图 1-1-10(b)所示,因为 B 点为参考点,所以 $V_B = 0$ V。

电路中电源电压、电阻都没变,所以电路电流大小及方向无变化。

$$V_A = U_{AB} + V_B = 1\ \text{mA} \times 2\ \text{k}\Omega + 0 = 2\ \text{V}$$

$$V_O = U_{OB} + V_B = 1\ \text{mA} \times 1\ \text{k}\Omega + 0 = 1\ \text{V}$$

(3)如图 1-1-10(c)所示,因为 A 点为参考点,所以 $V_A = 0$ V。

电路中电源电压、电阻都没变,所以电路电流大小及方向无变化。

$$V_O = V_A - U_{AO} = 0 - 1\ \text{mA} \times 1\ \text{k}\Omega = -1\ \text{V}$$

$$V_B = V_A - U_{AB} = 0 - 1\ \text{mA} \times 2\ \text{k}\Omega = -2\ \text{V}$$

1.2.4 电动势

电源力把单位正电荷由低电位点经电源内部移到高电位点克服电场力所做的功,称为电源的电动势,用 E 或 e 表示:

$$E = \frac{W}{Q}$$

习惯上把电位升高的方向规定为电动势的实际方向。电动势的方向可用“+”“-”或者箭头来表示,如图 1-1-11 所示。

电动势的单位同样是伏[特](V),且只存在于电源的内部。

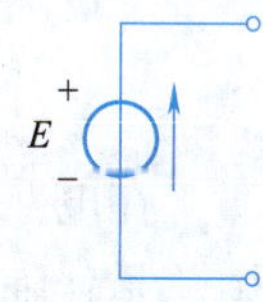

图 1-1-11 电动势的表示方法

1.3 电路的状态

根据电源与负载的连接情况,电路通常会出现三种状态,具体分析如下。

视 频

电路的状态

如图 1-1-12 所示,有如下关系:

$$U = U_S - R_0 I$$

$$U = RI$$

$$RI = U_S - R_0 I$$

$$I = \frac{U_S}{R + R_0}$$

图 1-1-12 电路的状态

1. 短路

当 $R = 0$ 时,称为 a、b 间短路,短路的特点:$U = 0$,$I = \frac{U_S}{R_0}$。

工程实际中,当电源的外电路 a、b 两端被导线直接连接或负载短接时,都会造成 a、b 间短路。电压源的内阻一般很小,所以短路电流会很大,从而使电源损坏,造成事故。

2. 断路

当 $R = \infty$ 时,称为 a、b 间断路或开路,断路的特点:$U = U_S$,$I = 0$。

3. 带载

当 $0<R<\infty$ 时，称为带负载状态，简称带载，带载的特点：$U=IR$，$I=\dfrac{U_S}{R+R_0}$。

为了使电气设备能够安全、可靠、经济地运行，引入电气设备额定值，即电气设备正常运行状态下承受的允许值，如额定电压 U_N、额定电流 I_N、额定功率 P_N 等。例如，一个白炽灯上标明 220 V、60 W，说明它的额定电压是 220 V，在此额定电压下消耗的功率是 60 W。

根据电气设备实际流过电流 I 和额定电流 I_N 的关系，带载设备有三种工作状态：

(1) $I>I_N$，称为过载的工作状态，即电气设备或元件工作在高于额定功率的工作状态。过载时电气设备很容易被烧坏或造成严重事故。

(2) $I=I_N$，称为满载的工作状态，即电气设备或元件工作在额定功率的工作状态，也称满载状态。

(3) $I<I_N$，称为轻载的工作状态，即电气设备或元件工作在低于额定功率的工作状态。轻载时电气设备不能得到充分利用或根本无法正常工作。

轻载和过载都是不正常的工作状态，一般是不允许出现的。

视 频

电功率和能量

1.4 功率和电能

在电路的分析和计算中，功率和电能的计算是十分重要的。这是因为电路在工作中总是伴随着电能和其他形式能量的相互转换。

1.4.1 功率

1. 功率的基本概念

电能对时间的变化率，称为电功率，简称功率，也就是电场力在单位时间内所做的功，用字母 P 表示：

$$P=\frac{W}{t}$$

功率 P 的单位为瓦[特]，简称瓦(W)，常用的单位还有毫瓦(mW)、千瓦(kW)、兆瓦(MW)，它们之间的换算关系为

$$1\ \text{mW}=10^{-3}\ \text{W}\quad 1\ \text{kW}=10^{3}\ \text{W}\quad 1\ \text{MW}=10^{6}\ \text{W}$$

2. 功率计算

当电压和电流的参考方向为关联参考方向时，如图 1-1-13(a)所示，元件吸收的功率为

$$P=UI$$

当电压和电流的参考方向为非关联参考方向时，如图 1-1-13(b)所示，元件吸收的功率为

$$P=-UI$$

(a)　(b)

图 1-1-13　功率的计算

3. 功率应用

对于某些电路元件，有时是负载，有时是电源(如充电宝、蓄电池等)，这时就需要通过功率来判断设备的工作状态。

针对不同电压、电流参考方向的关系，使用不同的功率公式进行求解，依据结果判断元件实际工作状态：

$P>0$，元件吸收功率，是一个负载；

$P<0$，元件输出功率，是一个电源。

【例 1-1-4】　试判断图 1-1-14(a)、(b)中元件是吸收功率还是输出功率。

解：(1)如图 1-1-14(a)所示，元件电流和电压的参考方向为关联参考方向，则有

$$P=UI=2\times(-1)\text{ W}=-2\text{ W}(\text{输出功率})$$

(2)如图 1-1-14(b)所示，元件电流和电压的参考方向为非关联参考方向，则有

$$P=-UI=-(-3)\times 2\text{ W}=6\text{ W}(\text{吸收功率})$$

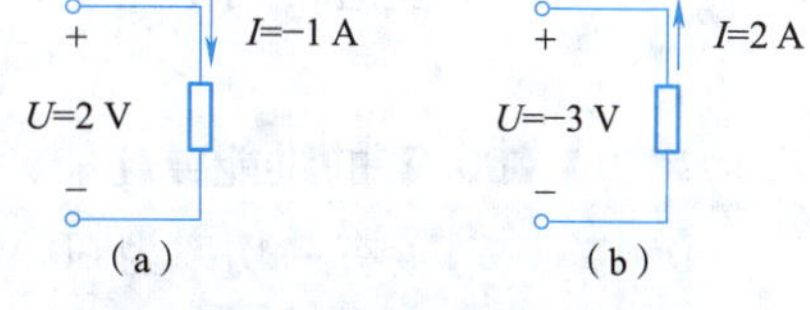

图 1-1-14　例 1-1-4 图

【例 1-1-5】　求图 1-1-15 中各电源的输出功率。

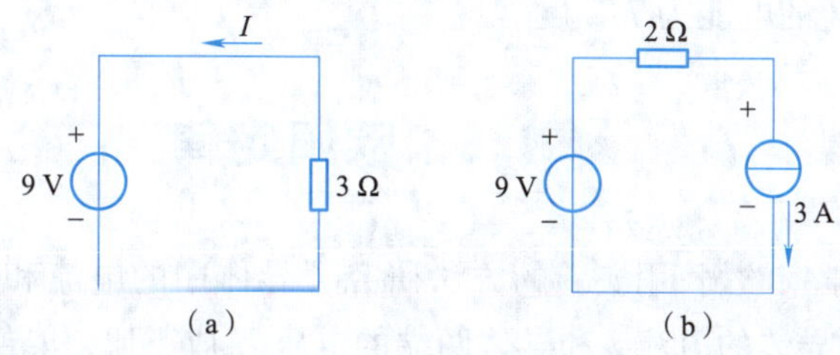

图 1-1-15　例 1-1-5 图

解：(1)如图 1-1-15(a)所示。

$$I=-\frac{U}{R}=-\frac{9}{3}\text{ A}=-3\text{ A}$$

电压源电压和电流的参考方向为关联参考方向，则有

$$P=UI=9\times(-3)\text{ W}=-27\text{ W}(\text{吸收功率}-27\text{ W，即输出功率 }27\text{ W，是电源})$$

(2)如图 1-1-15(b)所示，电压源电压和电流的参考方向为非关联参考方向，则有

$$P_U=-UI=-9\times 3\text{ W}=-27\text{ W}(\text{吸收功率}-27\text{ W，即输出功率 }27\text{ W，是电源})$$

$$U_I=U-IR=9-3\times 2\text{ V}=3\text{ V}$$

而电流源电压和电流的参考方向为关联参考方向，则有

$$P_I=U_I I=3\times 3\text{ W}=9\text{ W}(\text{吸收功率 }9\text{ W，即输出功率}-9\text{ W，是负载})$$

素养教育

瓦特与茶壶的故事

詹姆斯·瓦特(1736—1819)，英国发明家、企业家。

据说瓦特小时候有一次看到火炉上烧的水开了，蒸汽把水壶盖顶开，他把壶盖放回去但很快又被顶开了。瓦特就这样不断地把壶盖放来放去想知道为什么，后来瓦特意识到是蒸汽的力量，由此引发了他对蒸汽的兴趣并导致了蒸汽机的改进。

动 画

三相及单相电度表的接线

1.4.2 电能

电能是指在一定的时间内电路元件、设备吸收或发出的电能量,用字母 W 表示,其国际单位为焦[耳](J)。电能的计算公式为

$$W = Pt = UIt$$

电能通常用千瓦·时(kW·h)来表示,也叫作度。

$$1\ 度 = 1\ \text{kW} \cdot \text{h} = 3.6 \times 10^6\ \text{J}$$

即功率为 1 000 W 的供能或耗能元件,在 1 h 内所发出或消耗的电能为 1 度。

【例 1-1-6】 有一功率为 60 W 的电灯,每天照明时间为 4 h,如果每月按 30 天计算,那么每月消耗的电能为多少度?

解:该电灯平均每月工作时间 $t = 4 \times 30\ \text{h} = 120\ \text{h}$,则

$$W = Pt = 60 \times 120\ \text{W} \cdot \text{h} = 7\ 200\ \text{W} \cdot \text{h} = 7.2\ \text{kW} \cdot \text{h}$$

即每月消耗的电能为 7.2 度。

视 频

欧姆定律

1.5 欧姆定律

德国物理学家欧姆,用实验的方法研究了导体中的电流和导体两端电压的关系,得出结论:流过导体的电流 I 和导体两端的电压 U 成正比,和导体的电阻 R 成反比,这个结论叫作欧姆定律。

动 画

欧姆定律

当 U、I 的参考方向为关联参考方向时,有

$$I = \frac{U}{R}$$

当 U、I 的参考方向为非关联参考方向时,有

$$I = -\frac{U}{R}$$

导体中电流 I 随导体两端电压变化的曲线,称为导体的伏安特性曲线。

欧姆定律的适用条件是纯电阻电路(即用电器工作时,消耗的电能完全转化成内能)。由欧姆定律可知,U、I、R 三个量中已知任意两个量就可以求另一个量。

【例 1-1-7】 若加在导体两端的电压变为原来的 3/5 时,导体中的电流减小了 0.4 A,如果所加电压变为原来的 2 倍,则导体中的电流多大?

解:根据欧姆定律可得

$$R = \frac{U_0}{I_0} = \frac{\frac{3U_0}{5}}{I_0 - 0.4}$$

$$I_0 = 1\ \text{A}$$

$$R = \frac{U_0}{I_0} = \frac{2U_0}{I_2}$$

$$I_2 = 2I_0 = 2\ \text{A}$$

注意：欧姆定律中 U、I、R 必须是对同一导体或者同一段电路而言。电阻 $R=\frac{\rho L}{S}$，其大小与导体电阻率 ρ、导体长度 L、导体的截面积 S 及温度有关。

素养教育

科学真理之光

乔治·西蒙·欧姆(1789—1854)，德国物理学家。

欧姆16岁时进入埃尔朗根大学学习数学、物理与哲学，1813年完成博士学业。欧姆长期担任中学教师，资料和仪器的缺乏，给他的研究工作带来不少困难，但他在孤独与困难的环境中始终坚持不懈地进行科学研究，自己动手制作仪器。后来，欧姆把奥斯特关于电流磁效应的发现和库仑扭秤结合起来，巧妙地设计了一个电流扭秤。他用粗细相同、长度不同的八根铜导线进行了实验，最终总结出了欧姆定律。

视频

基本电路元件

1.6 基本电路元件

1.6.1 电阻

1. 电阻的基本概念

导体对电流的阻碍作用称为电阻，用字母 R 表示，图形符号如图1-1-16所示。电阻元件一般表示实际电路中的耗能元件，如电暖器、白炽灯等。

电阻元件两端的电压和流过电阻的电流满足欧姆定律，即

$$R=\frac{U}{I}$$

在国际单位制中，电阻的单位为欧[姆]，简称欧(Ω)，常用单位还有千欧(kΩ)、兆欧(MΩ)，它们之间的换算关系为

$$1\ \text{k}\Omega=10^3\ \Omega \quad 1\ \text{M}\Omega=10^6\ \Omega$$

U、I 取关联参考方向时，如果 R 是一个常数，则称为线性电阻，线性电阻的伏安特性曲线如图1-1-17所示。

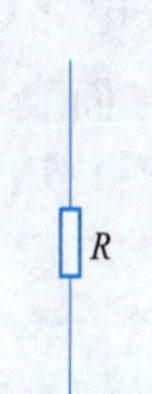

图1-1-16 电阻元件的图形符号

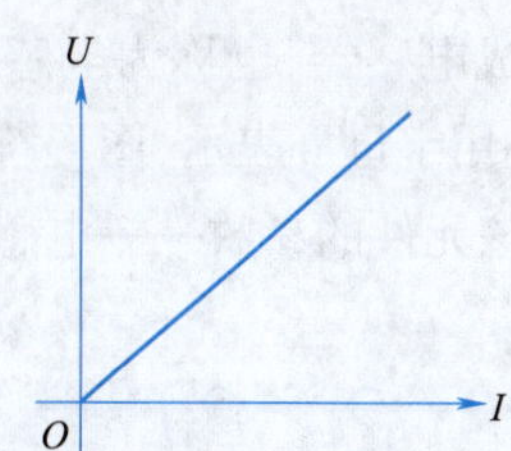

图1-1-17 线性电阻的伏安特性

线性电阻元件也可以用电导这个参数来表征，电导用符号 G 表示，即

$$G=\frac{1}{R}$$

在国际单位制中,电导的单位是西[门子](S)。电阻中电压和电流的关系也可用电导来表示,即

$$I=GU$$

当电阻两端的电压与电流不成正比时,伏安特性曲线不是一条直线,如图 1-1-18 所示。此时,电阻是一个随电压、电流变化的量,称为非线性电阻(如压敏电阻、光敏电阻)。

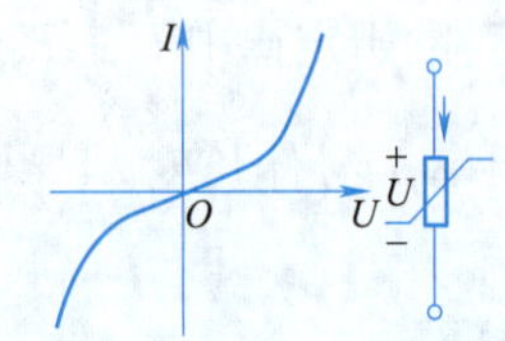

图 1-1-18 非线性电阻伏安特性曲线

2. 电阻功率计算

U、I 取关联参考方向,电阻元件功率为

$$P=UI$$

根据欧姆定律有

$$P=I^2R=\frac{U^2}{R}$$

$$P=\frac{I^2}{G}=GU^2$$

电阻元件在通电过程中要消耗电能,即

$$W=Pt$$

式中,W 的单位为焦[耳](J)或千瓦·时(kW·h);P 的单位为瓦[特](W);t 的单位为秒(s)。

【例 1-1-8】 在 220 V 的电源上,连接一个电加热器,通过电加热器的电流是 3.5 A,问电加热器工作 4 h 消耗了多少度电?

解:电加热器的功率

$$P=UI=220\times3.5\ \text{W}=770\ \text{W}=0.77\ \text{kW}$$

工作 4 h 消耗的电能

$$W=Pt=0.77\times4\ \text{kW}\cdot\text{h}=3.08\ \text{kW}\cdot\text{h}$$

即该加热器 4 h 消耗了 3.08 度电。

1.6.2 电感

1. 电感的基本概念

电感元件是实际电感器的理想化模型,是一种将电能转换成磁场能量的电路元件。把导线绕制成线圈便构成电感器,也称为电感线圈,如图 1-1-19 所示。在电路中,一般用电感元件来表示电感线圈,并用字母 L 表示,图形符号如图 1-1-20 所示。L 一方面表示该元件为电感元件,另一方面也表示该元件的参数——电感量。

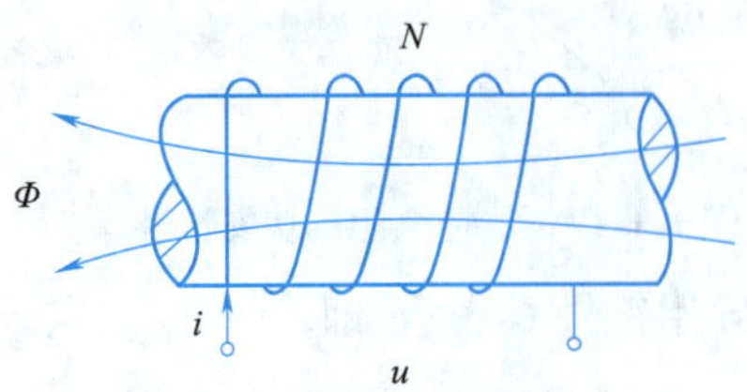

图 1-1-19 线圈结构

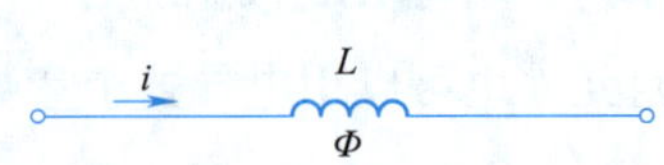

图 1-1-20 电感元件的图形符号

在国际单位制中，电感的单位为亨[利]（H），简称亨，常用的单位还有毫亨（mH）、微亨（μH）等，它们之间的换算关系为

$$1\ \mathrm{H}=10^{3}\ \mathrm{mH}=10^{6}\ \mu\mathrm{H}$$

当电感元件两端的电压和流过它的电流为关联参考方向时，根据楞次定律，有

$$u=L\frac{\mathrm{d}i}{\mathrm{d}t}$$

上式表示任何时刻，电感元件两端的电压与流过它的电流的变化率成正比。当电流恒定不变即随时间变化率为零时，电感电压为零，即直流电路中，电感元件相当于短路。

2. 电感功率计算

u、i 取关联参考方向，线性电感元件吸收功率为

$$P=ui=Li\frac{\mathrm{d}i}{\mathrm{d}t}$$

$P>0$ 时，电感元件吸收能量；$P<0$ 时，电感元件释放能量。

电感元件是储能元件，从 $0\sim t$ 时间内储存的能量为（设 $t\leqslant 0$ 时，$i=0$）

$$W_L=\int_0^t P\mathrm{d}t=\int_0^t ui\mathrm{d}t=\frac{1}{2}L[i^2(t)-i^2(0)]$$

由 $i(0)=0$，得

$$W_L=\frac{1}{2}Li^2(t)$$

从上式中可以看出，L 一定时，电感元件在某一时刻的储能仅与当时的电流值有关。

1.6.3　电容

1. 电容的基本概念

电容元件是实际电容器的理想化模型，是一种将电能转换成电场能量的电路元件。在电路中，一般用电容元件来表示电容器，并用字母 C 表示，图形符号如图 1-1-21 所示。C 一方面表示该元件为电容元件，另一方面也表示该元件的参数——电容值。

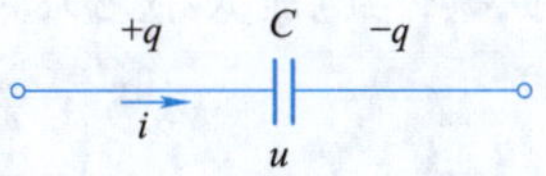

图 1-1-21　电容元件的图形符号

在国际单位制中，电容的单位为法[拉]（F），简称法，常用的单位还有微法（μF）、皮法（pF）等，它们之间的换算关系为

$$1\ \mathrm{F}=10^{6}\ \mu\mathrm{F}=10^{12}\ \mathrm{pH}$$

当电容元件两端电压与流进正极板电流为关联参考方向时，有

$$i=C\frac{\mathrm{d}u}{\mathrm{d}t}$$

上式表示，电容值一定时，流过电容元件的电流与电容元件两端电压的变化率成正比。当电压恒定不变即随时间变化率为零时，电容元件电流为零，即直流电路中，电容元件相当于开路。

2. 电容功率计算

u、i 取关联参考方向，线性电容元件吸收的功率为

$$P=ui=Cu\frac{\mathrm{d}u}{\mathrm{d}t}$$

电容元件是储能元件，从 $0\sim t$ 时间内储存的能量为（设 $t\leqslant 0$ 时，$u=0$）

$$W_C=\int_0^t P\mathrm{d}t=\int_0^t ui\mathrm{d}t=\frac{1}{2}C[u^2(t)-u^2(0)]$$

由 $u(0)=0$，得

$$W_C=\frac{1}{2}Cu^2(t)$$

从上式中可以看出，C 一定时，电容元件在某一时刻的储能仅与当时的电压值有关。

1.6.4　电压源和电流源

为电路提供能量的实际电源有电池、发电机、信号源等，既可以向负载提供电流也可以向负载提供电压。电压源和电流源是从实际电源抽象得到的电路模型。为了维持电路中的电流，电路中必须有能够提供电能的独立电源。独立电源一般根据电路分析需要，既可以描述为电压源也可以描述为电流源。

1. 电压源

1）理想电压源

理想电压源内阻为零，它的端电压为

$$u(t)=u_S(t)$$

式中，$u_S(t)$ 为给定的时间函数，而电压 $u(t)$ 的大小仅取决于电压源本身的特性，与通过电压源的电流无关，总保持为给定的时间函数。

电压源中电流的大小由外电路决定。当 $u_S(t)$ 为恒定值时，这种电压源称为恒定电压源或直流电压源，即 $U_S=T$（常数）。电压源的图形符号如图 1-1-22 所示，其中 U_S 和 u_S 为电压源的源电压，“+”“−”表示其参考方向。

直流电压源的伏安特性曲线是一条平行于电流轴的直线，如图 1-1-23 所示，表明其电压恒等于 U_S，与电流大小无关。

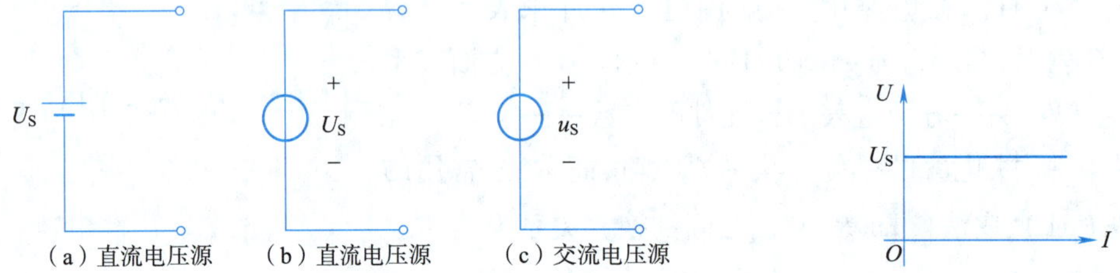

图 1-1-22　电压源的图形符号　　图 1-1-23　直流电压源的伏安特性曲线

电压源的电压和通过电压源的电流的参考方向通常取非关联参考方向，此时，电压源吸收功率为

$$P(t)=-u_S(t)i(t)$$

在直流电路中，电压 U 和电流 I 为常数，上式表示为

$$P=-UI$$

若 $P>0$，则表示电压源在吸收功率，是一个负载；若 $P<0$，则表示电压源在输出功率，是一个电源。

2)实际电压源

理想电压源是不存在的,为模仿实际电源的输出特性,实际电压源的模型可以用一个理想电压源和一个电阻串联来代替,如图 1-1-24 所示。这种实际电压源的伏安关系式为

$$U = U_S - R_0 I$$

由上式可知,实际电压源模型电路中负载电流增大时,内阻消耗增加,从而造成输出电压 U 随负载电流 I 的增大而减小。因此,实际电压源的伏安特性曲线向下倾斜,如图 1-1-25 所示。实际电压源不允许短路,因其内阻很小,若短路,则短路电流很大,可能会烧毁电源。

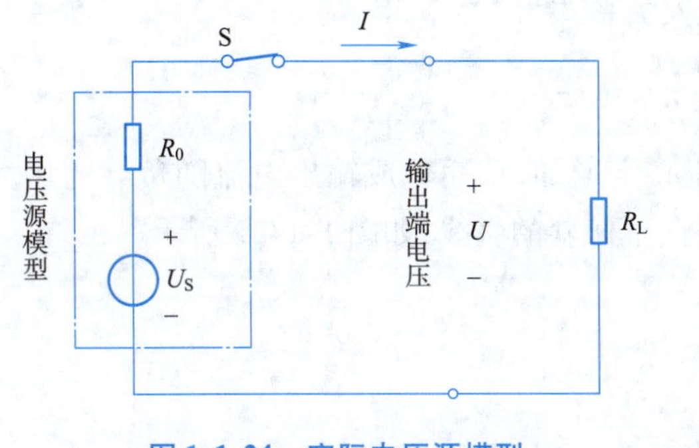

图 1-1-24　实际电压源模型

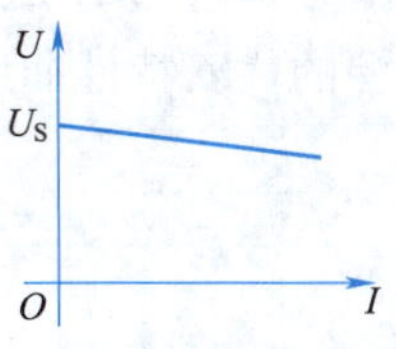

图 1-1-25　实际电压源的伏安特性曲线

【例 1-1-9】 如图 1-1-25 所示,设 $U_S = 20\ \text{V}$,$R_0 = 1\ \Omega$,外接电阻 $R_L = 4\ \Omega$,求电流 I。

解: 根据公式 $U = U_S - R_0 I = IR_L$,则有

$$I = \frac{U_S}{R_0 + R_L} = \frac{20}{4+1}\text{A} = 4\ \text{A}$$

2. 电流源

1)理想电流源

理想电流源内阻为无穷大,发出的电流为

$$i(t) = i_S(t)$$

式中,$i_S(t)$ 为给定的时间函数,而电流 $i(t)$ 与元件两端的电压无关,总保持为给定的时间函数。

电流源两端电压的大小由外电路决定。当 $i_S(t)$ 为恒定值时,这种电流源称为恒定电流源或直流电流源,即 $I_S = T$(常数)。电流源的图形符号如图 1-1-26 所示,其中 I_S 和 i_S 为电流源的电流,箭头表示其参考方向。

直流电流源的伏安特性曲线如图 1-1-27 所示,它是一条平行于电压轴的直线,表明其电流恒等于 I_S,与电压大小无关。

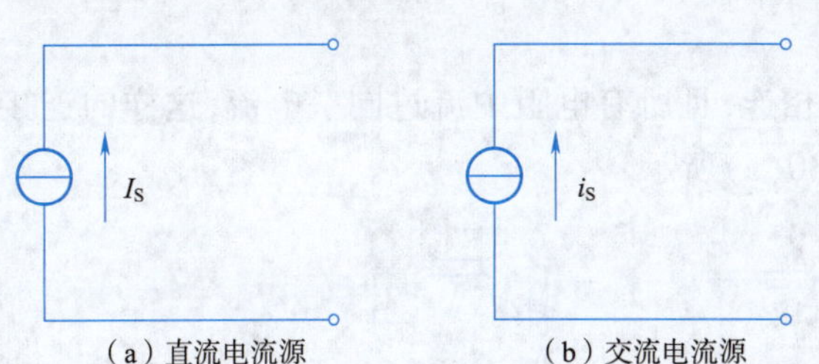

(a)直流电流源　　(b)交流电流源

图 1-1-26　电流源的图形符号

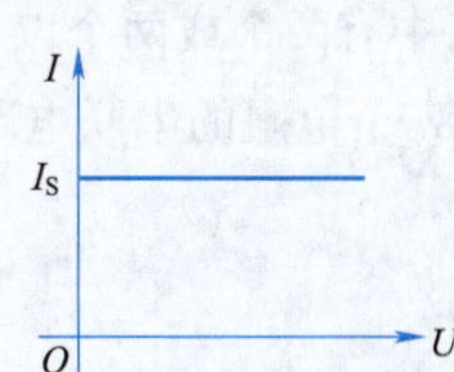

图 1-1-27　直流电流源的伏安特性曲线

电流源的电流和通过电流源两端电压的参考方向通常取非关联参考方向,此时,电流源吸

收功率为

$$P(t)=-u_{S}(t)i(t)$$

在直流电路中，电压 U 和电流 I 为常数，上式表示为

$$P=-UI$$

若 $P>0$，则表示电源在吸收功率，是一个负载；若 $P<0$，则表示电源在输出功率，是一个电源。

2）实际电流源

理想电流源也是不存在的，实际电流源的模型可以用一个理想电流源和一个电阻并联来代替，如图 1-1-28 所示。这种实际电流源的伏安关系式为

$$I=I_{S}-\frac{U}{R_{0}}=I_{S}-G_{0}U$$

因此，当负载增大时，内阻上分配的电流必定增加，从而造成输出电流随负载的增大而减小。即实际电流源的伏安特性曲线也是一条向下倾斜的直线，如图 1-1-29 所示。

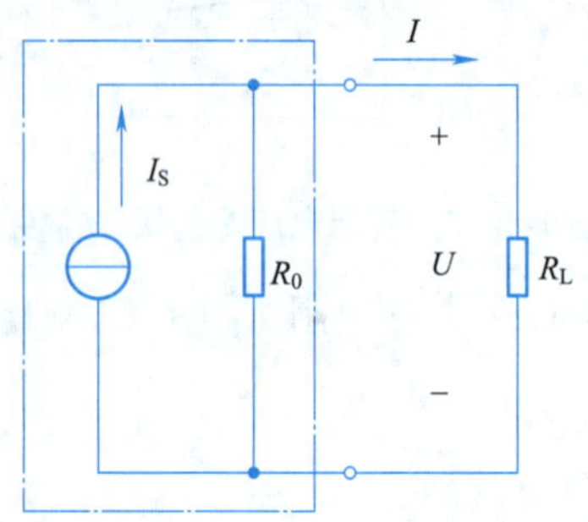

图 1-1-28　实际电流源模型

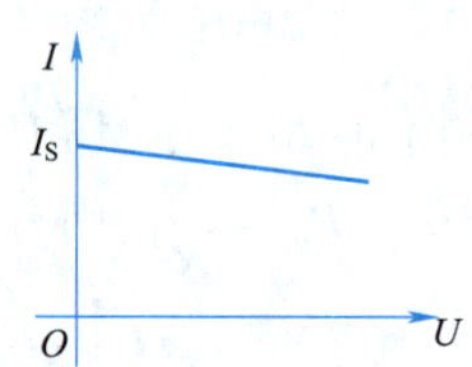

图 1-1-29　实际电流源的伏安特性曲线

实际电流源不允许开路，因其内阻很大，若开路，则开路电压很高（如电流互感器）。

视频

电路的等效变换

1.7　电路的等效变换

所谓等效，是指将电路中某一部分比较复杂的结构用一比较简单的结构替代，替代之后的电路与原电路对未变换部分（或称外部电路）保持相同的作用效果。等效变换只适用于线性网络。

1.7.1　电阻网络等效变换

1. 电阻的串联

如果电路中有两个或两个以上电阻首尾相连，且所有电阻中流过同一电流，这样的连接方式称为串联。n 个电阻的串联电路如图 1-1-30(a)所示。

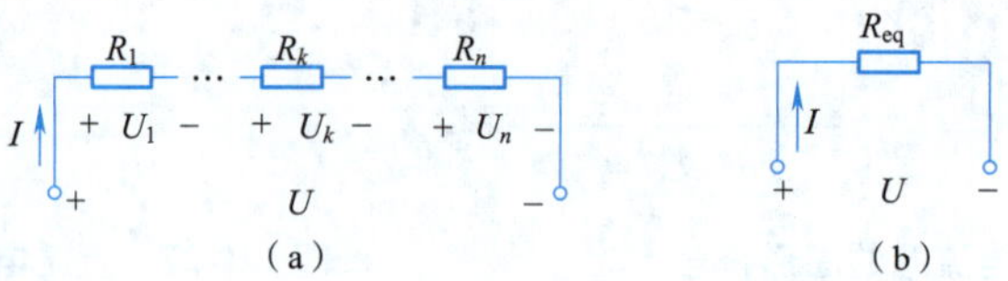

R_1 … R_k … R_n

I　$+\ U_1\ -$　$+\ U_k\ -$　$+\ U_n\ -$

$+$　U　$-$

（a）

R_{eq}

I

$+$　U　$-$

（b）

图 1-1-30　电阻的串联

n 个电阻串联可用一等效电阻 R_{eq} 来代替，如图 1-1-31(b)所示。等效电阻等于各个串联电阻之和，即

$$R_{eq} = R_1 + \cdots + R_k + \cdots + R_n = \sum_{k=1}^{n} R_k > R_k$$

串联电路中各电阻两端的电压有如下分压公式：

$$U_k = R_k I = R_k \frac{U}{R_{eq}} = \frac{R_k}{R_{eq}} U < U$$

两只电阻 R_1、R_2 串联时，等效电阻 $R_{eq} = R_1 + R_2$，则有分压公式：

$$U_1 = \frac{R_1}{R_1 + R_2} U, U_2 = \frac{R_2}{R_1 + R_2} U$$

上式称为串联分压公式。可见，串联电阻上电压的分配与电阻成正比。

【例 1-1-10】 多量程直流电压表是由表头、分压电阻和多位开关连接而成的，如图 1-1-31 所示。如果表头满偏电流 $I_g = 100\ \mu A$，表头电阻 $R_g = 1\ 000\ \Omega$，现在要制成量程为 10 V、50 V、100 V 的三量程电压表，试确定分压电阻值。

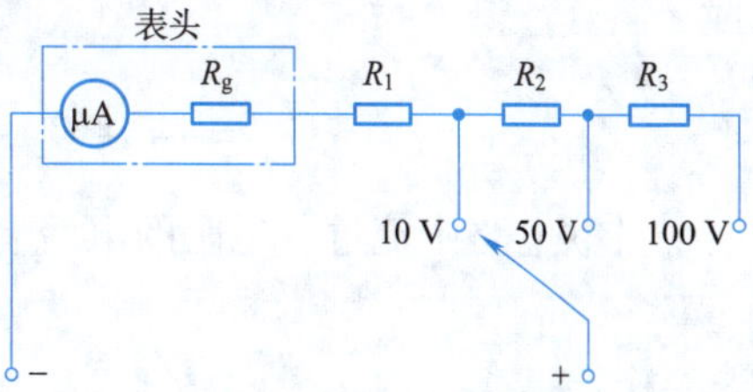

图 1-1-31　例 1-1-10 图

解：(1) 当 $I_g = 100\ \mu A$ 流过表头时，表头两端的电压为

$$U_g = R_g I_g = 1\ 000 \times 100 \times 10^{-6}\ V = 0.1\ V$$

(2) 当量程 $U_1 = 10$ V 时，有

$$\frac{U_1}{U_g} = \frac{R_1 + R_g}{R_g}$$

$$\frac{10}{0.1} = \frac{R_1 + 1\ 000}{1\ 000}$$

$$R_1 = 99\ k\Omega$$

(3) 当量程 $U_2 = 50$ V 时，有

$$\frac{U_2}{U_1} = \frac{R_2 + (R_g + R_1)}{R_g + R_1}$$

$$\frac{50}{10} = \frac{R_2 + 100}{100}$$

$$R_2 = 400\ k\Omega$$

(4) 同理，当量程 $U_3 = 100$ V 时，串联电阻 $R_3 = 500\ k\Omega$。

电阻串联的应用很多，譬如在负载额定电压低于电源电压时，通常需要与负载串联一个电阻，以分得一部分电压；有时为了限制负载中通过过大的电流，也可以与负载串联一个限流电阻；如果需要调节电路中的电流，可以在电路中串联一个变阻器进行调节。另外，改变串联电阻的大小可以得到不同的输出电压。

2. 电阻的并联

如果电路中有两个或两个以上电阻连接在两个公共节点之间，这样的连接方式称为并联。各个并联电阻两端的电压为同一电压。n 个电阻并联的电路如图 1-1-32(a)所示。

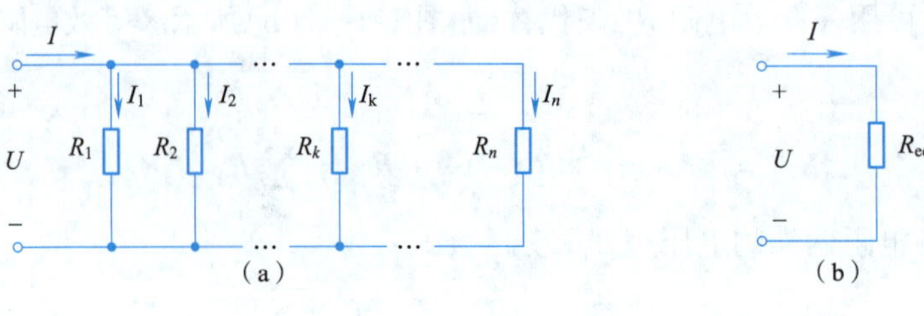

图 1-1-32　电阻的并联

n 个电阻并联也可用一个等效电阻 R_{eq} 或等效电导 G_{eq} 来代替，如图 1-1-32(b)所示。等效电阻的倒数等于并联的各个电阻的倒数之和，即

$$\frac{1}{R_{eq}}=G_{eq}=\frac{1}{R_1}+\frac{1}{R_2}+\cdots+\frac{1}{R_n}$$

或

$$G_{eq}=G_1+G_2+\cdots+G_n=\sum_{k=1}^{n}G_k>G_k \text{ 即 } R_{eq}<R_k$$

并联电路中流过各电阻的电流有如下分流公式：

$$\frac{I_k}{I}=\frac{U/R_k}{U/R_{eq}}\rightarrow I_k=\frac{G_k}{G_{eq}}I$$

两只电阻 R_1、R_2 并联时，等效电阻 $R_{eq}=\frac{R_1R_2}{R_1+R_2}$，则有分流公式：

$$I_1=\frac{R_2}{R_1+R_2}I,I_2=\frac{R_1}{R_1+R_2}I$$

上式称为并联分流公式。可见，并联电阻上电流的分配与电导成正比，即与电阻成反比。

【例 1-1-11】　将例 1-1-10 的表头制成量程为 10 mA 的电流表。

解：要将表头改制成量程较大的电流表，可将电阻 R_F 与表头并联，如图 1-1-33 所示。并联电阻 R_F 支路的电流为

$$I_F=I-I_g=10\times10^{-3}-100\times10^{-6}\text{ A}=9.9\times10^{-3}\text{ A}=9.9\text{ mA}$$

因为

$$I_FR_F=I_gR_g$$

所以

$$R_F=\frac{I_gR_g}{I_F}=\frac{100\times10^{-6}\times10^3}{9.9\times10^{-3}}\ \Omega=10.1\ \Omega$$

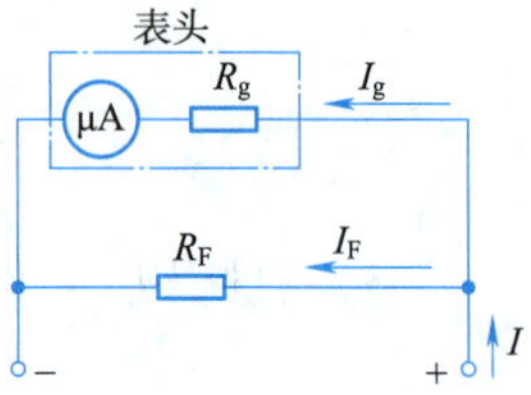

图 1-1-33　例 1-1-11 图

即用一个 10.1 Ω 的电阻与该表头并联，即可得到一个量程为 10 mA 的电流表。

负载通常都是并联运用的。负载并联运用时，它们处于同一电压之下，任何一个负载的工作情况基本上不受其他负载的影响。

3. 电阻的混联

电路中既有电阻的串联，又有电阻的并联，这种连接方式称为电阻的混联。

【例 1-1-12】　计算图 1-1-34(a)所示各支路的电压和电流。

解：通过分析电阻的串并联关系化简电路，求出等效电阻，再根据串联分压、并联分流的特点，求解支路电流和电压。

$$I_1=\frac{165}{11}\text{ A}=15\text{ A}\quad U_2=6I_1=6\times15\text{ V}=90\text{ V}$$

$$I_2=\frac{90}{18}\ \text{A}=5\ \text{A}\quad U_3=6I_3=6\times10\ \text{V}=60\ \text{V}$$

$$I_3=(15-5)\ \text{A}=10\ \text{A}\quad U_4=3I_3=3\times10\ \text{V}=30\ \text{V}$$

$$I_4=\frac{30}{4}\ \text{A}=7.5\ \text{A}\quad I_5=(10-7.5)\ \text{A}=2.5\ \text{A}$$

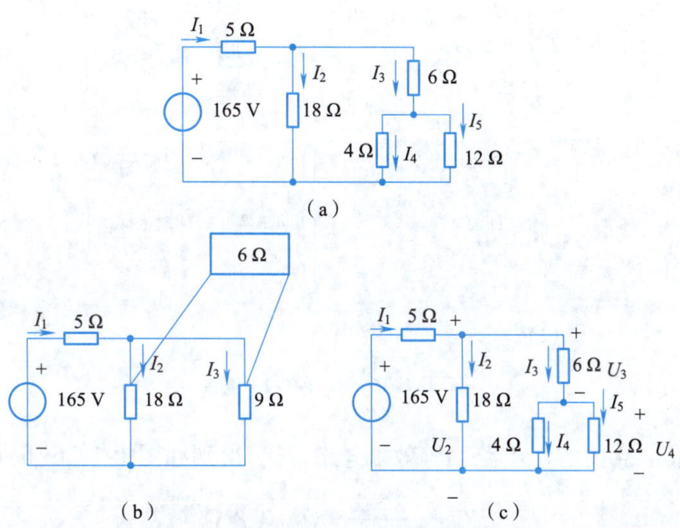

图 1-1-34 例 1-1-12 图

从例 1-1-12 可以归纳出求解混联电路的一般步骤：

(1)利用电阻的串并联关系求出等效电阻或等效电导；

(2)应用欧姆定律求出总电压或总电流；

(3)应用欧姆定律或分压、分流公式求解各电阻上的电流和电压。

求解的关键在于识别各电阻的串联、并联关系。

4. 星三角等效变换

如图 1-1-35 所示，三端电阻网络是一种具有桥形机构的电路，分别称为星形(Y)电阻网络和三角形(△)电阻网络。

Y电阻网络与△电阻网络可以根据需要进行等效变换，变换公式如下：

$$\text{Y电阻}=\frac{\triangle\text{相邻电阻的乘积}}{\triangle\text{电阻之和}}$$

$$\triangle\text{电阻}=\frac{\text{Y电阻两两乘积之和}}{\text{Y不相邻电阻}}$$

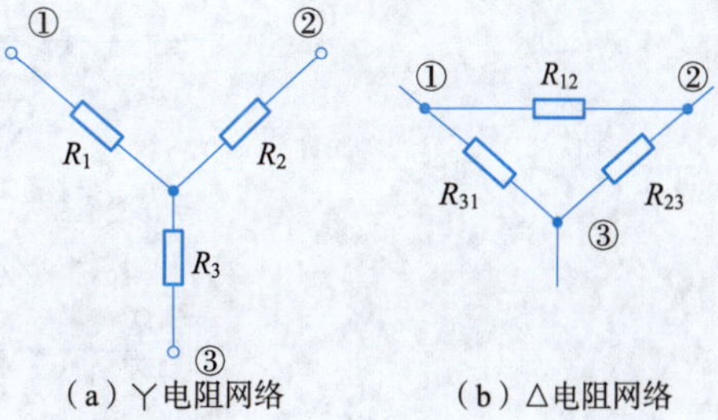

①
②
R_1
R_2
R_3
③

(a) Y电阻网络

①
R_{12}
②
R_{31}
R_{23}
③

(b) △电阻网络

图 1-1-35 Y电阻网络与△电阻网络

若Y或△连接中 3 个电阻相等，即 $R_1=R_2=R_3$，则有

$$R_{\triangle}=R_{12}=R_{23}=R_{31}=3R_{\text{Y}}$$

或

$$R_{\text{Y}}=\frac{1}{3}R_{\triangle}$$

【例 1-1-13】 求图 1-1-36(a)所示桥形电路的总电阻 R_{12}。

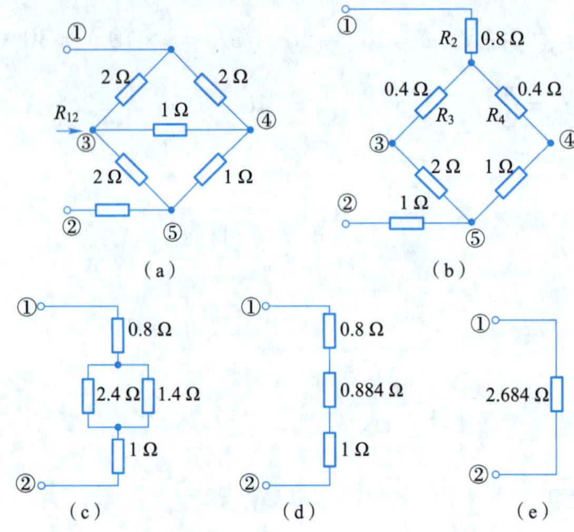

图 1-1-36 例 1-1-13 图

解:将节点①、③、④内的△电路用等效Y电路替代,得到如图 1-1-36(b)电路,其中:

$$R_2=\frac{2\times2}{2+2+1}\ \Omega=0.8\ \Omega$$

$$R_3=\frac{2\times1}{2+2+1}\ \Omega=0.4\ \Omega$$

$$R_4=\frac{2\times1}{2+2+1}\ \Omega=0.4\ \Omega$$

然后,用串、并联的方法,得到如图 1-1-36(c)、(d)、(e)所示电路,从而得到

$$R_{12}=2.684\ \Omega$$

另一种方法是用△电路替代节点①、④、⑤内的Y电路(以节点③为Y的公共点),求解过程如图 1-1-37 所示。

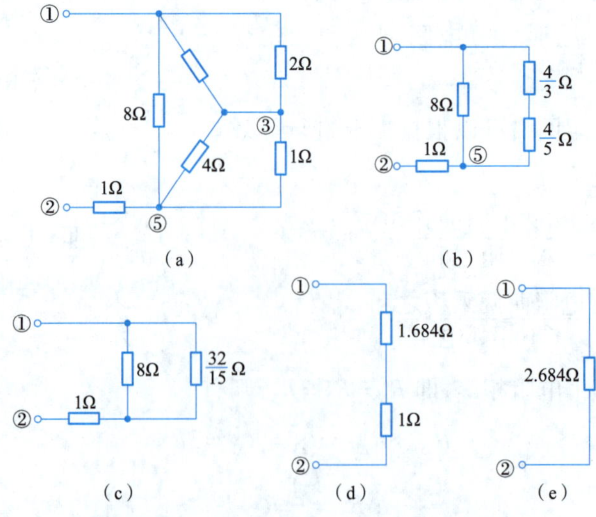

图 1-1-37 求解例 1-1-13 的另一种方法

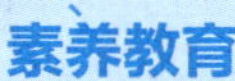

曹冲称象

曹冲生五六岁，智意所及，有若成人之智。时孙权曾致巨象，太祖欲知其斤重，访之群下，咸莫能出其理。冲曰："置象大船之上，而刻其水痕所至，称物以载之，则校可知矣。"太祖悦，即施行焉。

1.7.2 电源的等效变换

实际电源根据电路分析的需要既可以用电压源模型表示，也可以用电流源模型表示，只是表示形式不同，因此两种模型之间可以进行等效变换。其等效模型如图 1-1-38 所示。

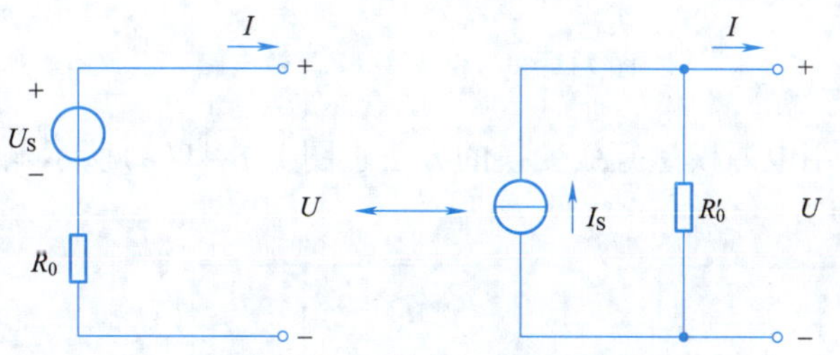

图 1-1-38 实际电源的等效变换

实际电压源的伏安关系为 $U=U_S-R_0I$，实际电流源的伏安关系为 $I=I_S-\dfrac{U}{R_0'}$。根据网络的等效条件，即等效前后端口电压 U 和输出电流 I 相等，可得实际电源等效变换的条件为

$$\begin{cases}U_S=R_0I_S\\R_0=R_0'\end{cases}$$

进行电源等效变换的注意事项：

(1)等效变换仅对外电路等效，对电源内部不等效。

(2)只有实际电源模型之间可以进行等效变换。

(3)等效变换时，应注意电源的极性和方向，即电流源的电流由电压源的"＋"极流出。

【例 1-1-14】 试将图 1-1-39(a)、(b)转换为电压源模型，将图 1-1-39(c)、(d)转换为电流源模型。

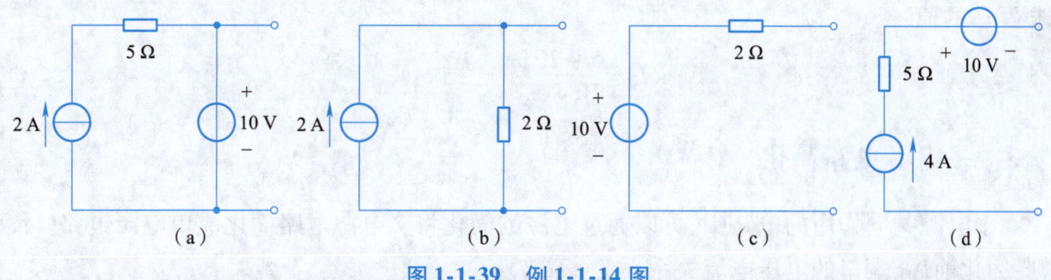

图 1-1-39 例 1-1-14 图

解:(1)根据等效的概念,与电压源并联的支路可以省略,故图 1-1-39(a)可等效为图 1-1-40(a)。

(2)根据实际电源模型之间的等效关系,可将实际电流源模型等效变换为实际电压源模型,即将图 1-1-39(b)等效为图 1-1-40(b)。

(3)根据实际电源模型之间的等效关系,可将实际电压源模型等效变换为实际电流源模型,即将图 1-1-39(c)等效为图 1-1-40(c)。

(4)根据等效的概念,与电流源串联的元件可以省略,故图 1-1-39(d)可等效为图 1-1-40(d)。

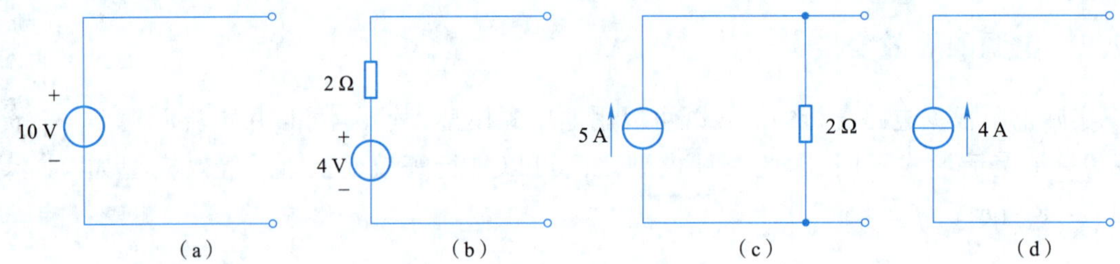

图 1-1-40 例 1-1-14 等效电路

【例 1-1-15】 应用电源模型等效变换的方法求图 1-1-41(a)所示电路的电流 I_1 和 I_2。

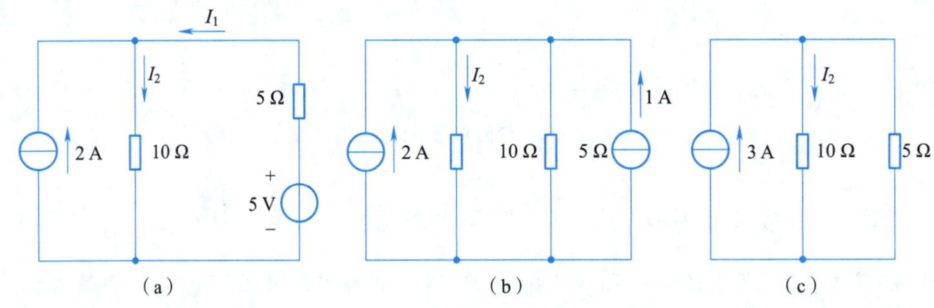

图 1-1-41 例 1-1-15 图

解:利用电源的等效变换,先将图 1-1-41(a)中 5 V 电压源与 5 Ω 电阻的串联支路等效变换成 1 A 电流源与 5 Ω 电阻的并联,如图 1-1-41(b)所示;然后将 2 A 电流源与 1 A 电流源合并,由于电流源方向一致,所以合并后为 3 A,方向不变,如图 1-1-41(c)所示。根据并联分流公式,由图 1-1-41(c)可求得 I_2 的值:

$$I_2 = \frac{5}{10+5} \times 3\ \text{A} = 1\ \text{A}$$

同理,可将 2 A 电流源与 10 Ω 并联支路等效变换成 20 V 电压源和 10 Ω 电阻串联支路,则可求得 i_1 的值:

$$I_1 = \frac{5-20}{10+5}\ \text{A} = -1\ \text{A}$$

1.7.3 多电源电路简化

在多电源共同作用的电路中,可以通过电源的简化将多电源电路简化成单电源电路。简化原则:简化前后,端口的电压电流关系不变(等效)。

1. 电压源串联

如图 1-1-42 所示,当有多个电压源串联时,可等效成一个电压源,其等效电压源的电压等于多个电压源电压的代数和,与 U_S 方向相同取"+",方向相反取"-"。其中,$U_S = U_{S1} + U_{S2} + \cdots + U_{Sn}$。

$$U = (U_{S1} + U_{S2}) - (R_{S1} + R_{S2})I = U_S - R_S I$$
$$U_S = U_{S1} + U_{S2} \quad R_S = R_{S1} + R_{S2}$$

2. 电流源并联

如图 1-1-43 所示,当有多个电流源并联时,可等效成一个电流源,其等效电流源的电流为多个电流源电流的代数和,与 I_S 方向相同取"+",方向相反取"-"。其中,$I_S = I_{S1} + I_{S2} + \cdots + I_{Sn}$。

$$I = I_{S1} + I_{S2} + (G_{S1} + G_{S2})U = I_S + G_S U$$
$$I_S = I_{S1} + I_{S2} \quad G_S = G_{S1} + G_{S2}$$

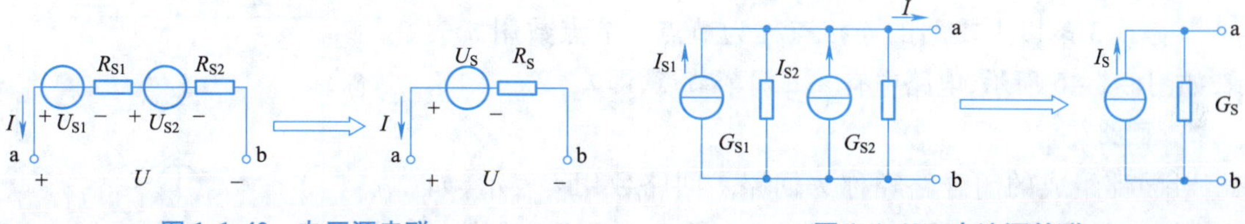

图 1-1-42 电压源串联　　图 1-1-43 电流源并联

3. 电压源并联

任意电路元件与电压源并联,因其端口电压恒等于电压源电压,故可将其余并联支路略去,等效为该电压源,如图 1-1-44 所示。若 n 个电压源并联,则并联的各个电压源的电压必须相等,否则不能并联。

4. 电流源串联

任意电路元件与电流源串联,因支路电流恒等于电流源电流,故可将其余元件略去,等效为该电流源,如图 1-1-45 所示。若 n 个电流源串联,则串联的各个电流源的电流必须相等,否则不能串联。

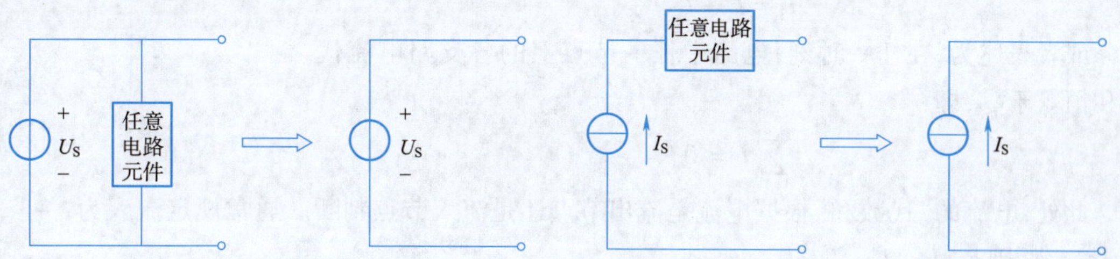

图 1-1-44 电压源的并联简化　　图 1-1-45 电流源的串联简化

基尔霍夫定律

1.8 基尔霍夫定律

简单电路,可以通过欧姆定律分析和计算。但对于含有多个电源及负载的复杂电

路，显然用欧姆定律无法解决。一个电路一旦结构确定，其内部各个元件流过的电流及各点的电位也就随之确定。

基尔霍夫在前人研究成果的基础上总结得到了电路结构的两个基本定律，即基尔霍夫电流定律（第一定律）和基尔霍夫电压定律（第二定律）。基尔霍夫定律是电路的结构约束，在不考虑元件性质的前提下可以根据电路结构确定电路内各个元件两端的电压及流过元件的电流，是解决复杂电路的基本方法。

1.8.1 支路、节点、回路

1. 支路

由一个或多个两端元件串联而成，流过同一电流的分支称为支路。支路数用 b 表示，如图 1-1-46 所示，电路中有 3 条支路，即 $b=3$。含有电源的支路称为有源支路，不含电源的支路称为无源支路。

2. 节点

3 条或 3 条以上支路的连接点称为节点。节点数用 n 表示，如图 1-1-46 所示，电路中有 a、b 两个节点，即 $n=2$。

3. 回路

由支路组成的闭合路径称为回路。回路数用 l 表示，如图 1-1-46 所示，电路中有 3 个回路，即 $l=3$。内部不含有其他支路的回路称为网孔，网孔数用 m 表示，如图 1-1-46 所示，电路中有 2 个网孔，即 $m=2$。

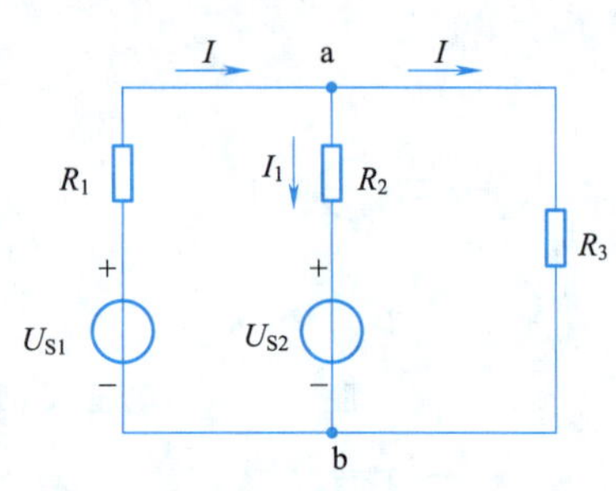

图 1-1-46 支路、节点、回路

1.8.2 基尔霍夫电流定律

基尔霍夫电流定律（KCL）指出：在任一时刻，流出任一节点的支路电流之和等于流入该节点的支路电流之和。即

$$\sum 流出 = \sum 流入$$

如图 1-1-47 所示，根据 KCL 有

$$I_3 = I_1 + I_2$$

或者表述为，在任一时刻，电路中任一节点上的各支路电流代数和恒等于零，即

$$\sum I = 0$$

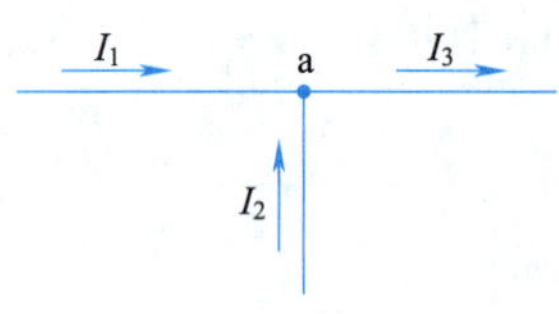

图 1-1-47 节点 a 处的电流

此处，电流的“代数和”根据电流是流出节点还是流入节点判断。通常规定流入为“+”，流出为“−”，则有：$I_1 + I_2 - I_3 = 0$。

KCL 通常用于节点，但对包围几个节点的闭合面同样适用。如图 1-1-48 所示电路，椭圆表示的闭合面 S 内有 3 个节点，即节点 a、b、c，对这些节点分别有：

$$I_1 - I_{ab} + I_{ca} = 0$$

$$I_2 + I_{ab} - I_{bc} = 0$$

$$I_3 + I_{bc} - I_{ca} = 0$$

以上 3 式相加后,得对闭合面 S 的电流代数和:

$$I_1 + I_2 + I_3 = 0$$

通过上式可以得到一个结论:在任一时刻,与任一闭合面连接的所有支路电流的代数和恒等于零;或者,在任一时刻,流出一闭合面的电流之和等于流入该闭合面的电流之和。KCL 是电荷守恒的体现。

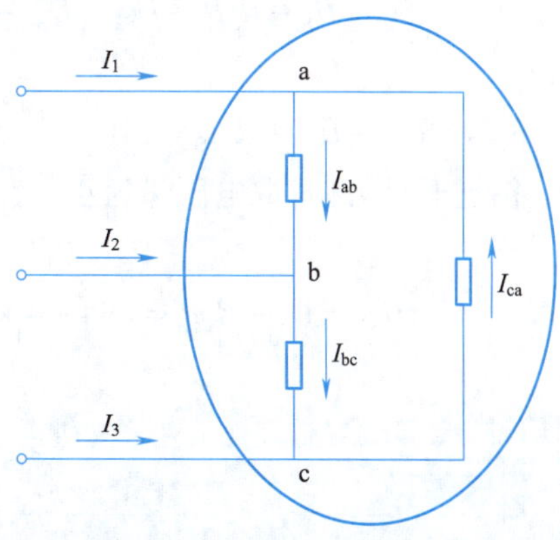

图 1-1-48　KCL 推广

1.8.3　基尔霍夫电压定律

基尔霍夫电压定律(KVL)指出:在任一时刻,沿着任一绕行方向(通常取顺时针的绕行方向),闭合回路中各段电压的代数和恒等于零。即

$$\sum U = 0$$

此处,电压的"代数和"根据沿着绕行方向电位升高还是降低判断。通常规定沿着绕行方向电位降低取"+",电位升高取"-"。如图 1-1-49 所示,则有:$U_{S2} - U_{S1} + U_{R_1} + U_{R_2} + U_{R_3} = 0$。

或者表述为,在任一时刻,沿着任一绕行方向,闭合回路中的所有电压升的代数和等于所有电压降的代数和,即

$$\sum U_{升} = \sum U_{降}$$

根据 KVL 有:$U_{S1} = U_{R_1} + U_{R_2} + U_{R_3} + U_{S2}$。

KVL 通常用于闭合回路,但对于不闭合回路同样适用。如图 1-1-50 所示,U_{AB}是电路中 A、B 两点之间的电压。如何求得电路中任意两点之间的电压?假设 A、B 两点之间的电压 U_{AB} 为已知,则有

$$U_A - U_B - U_{AB} = 0$$

通过上式可以得到一个结论:电路中任意两点间的电压等于这两点间沿任意路径各段电压的代数和。

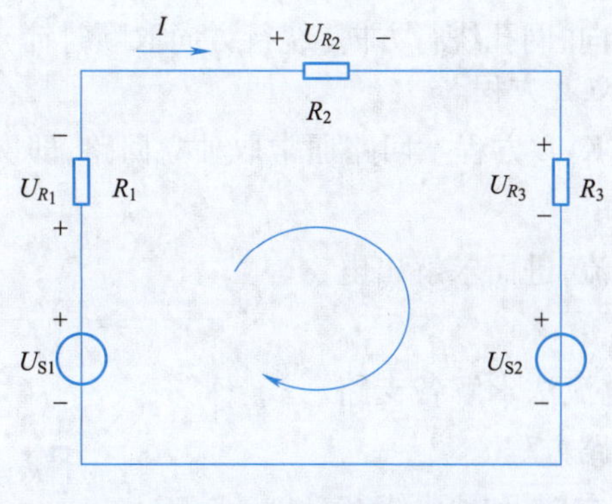

图 1-1-49　两个电源的闭合回路

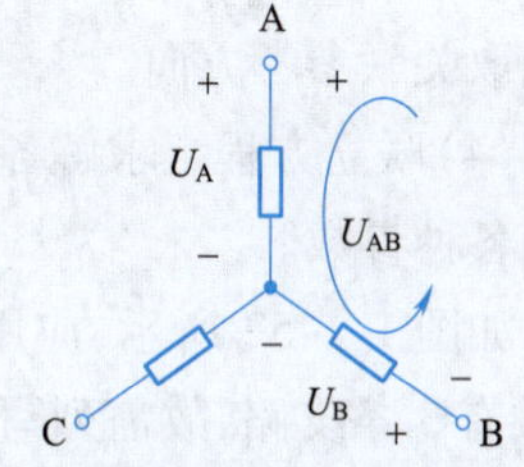

图 1-1-50　KVL 推广

【例 1-1-16】　如图 1-1-51 所示,已知 $U_{S1} = 100$ V,$U_{S2} = 20$ V,$I_S = 1$ A,$R_1 = 4\ \Omega$,$R_2 = 10\ \Omega$,求 U_S 和 U_{AB}。

解: 根据 KVL,沿顺时针方向,电压降低为正,有

$$U_S - R_2I_S + U_{S2} - U_{S1} - R_1I_S = 0$$

所以

$$U_S = R_2I_S - U_{S2} + U_{S1} + R_1I_S = (10\times1 - 20 + 100 + 4\times1)\ \text{V} = 94\ \text{V}$$

沿逆时针方向,取电压降为正,有

$$U_{AB} - U_S + R_1I_S = 0$$

所以 $U_{AB} = U_S - R_1I_S = (94 - 4\times1)\ \text{V} = 90\ \text{V}$

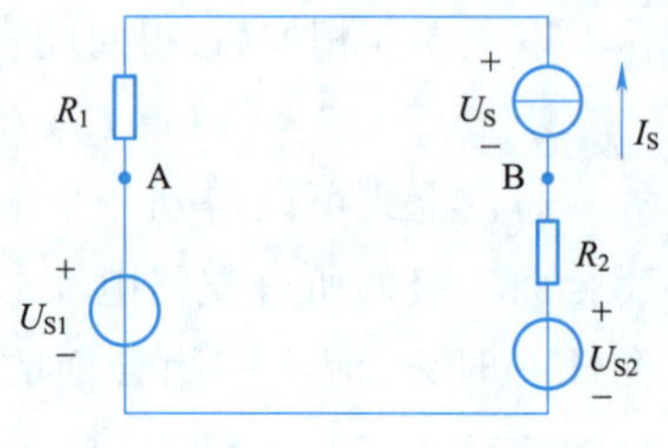

图 1-1-51 例 1-1-16 图

素养教育

基尔霍夫

古斯塔夫·罗伯特·基尔霍夫(1824—1887),德国物理学家,一生从事科学研究,在物理学、天文学和化学各方面都做出了重大的贡献。基尔霍夫为人乐观,无论是在靠拐杖或轮椅才能行动的日子,还是临终前饱受疾病折磨的几年都面不改色,坚强面对现实。1875 年,基尔霍夫因病结束了科研生涯,转投教育工作。他留在柏林大学担任理论物理学教研室主任,负责培养年轻的一代,他的四卷本教科书《数学物理学讲义》更成为当时德国著名大学的经典教材。在他的指导下,不少学生都成为著名的科学家,其中包括诺贝尔物理学奖得主普朗克。

1.9 支路电流法

动画

支路电流法

视频

支路电流法

以支路电流为待求量,综合应用 KCL、KVL 及欧姆定律列写电路方程组,求解各支路电流的方法称为支路电流法。支路电流法是计算复杂电路最基本的方法。电路方程个数与支路数相等。对于具有 b 条支路、n 个节点、m 个网孔的电路,支路电流法解题步骤如下:

(1)假定各支路电流的参考方向、网孔绕行方向(绕行方向取顺时针)。

(2)对独立节点列写 $n-1$ 个 KCL 方程。

(3)对回路列写 $b-(n-1)$ 个 KVL 方程。回路通常取独立回路,即网孔。电压和电流取关联参考方向。

(4)联立方程组求解各支路电流,进而求解出电路中各种参数。

如图 1-1-52 所示,应用支路电流法求解各支路电流。电路共有 3 条支路,故需列写 3 个电路方程。

(1)假定各支路电流 I_1、I_2、I_3 的参考方向及网孔绕行方向。

(2)图中有 2 个节点,独立节点只有 1 个。取 a 点列写电流方程。

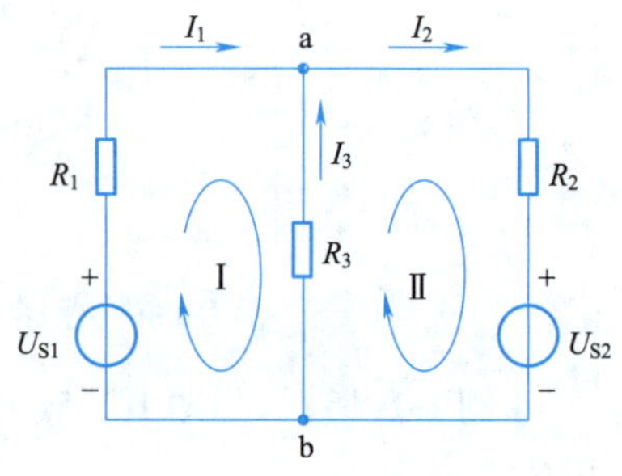

图 1-1-52 支路电流法

$$I_1 - I_2 + I_3 = 0$$

(3)图中有 3 个回路,任选 2 个回路列写电压方程。通常取独立回路,即网孔。

$$R_1I_1 - R_3I_3 - U_{S1} = 0$$

$$R_2I_2 + U_{S2} + R_3I_3 = 0$$

对 3 个方程求解可解得 3 个支路电流 I_1、I_2、I_3,进而求解出各元件上的电压及功率。

【例 1-1-17】　如图 1-1-53 所示,两台发电机并联运行共同向负载 R_L 供电。已知:$E_1 = 130$ V,$E_2 = 117$ V,$R_1 = 1\ \Omega$,$R_2 = 0.6\ \Omega$,$R_L = 24\ \Omega$,求各支路的电流及发电机两端的电压。

图 1-1-53　例 1-1-17 图

解:(1)假定各支路电流参考方向如图所示,回路绕行方向取顺时针方向。

(2)列节点 A KCL 方程:

$$I_1 + I_2 = I$$

(3)列回路 1、2 KVL 方程:

$$E_2 - E_1 + I_1R_1 - I_2R_2 = 0$$

$$I_2R_2 + IR_L - E_2 = 0$$

将数据代入各式后得

$$\begin{cases} I_1 + I_2 - I = 0 \\ 117 - 130 + I_1 - 0.6I_2 = 0 \\ 0.6I_2 + 24I - 117 = 0 \end{cases}$$

解此联立方程得

$$I_1 = 10\ \text{A} \quad I_2 = -5\ \text{A} \quad I = 5\ \text{A}$$

(4)发电机两端电压 $U = R_LI = 24 \times 5\ \text{V} = 120\ \text{V}$。

1.10　叠加定理

叠加定理是线性电路的一个重要定理。复杂电路通常都有多个电源共同作用,如果把含有多个电源的复杂电路分解成若干个电路,使每个电路只有一个电源作用,这样每个电路就可以用基本电路规律进行求解,最后再将电路上各点的参数求“代数和”。通过分解将复杂电路问题简单化,这就是叠加定理的中心思想。

视 频

叠加定理

叠加定理:在线性电路中,如果有多个独立电源同时作用时,任何一条支路的电流或电压等于电路中各个电源单独作用时,对该支路所产生的电流或电压的代数和。

当某独立电源作用电路时,其他独立电源应该“置零”,即令电压源电压 U_S 为 0,相当于“短路”,电流源电流 I_S 为 0,相当于“开路”(实际电源模型的内阻仍应保留在电路中),如图 1-1-54 所示,用叠加定理求流过 R_2 的电流 I_2,等于电压源、电流源单独对 R_2 支路作用产生的电流的叠加,即

$$I_2 = I_2' + I_2''$$

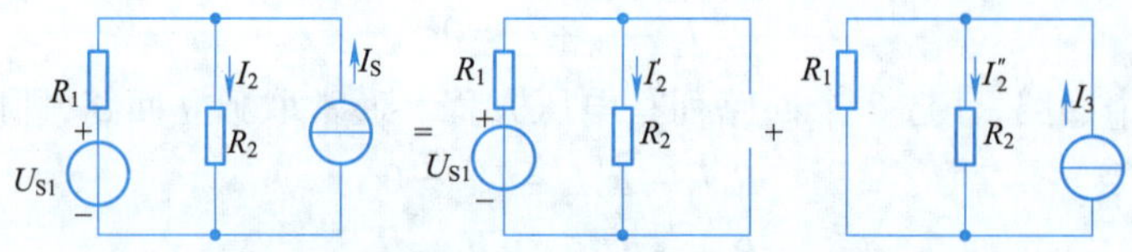

图 1-1-54　叠加定理示意

使用叠加定理时应注意以下几点：

（1）叠加定理适用于线性电路。

（2）在叠加的各分电路中，不作用的电源"置零"，即电压源处用短路代替，电流源处用开路代替。电路中所有电阻都不予改动，受控源则保留在各分电路中。

（3）叠加时各分电路中的电压和电流的参考方向与原电路中的参考方向相同时取"+"，反之取"-"。

（4）叠加定理不适用于功率求解，因为功率是电压和电流的乘积。

【例 1-1-18】　试用叠加定理计算图 1-1-55（a）所示电路中 I 和 U。

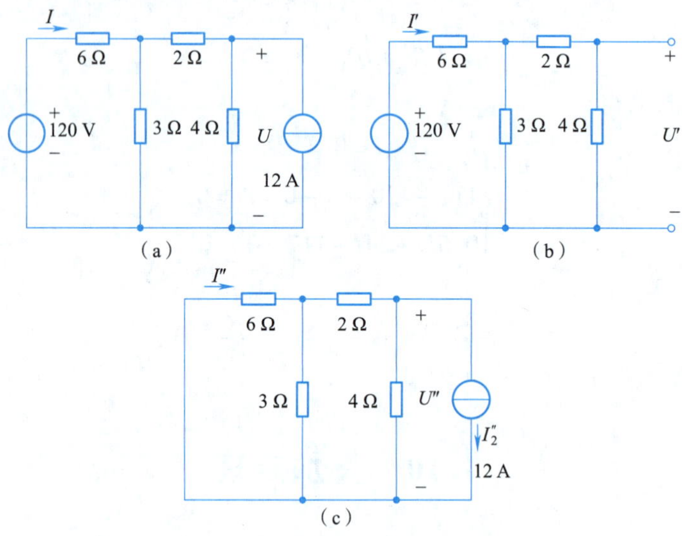

图 1-1-55　例 1-1-18 图

解： 画出两个电源分别作用的分电路如图 1-1-55（b）、（c）所示。对图 1-1-55（b）有

$$I' = \frac{120}{6 + \dfrac{3 \times (2+4)}{3+2+4}}\ \text{A} = \frac{120}{8}\ \text{A} = 15\ \text{A}$$

$$U' = 15 \times \frac{3 \times 4}{3+2+4}\ \text{V} = 20\ \text{V}$$

对图 1-1-55（c），用电阻串、并联简化方法，可求得

$$I'' = 2\ \text{A}$$

$$U'' = -24\ \text{V}$$

原电路的 I 和 U 为

$$I = I' + I'' = 17\ \text{A}$$

$$U = U' + U'' = -4\ \text{V}$$

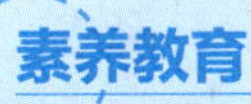

素养教育

国家科技进步一等奖获得者——马伟明院士

马伟明，动力与电气工程专家，中国工程院院士，海军工程大学教授、博士生导师。

马伟明院士长期致力于独立系统集成化发电、独立电力系统电磁兼容、电力电子应用技术等领域的教学与研究，获国家科技进步一等奖2项。全国十大“杰出专业技术人才”、十佳“全国优秀科技工作者”“有突出贡献的中青年专家”。2017年7月28日获得“八一勋章”。带领科研创新团队在“舰船能源与动力”“电磁发射技术”和“新能源接入技术”等领域开展了一系列应用基础理论研究、关键技术攻关和重大装备研制，取得了一批具有革命性意义的原创性成果，为国防装备现代化建设和高层次人才培养做出了突出贡献。

1.11　戴维南定理

视频

戴维南定理

二端网络：对外只有两个连接端子的电路网络。

有源线性二端网络：含有电源的二端线性网络，如图1-1-56所示。

无源线性二端网络：不含有电源的二端线性网络，如图1-1-57所示。

有源线性二端网络可以等效成一个实际的电压源模型。等效的过程即为戴维南定理。

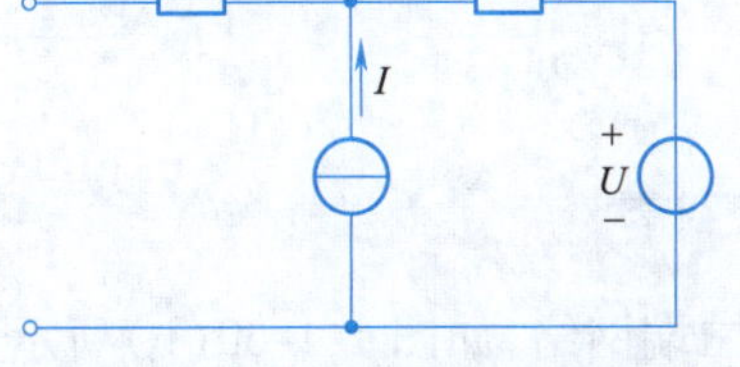

图1-1-56　有源线性二端网络

图1-1-57　无源线性二端网络

动画

戴维南定理

戴维南定理：任一线性含源的二端网络N，对外电路而言，可以等效为一理想电压源与电阻串联的电压源支路。理想电压源的电压等于原二端网络的开路电压U_{OC}，其串联电阻（内阻）等于原二端网络无源化（电压源短路，电流源开路）后，从端口看进去的等效电阻R_i，如图1-1-58所示。

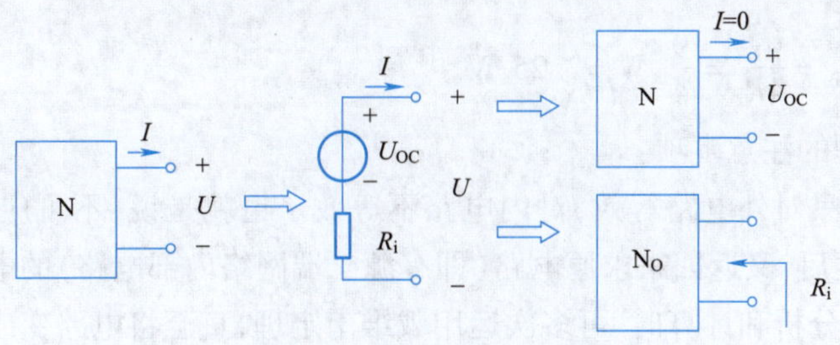

图1-1-58　戴维南定理示意

【例 1-1-19】 用戴维南定理,求图 1-1-59(a)中流过 4 Ω 电阻的电流 I。

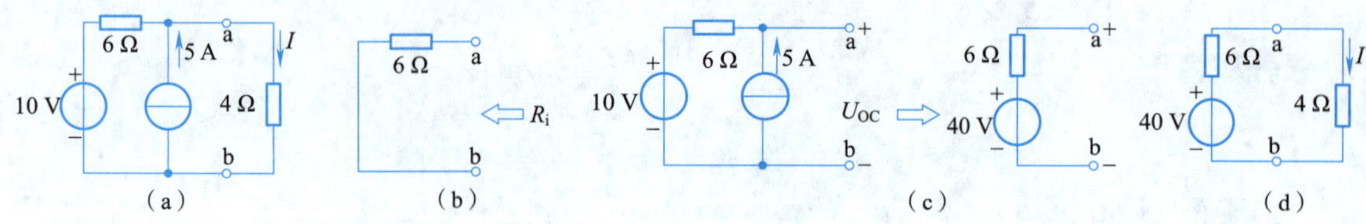

图 1-1-59 例 1-1-19 图

解:(1)求等效电阻 R_i(电压源短路,电流源、负载开路,从 a、b 两端看进去的电阻)。如图 1-1-59(b)所示,则有

$$R_i = 6\ \Omega$$

(2)求开路电压 U_{OC}(负载断开时,a、b 两端点之间的电压),如图 1-1-59(c)所示,则有

$$U_{OC} = (5 \times 6 + 10)\ \text{V} = 40\ \text{V}$$

(3)将 4 Ω 负载接至等效电路 a、b 端,求电流 I,如图 1-1-59(d)所示,则有

$$I = \frac{40}{10}\ \text{A} = 4\ \text{A}$$

【例 1-1-20】 在图 1-1-60(a)所示电路中,如果电阻 R 可变,求 R 为何值时,从电路中吸取的功率最大?该最大功率是多少?

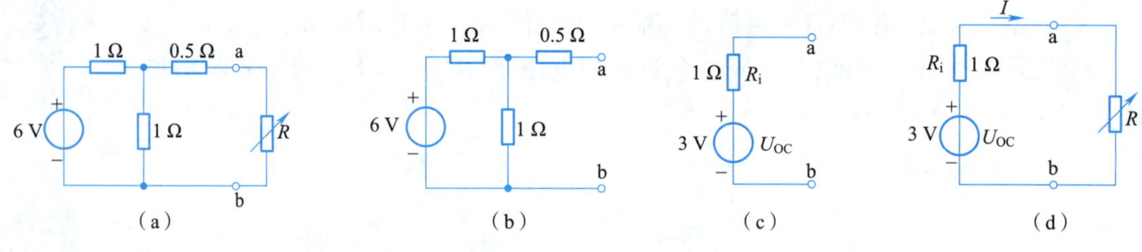

图 1-1-60 例 1-1-20 图

解:应用戴维南定理将图 1-1-60(a)变换为有源二端网络,如图 1-1-60(b)所示,根据戴维南定理将图 1-1-60(b)等效为图 1-1-60(c),则原电路变为图 1-1-60(d)所示电路,电阻 R 吸收功率为

$$P_R = RI^2 = \frac{U_{OC}^2 R}{(R_i + R)^2}$$

如果 R 可变,则 P_R 的最大值为 $\frac{dP_R}{dR} = 0$ 的点,此时 $R = R_i$,所以当 $R = 1\ \Omega$ 时,能获取最大功率。最大功率为 $P_{R\max} = \frac{U_{OC}^2}{4R_i} = \frac{9}{4}\ \text{W} = 2.25\ \text{W}$。

应用戴维南定理的注意事项:

(1)戴维南定理只对外电路等效,对内电路不等效。也就是说,不可应用该定理求出等效电源电动势和内阻之后,又返回来求原电路(即有源二端网络内部电路)的电流和功率。

(2)对电路进行分析和计算时,可多次运用戴维南定理,直至将电路变成简单电路。

(3)戴维南定理只适用于线性有源二端网络。

小 结

1. 电路由电源、中间环节及负载三部分组成，电源供给能量，负载消耗能量。电路模型由理想电路元件按照支路和节点方式构成。

2. 电路中常用的物理量主要有电压 U、电流 I、电位 V、电动势 E、功率 P 和电能 W。电压、电流参考方向是为了分析电路方便而任意假设的。在假定的参考方向下，电压、电流值都是代数值。参考方向与实际方向相同时为正值，反之为负值。

设定电压、电流参考方向时应尽可能采用关联参考方向。负载的电压、电流关联方向为相同方向，电源的电压、电流关联方向为相反方向。当电压、电流参考方向非关联参考方向时，电路元件的约束方程和功率计算式前应加“-”号。

3. 电路有开路、短路和带载三种状态，特点分别如下。

(1)开路：电流 $I=0$；端电压 U 等于电源电压 U_S；电路不消耗功率，即 $P=0$。

(2)短路：端电压 $U=0$；电流 $I=U_S/R_i$，为电源电动势除以电源内阻，因为一般电源内阻 R_i 很小，所以短路电流 I_S 很大；功率 $P=I_S^2R_i$，全部消耗在电源内部。一般短路是一种不正常状态，有时会引起事故，因此应避免短路的发生。

(3)带载：电流、电压、功率由电源和负载共同决定，即

$$I=\frac{U_S}{R+R_i} \quad U=U_S-IR_i \quad P=UI$$

4. 基尔霍夫电流定律(KCL)阐明了电路中与任一节点有关的各电流之间的关系，即 $\sum I=0$。

基尔霍夫电压定律(KVL)阐明了电路中任一闭合回路有关的各电压之间的关系，即 $\sum U=0$ 或 $\sum U_S=\sum IR$。

5. 支路电流法是直接应用 KCL、KVL 分析电路的方法，是一种最基本的电路分析方法，是以支路电流为未知量建立方程组求解的方法。对有 b 条支路、n 个节点的电路，可列出 $(n-1)$ 个 KCL 方程，$b-(n-1)$ 个 KVL 方程，共 b 个方程。

6. 基本有源电路元件有电压源和电流源。电压源又分理想电压源和实际电压源；电流源又分理想电流源和实际电流源。电压源提供的电压是恒定的，提供的电流及功率根据外电路决定；电流源提供的电流是恒定的，其端电压及功率由外电路决定。实际电压源和实际电流源的外特性是相同的，两者之间可以进行等效变换，其变换的方法如下。

实际电压源变换为实际电流源：内阻 R_i 不变，$I_S=U_S/R_i$。

实际电流源变换为实际电压源：内阻 R_i 不变，$U_S=I_SR_i$。

7. 叠加定理是应用线性性质分析电路的一个重要定理，它适用于多个独立源作用的线性电路。多个独立源可以是电压源、电流源、正弦的或非正弦的周期信号等。它们共同作用在某支路(或元件)的响应为各独立源单独作用时响应的代数和。某独立源单独作用时，其他独立源不作用，即电压源以短路元件代替，电流源以开路元件代替。

叠加定理不适用于电路中功率的计算。

8. 戴维南定理是将一个有源二端网络用一个等效电压源代替，对外作用不变。等效电压源的电动势为二端网络的开路电压，等效电压源的内阻为将有源二端网络各电源不作用后对开

路端的等效电阻。所谓不作用,就是将电压源短路、电流源开路处理。在计算复杂电路时,如只需求其中某一支路电流时,用戴维南定理比较方便。

习　题

一、填空题

1. 电路的作用:一是实现电能的__________、__________和__________;二是完成信号的__________和__________。

2. __________规定为电流的实际方向。

3. 电位、电压的单位是__________。

4. 电压是电场力把单位正电荷从一点移到另一点所做的__________。

5. 电压的实际方向是由__________。

6. 1 V = __________ mV。

7. 参考方向是为了进行电路分析而假定的方向,可以任意选定,当计算结果为正时,实际方向与参考方向__________;当计算结果为负时,实际方向与参考方向__________。

8. 同一元件的 U、I 同方向,称为__________。

9. 当电阻元件电流和电压的参考方向关联情况下,电阻吸收的电功率 $P=$__________。

10. 1 度 = __________。

11. 当元件电流和电压的参考方向非关联参考方向情况下,吸收的电功率计算公式为 $P=$__________,若 $P>0$,电路实际吸收功率,元件为__________;若 $P<0$,电路实际输出功率,元件为__________。

12. 非关联参考方向欧姆定律的公式为 $U=$__________。

13. 实际电源带载后,端电压__________,输出电流__________。

14. 当 $R=0$ 时,实际电压源就成为理想__________;当 $R=\infty$ 时,实际电流源就成为理想__________。

15. 由电压源模型转换成电流源模型,电流源电流 $I_S=$__________。

16. 开路状态 $I=$__________,短路状态 $U=$__________。

17. 当电气设备实际电流等于额定电流时,称为__________。

18. 电路中流过同一电流的几个元件互相连接起来的分支称为__________。

19. 3 条或 3 条以上支路的连接点叫作__________。

20. 由支路组成的闭合路径称为__________。

21. 内部不含支路的回路称为__________。

22. 以支路电流为待求量,应用 KCL、KVL 列写电路方程组,求解各支路电流的方法称为__________。

23. 应用支路电流法求解电路的过程中,列写 KCL 方程__________个,KVL 方程__________个。

24. 基尔霍夫电流定律指出,在任一时刻,流出任一节点的支路电流之和__________流入该节点的支路电流之和。

25. 基尔霍夫电压定律指出,在任一瞬间,沿任一回路绕行方向,回路中各段电压的代数和__________。

26. R_1、R_2 串联，总电压是 U，串联分压公式 $U_1=$__________，$U_2=$__________；R_1、R_2 并联，总电流是 I，并联分流公式 $I_1=$__________，$I_2=$__________。

27. 在线性电路中，如果有多个电源共同作用，任何一支路的电压(电流)等于每个电源单独作用时，在该支路上所产生的电压(电流)的__________。

28. 应用叠加定理，单个电源单独作用时，不作用电源__________。

29. 应用叠加定理时，应注意电源单独作用时电路各处电压、电流的参考方向与各电源共同作用时的参考方向是__________。

30. 内部含有电源的二端网络称为__________。

31. 戴维南定理：任一线性含源的二端网络 N，对外而言，可以等效为一__________与__________串联的电压源支路。应用戴维南定理进行等效变换的过程中，理想电压源的电压等于原二端网络的__________，其串联电阻(内阻)等于原二端网络化成无源(电压源短路，电流源开路)后，从端口看进去的__________。

二、选择题

1. 电路的组成不包括(   )。

A. 电源　　B. 负载　　C. 导线　　D. 中间环节

2. 电路中参考点改变后，电路中任意两点间的电压(   )。

A. 增大　　B. 减小　　C. 增大或减小　　D. 不变

3. 图 1 中 A、B、C 三点电位高低(   )。

A. $V_A>V_B>V_C$　　B. $V_B>V_A>V_C$　　C. $V_C>V_B>V_A$　　D. $V_A>V_C>V_B$

4. 下面哪一幅图是关联参考方向(   )。

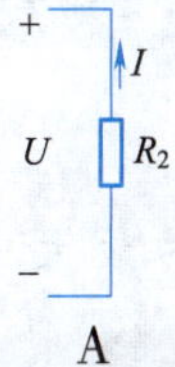

A

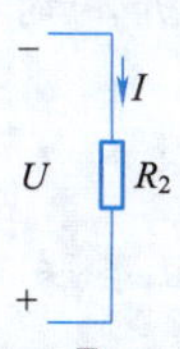

B

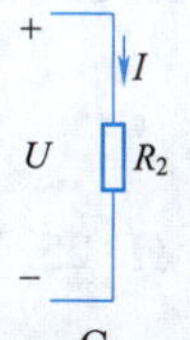

C

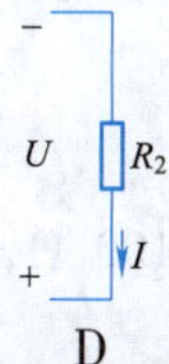

D

5. 设 60 W 和 100 W 的电灯在 220 V 电压下工作时的电阻分别为 R_1 和 R_2，则 R_1 和 R_2 的关系为(   )。

A. $R_1>R_2$　　B. $R_1=R_2$　　C. $R_1<R_2$　　D. 不能确定

6. 图 2 中，a、b 间的等效电阻为(   )Ω。

A. 10　　B. 8　　C. 5　　D. 4

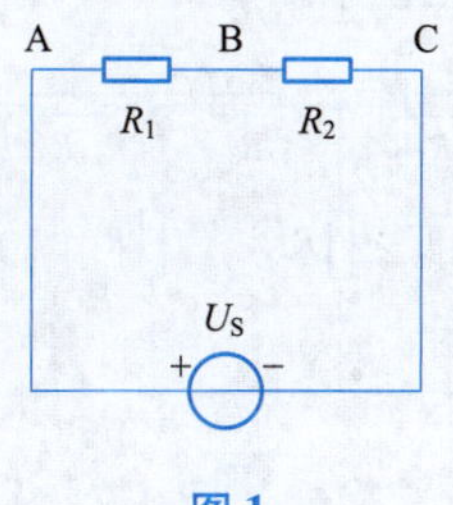

图 1

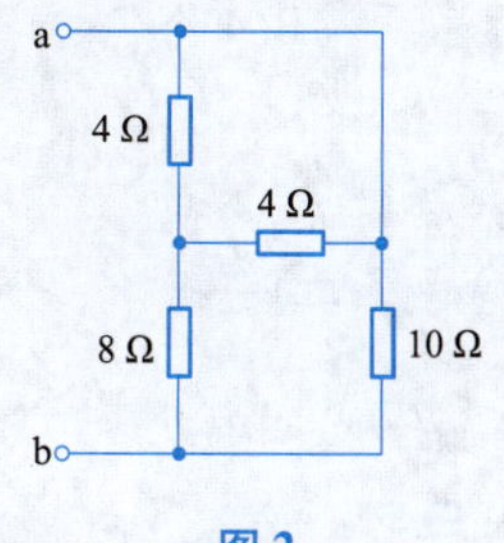

图 2

7. 图 3 中，a、b 间的等效电阻为(　　)Ω。

A. 10　　B. 5　　C. 2.5　　D. 0

8. 一个由线性电阻构成的电器，从 220 V 的电源吸收 1 000 W 的功率，若将此电器接到 110 V 的电源上，则吸收功率为(　　)。

A. 250 W　　B. 500 W　　C. 1 000 W　　D. 2 000 W

9. 图 4 中，6 V 电压源吸收功率为(　　)W。

A. 24　　B. 20　　C. −24　　D. −20

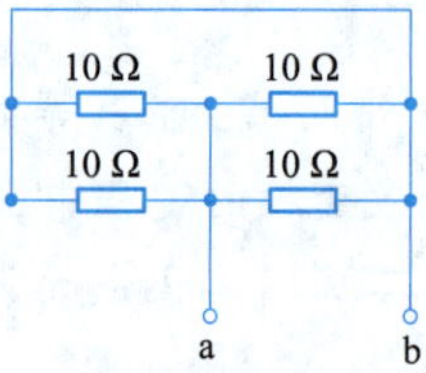

图 3

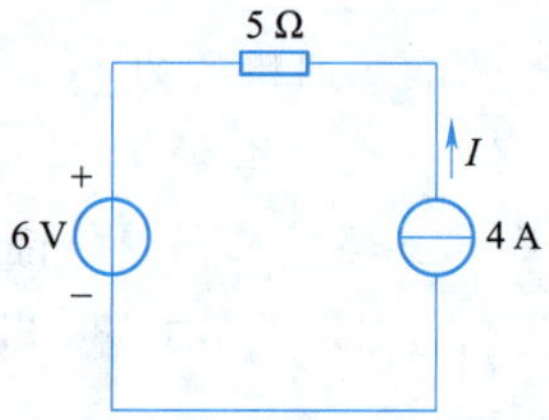

图 4

10. 理想电流源的外接电阻逐渐增大，则它的端电压(　　)。

A. 逐渐升高　　B. 逐渐降低　　C. 先升高后降低　　D. 恒定不变

11. 两个理想电流源并联可等效为一个理想电流源，其等效的电流源电流为(　　)。

A. 两个电流源中电流较大的　　B. 两个电流源电流的代数和

C. 两个电流源电流的平均值　　D. 两个电流源电流中较小的

12. 电路如图 5 所示，已知 $E=5$ V，$R=10$ Ω，$I=1$ A，则电压 $U=$(　　)V。

A. 15　　B. 5　　C. −5　　D. 10

13. 标明 100 Ω，16 W 和 100 Ω，25 W 的两个电阻并联时，两端允许加的最大电压是(　　)V。

A. 40　　B. 50　　C. 90　　D. 10

14. 标明 100 Ω，16 W 和 100 Ω，25 W 的两个电阻串联时，允许流过的最大电流是(　　)A。

A. 0.4　　B. 0.5　　C. 0.9　　D. 0.1

15. 一电路有 4 个节点和 6 条支路，用支路电流法求解各支路电流时，应列出独立的 KCL 方程和 KVL 方程的数目分别为(　　)。

A. 2 个和 3 个　　B. 2 个和 4 个　　C. 3 个和 3 个　　D. 4 个和 6 个

16. 图 6 所示的电路中有几个节点(　　)。

A. 3 个　　B. 4 个　　C. 5 个　　D. 6 个

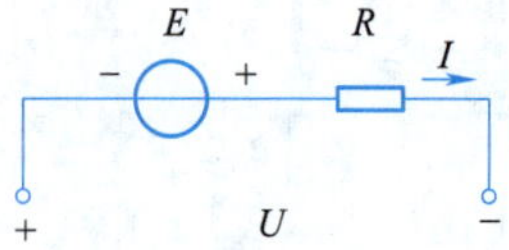

图 5

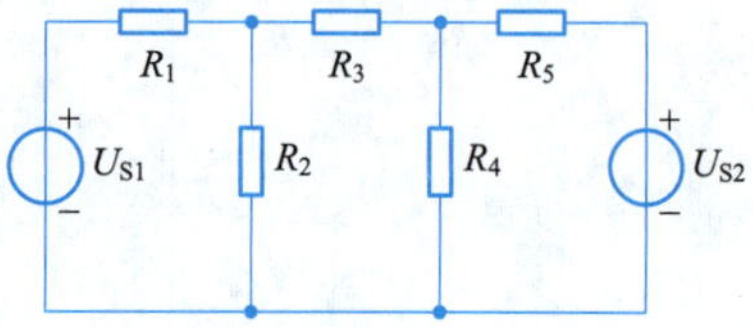

图 6

17. 图 7 中，已知 $R_0=10\ \Omega$，$R_1=15\ \Omega$。$R=($　　$)\ \Omega$ 时能获得最大功率。

A. 25　　B. 15　　C. 10　　D. 6

18. 某电路中负载获得最大的功率为 60 W，此时电源内阻消耗的功率为(　　)W。

A. 30　　B. 60　　C. 120　　D. 240

19. 图 8 中，有源二端网络的等效入端电阻 R_{ab} 为(　　)。

A. 3 kΩ　　B. 1.5 kΩ　　C. 1 kΩ　　D. 0

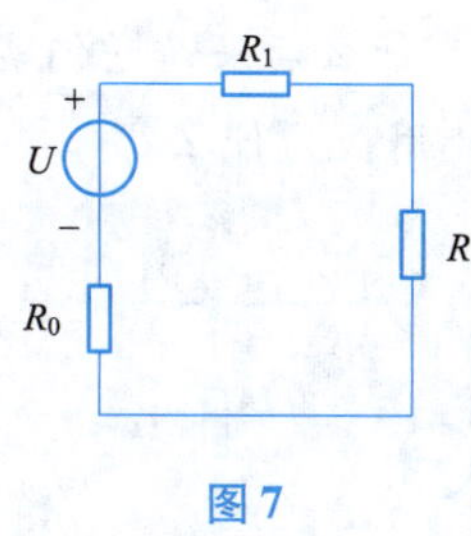

图 7

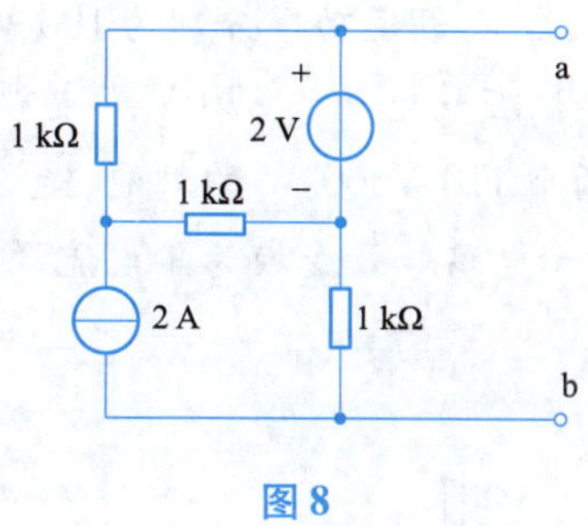

图 8

三、综合题

1. 如图 9 所示，求电路中 a、b 端的等效电阻 R_{ab}。

2. 如图 10 所示，求电路中 a、b 端的等效电阻 R_{ab}。

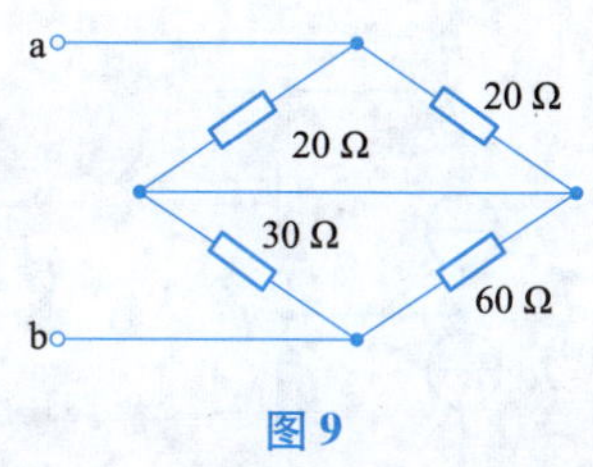

图 9

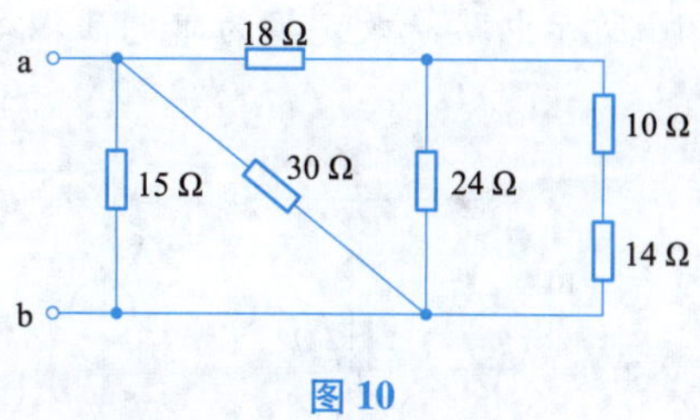

图 10

3. 如图 11 所示，已知电阻 R_2 消耗的功率为 2 W，求 U_S、R_2 与 R_3。

4. 如图 12 所示，其中电阻 R_1 与 R_2 的值应分别为多少？

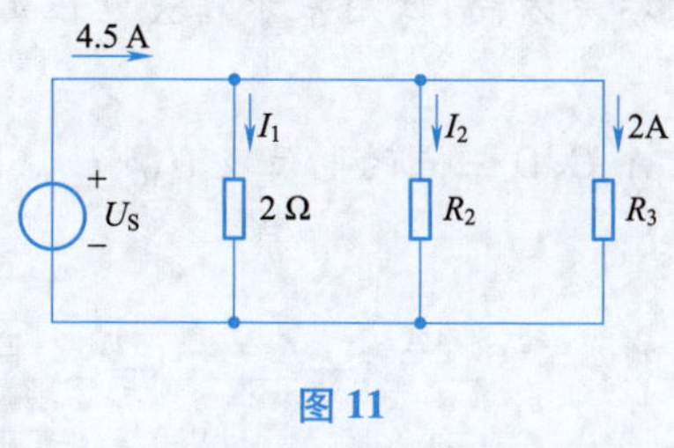

图 11

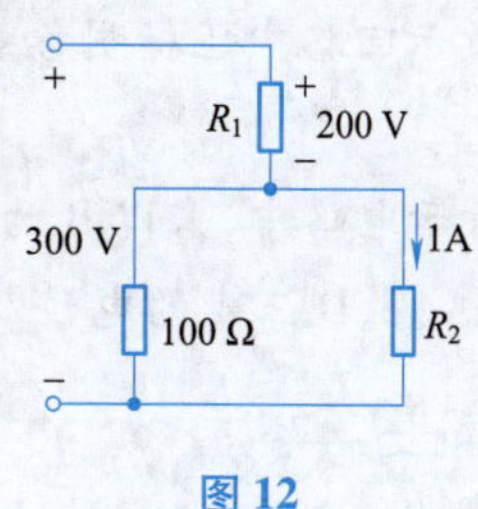

图 12

5. 如图 13 所示，求 U_{ab}。

6. 在图 14 中，电流(或电压)的参考方向已标出，且已测得 $I_1=1$ A，$I_2=2$ A，$I_3=-3$ A，$U_1=5$ V，$U_2=1$ V，$U_3=-4$ V，$U_4=7$ V，$U_5=3$ V，说明各器件的工作性质(电源还是负载)，并说明功率平衡关系。

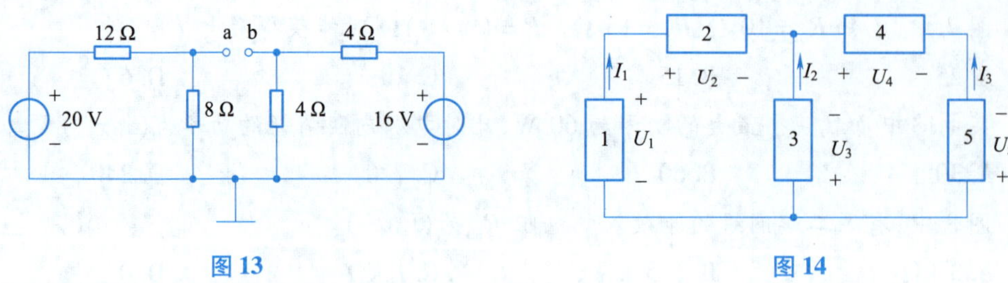

图 13　　　　　　　　　　图 14

7. 额定电压 110 V,额定功率分别为 100 W 和 60 W 的两只灯泡,应该采用何种连接方式才能正常工作?若串联在端电压为 220 V 的电源上使用,会有什么后果?它们实际消耗的功率各是多少?如果是两个 110 V,60 W 的灯泡,是否可以这样使用?为什么?

8. 将图 15 所示电路等效变换为单电流源电路。

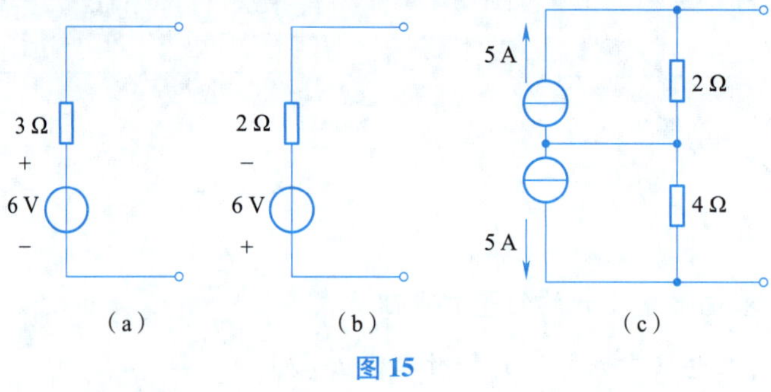

图 15

9. 将图 16 所示电路等效变换为单电压源电路。

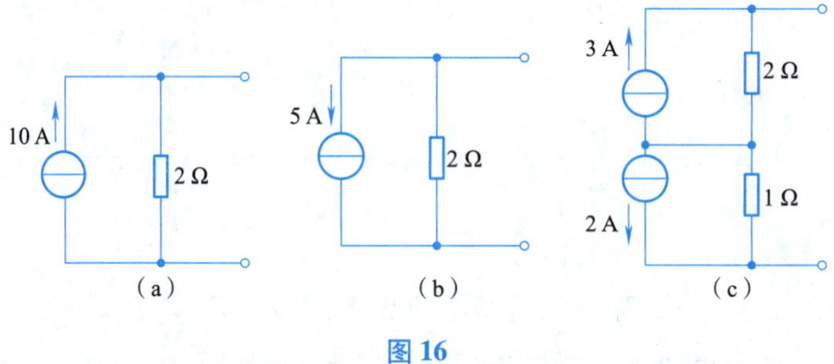

图 16

10. 图 17 所示回路中已标明各支路电流的参考方向,试用基尔霍夫电压定律写出回路的电压方程。

11. 图 18 所示电路中,若以 B 为参考点,求 A、C、D 三点的电位及 U_{AC}、U_{AD}、U_{CD}。若改 C 点为参考点,再求 A、C、D 三点的电位及 U_{AC}、U_{AD}、U_{CD}。

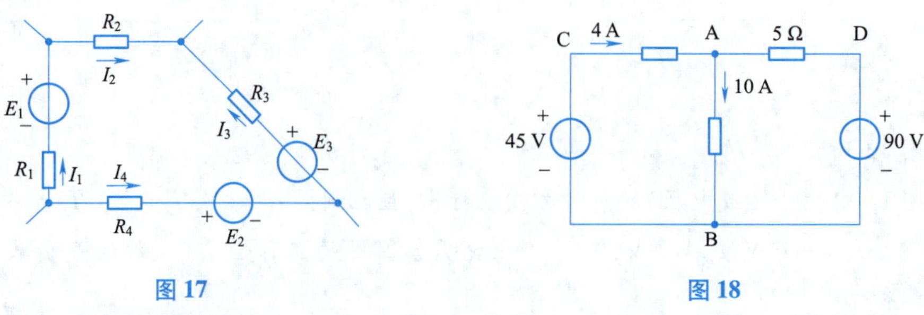

图 17　　　　　　　　　　图 18

12. 求图 19 所示电路中的电压 U_{AB}。

13. 图 20 为一直流三线供电系统，已知两根线的电流 $I_{11}=2$ A，$I_{12}=3$ A，负载电阻 $R_1=R_2=R_3=1\ \Omega$。试求 I_{13}及各负载的电流 I_1、I_2、I_3。

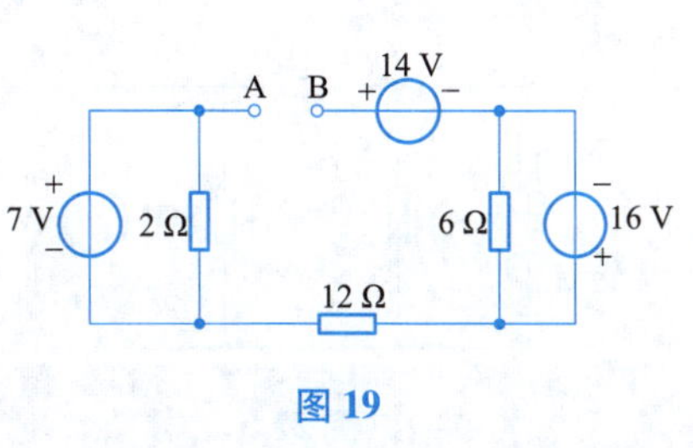

图 19

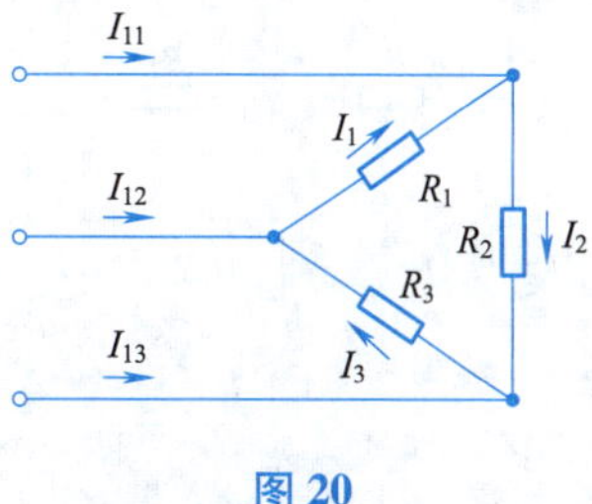

图 20

14. 如图 21 所示，已知 $I_1=1$ A，$I_2=2$ A，$I_5=16$ A，求 I_3、I_4 和 I_6。

15. 如图 22 所示，已知 $U=20$ V，$U_{S1}=8$ V，$U_{S2}=4$ V，$R_1=2\ \Omega$，$R_2=4\ \Omega$，$R_3=5\ \Omega$，设 a、b 两端开路，求开路电压 U_{ab}。

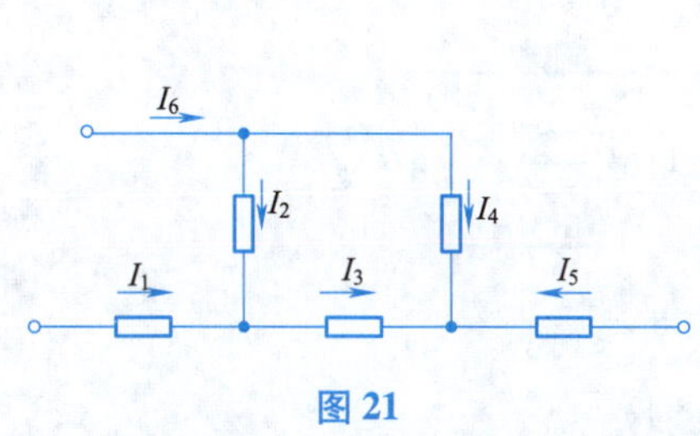

图 21

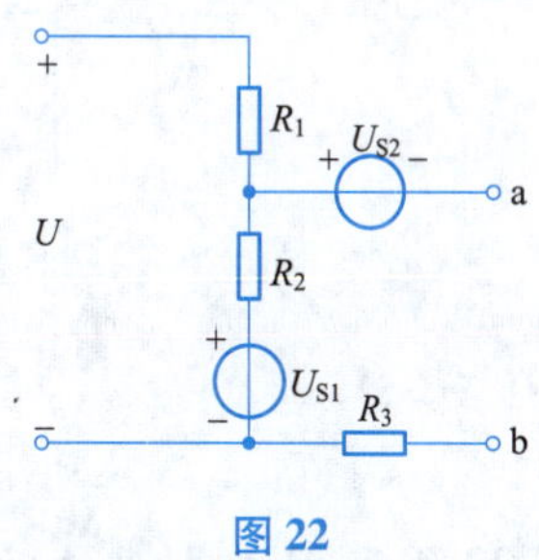

图 22

16. 如图 23 所示，试列出求解各支路电流所需的方程。

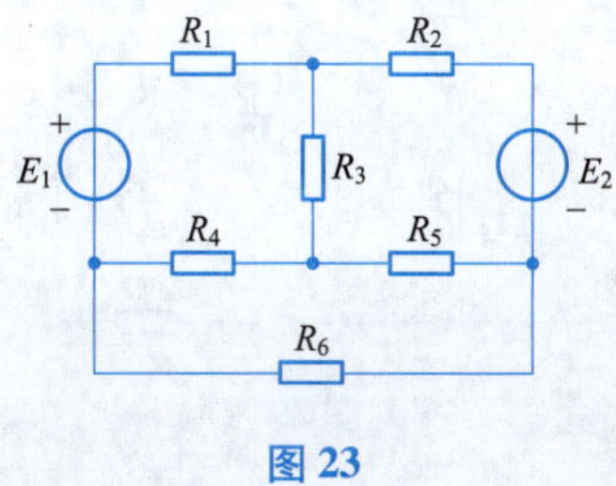

图 23

17. 试将图 24 用等效电流源来代替，再变换成等效电压源。

18. 试用支路电流法求图 25 所示电路中的电流 I_1、I_2、I_3。已知：$E_1=220$ V，$E_2=E_3=110$ V，内阻 $R_{01}=R_{02}=R_{03}=1\ \Omega$，负载电阻 $R_1=R_2=R_3=9\ \Omega$。

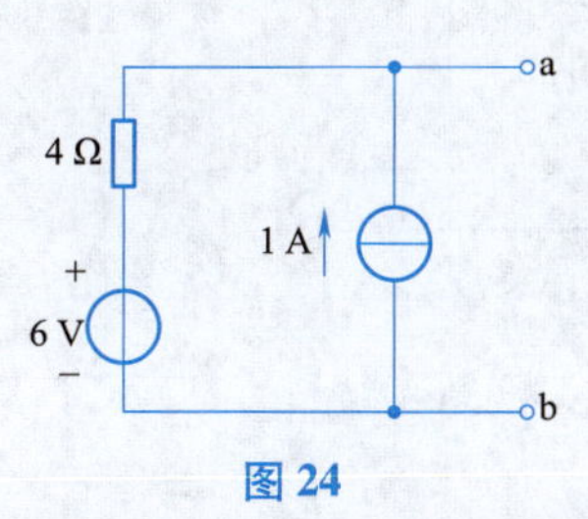

图 24

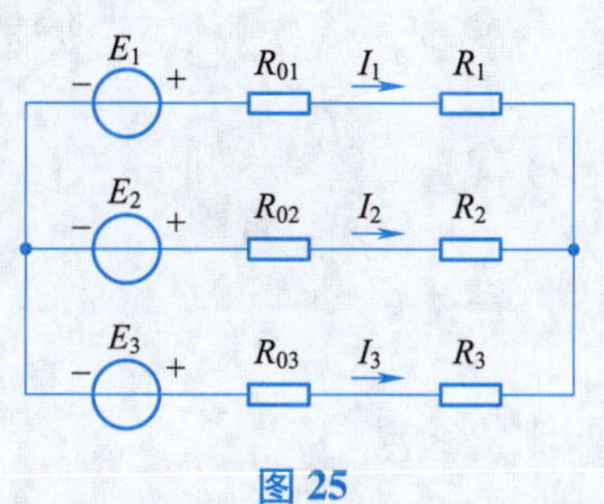

图 25

19. 试用支路电流法求图 26 所示电路中通过电阻 R_3 支路的电流 I_3 及理想电流源的端电压 U。已知：$I_S=2$ A，$E=2$ V，$R_1=3\ \Omega$，$R_2=R_3=2\ \Omega$。

20. 试用叠加定理求解图 27 所示电路中的电流 I。

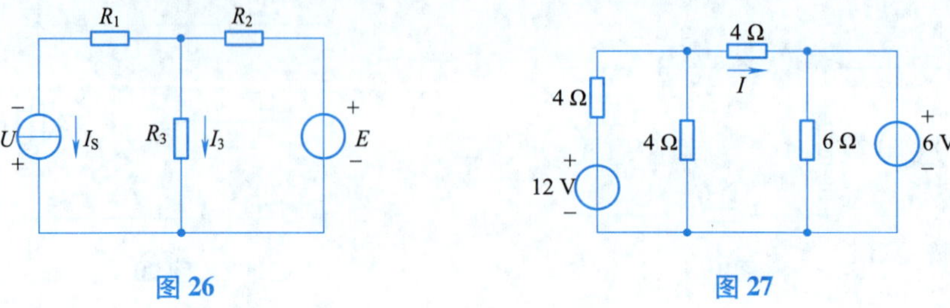

图 26　　　　图 27

21. 试求图 28 所示电路中的电压 U。

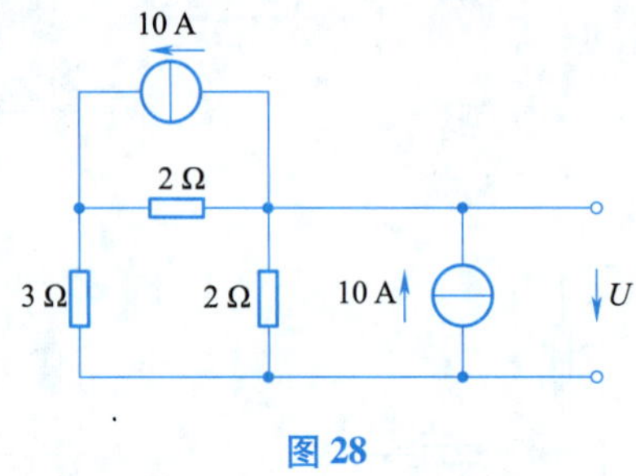

图 28

22. 如图 29 所示，已知 $I=1$ A，试求电动势 E。

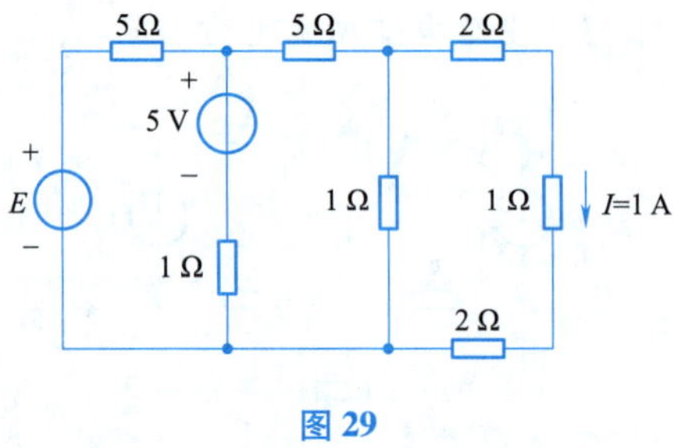

图 29

23. 图 30 为一电桥电路，试用戴维南定理求通过对角线 bd 支路的电流 I。

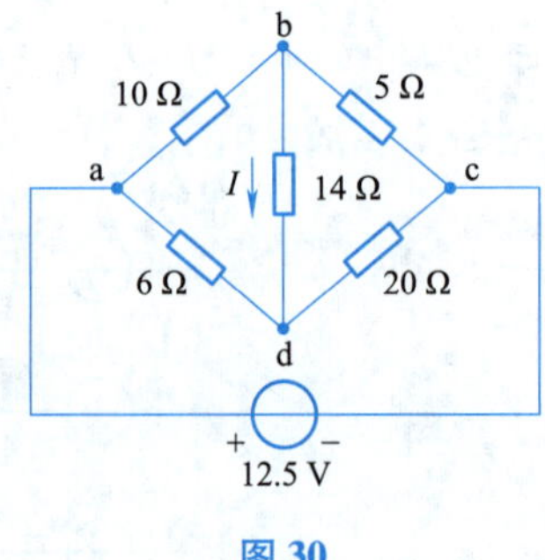

图 30

24. 试用戴维南定理求图 31 所示电路中通过 10 Ω 电阻的电流 I。

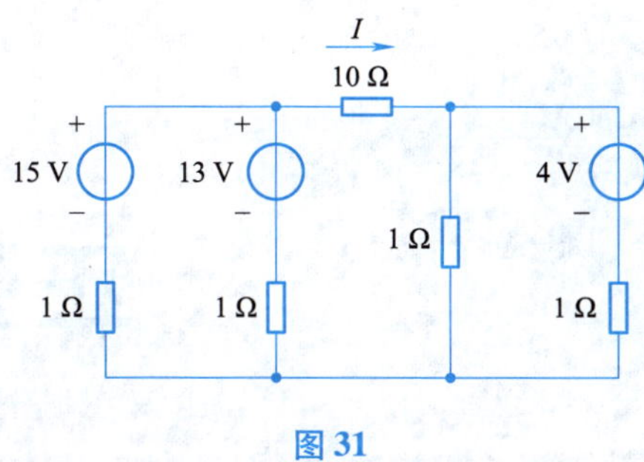

图 31

25. 求图 32 所示二端网络戴维南等效电路中的等效电阻 R_i。

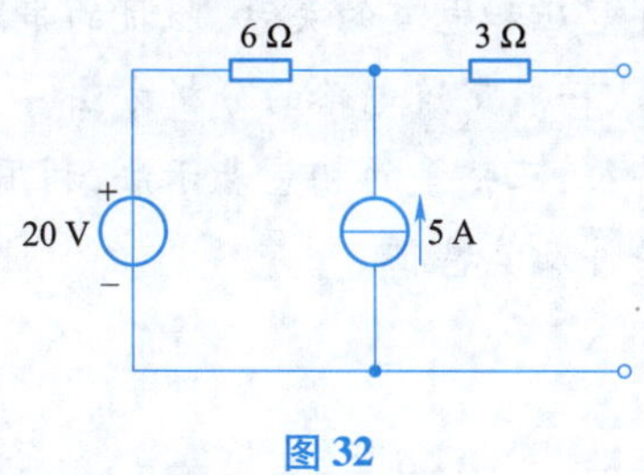

图 32

第 2 章 正弦交流电路

学习目标

1. 掌握电阻、电容、电感元件电压和电流的关系，阻抗的串联和并联。
2. 掌握交流电路的功率计算，一般交流电路的分析方法。
3. 熟悉正弦交流量的基本特征，正弦量的相量表示法，利用相量图分析电路的方法。
4. 了解电路中谐振的发生条件及其特征。

学习重点

1. 交流电路中元件的相量模型。
2. 基尔霍夫定律、欧姆定律的相量形式。
3. 交流电路的分析方法，交流电路的功率计算。

学习难点

1. 交流电路中元件的相量模型。
2. 基尔霍夫定律、欧姆定律的相量形式。
3. 利用相量图分析电路的方法。

日常生活及工农业生产中，单相正弦交流电路随处可见。例如，照明设备、冰箱、洗衣机等电气设备和供电系统组成的电路，就是单相交流电路。

交流电（Alternating Current，AC）的大小和方向都随时间变化；正弦交流电其大小和方向随时间按正弦规律变化。用于分析直流电路的各种定律和定理同样适用于正弦交流电路的分析。

视频

正弦量

2.1 正弦量

随时间按正弦规律变化的电压、电流称为正弦电压、正弦电流。所有按正弦规律变化的物理量统称为正弦量。

设通过元件的电流 i 是正弦电流，其参考方向如图 1-2-1 所示。正弦电流的一般表达式为

$$i(t)=I_{m}\sin(\omega t+\psi_{i})$$

式中，$i(t)$是时间 t 的正弦函数，$i(t)$称为瞬时值，用小写字母表示。

上式又称为瞬时值表达式。电流 $i(t)$的时间函数曲线如图 1-2-2 所示，称为波形图。

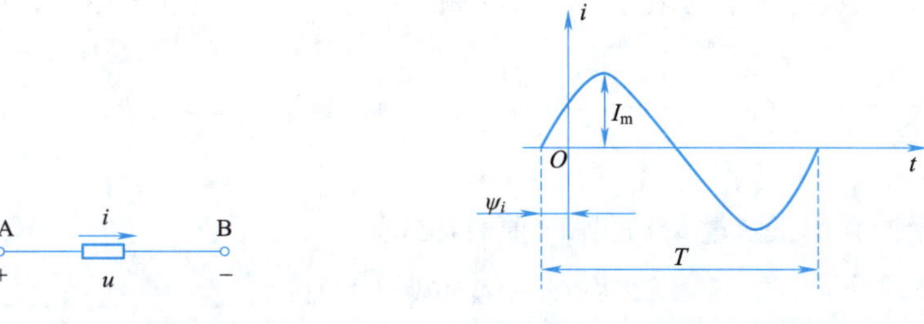

图 1-2-1　电路元件

图 1-2-2　正弦电流波形图($\psi_i>0$)

2.1.1　正弦量的三要素

1. 振幅

正弦量的振幅用大写字母加下标 m 表示，是正弦量的最大值，如 I_m、U_m、E_m 等，它反映了正弦量变化的幅度。

2. 角频率

正弦量每重复变化一次所经历的时间间隔即为它的周期，用 T 表示，周期的单位为秒(s)。正弦电流每经过一个周期 T，对应的角度变化了 2π 弧度，所以

$$\omega T=2\pi$$

$$\omega=\frac{2\pi}{T}=2\pi f$$

式中，ω 为角频率，表示正弦量在单位时间内变化的弧度数，反映正弦量变化的快慢，单位为 rad/s；$f=\frac{1}{T}$为频率，表示单位时间内正弦量循环变化的次数，单位为赫[兹](Hz)。我国电力系统的额定频率(工频)为 50 Hz。

3. 初相

$(\omega t+\psi_i)$是随时间变化的量，称为正弦量的相位，它描述了正弦量变化的进程或状态。$t=0$ 时刻的相位为 ψ_i，称为初相位或初相角，简称初相。习惯上取$|\psi_i|\leqslant 180°$。

图 1-2-3(a)、(b)，分别表示初相为正值和负值时正弦电流的波形图。初相与计时零点的位置有关。对任一正弦量，初相是允许任意指定的，但对于同一电路中相关的正弦量，它们只能有一个共同的计时零点。

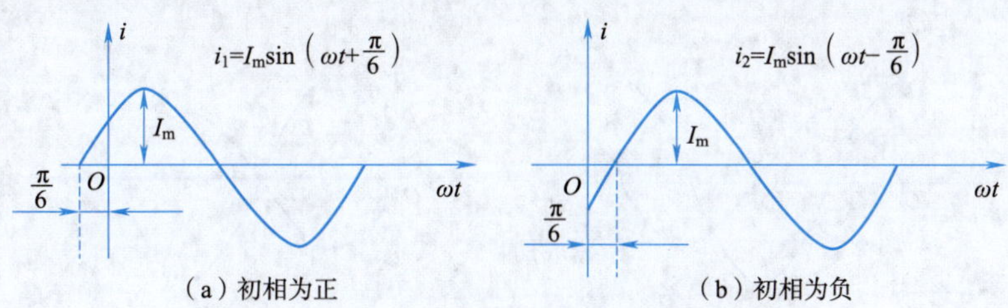

图 1-2-3　正弦电流的波形图

振幅、角频率和初相称为正弦量的三要素。正弦量的三要素是正弦量之间进行比较和区分的依据。

正弦量乘以常数，正弦量的微分、积分，同频率正弦量的代数和等运算，其结果仍为一个同频率正弦量。

2.1.2 相位差

设任意两个同频率正弦量 u、i 的瞬时值表达式为

$$u(t)=U_{\mathrm{m}}\sin(\omega t+\psi_u)$$

$$i(t)=I_{\mathrm{m}}\sin(\omega t+\psi_i)$$

则 u、i 的相位差为

$$\varphi=(\omega t+\psi_u)-(\omega t+\psi_i)=\psi_u-\psi_i$$

相位差在任何时刻都是一个与时间无关、与计时零点位置无关的常量，等于初相位之差。习惯上取 $|\varphi|\leqslant 180°$。

1. 超前(滞后)

如图 1-2-4(a)所示，两个同频率正弦量相位差大于零，即 $\varphi>0$，则称 u 超前 i，反过来也可以说 i 滞后 u。

2. 同相

如图 1-2-4(b)所示，若两个同频率正弦量的相位差为零，即 $\varphi=0$，则称这两个正弦量为同相位，或同相。

3. 正交

如图 1-2-4(c)所示，两个同频率正弦量相位差为 $\pm\frac{\pi}{2}$，即 $\varphi=\pm\frac{\pi}{2}$，则称这两个正弦量为正交。

4. 反相

如图 1-2-4(d)所示，两个同频率正弦量相位差为 $\pm\pi$，即 $\varphi=\pm\pi$，则称这两个正弦量为反相。

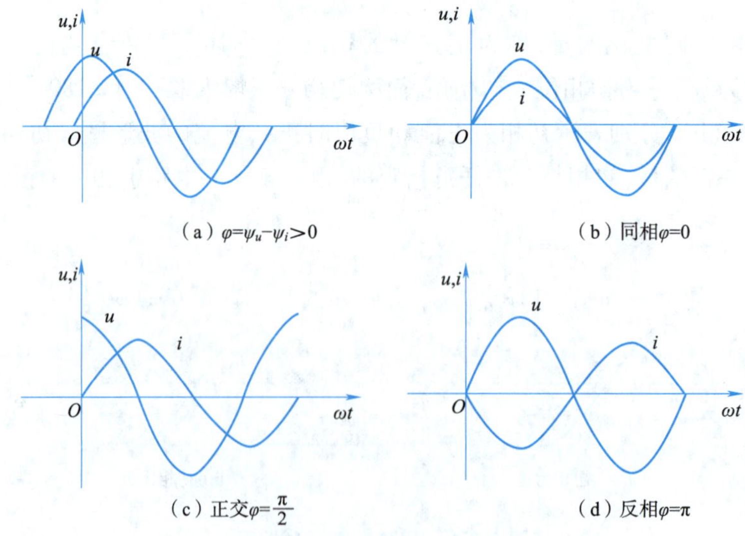

图 1-2-4　正弦量的相位关系

2.1.3 有效值

周期电流 $i(t)$ 流过电阻 R 在一个周期 T 所消耗的能量与直流电流 I 流过电阻 R 在时间 T 内所消耗的能量相等，则此直流电流 I 的数值称为周期性电流 $i(t)$ 的有效值，有效值用大写字母表示。

有效值和最大值的关系为

$$I=\frac{I_{\mathrm{m}}}{\sqrt{2}}\approx 0.707I_{\mathrm{m}}\quad U=\frac{U_{\mathrm{m}}}{\sqrt{2}}\quad E=\frac{E_{\mathrm{m}}}{\sqrt{2}}$$

【例 1-2-1】 已知某正弦交流电压为 $u=311\sin(314t+60°)$ V，求该电压的最大值、频率、角频率、周期和初相位。

解：

$$U_{\mathrm{m}}=311\ \mathrm{V},\omega=314\ \mathrm{rad/s},\psi_u=60°$$

$$U=\frac{U_{\mathrm{m}}}{\sqrt{2}}=\frac{311}{\sqrt{2}}\ \mathrm{V}=220\ \mathrm{V}$$

$$f=\frac{\omega}{2\pi}=\frac{314}{2\times 3.14}\ \mathrm{Hz}=50\ \mathrm{Hz}$$

$$T=\frac{1}{f}=\frac{1}{50}\ \mathrm{s}=0.02\ \mathrm{s}$$

【例 1-2-2】 已知某正弦电压在 $t=0$ 时为 $110\sqrt{2}$ V，初相角为 30°，求其有效值。

解：此正弦电压表达式为

$$u(t)=U_{\mathrm{m}}\sin(\omega t+30°)$$

则

$$u(0)=U_{\mathrm{m}}\sin 30°$$

$$U_{\mathrm{m}}=\frac{u(0)}{\sin 30°}=\frac{110\sqrt{2}}{0.5}\ \mathrm{V}=220\sqrt{2}\ \mathrm{V}$$

$$U=\frac{U_{\mathrm{m}}}{\sqrt{2}}=\frac{220\sqrt{2}}{\sqrt{2}}\ \mathrm{V}=220\ \mathrm{V}$$

通常，电气设备铭牌上所标明的额定电压和电流值都是有效值。

素养教育

电学之父

迈克尔·法拉第(1791—1867)，英国物理学家、化学家，也是著名的自学成才的科学家。

法拉第出生于萨里郡纽因顿一个贫苦铁匠家庭，仅上过两年小学。13 岁就在一家书店当送报和装订书籍的学徒。他有强烈的求知欲，挤出一切休息时间力图把他装订的一切书籍内容都从头读一遍。读后还临摹插图，工工整整地做读书笔记；用一些简单器皿照着书上进行实验，仔细观察和分析实验结果，把自己的阁楼变成了小实验室。法拉第在这家书店待了 8 年，他废寝忘食、如饥似渴地学习。1831 年 10 月 17 日，法拉第经过多次失败，终于发现了电磁感应现象，并进而得到产生交流电的方法。1831 年 10 月 28 日，法拉第发明了圆盘发电机，这是人类创造出的第一台发电机。

1835 年圣诞节刚过不久,一家时报登出法拉第的照片,标题用的是醒目的黑体字:名师高足,后来居上——迈克尔·法拉第即将被授予爵士称号!有人前来祝贺,法拉第淡淡一笑:"没有的事!我干吗要当爵士呢?"

当时,宫廷确实准备封法拉第为爵士,可法拉第谢绝了。他说:"我以身为平民为荣,并不想变成贵族。"他履行了自己的诺言,既来自人民又造福人民。

1867 年 8 月 25 日,法拉第因病医治无效逝世,享年 76 岁。

视频

相量法

2.2 相量法

相量法就是用相量代替正弦量,用相量的运算代替正弦量的运算。相量就是用复数表示的正弦量。相量法是正弦交流电路分析的一种简便有效的方法。

2.2.1 复数

动画

相量法

复数有 4 种表示形式。

1. 代数式

$$F = a + \mathrm{j}b$$

式中,$\mathrm{j}=\sqrt{-1}$为虚单位;a 称为实部;b 称为虚部。

2. 三角式

$$F = |F|(\cos\theta + \mathrm{j}\sin\theta)$$

式中,$|F|$为复数的模;θ 为复数的辐角。

由图 1-2-5 可知,$|F|$和 θ 与 a 和 b 之间的关系为

$$a = |F|\cos\theta, b = |F|\sin\theta$$

或

$$|F| = \sqrt{a^2+b^2}, \theta = \arctan\frac{b}{a}$$

3. 指数式

$$F = |F|\mathrm{e}^{\mathrm{j}\theta}$$

4. 极坐标式

$$F = |F|\angle\theta$$

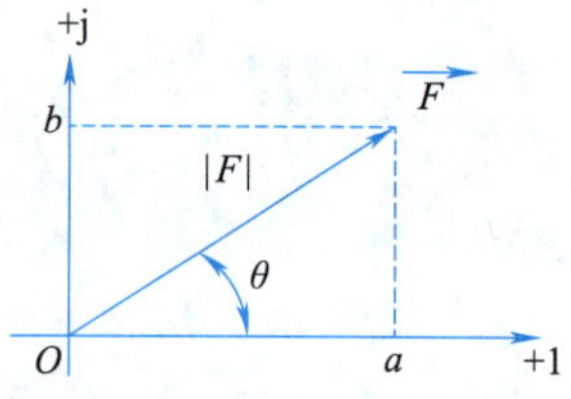

图 1-2-5 复数坐标

2.2.2 复数的四则运算

1. 加减法

1)解析法

设 $F_1 = a_1 + \mathrm{j}b_1, F_2 = a_2 + \mathrm{j}b_2$ 则

$$\begin{aligned} F_1 \pm F_2 &= (a_1 + \mathrm{j}b_1) \pm (a_2 + \mathrm{j}b_2) \\ &= (a_1 \pm a_2) + \mathrm{j}(b_1 \pm b_2) \end{aligned}$$

2)图解法

复数的相加和相减的运算也可以按平行四边形法则在复平面上用向量的相加和相减求得,

如图 1-2-6 所示。

（a）F_1+F_2　　（b）F_1-F_2

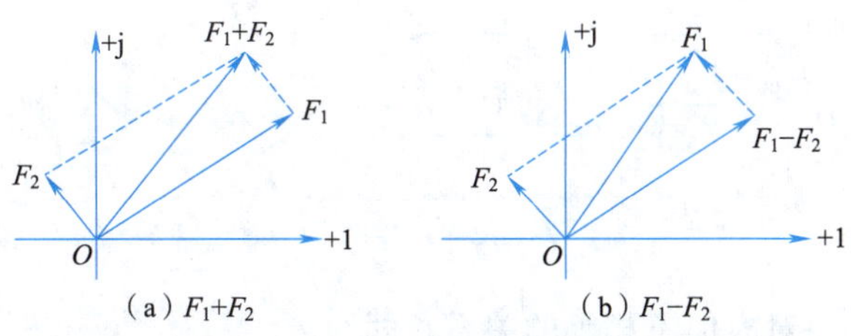

图 1-2-6　复数代数和的图解法

2. 乘除法

1）解析法

复数的相乘和相除用极坐标形式进行计算，设 $F_1=|F_1|\angle\theta_1$，$F_2=|F_2|\angle\theta_2$，则

$$F_1F_2=|F_1||F_2|\angle(\theta_1+\theta_2)$$

$$\frac{F_1}{F_2}=\frac{|F_1|\angle\theta_1}{|F_2|\angle\theta_2}=\frac{|F_1|}{|F_2|}\angle(\theta_1-\theta_2)$$

2）图解法

复数乘除法也可以用图解表示，如图 1-2-7 所示，复数乘、除表示为模的放大或缩小，辐角表示为逆时针旋转或顺时针旋转。

复数 $e^{j\theta}=1\angle\theta$ 是一个模等于 1，辐角为 θ 的复数。任意复数 $F=|F|e^{j\theta}$ 乘以 $e^{j\theta}$ 等于把复数 F 逆时针旋转一个角度 θ，而 F 的模值不变，所以把模等于 1 的复数称为旋转因子，如图 1-2-8 所示。

（a）F_1F_2　　（b）F_1/F_2

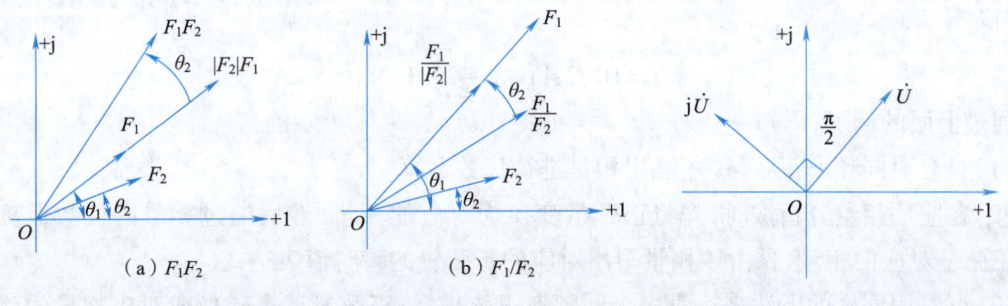

图 1-2-7　复数乘、除的图解法

图 1-2-8　旋转因子

根据欧拉公式，可以得到 $e^{j\frac{\pi}{2}}=j$，$e^{-j\frac{\pi}{2}}=-j$，$e^{j\pi}=-1$，因此“$\pm j$”和“-1”都可以看成旋转因子。例如，一个复数乘以 j 等于把该复数逆时针旋转 $\frac{\pi}{2}$（在复平面上）；一个复数除以 j，等于把该复数乘以 $-j$，因此等于把它顺时针旋转 $\frac{\pi}{2}$。虚轴 j 等于把实轴 +1 乘以 j 而得到的。

2.2.3　相量法的应用

相量可以用复平面上以角速度 ω 绕原点逆时针旋转的有向线段表示。它可以表示任意时刻正弦量的值和相位，其对应关系如图 1-2-9 所示。由图 1-2-9 可以看出，相量的模对应正弦量的幅值，相量的辐角对应正弦量的初相。

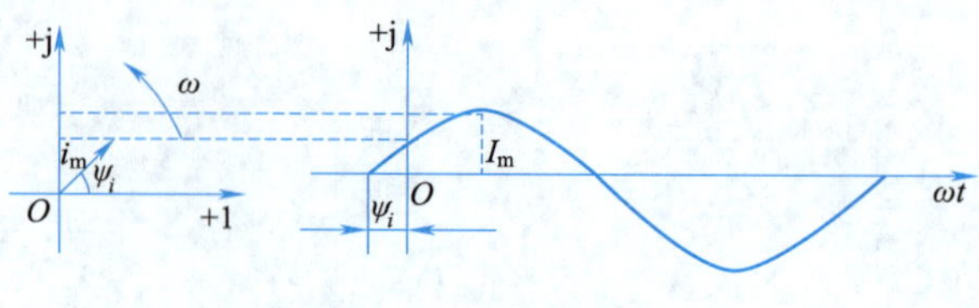

图 1-2-9　单位圆

相量和正弦量是一一对应但不相等的关系。即

$$i = I_m \sin(\omega t + \psi_i) \Leftrightarrow \begin{cases} \dot{I}_m = I_m \angle \psi_i \\ \dot{I} = I \angle \psi_i \end{cases}$$

正弦量乘以常数，正弦量的微分、积分及同频正弦量的代数和仍然是同频的正弦量，因此同频正弦量求代数和时只需计算幅值和初相。

【例 1-2-3】 已知 $i_1 = 8\sqrt{2}\sin(\omega t + 60°)$ A，$i_2 = 6\sqrt{2}\sin(\omega t - 30°)$ A，求 $i = i_1 + i_2$。

解： 写出 i_1、i_2 的有效值相量，相量图如图 1-2-10 所示。

$$\dot{I}_1 = 8\angle 60°\text{A} = (8\cos 60° + \text{j}8\sin 60°)\text{A} = 8\left(\frac{1}{2} + \text{j}\frac{\sqrt{3}}{2}\right)\text{A}$$

$$\dot{I}_2 = 6\angle -30°\text{A} = 6[\cos(-30°) + \text{j}\sin(-30°)]\text{A} = 6\left(\frac{\sqrt{3}}{2} - \text{j}\frac{1}{2}\right)\text{A}$$

则

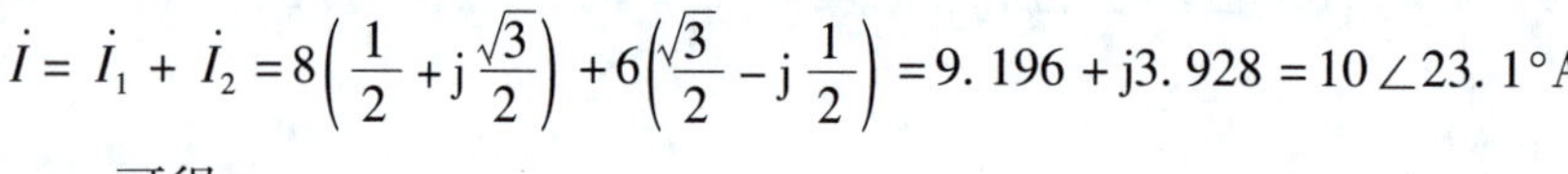

$$\dot{I} = \dot{I}_1 + \dot{I}_2 = 8\left(\frac{1}{2} + \text{j}\frac{\sqrt{3}}{2}\right) + 6\left(\frac{\sqrt{3}}{2} - \text{j}\frac{1}{2}\right) = 9.196 + \text{j}3.928 = 10\angle 23.1°\text{A}$$

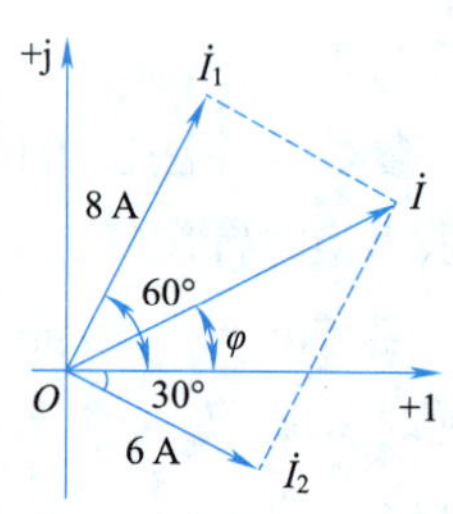

图 1-2-10　例 1-2-3 相量图

可得

$$i = 10\sqrt{2}\sin(\omega t + 23.1°)\text{A}$$

通过上面的例子，可知：

(1) 只有对同频率正弦量，才能用相量进行代数运算。

(2) 在应用相量分析法时，先将正弦量变换为对应的相量，然后通过相量的代数运算求得所求正弦量对应的相量，再由该相量写出对应的正弦量的瞬时值表达式。

(3) 可以用同样的方法来运算多个同频率正弦量，将正弦量运算转换成对应相量的代数运算，如基尔霍夫定律的相量表达形式：

$$\sum i = 0 \rightarrow \sum \dot{I} = 0 \quad \sum u = 0 \rightarrow \sum \dot{U} = 0$$

素养教育

专利权之争

尼古拉·特斯拉(1856—1943)，塞尔维亚裔美籍发明家、物理学家、机械工程师、电气工程师。

特斯拉一生的发明见证着他对社会无私的贡献。虽然他一生致力不断研究，并取得约 1 000 项（一说 700 项）专利发明，但晚年却是穷困潦倒，经济拮据。虽然有不少企业家利用了这位天才科学家的爱心和才华，骗取了他的研究成果和荣誉，可是晚年的他依然为着人类的幸福而努力研究和发明。

在 1893 年 5 月的哥伦比亚博览会上，特斯拉展示了交流电照明，并成为“电流之战”的赢家。从此，交流电取代了直流电成为供电的主流。而特斯拉拥有着交流电的专利权，在当时每销售一马力交流电就必须向特斯拉缴纳 2.5 美元的版税。在强大的利益驱动下，当时一股财团势力要挟特斯拉放弃此项专利权，并意图独占牟利。经过多番交涉后，特斯拉决定放弃交流电的专利权，条件是交流电的专利将永久公开。从此，交流电再没有专利，成为一项免费的发明。如果交流电的发明专利不送给全人类免费使用，他将会是世界上最富有的人。

2.3　基尔霍夫定律的相量形式

基尔霍夫定律是电路的基本定律，它不仅适用于直流电路，同样适用于交流电路。在分析交流电路时，我们常用相量的形式表示交流量。下面介绍交流电路中基尔霍夫定律的相量形式。

视频　基尔霍夫定律的相量形式

2.3.1　基尔霍夫电流定律的相量形式

在任一正弦交流电路中，对于任一节点，流出该节点的电流的相量之和等于流入该节点的电流相量之和，即流过该节点电流的相量的代数和恒等于零。

如图 1-2-11 所示，按流入为正、流出为负，写出节点 b 基尔霍夫电流定律的相量形式为

$$-\dot{I}_1-\dot{I}_2+\dot{I}_3=0$$

即

$$\sum \dot{I}=0$$

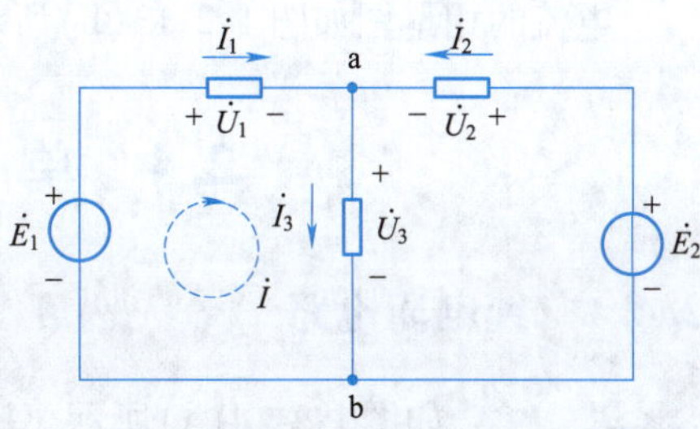

图 1-2-11　基尔霍夫定律

在正弦交流电路中，基尔霍夫电流定律的相量形式不仅适用于结点，同样可推广到任一闭合面，即对于任一闭合面，流过该闭合面的电流的相量的代数和恒等于零。

2.3.2　基尔霍夫电压定律的相量形式

在任一正弦交流电路中，对于任一回路，沿该回路的任一绕行方向，所有支路电压升的相量之和等于电压降的相量之和。即对任一回路而言，沿某一绕行方向回路中各支路电压相量的代数和恒等于零。

如图 1-2-11 所示，对回路 I 取顺时针绕行方向，按电压降取正、电压升取负，写出回路 I 基尔霍夫电压定律的相量形式为

$$\dot{U}_1 + \dot{U}_3 - \dot{E}_1 = 0$$

即
$$\sum \dot{U} = 0$$

在正弦交流电路中，基尔霍夫电压定律的相量形式不仅适用于闭合回路，同样可推广到部分电路。如图 1-2-12 所示，可列出其基尔霍夫电压定律的相量式，即

$$\dot{E} = \dot{U}_1 + \dot{U}$$

或
$$\dot{E} - \dot{U}_1 - \dot{U} = 0$$

图 1-2-12　基尔霍夫电压定律的相量形式推广

【例 1-2-4】　如图 1-2-13(a)所示，求总电流 i，并画出电流相量图。设 $i_1 = 5\sqrt{2}\sin(\omega t + 45°)$ A，$i_2 = 6\sqrt{2}\sin(\omega t - 90°)$ A。

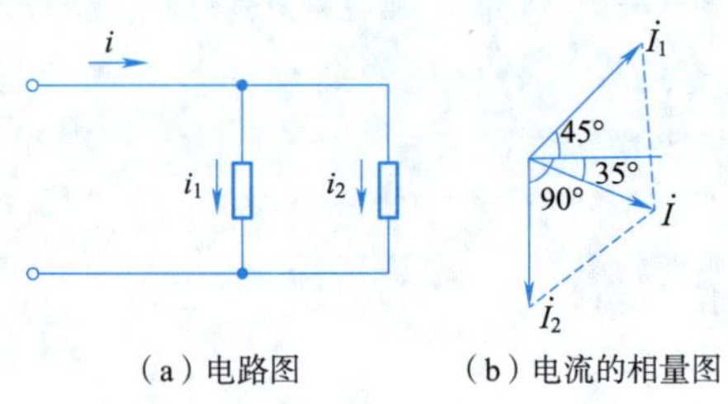

(a) 电路图　　(b) 电流的相量图

图 1-2-13　例 1-2-4 图

解：将 i_1、i_2 用相量表示为

$$\dot{I}_1 = 5\angle 45° \text{ A} = (3.54 + \text{j}3.54)\text{ A}$$

$$\dot{I}_2 = 6\angle -90° \text{ A} = -\text{j}6 \text{ A}$$

根据 KCL 的相量形式得

$$\begin{aligned}\dot{I} = \dot{I}_1 + \dot{I}_2 &= [(3.54 + \text{j}3.54) + -\text{j}6]\text{A} \\ &= (3.54 - \text{j}2.46)\text{A} \\ &= \sqrt{3.54^2 + 2.46^2}\angle \arctan\left(\frac{-2.46}{3.54}\right)\text{A} \\ &= 4.31\angle -35° \text{ A}\end{aligned}$$

$$i = 4.31\sqrt{2}\sin(\omega t - 35°)\text{A}$$

电流的相量图如图 1-2-13(b)所示。

2.4　单一参数的正弦交流电路

2.4.1　纯电阻电路

视频

单一参数的正弦交流电路

如图 1-2-14(a)所示，只含有线性电阻元件的交流电路，称为纯电阻电路。设通过电阻元件的电流为

$$i = I_{\text{m}}\sin\omega t$$

1. 电压电流的数值关系

1)瞬时值

参考方向如图 1-2-14(a)所示，由欧姆定律可得

$$u = Ri$$

2)最大值和有效值

$$u = Ri = RI_{\text{m}}\sin\omega t = U_{\text{m}}\sin\omega t$$

$$U_{\text{m}} = RI_{\text{m}}$$

$$\frac{U_{\mathrm{m}}}{I_{\mathrm{m}}}=\frac{U}{I}=R$$

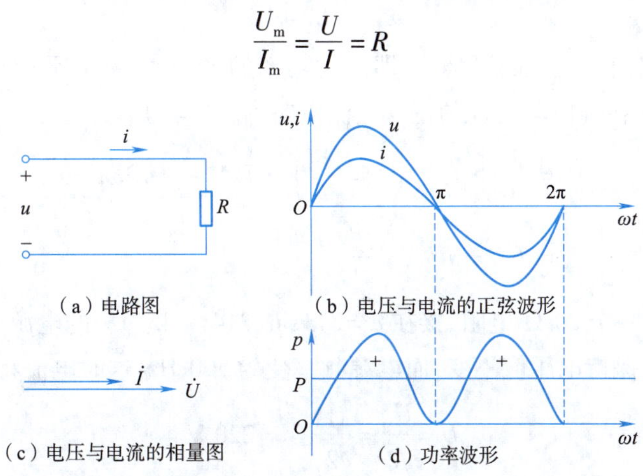

图 1-2-14　电阻元件的交流电路

2. 电压电流的相位关系

由于 $\dot{I}=I\angle 0°$，$\dot{U}=U\angle 0°$，因此相位差为

$$\varphi=\psi_u-\psi_i=0$$

3. 电压电流的相量关系

$$\frac{\dot{U}}{\dot{I}}=\frac{U\angle 0°}{I\angle 0°}=R$$

$$\dot{U}=R\dot{I}$$

上式为正弦交流电路的欧姆定律的相量表达式，它是分析正弦交流电路中电阻元件的电流与电压关系最常用的形式。用相量图表示如图 1-2-14(c)所示。

通过以上分析可得，在纯电阻元件的正弦交流电路中，电压和电流的瞬时值、最大值、有效值都满足欧姆定律；电压与电流是同频、同相的正弦交流量，其波形如图 1-2-14(b)所示。

4. 功率

1)瞬时功率

在任一瞬间，电压与电流的瞬时值的乘积称为瞬时功率，用小写字母 p 表示，即

$$\begin{aligned}p(t)&=u(t)i(t)=U_{\mathrm{m}}I_{\mathrm{m}}\sin^2\omega t\\&=\frac{U_{\mathrm{m}}I_{\mathrm{m}}}{2}(1-\cos 2\omega t)\\&=UI(1-\cos 2\omega t)\end{aligned}$$

由上式可知，纯电阻电路的瞬时功率 $p(t)$ 是由常数 UI 和正弦交流量 $UI\cos 2\omega t$ 两部分组成。瞬时功率 $p(t)$ 的波形如图 1-2-14(d)所示。

由于在纯电阻元件的正弦交流电路中电压与电流同相，即 u、i 同时为正或同时为负，因此纯电阻电路的瞬时功率始终不为负，即 $p(t)\geqslant 0$。功率为正，表示消耗电能，这说明电阻是耗能元件，它总是从电源取用电能而转换为热能。

2）平均功率

一个周期内电路消耗电能的平均值，即瞬时功率的平均值，称为平均功率，又称有功功率，用大写字母 P 表示。在纯电阻元件的正弦交流电路中，平均功率为

$$P = \frac{1}{T}\int_0^T P(t)\,\mathrm{d}t = \frac{1}{T}\int_0^T UI(1 - \cos 2\omega t)\,\mathrm{d}t$$

$$= UI = RI^2 = \frac{U^2}{R}$$

【例 1-2-5】 将一个 20 Ω 电阻，接在 $u = 311\sin(314t + 45°)$ V 的电源上，求电路中的电流 i 和有功功率 P。如果保持电压值不变，而电源频率变为 500 Hz，这时电流将为多少？

解：

$$U = \frac{U_\mathrm{m}}{\sqrt{2}} = \frac{311}{\sqrt{2}}\ \mathrm{V} = 220\ \mathrm{V}$$

$$I = \frac{U}{R} = \frac{220}{20}\ \mathrm{A} = 11\ \mathrm{A}$$

$$i = 11\sqrt{2}\sin(314t + 45°)\ \mathrm{A}$$

$$P = UI = 220 \times 11\ \mathrm{kW} = 2.42\ \mathrm{kW}$$

因为电阻与频率无关，所以当保持电压值不变，频率变为 500 Hz 时，电流大小保持不变。

2.4.2 纯电容电路

如图 1-2-15（a）所示，只含有电容元件的交流电路，称为纯电容电路。设加在电容元件两端的电压为

$$u = U_\mathrm{m}\sin\omega t$$

1. 电压电流的数值关系

1）瞬时值

参考方向如图 1-2-15（a）所示，由电容元件两端电压和流过电容元件电流的关系得

$$i = C\frac{\mathrm{d}u}{\mathrm{d}t}$$

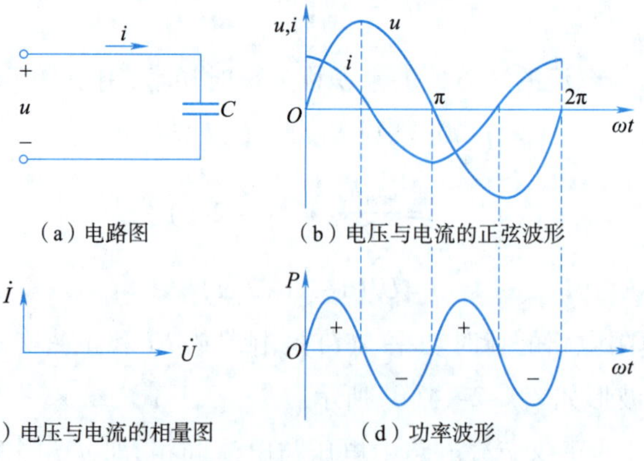

（a）电路图

（b）电压与电流的正弦波形

（c）电压与电流的相量图

（d）功率波形

图 1-2-15 电容元件的交流电路

2）最大值和有效值

$$i=C\frac{\mathrm{d}(U_{\mathrm{m}}\sin\omega t)}{\mathrm{d}t}$$

$$=\omega CU_{\mathrm{m}}\cos\omega t$$

$$=I_{\mathrm{m}}\sin(\omega t+90^{\circ})$$

$$I_{\mathrm{m}}=\omega CU_{\mathrm{m}}$$

$$\frac{U_{\mathrm{m}}}{I_{\mathrm{m}}}=\frac{U}{I}=\frac{1}{\omega C}$$

式中，$\frac{1}{\omega C}$的单位为Ω，当电压 U 一定时，$\frac{1}{\omega C}$越大，电流 I 越小。可见，它具有对交流电流起阻碍作用的物理性质，所以称为容抗，用 X_C 表示，即

$$X_C=\frac{1}{\omega C}=\frac{1}{2\pi fC}$$

容抗 X_C 与电容 C、频率 f 成反比。频率越高，电容元件对电流的阻碍作用越小，对直流（$f=0$）容抗 X_C 趋向于∞，故在直流电路中电容元件可看成开路。因此，常说电容元件具有“隔直流，通交流；通高频，阻低频”的特性。

2. 电压电流的相位关系

由于 $\dot{I}=I\angle 90^{\circ}$，$\dot{U}=U\angle 0^{\circ}$，因此相位差为

$$\varphi=\psi_u-\psi_i=-90^{\circ}$$

3. 电压电流的相量关系

$$\frac{\dot{U}}{\dot{I}}=\frac{U\angle 0^{\circ}}{I\angle 90^{\circ}}=X_C\angle -90^{\circ}=-\mathrm{j}X_C$$

$$\dot{U}=-\mathrm{j}X_C\,\dot{I}=\frac{\dot{I}}{\mathrm{j}\omega C}$$

上式即为正弦交流电路中电容元件上电压与电流的约束关系的相量表达式。用相量图表示如图1-2-15(c)所示。

通过以上分析可得，在纯电容元件的正弦交流电路中，电流与电压是同频的正弦交流量；电流相位比电压相位超前90°，其波形如图1-2-15(b)所示。

4. 功率

1）瞬时功率

纯电容电路的瞬时功率为

$$p(t)=u(t)i(t)=U_{\mathrm{m}}I_{\mathrm{m}}\sin\omega t\sin(\omega t+90^{\circ})$$

$$=U_{\mathrm{m}}I_{\mathrm{m}}\sin\omega t\cos\omega t$$

$$=\frac{U_{\mathrm{m}}I_{\mathrm{m}}}{2}\sin 2\omega t$$

$$=UI\sin 2\omega t$$

由上式可知，纯电容电路的瞬时功率 $p(t)$ 是一个角频率为 2ω、幅值为 UI 的正弦交流量，其波形如图1-2-15(d)所示。

由图 1-2-15(d)可以看出，在第一、第三个$\frac{1}{4}$周期内，电压与电流的瞬时值同时为正或同时为负，这时瞬时功率 $p(t)\geqslant 0$，表示它从电源取得电能（储存在电容元件的电场中）；在第二、第四个$\frac{1}{4}$周期内，电流与电压的瞬时值一个为正另一个为负，这时瞬时功率 $p(t)\leqslant 0$，表示它向外输出电能，即把储存在电容元件中的电场能返还给电源。

2）平均功率

在纯电容元件的正弦交流电路中，平均功率为

$$P = \frac{1}{T}\int_0^T p(t)\,\mathrm{d}t = \frac{1}{T}\int_0^T UI\sin 2\omega t\mathrm{d}t = 0$$

说明电容元件本身不消耗电能，能量在电源与电容之间互换。

【例 1-2-6】 将一个容值 $C=20\ \mu\mathrm{F}$ 的电容元件，接在 $u=311\sin(314t+45°)$ V 的电源上。试求：

(1)容抗 X_C，电路中的电流 i；

(2)保持其他参数不变，而电源频率变为 500 Hz 时的 X_C、i。

解：(1)$\omega=314$ rad/s，则 $f=50$ Hz

$$U_\mathrm{m}=311\ \mathrm{V}，则\ U=220\ \mathrm{V}$$

$$X_C=\frac{1}{2\pi fC}=\frac{1}{2\pi\times 50\times 20\times 10^{-6}}\ \Omega=159\ \Omega$$

$$\dot{I}=\frac{\dot{U}}{-\mathrm{j}X_C}=\frac{220\angle 45°}{159\angle -90°}\ \mathrm{A}=\frac{220}{159}\angle 45°+90°\ \mathrm{A}$$
$$=1.38\angle 135°\ \mathrm{A}$$

$$i=1.38\sqrt{2}\sin(314t+135°)\ \mathrm{A}$$

(2)频率改变为 500 Hz 时，

$$X_C=\frac{1}{2\pi fC}=\frac{1}{2\pi\times 500\times 20\times 10^{-6}}\ \Omega=15.9\ \Omega$$

$$\dot{I}=\frac{\dot{U}}{-\mathrm{j}X_C}=\frac{220\angle 45°}{15.9\angle -90°}\ \mathrm{A}=13.8\angle 135°\ \mathrm{A}$$

$$i=13.8\sqrt{2}\sin(3\,140t+135°)\ \mathrm{A}$$

2.4.3 纯电感电路

如图 1-2-16(a)所示，只含有电感元件的交流电路，称为纯电感电路。设通过电感元件的电流为

$$i=I_\mathrm{m}\sin\omega t$$

1. 电压电流的数值关系

1）瞬时值

参考方向如图 1-2-16(a)所示，由电感两端电压和流过电感电流的关系得

$$u=L\frac{\mathrm{d}i}{\mathrm{d}t}$$

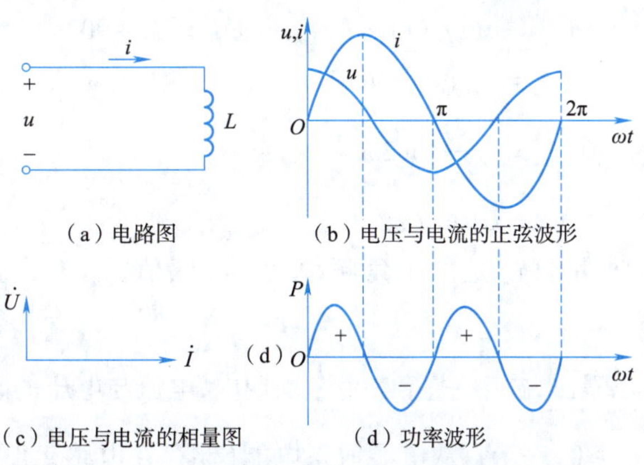

图 1-2-16　电感元件的交流电路

2）最大值和有效值

$$
\begin{aligned}
u &= L\frac{\mathrm{d}(I_{\mathrm{m}}\sin\omega t)}{\mathrm{d}t} = \omega L I_{\mathrm{m}}\cos\omega t \\
&= U_{\mathrm{m}}\sin(\omega t + 90^\circ)
\end{aligned}
$$

$$U_{\mathrm{m}} = \omega L I_{\mathrm{m}}$$

$$\frac{U_{\mathrm{m}}}{I_{\mathrm{m}}} = \frac{U}{I} = \omega L$$

式中，ωL 的单位为 Ω，当电压 U 一定时，ωL 越大，电流 I 越小。可见它具有对交流电流起阻碍作用的物理性质，所以称为感抗，用 X_L 表示，即

$$X_L = \omega L = 2\pi f L$$

感抗 X_L 与电感 L、频率 f 成正比。频率越高，电感元件对电流的阻碍作用越大，对直流（$f=0$）所呈现的感抗 $X_L=0$，故在直流电路中电感元件可看成短路。因此，常说电感元件具有“通直流，隔交流；通低频，阻高频”的特性。

2. 电压电流的相位关系

由于 $\dot{I} = I\angle 0^\circ$，$\dot{U} = U\angle 90^\circ$，因此相位差为

$$\varphi = \psi_u - \psi_i = 90^\circ$$

3. 电压电流的相量关系

$$\frac{\dot{U}}{\dot{I}} = \frac{U\angle 90^\circ}{I\angle 0^\circ} = X_L\angle 90^\circ = \mathrm{j}X_L$$

$$\dot{U} = \mathrm{j}X_L\dot{I} = \mathrm{j}\omega L\dot{I}$$

上式即为电感元件在正弦交流电路中电压与电流的约束关系的相量表达式，用相量图表示如图 1-2-16（c）所示。

通过以上分析可得，在纯电感元件的正弦交流电路中，电流与电压是同频的正弦交流量；电压相位比电流相位超前 90°，其波形如图 1-2-16（b）所示。

4. 功率

1）瞬时功率

纯电感电路的瞬时功率为

$$\begin{aligned}p(t)&=u(t)i(t)=U_{\mathrm{m}}I_{\mathrm{m}}\sin\omega t\sin(\omega t+90^\circ)\\&=U_{\mathrm{m}}I_{\mathrm{m}}\sin\omega t\cos\omega t\\&=\frac{U_{\mathrm{m}}I_{\mathrm{m}}}{2}\sin 2\omega t\\&=UI\sin 2\omega t\end{aligned}$$

由上式可知,瞬时功率 $p(t)$ 是一个角频率为 2ω、幅值为 UI 的正弦交流量,其波形如图 1-2-16(d)所示。

由图 1-2-16(d)可以看出,在第一、第三个$\frac{1}{4}$周期内,电流与电压的瞬时值同时为正或同时为负,这时瞬时功率 $p(t)\geqslant0$,表示它从电源取得电能(储存在电感元件的磁场中);在第二、第四个$\frac{1}{4}$周期内,电流与电压的瞬时值一个为正,另一个为负,这时瞬时功率 $p(t)\leqslant0$,表示它向外输出电能,即把储存在电感元件中的磁场能返还给电源。

2)平均功率

在纯电感元件的正弦交流电路中,平均功率为

$$P=\frac{1}{T}\int_0^T p(t)\,\mathrm{d}t=\frac{1}{T}\int_0^T UI\sin 2\omega t\,\mathrm{d}t=0$$

说明电感元件本身不消耗电能,能量在电源与电感之间互换。

【例 1-2-7】 将一个电感 $L=25.4$ mH 的线圈(忽略线圈的电阻),接在 $u=311\sin(314\,t+45^\circ)$ V 电源上,试求:

(1)感抗 X_L、电路中电流 i。

(2)保持其他参数不变,而电源频率改为 500 Hz 时的 X_L、i。

解:(1)

$$X_L=2\pi fL=314\times25.4\times10^{-3}\ \Omega=8\Omega$$

$$\dot{I}=\frac{\dot{U}}{\mathrm{j}X_L}=\frac{220\angle45^\circ}{8\angle90^\circ}\ \mathrm{A}=\frac{220}{8}\angle(45^\circ-90^\circ)\ \mathrm{A}=27.5\angle-45^\circ\ \mathrm{A}$$

$$i=27.5\sqrt{2}\sin(314t-45^\circ)\ \mathrm{A}$$

(2)频率改为 500 Hz 时,

$$X_L=2\pi fL=3\ 140\times25.4\times10^{-3}\ \Omega=80\ \Omega$$

$$\dot{I}=\frac{\dot{U}}{\mathrm{j}X_L}=\frac{220\angle45^\circ}{80\angle90^\circ}\ \mathrm{A}=2.75\angle-45^\circ\ \mathrm{A}$$

$$i=2.75\sqrt{2}\sin(3\ 140t-45^\circ)\ \mathrm{A}$$

视频

阻抗及阻抗的串并联

2.5 阻抗及阻抗的串并联

2.5.1 *RLC* 串联电路

RLC 串联电路是指由电阻 R、电感 L 和电容 C 串联而成的电路,参考方向如

图 1-2-17 所示。因为是串联电路，所以通过各元件的电流相同，设电流 $i(t)$ 为

$$i(t)=I_{\mathrm{m}}\sin\omega t$$

动画

阻抗的串并联

根据基尔霍夫电压定律可知

$$\dot{U}=\dot{U}_R+\dot{U}_L+\dot{U}_C$$

各元件上电压和电流之间的相量关系为

$$\dot{U}=R\dot{I},\dot{U}_L=\mathrm{j}X_L\dot{I},\dot{U}_C=-\mathrm{j}X_C\dot{I}$$

$$\dot{U}=R\dot{I}+\mathrm{j}X_L\dot{I}-\mathrm{j}X_C\dot{I}=\dot{I}[R+\mathrm{j}(X_L-X_C)]$$

令 $X=(X_L-X_C)$，称为电抗，单位是 Ω。则 $Z=R+\mathrm{j}(X_L-X_C)=R+\mathrm{j}X=|Z|\angle\varphi$，可得

$$\frac{\dot{U}}{\dot{I}}=Z$$

称为串联电路的复阻抗。

动画

相量图

复阻抗的模为

$$|Z|=\sqrt{R^2+X^2}=\sqrt{R^2+(X_L-X_C)^2}=\frac{U}{I}$$

称为串联电路的阻抗，表明了电压和电流的量值关系。

辐角为

$$\varphi=\arctan\frac{X}{R}=\arctan\frac{X_L-X_C}{R}=\psi_u-\psi_i$$

称为串联电路的阻抗角，表明了电压和电流的相位关系。

R、X、$|Z|$ 三者构成一直角三角形，称为阻抗三角形，如图 1-2-18 所示。

可见，采用相量法对 RLC 串联电路进行分析计算时，可同时确定电压和电流之间量值和相位的关系。

RLC 串联电路还可以用相量图法进行分析计算。因为串联电路各元件上通过的电流相同，所以通常以电流为参考相量。RLC 串联电路的相量图，如图 1-2-19 所示。

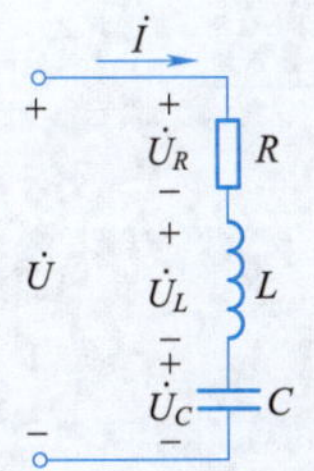

图 1-2-17　*RLC* 串联电路

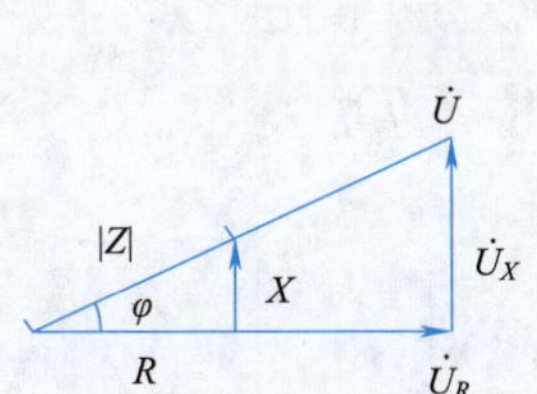

图 1-2-18　阻抗、电压三角形

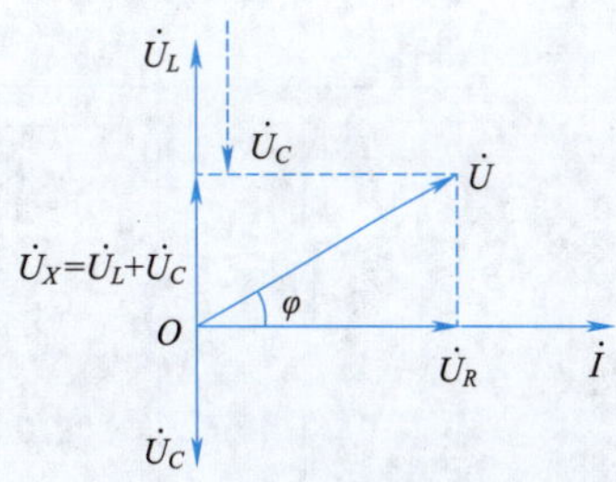

图 1-2-19　*RLC* 串联电路的相量图

从相量图可知 $\dot{U}$、$\dot{U}_R$ 和 $\dot{U}_X=\dot{U}_L+\dot{U}_C$ 构成一直角三角形，称为电压三角形。由此三角形可得

$$U=\sqrt{U_R^2+U_X^2}=\sqrt{U_R^2+(U_L-U_C)^2}$$

总电压与电流的相位关系为

$$\varphi=\arctan\frac{U_X}{U_R}=\arctan\frac{U_L-U_C}{U_R}=\arctan\frac{X_L-X_C}{R}$$

显然,电压三角形中电压和电流的相位差等于阻抗三角形中的阻抗角。

RLC 串联电路的电压和电流的关系完全取决于电路中各元件的参数:

(1)若 $X_L > X_C$,即 $U_L > U_C$ 时,$\varphi > 0$,此时电压超前电流 φ 角,电路呈电感性;

(2)若 $X_L < X_C$,即 $U_L < U_C$ 时,$\varphi < 0$,此时电压滞后电流 φ 角,电路呈电容性;

(3)若 $X_L = X_C$,即 $U_L = U_C$,$U = U_R$ 时,$\varphi = 0$,此时电压和电流同相,电路呈电阻性,产生谐振现象。

2.5.2 *RLC* 并联电路

RLC 并联电路是指由电阻 *R*、电感 *L* 和电容 *C* 并联而成的电路,如图 1-2-20 所示。因为是并联电路,所以各元件两端的电压相同,设电压 $u(t)$ 为

$$u(t) = U_{\mathrm{m}} \sin \omega t$$

根据基尔霍夫电流定律可知:

$$\dot{I} = \dot{I}_R + \dot{I}_L + \dot{I}_C$$

各元件上电压和电流之间的相量关系为

$$\dot{I}_R = \frac{\dot{U}}{R},\ \dot{I}_L = \frac{\dot{U}}{\mathrm{j}X_L},\ \dot{I}_C = \frac{\dot{U}}{-\mathrm{j}X_C}$$

则

$$\dot{I} = \frac{\dot{U}}{R} + \frac{\dot{U}}{\mathrm{j}X_L} + \frac{\dot{U}}{-\mathrm{j}X_C} = \dot{U}\left(\frac{1}{R} + \frac{1}{\mathrm{j}X_L} + \frac{1}{-\mathrm{j}X_C}\right)$$

$$\frac{1}{Z} = \frac{1}{R} + \frac{1}{\mathrm{j}X_L} + \frac{1}{-\mathrm{j}X_C}$$

RLC 并联电路使用相量法计算过程比较复杂,所以采用相量图法进行分析。因为并联电路各元件两端电压相同,所以通常以电压为参考相量。*RLC* 并联电路的相量图如图 1-2-21 所示。

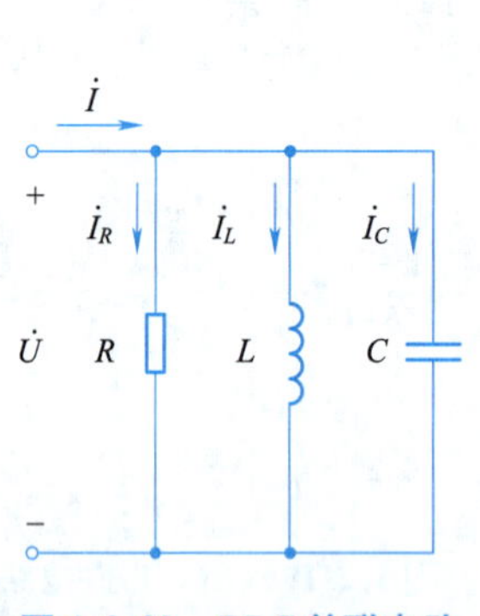

图 1-2-20 *RLC* 并联电路

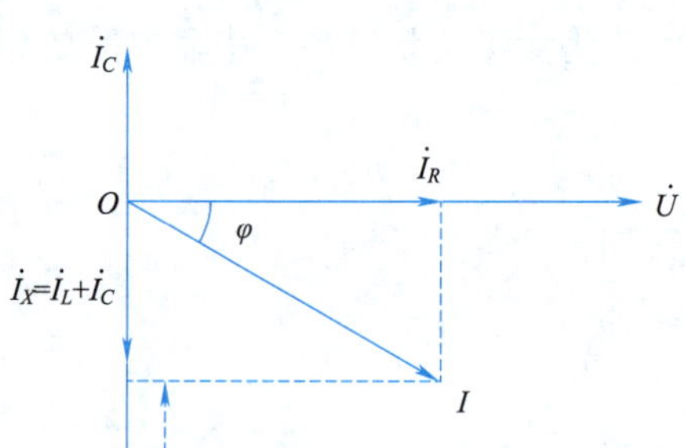

图 1-2-21 *RLC* 并联电路的相量图

从相量图可知 $\dot{I}$、$\dot{I}_R$、和 $\dot{I}_X = \dot{I}_L + \dot{I}_C$ 构成一直角三角形,称为电流三角形。由此三角形可得

$$I = \sqrt{I_R^2 + I_X^2} = \sqrt{I_R^2 + (I_L - I_C)^2}$$

电压与总电流相位关系为

$$\varphi = \arctan \frac{I_X}{I_R} = \arctan \frac{I_L - I_C}{I_R} = \arctan \frac{\frac{1}{X_L} - \frac{1}{X_C}}{\frac{1}{R}}$$

同理可得：

(1)当$\frac{1}{X_L} = \frac{1}{X_C}$,即 $I_L > I_C$ 时,$\varphi > 0$,此时电压超前总电流 φ 角,电路呈电感性；

(2)当$\frac{1}{X_L} < \frac{1}{X_C}$,即 $I_L < I_C$ 时,$\varphi < 0$,此时电压滞后总电流 φ 角,电路呈电容性；

(3)当$\frac{1}{X_L} = \frac{1}{X_C}$,即 $I_L = I_C, I = I_R$ 时,$\varphi = 0$,电压与总电流同相,电路呈电阻性,产生谐振现象。

2.5.3　阻抗的串并联

1. 阻抗串联电路的分析

如图 1-2-22(a)所示,有

$$\dot{U}_1 = \dot{I}Z_1 = \dot{I}(R_1 + \mathrm{j}X_1)$$
$$\dot{U}_2 = \dot{I}Z_2 = \dot{I}(R_2 + \mathrm{j}X_2)$$
$$\vdots$$
$$\dot{U}_n = \dot{I}Z_n = \dot{I}(R_n + \mathrm{j}X_n)$$

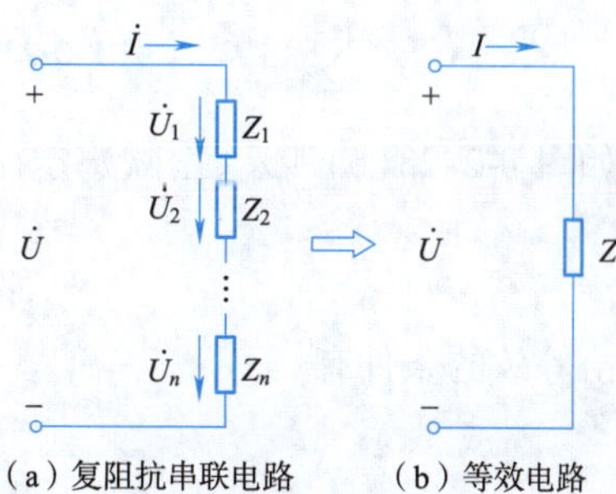

图 1-2-22　复阻抗串联电路及其等效电路

由基尔霍夫电压定律可得

$$\dot{U} = \dot{U}_1 + \dot{U}_2 + \cdots + \dot{U}_n = \dot{I}(Z_1 + Z_2 + \cdots + Z_n)$$

如图 1-2-22(b)所示,由欧姆定律有

$$\dot{U} = \dot{I}Z$$

由等效的条件有

$$Z = Z_1 + Z_2 + \cdots + Z_n$$

式中,Z 为串联电路的等效复阻抗,等于串联支路各复阻抗之和。若 $Z = R + \mathrm{j}X = |Z| \angle\varphi$,则 $R = R_1 + R_2 + \cdots + R_n$ 为串联电路的等效电阻;$X = X_1 + X_2 + \cdots + X_n$ 为串联电路的等效电抗;$\varphi = \arctan \frac{X}{R}$为串联电路的阻抗角。

多阻抗串联同样有分压的作用,两阻抗串联的分压公式为

$$\dot{U}_1 = \frac{Z_1}{Z_1 + Z_2}\dot{U} \quad \dot{U}_2 = \frac{Z_2}{Z_1 + Z_2}\dot{U}$$

2. 阻抗并联电路的分析

如图 1-2-23(a)所示,有

$$\dot{I}_1 = \frac{\dot{U}}{Z_1}$$

$$\dot{I}_2 = \frac{\dot{U}}{Z_2}$$

$$\vdots$$

$$\dot{I}_n = \frac{\dot{U}}{Z_n}$$

由基尔霍夫电流定律可得

$$\dot{I} = \dot{I}_1 + \dot{I}_2 + \cdots + \dot{I}_n = \dot{U}\left(\frac{1}{Z_1} + \frac{1}{Z_2} + \cdots + \frac{1}{Z_n}\right)$$

（a）复阻抗并联电路　　（b）等效电路

图 1-2-23　复阻抗并联电路及其等效电路

如图 1-2-23(b)所示，由欧姆定律有

$$\dot{I} = \dot{U}\frac{1}{Z}$$

由等效的条件有

$$\frac{1}{Z} = \frac{1}{Z_1} + \frac{1}{Z_2} + \cdots + \frac{1}{Z_n}$$

式中，Z 为并联电路的等效复阻抗；$\frac{1}{Z}$等于各并联支路各复阻抗倒数之和。

用阻抗法分析并联电路，一般适用于两个支路并联的电路，有

$$\frac{1}{Z} = \frac{1}{Z_1} + \frac{1}{Z_2},\quad Z = \frac{Z_1 Z_2}{Z_1 + Z_2}$$

多阻抗并联同样有分流的作用，两阻抗并联的分流公式为

$$\dot{I}_1 = \frac{Z_2}{Z_1 + Z_2}\dot{I},\ \dot{I}_2 = \frac{Z_1}{Z_1 + Z_2}\dot{I}$$

视频

正弦交流电路的功率

2.6　正弦交流电路的功率

2.6.1　功率

1. 瞬时功率

在正弦交流电路中，电能量对时间的变化率，称为电功率，简称功率，也就是电场力在单位时间内所做的功，用字母 $p(t)$ 表示，即

$$p(t)=\frac{\mathrm{d}W}{\mathrm{d}t}$$

当电压和电流的参考方向为关联参考方向时,元件吸收功率为

$$p(t)=u(t)i(t)$$

当电压和电流的参考方向为非关联参考方向时,元件吸收功率为

$$p(t)=-u(t)i(t)$$

2. 有功功率

正弦交流电路有功功率是指单位时间内实际发出或消耗的交流电能量,平均功率 P 即为有功功率

$$P=\frac{1}{T}\int_0^T p(t)\,\mathrm{d}t=UI\cos\varphi$$

式中,$\cos\varphi$ 称为功率因数,用 λ 表示,即 $\lambda=\cos\varphi$;$\varphi=\psi_u-\psi_i$ 称为功率因数角。

对电阻元件,$\varphi=0$,功率因数 $\cos\varphi=1$,$P_R=UI$。

对电感元件,$\varphi=90°$,功率因数 $\cos\varphi=0$,$P_L=0$。

对电容元件,$\varphi=-90°$,功率因数 $\cos\varphi=0$,$P_C=0$。

3. 无功功率

在正弦交流电路中,衡量储能元件与电源之间能量交换规模的物理量称为无功功率,用字母 Q 表示,即

$$Q=UI\sin\varphi$$

无功功率的单位为乏(var),常用单位还有千乏(kvar),它与乏(var)的换算关系为

$$1\ \text{kvar}=10^3\ \text{var}$$

对电阻元件,$\varphi=0$,$\sin\varphi=0$,$Q_R=0$。

对电感元件,$\varphi=90°$,$\sin\varphi=1$,$Q_L=UI$。

对电容元件,$\varphi=-90°$,$\sin\varphi=-1$,$Q_C=-UI$。

4. 视在功率

把 UI 定义为视在功率,用符号 S 来表示,即

$$S=UI$$

视在功率的单位为伏·安(V·A)。常用单位还有千伏·安(kV·A),它与伏·安(V·A)的换算关系为

$$1\ \text{kV}\cdot\text{A}=10^3(\text{V}\cdot\text{A})$$

将电压三角形的各边乘以电流 I 即成为功率三角形,如图 1-2-24 所示。

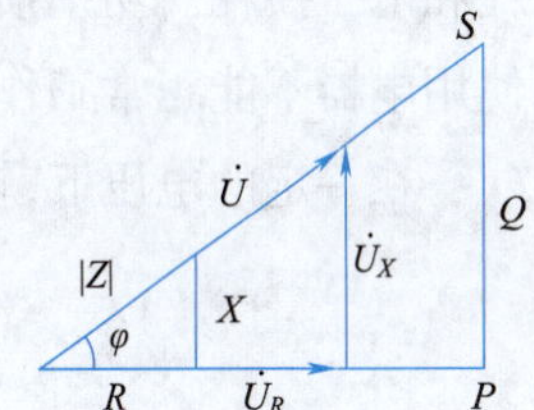

图 1-2-24　功率三角形

由图 1-2-24 可得如下关系:

$$P=UI\cos\varphi=S\cos\varphi,\ Q=UI\sin\varphi=S\sin\varphi,\ S=UI=\sqrt{P^2+Q^2}$$

【例 1-2-8】 已知电阻 $R=30\ \Omega$,感抗 $X_L=120\ \Omega$,容抗 $X_C=80\ \Omega$,串联后接到 $u=220\sqrt{2}\sin(314t+30°)$ V 的电源上,求电路的功率因数 $\cos\varphi$、有功功率 P、无功功率 Q 和视在功率 S。

解: 电路的阻抗为

$$Z=R+\mathrm{j}(X_L-X_C)=[30+\mathrm{j}(120-80)]\Omega=(30+\mathrm{j}40)\Omega=50\angle 53.1°\ \Omega$$

功率因数 $\cos\varphi=\cos 53.1°=0.6$

电压相量为 $\dot{U}=220\angle 30°\ \text{V}$

因此电流相量为 $\dot{I}=\dfrac{\dot{U}}{Z}=\dfrac{220\angle 30°}{50\angle 53.1°}\ \text{A}=4.4\angle -23.1°\ \text{A}$

电路的有功功率为 $P=UI\cos\varphi=220\times 4.4\cos 53.1°\ \text{W}=580\ \text{W}$

电路的无功功率为 $Q=UI\sin\varphi=220\times 4.4\sin 53.1°\ \text{var}=774\ \text{var}$

电路的视在功率为 $S=UI=220\times 4.4(\text{V}\cdot\text{A})=968(\text{V}\cdot\text{A})$

由上可见,$\varphi>0$,电压超前电流,因此电路为感性。

2.6.2 功率因数

功率因数 $\cos\varphi$ 是电力系统重要的经济指标,其大小等于有功功率与视在功率的比值,在电工技术中,一般用 λ 表示,即

$$\lambda=\cos\varphi=\frac{P}{S}$$

《全国供用电规则》规定,高压供电的工业企业平均功率因数不低于0.95,其他单位应不低于0.9。功率因数低下的主要原因是存在大量电感性负载。功率因数低下会使电源设备容量得不到充分利用、增加输电线路的功率及电压损耗,所以提高功率因数会带来以下两方面好处:

(1)提高电源设备容量利用率。交流电源设备(发电机、变压器等)其额定容量为 $S_N=U_NI_N$,它表明了电源可向负载提供的最大有功功率,根据功率因数的表达式可知,额定容量一定时,实际输出的有功功率为 P 与功率因数 $\cos\varphi$ 成正比,功率因数越大,电源输出的有功功率也越多。例如,额定容量为500 kV · A 的电源,若 $\cos\varphi=0.6$,则 $P=300\ \text{kW}$;若 $\cos\varphi=0.9$,则 $P=450\ \text{kW}$。可见,要提高电源设备容量利用率,必须提高功率因数。

(2)减小输电线路上的功率及电压损耗。输变电设备通过输电线路将电能以电流的形式进行传输和分配,现阶段输电线路的材质以金属导体为主,电流通过输电线路必定产生功率损耗和电压损耗。功率损耗会使输电效率降低,电压损耗会使输电线路末端电压降低,严重时会使用电器不能正常工作,所以应尽量降低输电线路的损耗。

在一定的电压下,输送一定的功率时,输电电流为

$$I=\frac{P}{U\cos\varphi}$$

可见,$\cos\varphi$ 越小,则线路中电流 I 就越大,消耗在输电线路上的功率损耗 $P_1=I^2R_1$ 就越大;反之,提高功率因数会降低线路损耗。此外,输电线路的电压损耗 $\Delta U=IR_1$,提高功率因数同时也减小了电压损耗,提高了供电稳定性。因此,提高功率因数具有很大的经济意义。

(3)提高功率因数的方法

提高功率因数最常用的方法是在电感性负载的两端并联电容元件,如图1-2-25所示的电路,其功率因数提高的相量图如图1-2-26所示。

由相量图可知,并联电容元件后电路网络的整体功率因数由 $\cos\varphi_1$ 提高到了 $\cos\varphi_2$,但是电感性负载的功率因数并没有改变,这是因为负载的功率因数是由负载本身的参数决定的,并联电容元件前后并没有改变负载自身的参数。所以,功率因数的提高是指电源或电网功率因数提高,而不是提高某个感性负载的功率因数。

并联电容元件的作用是补偿一部分电感性负载所需要的无功功率,从而减少电感性负载与电源间的能量交换,提高电源设备的利用率。

若把图1-2-27所示电动机等效电路功率因数由 $\cos\varphi_1$ 提高到 $\cos\varphi_2$,需要并联多大的电容元件?

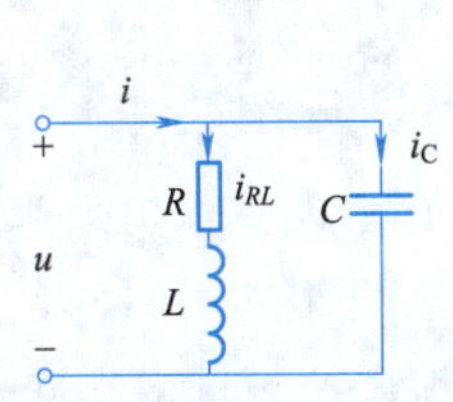

图1-2-25 并联电容元件等效电路

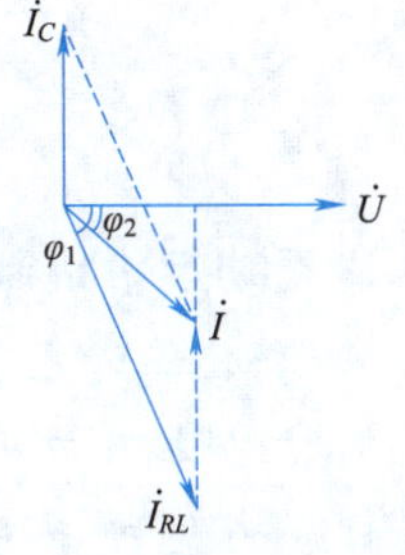

图1-2-26 并联电容元件前后相量图

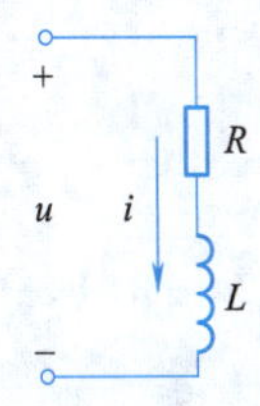

图1-2-27 电动机等效电路

由图1-2-26的相量图可得

$$\frac{U}{I_C}=X_C=\frac{1}{\omega C}$$

$$\begin{aligned}C&=\frac{I_C}{\omega U}\\&=\frac{I_{RL}\sin\varphi_1-I\sin\varphi_2}{\omega U}\\&=\frac{\dfrac{P}{U\cos\varphi_1}\sin\varphi_1-\dfrac{P}{U\cos\varphi_2}\sin\varphi_2}{\omega U}\\&=\frac{P}{\omega U^2}(\tan\varphi_1-\tan\varphi_2)\end{aligned}$$

【例1-2-9】 把一台功率 $P=1.1$ kW 的感应电动机,接在220 V、50 Hz的电路中,电动机额定电流为10 A。求:

(1)电动机的功率因数。

(2)如图1-2-25所示,在电动机的两端并联一个 $C=79.5$ μF 的电容元件时,电路的功率因数。

解:(1)$P=UI\cos\varphi$,则电动机的功率因数

$$\cos\varphi=\frac{P}{UI}=\frac{1.1\times1\,000}{220\times10}=0.5$$

$$\varphi=60°$$

(2)由 $C=\dfrac{P}{\omega U^2}(\tan\varphi_1-\tan\varphi_2)$ 可知

$$\tan\varphi_2 = \tan\varphi_1 - \frac{C\omega U^2}{P}$$
$$= \tan 60^\circ - \frac{83.6\times10^{-6}\times314\times220^2}{1.1\times10^3}$$
$$= \sqrt{3} - 1.155$$
$$= 0.577$$
$$\varphi_2 = 30^\circ \quad \cos\varphi_2 = \cos 30^\circ = 0.866$$

可见,电动机在并联电容元件后,整个电路的功率因数从 0.5 提高到 0.866。所以,可以通过并联电容元件,减小阻抗角来提高整个电路的功率因数。

素养教育

无功定价机制

某公司是一家以氯碱化工为基础、农药化工为主体、精细化工为特色的大型化工企业。主要生产能力为:农药 3 万 t,烧碱 6 万 t,化工原料及中间体 30 万 t,自采盐矿 20 万 t。下属能源动力厂主要负责水、电、汽、冷等能源的管理和运行。该厂电力系统总装机容量为 47 500 kV · A,设有 1 个 110 kV 变电站、4 个 10 kV 区间变电所和 4 套电解整流装置,共有电力变压器 22 台,整流变压器 4 台,年用电量约 2 亿 kW · h,其中整流装置用电量要占总用电量的 2/3。整流装置平均功率因数比较高,可以达到 0.95,但由于整流装置的存在,谐波分量也比较重。其他动力负荷主要是异步电动机,平均功率因数很低,该厂主要针对低压配电网络进行补偿,补偿前整个电力系统的功率因数只有 0.87,补偿后整个电力系统功率因数可以达到 0.95 以上。功率因数提高后的最直接效果就是减少供电损耗,节约电费。以线损为例,该厂年用电量约为 2 亿 kW · h,补偿前线损率约为 5%。补偿后功率因数从 0.87 提高到 0.95,则每年可减低线损约为 200 万 kW · h,按 0.4 元/(kW · h)计算,可节约电费开支 80 万元,加上电力系统功率因数奖 60 万元,每年共计节约电费开支 140 万元。

2.7 电路中的谐振

视 频

电路中的谐振

在正弦交流电路中,对于包含电容和电感元件的无源二端网络,当端口的电压 U 和电流 I 同相位时,即电路呈纯阻性时,称为谐振现象。这样的电路,称之为谐振电路。

谐振的实质是电容元件中的电场能与电感元件中的磁场能相互转换,完全补偿。电源不必与电容元件或电感元件进行能量交换,只需为电路中电阻元件供能。

谐振现象在电子和无线电技术中得到广泛的应用,但在电力系统中却应尽量避免,因为它可能会造成过电流或者过电压,损害用电设备,危及人身安全。因此,研究谐振现象有着重要的现实意义。

2.7.1 串联谐振

1. 串联谐振的条件和频率

如图1-2-28所示 RLC 的串联电路，其等效阻抗为

$$Z = R + j(X_L - X_C)$$

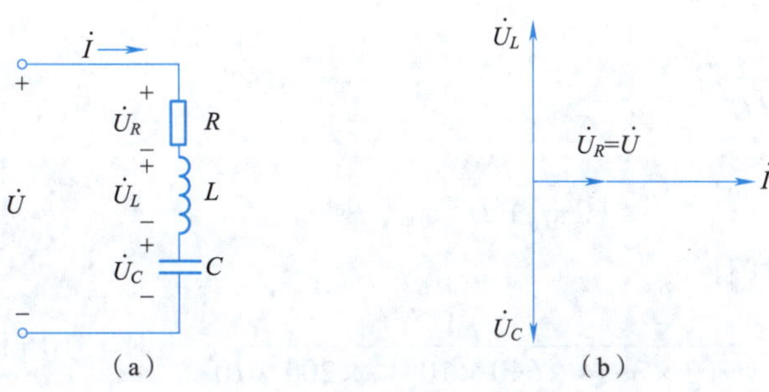

图1-2-28　*RLC* 串联电路

由谐振概念可知，串联谐振的条件是

$$X_L - X_C = 0 \text{ 或 } X_L = X_C$$

即

$$\omega L = \frac{1}{\omega C}$$

可见，调节 ω、L 和 C 三个参数中的任意一个，都可使电路发生谐振。

由谐振条件可知谐振角频率 ω_0 和谐振频率 f_0 为

$$\omega_0 = \frac{1}{\sqrt{LC}} \text{或} f_0 = \frac{1}{2\pi\sqrt{LC}}$$

2. 串联谐振的特点

（1）总阻抗最小（$Z = R$）。

（2）当外加电压 U 一定时，电路电流 I 最大，即 $I_0 = \frac{U}{R}$。

（3）电阻元件两端电压 U_R 等于电源电压 U，即 $U_R = U$。

（4）电路谐振时的感抗 ωL、容抗 $\frac{1}{\omega C}$ 称为特性阻抗。特性阻抗与电阻的比值称为品质因数，用字母 Q 来表示：

$$Q = \frac{\omega_0 L}{R} = \frac{1}{\omega_0 CR} = \frac{1}{R}\sqrt{\frac{L}{C}}$$

（5）电感或电容元件两端的电压可能远大于端口电压，U_L 或 U_C 是端口电压 U 的 Q 倍，即

$$U_L = QU, U_C = QU$$

电感和电容元件上的电压大小相等，相位相反，且为电源电压的 Q 倍，因此串联谐振又称为电压谐振。

在实际工作中，为了使电路对某频率的信号发生谐振，可通过调节电路参数 L 或 C 的大小，

使电路谐振频率与该信号的频率相同。例如,收音机通过改变可调电容元件电容的方法,使接收电路对某一电台频率发生谐振,从而收听该电台节目。

【例 1-2-10】 图 1-2-29 为收音机接收回路,由 RLC 串联电路构成,其中 $R=10\ \Omega$,$L=200\ \mu\text{H}$。现想收听中央第一套广播节目,试计算可调电容元件的调节范围,假设已知中央第一套广播节目的发射频率为 640 ~ 1 540 kHz。

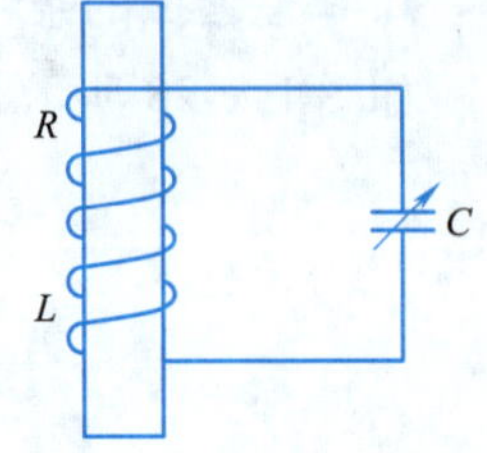

图 1-2-29 例 1-2-10 图

解:根据 $f_0=\dfrac{1}{2\pi\sqrt{LC}}$ 得

$$C=\frac{1}{(2\pi f_0)^2L}$$

当 $f_{01}=640$ kHz 时,有

$$C_1=\frac{1}{(2\times3.14\times640\times10^3)^2\times200\times10^{-6}}\ \text{pF}=310\ \text{pF}$$

当 $f_{02}=1\ 540$ kHz 时,有

$$C_2=\frac{1}{(2\times3.14\times1\ 540\times10^3)^2\times200\times10^{-6}}\ \text{pF}=53.4\ \text{pF}$$

即可调电容元件的调节范围为 53.4 ~ 310 pF。

2.7.2 并联谐振

串联谐振电路适用于内阻抗小的信号源。如果信号源的内阻抗很大,仍使用串联谐振电路,将使电路的品质因数严重降低,选择性变差。此时,应采用并联谐振电路。

1. 并联谐振的条件和频率

在实际工程电路中,最常见、应用最广泛的是由电感线圈和电容元件并联而成的谐振电路,如图 1-2-30 所示。电路的等效阻抗 Z 为

$$Z=\frac{(R+\mathrm{j}\omega L)\dfrac{1}{\mathrm{j}\omega C}}{(R+\mathrm{j}\omega L)+\dfrac{1}{\mathrm{j}\omega C}}=\frac{R+\mathrm{j}\omega L}{1+\mathrm{j}\omega RC-\omega^2LC}$$

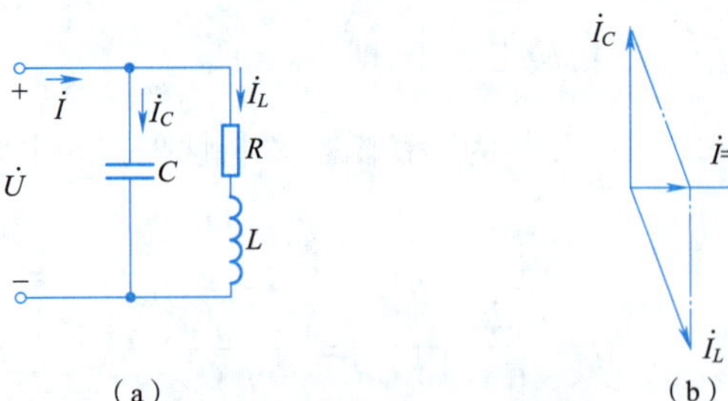

图 1-2-30 RLC 并联电路

通常,电感线圈的电阻很小,所以 $\omega L\gg R$,则上式可表示为

$$Z\approx\frac{\mathrm{j}\omega L}{1+\mathrm{j}\omega RC-\omega^2LC}=\frac{1}{\dfrac{RC}{L}+\mathrm{j}\left(\dfrac{1}{\omega L}-\omega C\right)}$$

由谐振概念可知，并联谐振的条件是

$$\frac{1}{\omega L}=\omega C$$

由上式可知，并联谐振与串联谐振频率公式相同。在实际电路中，如果电阻的损耗较小，即可使用此公式计算谐振频率。

2. 并联谐振的特点

(1)总阻抗最大，$|Z_0|=\frac{L}{CR}$。

(2)当外加电压 U 一定时，电路总电流 I 最小，即 $I_0=\frac{U}{|Z_0|}=\frac{CR}{L}U$。

(3)并联谐振时，电感或电容元件上流过的电流与总电流的比值称为品质因数，用字母 Q 来表示：

$$Q=\frac{\omega_0 L}{R}=\frac{1}{R\omega_0 C}=\frac{1}{R}\sqrt{\frac{L}{C}}$$

(4)支路电流可能远远大于端口电流，支路电流是总电流的 Q 倍，即

$$I_L=QI, I_C=QI$$

电感和电容元件上的电流大小相等，相位相反，且为电源电流的 Q 倍。因此，并联谐振又叫电流谐振。

当外加电源的频率等于并联电路的谐振频率时，可以获得较大的信号电压。当外加电源的频率偏离并联电路的固有频率时，可以获得较小的信号电压。因此，并联谐振电路常用作选频器，收音机和电视机的中频选频电路就是并联谐振电路。

小　　结

1. 正弦交流电路的分析和计算方法有别于直流电路的分析和计算方法。

2. 相量表示法是正弦量分析和计算中最方便和最常用的一种表示法。通过正弦量的相量表示法，可把正弦函数的计算转换为复数的计算，从而使正弦量的计算更加简便。相量分析法在电气工程上得到广泛采用，是电路分析的重要内容。相量图能形象直观地反映出(同频率的)正弦量的大小和相位的相互关系。

3. 基尔霍夫定律是电路的基本定律，同样适用于正弦交流电路。用相量形式表达的基尔霍夫定律是分析正弦交流电路的基本定律。

4. 正弦交流电路的元件包括电阻、电感、电容元件，在交流电路中，电阻、电感、电容元件的电压与电流之间的约束关系，包括大小和相位之间的约束关系，是分析正弦交流电路的基础。

5. 电阻、电感、电容元件串联电路的电压与电流之间大小和相位的关系，通过阻抗的串联和并联的等效变换，运用电路的基本定律，就可对各种结构形式的正弦交流电路进行分析与计算。

6. 正弦交流电路中，有有功功率、无功功率、视在功率之分。正弦交流电路中有功功率 $P=UI\cos\varphi$，即有功功率不仅与电压电流的乘积有关，而且还与功率因数 $\cos\varphi$ 有关，而功率因数的

大小又取决于电路的参数。

7. 功率因数的提高有着重要的现实意义，功率因数低会产生使电源设备的容量不能充分利用、增加线路和发电机（或变压器）绕组的功率损耗等不利影响。通常，可以通过正确选择用电设备的额定功率，以及在电感性负载上并联电容元件的方法来提高整个电路的功率因数。

习　　题

一、填空题

1. 随时间按正弦规律变化的交流电压、电流称为__________。

2. 正弦量的三要素为__________、__________、__________。

3. $f=$__________。

4. $\omega=$__________$=$__________。

5. 我国采用__________Hz 作为电力工业标准频率（简称工频）。

6. 交流电流有效值和最大值的关系__________。

7. 同频率正弦量的相位角之差或是初相角之差，称为__________。

8. 在正弦交流电路中，$\varphi=0$ 时称 i 与 u__________；$\varphi=\pm 90^\circ$ 时称 i 与 u__________；$\varphi=\pm 180^\circ$ 时称 i 与 u__________。

9. 用 a 表示复数 F 的实部，b 表示复数 F 的虚部，φ 表示辐角，则 F 的代数式为__________；三角式为__________；极坐标式为__________。

10. 复数运算，设 $F_1=a_1+jb_1$，$F_2=a_2+jb_2$ 则 $F_1+F_2=$__________；设 $F_1=|F_1|\angle\varphi_1$，$F_2=|F_2|\angle\varphi_2$ 则 $F_1F_2=$__________，$F_1/F_2=$__________。

11. 用复数表示的正弦量叫__________。

12. 正弦量与相量是一一对应关系，而不是__________关系。

13. 只有__________的正弦量才能进行代数运算。

14. 电阻元件电压电流的数值关系__________，相位关系 u、i__________；相量关系__________。

15. 电感元件电压电流的数值关系__________，相位关系 u__________$i\ \frac{\pi}{2}$；相量关系__________。

16. 电容元件电压电流的数值关系__________，相位关系 i__________$u\ \frac{\pi}{2}$；相量关系__________。

17. 在 $f=50$ Hz 的交流电路中，容抗 $X_C=314\ \Omega$，电容 $C=$__________。

18. RLC 串联电路，阻抗__________，阻抗角__________。

19. 已知负载阻抗为 $Z=10\angle 60^\circ\ \Omega$，则该负载性质为__________。

20. 当 $X_L>X_C$ 时，$\varphi>0$，电压__________电流，电路呈__________性；当 $X_L<X_C$ 时，$\varphi<0$，电流__________电压，电路呈__________性；当 $X_L=X_C$ 时，$\varphi=0$，电流与电压__________，电路呈__________性。

21. 无源二端网络，端口电压相量与电流相量之比，定义为该网络的__________。

22. 正弦交流电路中，有功功率 $P=$__________，无功功率 $Q=$__________，视在功率 $S=$__________。

23. 视在功率、有功功率、无功功率三者的关系________________。

24. 功率因数低的危害：________________，________________。

25. 提高功率因数方法：感性负载采用__________。

26. 谐振的条件__________，谐振的频率 $f=$__________。

27. 谐振时电路呈__________。

28. 串联谐振电路特点：总阻抗值__________，电流 I __________。

29. 并联谐振电路的特点：电压一定时，谐振时电流__________；总阻抗__________。

30. 串联谐振时，U_L 和 U_C 是__________倍的电源电压，并联谐振 I_L 和 I_C 是__________倍的电源电流。

二、选择题

1. 某正弦电流当其相位角为 $\frac{\pi}{6}$ 时取值为 5 A，则可知该电流有效值为(　　)。

A. 5 A　　B. 7.07 A　　C. 10 A　　D. 14.14 A

2. 已知两个正弦量为 $u_1=20\sqrt{2}\sin(314t-60°)$ V，$u_2=20\sqrt{2}\sin(314t+30°)$ V，则(　　)。

A. u_1 比 u_2 滞后 30°　　B. u_1 比 u_2 超前 30°

C. u_1 比 u_2 滞后 90°　　D. u_1 比 u_2 超前 90°

3. 电路中，$u=U_m\sin\omega t$，$i=I_m\sin\omega t$ 则此电路元件是(　　)。

A. 电容元件　　B. 电阻元件

C. 电感元件　　D. 电阻与电感串联元件

4. 正弦交流电路中，电容元件两端的电压 $u=220\sqrt{2}\sin(\omega t+30°)$ V，$X_C=10\ \Omega$，则电容元件电流为(　　)A。

A. $i=22\sqrt{2}\sin(\omega t+30°)$　　B. $i=22\sqrt{2}\sin(\omega t+120°)$

C. $i=22\sqrt{2}\sin(\omega t-60°)$　　D. $i=22\sin(\omega t+120°)$

5. 某电感元件接于频率为 50 Hz 的正弦交流电路，设电感 $L=0.1$ H，则该电感元件的感抗等于(　　)。

A. 3.14 Ω　　B. 0.032 Ω　　C. 31.4 Ω　　D. 314 Ω

6. 某交流电路中，L 与 R 串联，已知感抗 $X_L=7.07\ \Omega$，电阻 $R=7.07\ \Omega$，则其串联等效阻抗 $|Z|$ 为(　　)。

A. 14.14 Ω　　B. 10 Ω　　C. 7.07 Ω　　D. 0 Ω

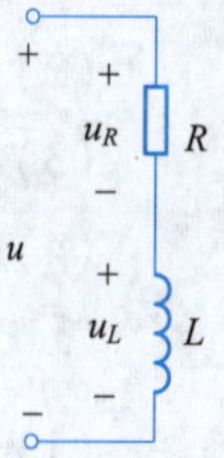

7. R、L 串联的正弦交流电路如图 1 所示，若 $u_R=5\sqrt{2}\sin(\omega t+10°)$ V，$u_L=5\sqrt{2}\sin(\omega t+100°)$ V，则总电压 u 为(　　)。

图 1

A. $5\sin(\omega t+45°)$ V　　B. $10\sin(\omega t+55°)$ V

C. $5\sqrt{2}\sin(\omega t+110°)$ V　　D. $10\sqrt{2}\sin(\omega t+70°)$ V

8. 在 RLC 串联正弦电路中，若 R 上电压为 9 V，L 上电压为 30 V，C 上电压为 18 V，则电路的总电压 U 为(　　)。

A. 57 V　　B. 15 V　　C. 21 V　　D. 3 V

9. 在 RLC 串联电路中，电源电压 $u=220\sqrt{2}\sin(314t+30°)$ V，$R=10\ \Omega$，当电路发生谐振时，电路中的电流 i 为(　　)A。

A. $22\sqrt{2}\sin(314t+120°)$　　B. $22\sin(314t+30°)$

C. $22\sqrt{2}\sin(314t-60°)$　　D. $22\sqrt{2}\sin(314t+30°)$

10. 正弦交流电路中，在感性负载两端并联电容元件后，电路的有功功率将(　　)。

A. 增大　　B. 减小　　C. 不变　　D. 不能确定

三、综合题

1. 周期性交流电流的波形如图 2 所示，求曲线的频率、初相角、最大值，并写出其瞬时值表达式。

2. 已知电流和电压的瞬时值表达式为 $u=317\sin(\omega t-160°)$ V，$i_1=10\sin(\omega t-45°)$ A，$i_2=4\sin(\omega t+70°)$ A。试在保持相位差不变的条件下，将电压的初相角改为 0°，重新写出它们的瞬时值表达式。

3. 一个正弦电流的初相位 $\psi=15°$，$t=\dfrac{T}{4}$ 时，$i(t)=0.5$ A，试求该电流的有效值 I。

4. 周期性交流电压的波形如图 3 所示，不用计算，能否看出有效值与最大值的关系？

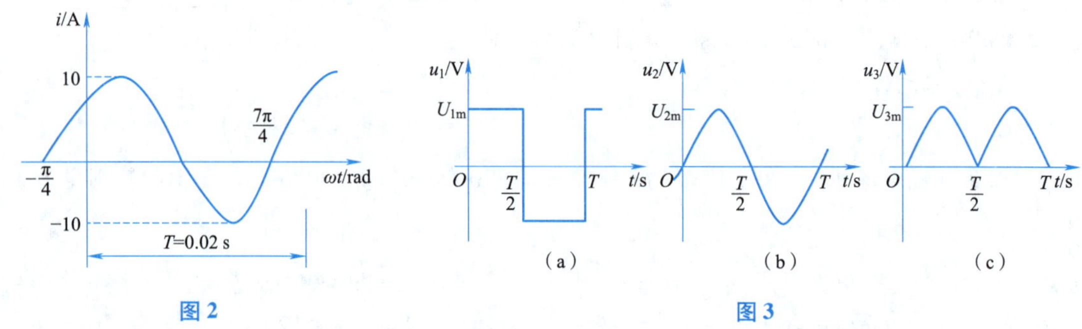

图 2　　图 3

5. 已知 $e(t)=-311\cos 314t$ V，则与它对应的相量 $\dot{E}$ 为多少？

6. 已知 $i_1=5\sqrt{2}\sin(\omega t+30°)$ A，$i_2=10\sqrt{2}\sin(\omega t+60°)$ A，求：

(1) $\dot{I}_1$、$\dot{I}_2$；

(2) $\dot{I}_1+\dot{I}_2$；

(3) i_1+i_2；

(4) 作相量图。

7. 已知 $u_1=220\sin\omega t$ V，$u_2=220\sin(\omega t+120°)$ V，$u_3=220\sin(\omega t-120°)$ V，求：

(1) $\dot{U}_1$、$\dot{U}_2$、$\dot{U}_3$；

(2) $\dot{U}_1+\dot{U}_2+\dot{U}_3$；

(3) $u_1+u_2+u_3$；

(4)作相量图。

8. 计算两个同频率正弦量之和的方法有几种？哪种方法最方便？

9. 已知 $u_1=220\sqrt{2}\sin(\omega t+60°)$ V，$u_2=220\sqrt{2}\cos(\omega t+30°)$ V，试作 u_1 和 u_2 的相量图，并求：u_1+u_2、u_1-u_2。

10. 有两个阻抗分别为 $Z_1=(2+\mathrm{j}2)\ \Omega$、$Z_2=(1+\mathrm{j}3)\ \Omega$，当它们串联接入 $u=311\sin(314t+60°)$ V 电源中时，求电流 i；当它们并联接入同样的电源中时，分别求 i_1、i_2。

11. 将一个感性负载接于 110 V、50 Hz 的交流电源时，电路中的电流为 10 A，消耗功率 $P=600$ W，求 $\cos\varphi$、R、X。

12. 一感性负载的复阻抗 $Z=(6+\mathrm{j}8)\ \Omega$，接于 50 Hz、220 V 电源上，求电路的总电流 I_1、有功功率 P 和功率因数 $\cos\varphi_1$ 为多少？

13. RLC 串联交流电路如图 4 所示。已知 $R=30\ \Omega$、$L=254$ mH、$C=80\ \mu$F，$u=220\sqrt{2}\sin(314t+20°)$ V。求电路有功功率、无功功率、视在功率、功率因数。

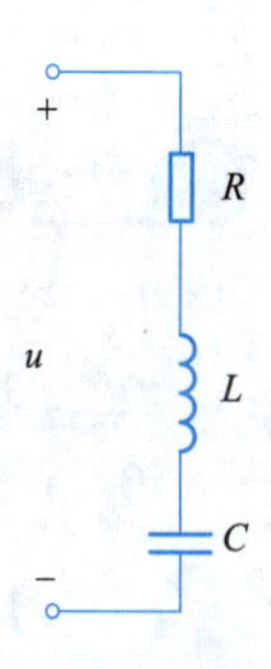

图 4

第3章 三相电路

学习目标

1. 掌握三相电源的连接及其相、线电压关系。
2. 掌握对称三相电路的分析方法,三相功率的概念及计算。
3. 了解相序的概念和不对称三相电路的基本分析方法。

学习重点

1. 不同连接方式的对称三相电路的计算。
2. 线、相电压关系,线、相电流关系。

学习难点

1. 不同连接方式的对称三相电路的计算。
2. 线、相电压关系,线、相电流关系。

三相电路是由三相电源、三相负载和三相传输线路组成的电路,在发电、输电、配电以及大功率用电设备等电力系统中应用广泛。

视频

三相电源

3.1 三相电源

3.1.1 对称三相电源

对称三相电源是指由三个频率相同、幅值相等但相位互差120°的单相电源按照一定的连接方式连接而成的电源。电力系统中的对称三相电源通常是三相交流发电机,其原理图如图1-3-1所示。

动画

三相交流发电机

对称三相电源的首端用A、B、C,末端用X、Y、Z表示。三相电压的参考方向为首端指向尾端。对称三相电源的图形符号如图1-3-2所示。

对称三相电源的瞬时值表达式(以u_A为参考正弦量)为

$$\left.\begin{aligned} u_A &= \sqrt{2}U\sin \omega t \\ u_B &= \sqrt{2}U\sin(\omega t - 120°) \\ u_C &= \sqrt{2}U\sin(\omega t + 120°) \end{aligned}\right\}$$

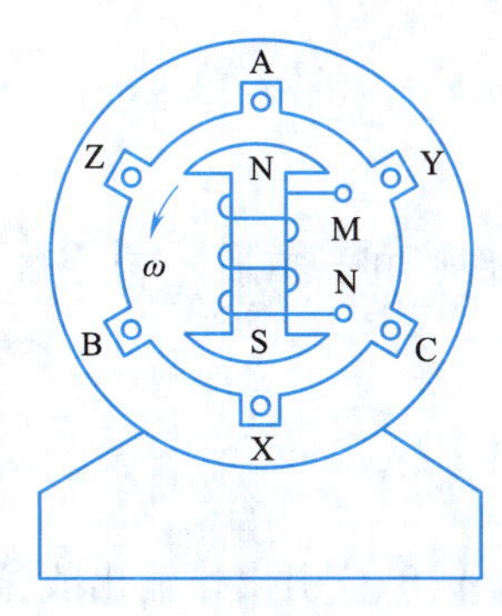

图1-3-1 三相发电机原理图

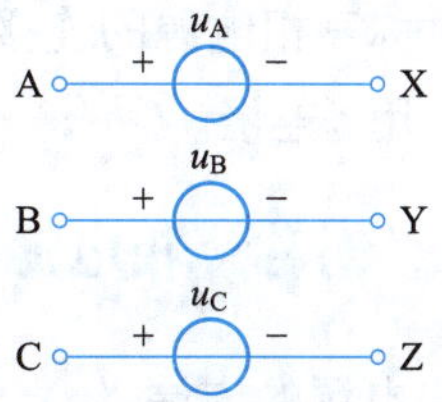

图1-3-2 对称三相电源

相量形式为

$$\left.\begin{aligned}\dot{U}_A &= U\angle 0^\circ \\ \dot{U}_B &= U\angle -120^\circ \\ \dot{U}_C &= U\angle +120^\circ\end{aligned}\right\}$$

对称三相电压的波形图和相量图分别如图1-3-3和图1-3-4所示。

由图1-3-4可知，对称三相电源的三个电压的相量之和为零，即

$$\dot{U}_A + \dot{U}_B + \dot{U}_C = 0$$

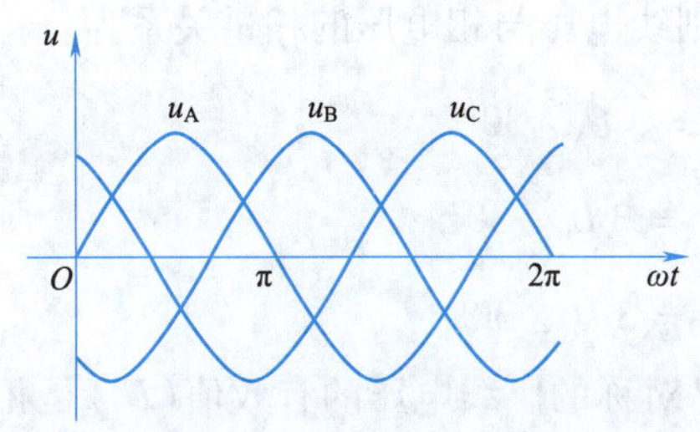

图1-3-3 对称三相电压的波形图

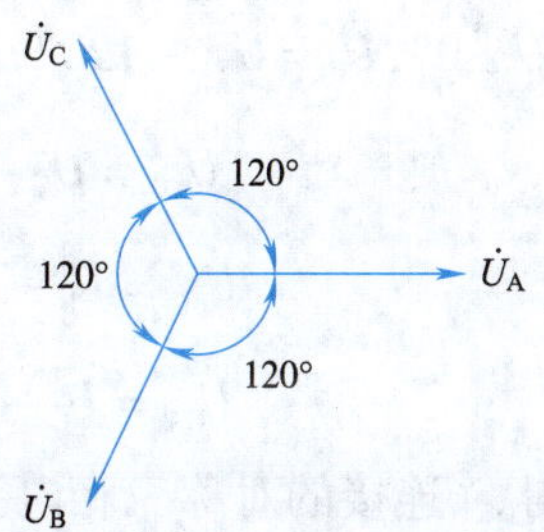

图1-3-4 对称三相电压的相量图

三个电压的瞬时值之和亦为零，即

$$u_A + u_B + u_C = 0$$

这是对称三相电源的重要特点。

3.1.2 相序

三相电源中每一相电压经过同一值(如正的最大值)的先后次序称为相序。由图1-3-3可知，其三相电压到达最大值的次序依次为u_A、u_B、u_C，其相序为A—B—C—A，称为顺序或正序。

工程中有时需要将设备进行反转，此时需要将发电机转子反转，则相序为A—C—B—A，称为逆序或负序。

工程上常用的相序是顺序。工业上通常在交流发电机的三相引出线及配电装置的三相母线上，涂有黄、绿、红三种颜色，分别表示A、B、C三相。

3.2 对称三相电源的连接

对称三相电源的连接方式有星形(Y)连接和三角形(△)连接。三相交流发电机通常采用Y连接。

3.2.1 对称三相电源的Y连接

将对称三相电源的末端 X、Y、Z 连在一起,首端 A、B、C 引出作输出线,这种连接方式称为三相电源的Y连接,如图 1-3-5 所示。

连接在一起的 X、Y、Z 点称为三相电源的中性点,用 N 表示,从中性点引出的线称为中性线,简称中线(俗称零线)。三个电源首端 A、B、C 引出的线称为相线(俗称火线)。

电源每相的电压,即相线与中线之间的电压称为相电压,电源相电压用符号 u_A、u_B、u_C 表示,方向从首端指向末端;而任意两根相线之间的电压称为线电压,用 u_{AB}、u_{BC}、u_{CA}表示。

如图 1-3-5 所示,由 KVL 可得,线电压与相电压的关系为

$$u_{AB}=u_A-u_B$$

$$u_{BC}=u_B-u_C$$

$$u_{CA}=u_C-u_A$$

假设 $\dot{U}_A=U\angle 0°$,$\dot{U}_B=U\angle -120°$,$\dot{U}_C=U\angle 120°$,则线电压与相电压的相量关系为

$$\dot{U}_{AB}=\dot{U}_A-\dot{U}_B=\sqrt{3}U\angle 30°=\sqrt{3}\dot{U}_A\angle 30°$$

$$\dot{U}_{BC}=\dot{U}_B-\dot{U}_C=\sqrt{3}U\angle -90°=\sqrt{3}\dot{U}_B\angle 30°$$

$$\dot{U}_{CA}=\dot{U}_C-\dot{U}_A=\sqrt{3}U\angle 150°=\sqrt{3}\dot{U}_C\angle 30°$$

由上式可得,Y连接的对称三相电源的线电压也是对称的。线电压的有效值(U_l)是相电压有效值(U_p)的$\sqrt{3}$倍,即 $U_l=\sqrt{3}U_p$;并且线电压的相位超前于相应的相电压 30°,其相量图如图 1-3-6 所示。

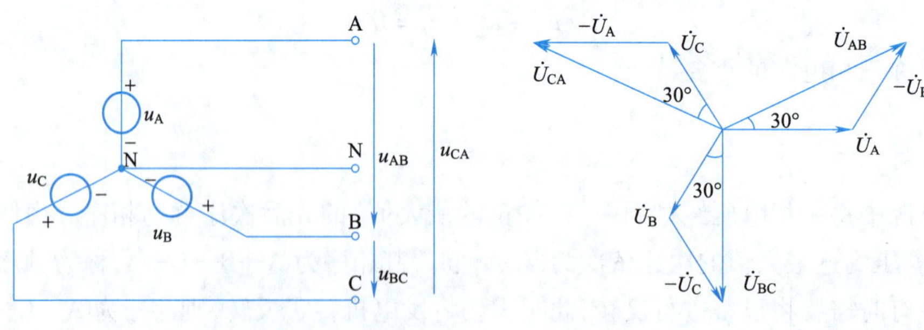

图 1-3-5 Y连接的三相电源　　图 1-3-6 Y连接的线电压相量图

对称三相电源Y连接的供电方式有两种,一种是三相四线制(三条相线和一条中线),另一种是三相三线制,即无中线。低压供电系统常用三相四线制供电,线电压为 380 V,相电压为 220 V。

3.2.2　对称三相电源的△连接

将对称三相电源中的三个单相电源首尾相接，由三个连接点引出三条相线就形成△连接的对称三相电源，如图 1-3-7 所示。

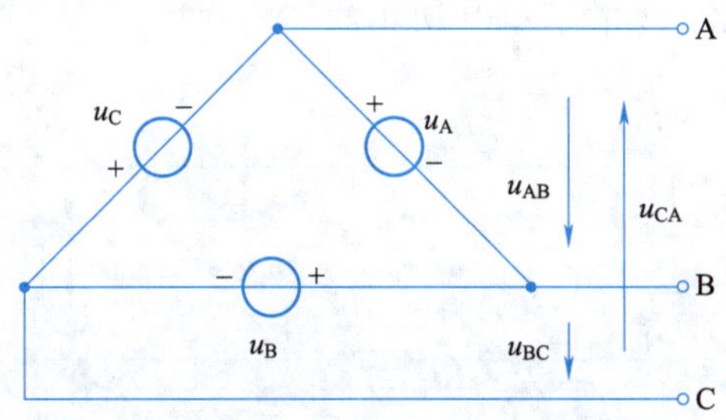

图 1-3-7　△连接的三相电源

由图 1-3-7 可知，对称三相电源△连接时，线电压等于相电压，即

$$u_{AB}=u_A \qquad \dot{U}_{AB}=\dot{U}_A$$

$$u_{BC}=u_B \quad 或 \quad \dot{U}_{BC}=\dot{U}_B$$

$$u_{CA}=u_C \qquad \dot{U}_{CA}=\dot{U}_C$$

三相电源△连接时，形成一个闭合回路。由于对称三相电源 $\dot{U}_A+\dot{U}_B+\dot{U}_C=0$，因此回路中不会有电流。

3.3　对称三相负载的连接

视频

对称三相负载的连接

对称三相电路是由对称三相电源和对称三相负载连接组成。一般电源均为对称电源，因此只要负载对称，则该电路即为对称三相电路。所谓对称三相负载是指每相负载的复阻抗相同。三相负载的连接方式也分为Y连接和△连接，如图 1-3-8 所示。

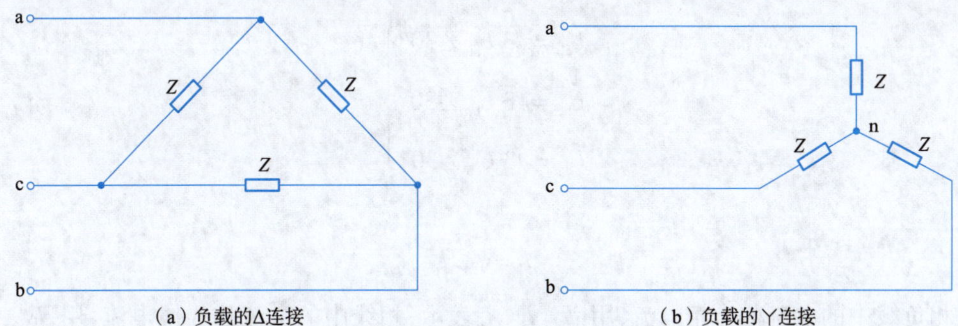

（a）负载的△连接　　（b）负载的Y连接

图 1-3-8　对称三相负载的连接

由于三相对称，因此对称三相电路的分析方法可归结为

（1）针对单相电路进行分析计算（如 A 相）。

(2)根据对称性,推算其他两相相关参数。

3.3.1 负载Y连接的对称三相电路

三相负载按Y连接,且负载引出端与电源相线连接,负载的中性点与电源的中性点连接,这种供电方式称为三相四线制,如图1-3-9所示。

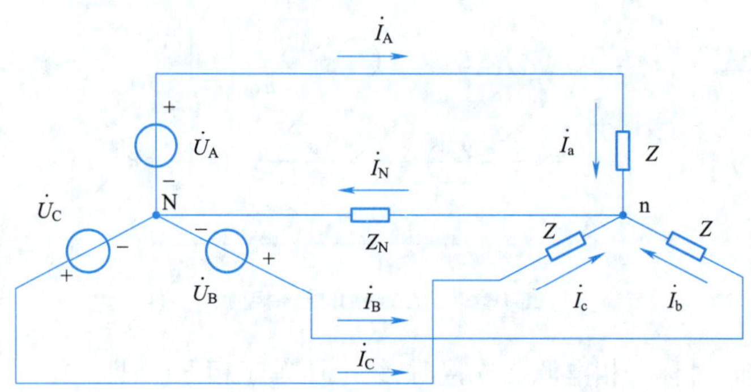

图1-3-9 三相四线制

设每相负载阻抗 $Z=|Z|\angle\varphi$。N为电源中性点,n为负载的中性点,Nn为中线。设中线的阻抗为 Z_N。每相负载上的电压称为负载相电压,用 $\dot{U}_{an}$、$\dot{U}_{bn}$、$\dot{U}_{cn}$ 表示;负载相线之间的电压称为负载的线电压,用 $\dot{U}_{ab}$、$\dot{U}_{bc}$、$\dot{U}_{ca}$ 表示。

对称三相电路由于电源对称、负载对称,所以 $V_N=V_n=0$,$\dot{U}_{nN}=0$。

由此可得,忽略输电线阻抗时,电源相电压与负载相电压的关系为

$$\left.\begin{aligned}\dot{U}_{an}&=\dot{U}_A\\\dot{U}_{bn}&=\dot{U}_B\\\dot{U}_{cn}&=\dot{U}_C\end{aligned}\right\}$$

由上式可知,负载相电压与电源相电压相等,同为对称三相电压,所以负载线电压与相电压的关系和电源电压的关系完全相同,有

$$\left.\begin{aligned}\dot{U}_{ab}&=\sqrt{3}\,\dot{U}_{an}\angle30^\circ\\\dot{U}_{bc}&=\sqrt{3}\,\dot{U}_{bn}\angle30^\circ\\\dot{U}_{ca}&=\sqrt{3}\,\dot{U}_{cn}\angle30^\circ\end{aligned}\right\}$$

即

$$U_l=\sqrt{3}\,U_p$$

各相负载中的电流称为相电流,用 $\dot{I}_a$、$\dot{I}_b$、$\dot{I}_c$ 表示;相线中的电流称为线电流,用 $\dot{I}_A$、$\dot{I}_B$、$\dot{I}_C$ 表示。线电流的参考方向从电源端指向负载端,中线电流 $\dot{I}_N$ 的参考方向从负载端指向电源端。由图1-3-9可知,对于负载Y连接的电路,线电流等于相电流。

若以 $\dot{U}_A=U_p\angle0^\circ$ 为参考相量,则线电流为

$$\dot{I}_A = \dot{I}_a = \frac{\dot{U}_{an}}{Z} = \frac{\dot{U}_A}{Z} = \frac{U_p}{|Z|}\angle -\varphi$$

$$\dot{I}_B = \dot{I}_b = \frac{\dot{U}_{bn}}{Z} = \frac{\dot{U}_B}{Z} = \frac{U_p}{|Z|}\angle -\varphi - 120°$$

$$\dot{I}_C = \dot{I}_c = \frac{\dot{U}_{cn}}{Z} = \frac{\dot{U}_C}{Z} = \frac{U_p}{|Z|}\angle -\varphi + 120°$$

即

$$I_l = I_p$$

由上式可知,三相电流也是对称的,即 $\dot{I}_N = \dot{I}_A + \dot{I}_B + \dot{I}_C = 0$。

由于中线电流 $\dot{I}_N = 0$,因此对称三相四线制供电系统可以改为三相三线制供电,即取消中线,不影响原系统稳定运行。

综上所述,负载星形连接的对称三相电路其负载电压、电流具有以下特点:

(1)线电压、相电压,线电流、相电流都是对称的。

(2)线电流等于相电流。

(3)线电压等于$\sqrt{3}$倍的相电压,即 $U_l = \sqrt{3}\,U_p$,且线电压超前相应的相电压30°。

【例1-3-1】 图1-3-10为一对称三相电路,对称三相电源的线电压为380 V,每相负载的阻抗 $Z = 80\angle 30°\ \Omega$,输电线阻抗 $Z_l = (1 + j2)\Omega$,求三相负载的相电压、线电压、相电流。

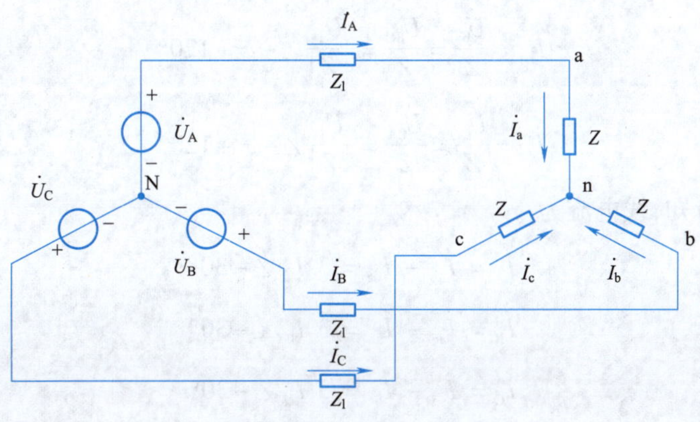

图1-3-10　例1-3-1电路图

解: 电源相电压 $U_p = \frac{380}{\sqrt{3}}\ \text{V} = 220\ \text{V}$

设 $\dot{U}_A = 220\angle 0°$,则

$$\dot{I}_A = \frac{\dot{U}_A}{Z + Z_l} = \frac{220\angle 0°}{80\angle 30° + 1 + j2}\ \text{A} = \frac{220\angle 0°}{81.9\angle 30.9°}\ \text{A} = 2.69\angle -30.9°\ \text{A}$$

由对称性得　　　　$\dot{I}_B = 2.69\angle -150.9°\ \text{A}$, $\dot{I}_C = 2.69\angle 89.1°\ \text{A}$

三相负载的相电压为

$$\dot{U}_{an} = Z\dot{I}_A = 80\angle 30° \times 2.69\angle -30.9°\ \text{V} = 215.2\angle -0.9°\ \text{V}$$

$$\dot{U}_{bn}=215.2\angle -120.9^\circ\ \text{V}$$

$$\dot{U}_{cn}=215.2\angle 119.1^\circ\ \text{V}$$

三相负载的线电压为

$$\dot{U}_{ab}=\sqrt{3}\,\dot{U}_{an}\angle 30^\circ\ \text{V}=372.7\angle 29.1^\circ\ \text{V}$$

$$\dot{U}_{bc}=372.7\angle -90.9^\circ\ \text{V}$$

$$\dot{U}_{ca}=372.7\angle 149.1^\circ\ \text{V}$$

由于输电线路阻抗的存在,负载的相电压、线电压与电源的相电压、线电压不相等,但仍是对称的。

3.3.2 负载△连接的对称三相电路

将三相负载分别接在不同相线上的连接方式称为负载△连接,如图 1-3-11 所示。设每相负载 $Z=|Z|\angle\varphi$,其线电流为 $\dot{I}_A$、$\dot{I}_B$、$\dot{I}_C$,相电流为 $\dot{I}_{ab}$、$\dot{I}_{bc}$、$\dot{I}_{ca}$。

设 $\dot{U}_{AB}=U_l\angle 0^\circ$,忽略输电线阻抗时,负载线电压等于电源线电压。

负载的相电流为

$$\dot{I}_{ab}=\frac{\dot{U}_{ab}}{Z}=\frac{\dot{U}_{AB}}{Z}=\frac{U_l}{|Z|}\angle -\varphi$$

$$\dot{I}_{bc}=\frac{\dot{U}_{bc}}{Z}=\frac{\dot{U}_{BC}}{Z}=\frac{U_l}{|Z|}\angle -\varphi-120^\circ$$

$$\dot{I}_{ca}=\frac{\dot{U}_{ca}}{Z}=\frac{\dot{U}_{CA}}{Z}=\frac{U_l}{|Z|}\angle -\varphi+120^\circ$$

由图 1-3-12 可知,线电流为

$$\dot{I}_A=\dot{I}_{ab}-\dot{I}_{ca}=\sqrt{3}\,\dot{I}_{ab}\angle -30^\circ$$

$$\dot{I}_B=\dot{I}_{ac}-\dot{I}_{ab}=\sqrt{3}\,\dot{I}_{bc}\angle -30^\circ$$

$$\dot{I}_C=\dot{I}_{ca}-\dot{I}_{bc}=\sqrt{3}\,\dot{I}_{ca}\angle -30^\circ$$

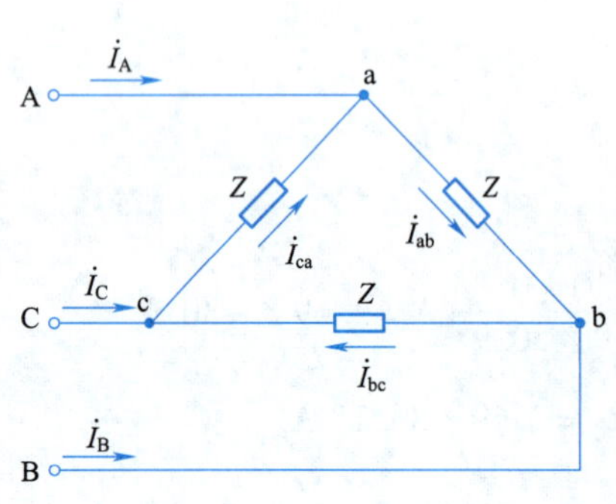

图 1-3-11 负载三角形连接的对称三相电路

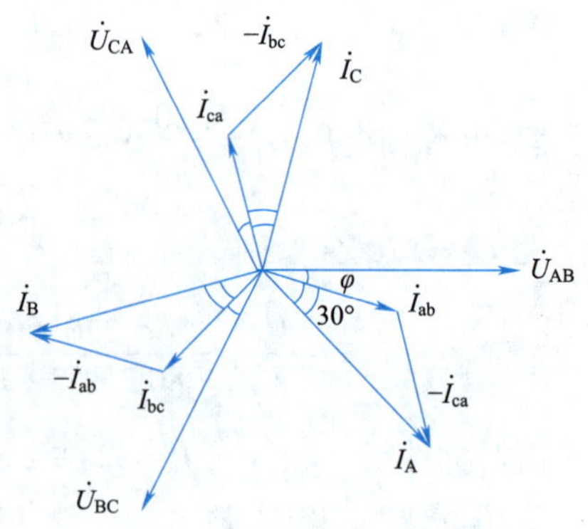

图 1-3-12 电压、电流相量图

综上所述，负载△连接的对称三相电路，其负载电压、电流有以下特点：

(1)相电压、线电压，相电流、线电流均对称。

(2)每相负载上的线电压等于相电压。

(3)线电流等于$\sqrt{3}$倍的相电流，即$I_l=\sqrt{3}I_p$，且线电流滞后相应的相电流30°。

【例1-3-2】　设有一对称三相电路如图1-3-13(a)所示，对称三相电源相电压$\dot{U}_A=220\angle 0°$ V每相负载阻抗$Z=90\angle 30°$ Ω，线路阻抗$Z_l=(1+j2)$Ω，求负载的相电压、相电流和线电流。

解：将△连接的对称三相负载变换成Y连接的对称三相负载。取变换后的电路中的一相等效电路，如图1-3-13(b)所示。

线电流　$\dot{I}_A=\dfrac{\dot{U}_A}{Z_l+\dfrac{Z}{3}}=\dfrac{220\angle 0°}{1+j2+30\angle 30°}\text{ A}=\dfrac{220\angle 0°}{31.9\angle 32.2°}\text{ A}=6.9\angle -32.2°\text{ A}$

相电流　$\dot{I}_{ab}=\dfrac{1}{\sqrt{3}}\dot{I}_A\angle 30°=\dfrac{1}{\sqrt{3}}\times 6.9\angle(-32.2°+30°)\text{ A}=3.98\angle -2.2°\text{ A}$

△连接负载的相电压等于负载线电压，由图1-3-13(a)可知

$$\dot{U}_{ab}=Z\dot{I}_{ab}=90\angle 30°\times 3.89\angle -2.2°\text{ V}=358\angle 27.8°\text{ V}$$

根据对称性可得其他两相的相电压、相电流和线电流。

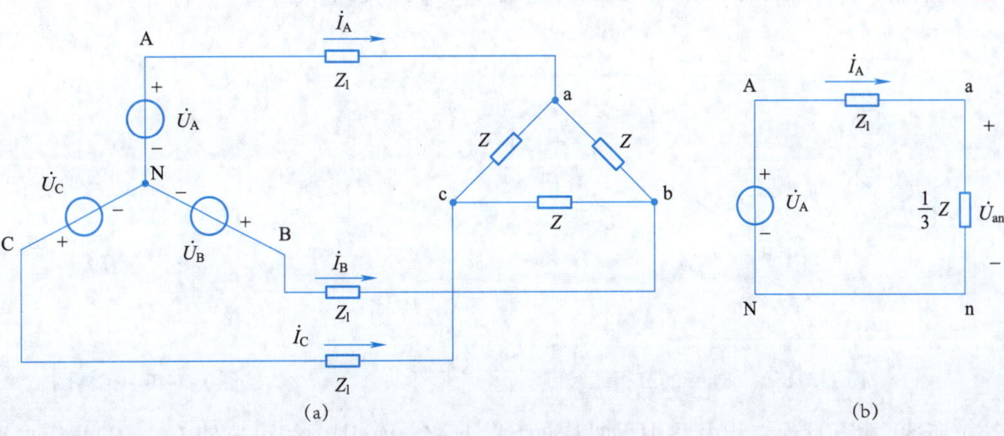

图1-3-13　例1-3-2图

3.4　不对称三相电路

在三相电路中，电源和负载只要有一个不对称，则整个三相电路就不对称。通常，三相电源是对称的，不对称的主要是负载，日常照明电路就属于不对称负载。

如图1-3-14所示的三相四线制电路，负载不对称，假设中线阻抗为零，则每相负载上的电压等于该相电源的相电压，而三相电流由于负载阻抗不同而不对称，即负载相电压为

$$\dot{U}_{an}=\dot{U}_A,\ \dot{U}_{bn}=\dot{U}_B,\ \dot{U}_{cn}=\dot{U}_C$$

负载相电流为

$$\dot{I}_A=\frac{\dot{U}_{an}}{Z_A},\dot{I}_B=\frac{\dot{U}_{bn}}{Z_B},\dot{I}_C=\frac{\dot{U}_{cn}}{Z_C}$$

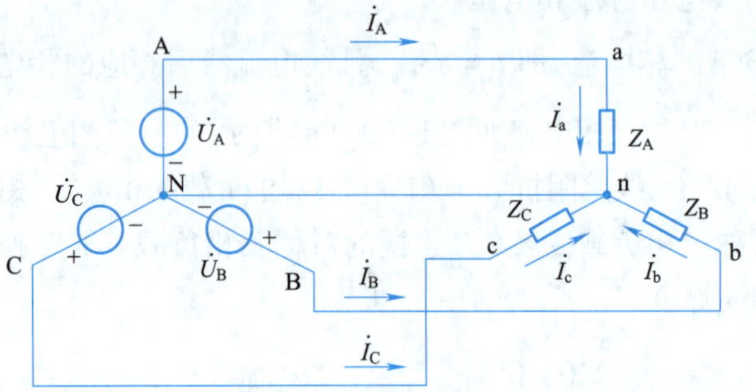

图 1-3-14　Y-Y连接的不对称三相电路

此时，中线电流　　　　　　　$\dot{I}_N=\dot{I}_A+\dot{I}_B+\dot{I}_C\neq 0$

将图 1-3-14 中的中线去掉，形成三相三线制，如图 1-3-15 所示。

根据节点电压法可知 $\dot{U}_{nN}$一般不等于零，即负载中性点 n 的电位与电源中点 N 的电位不相等，发生了中性点位移，相量图如图 1-3-16 所示。由相量图可以看出，中性点位移标志着负载相电压 $\dot{U}_{an}$、$\dot{U}_{bn}$、$\dot{U}_{cn}$的不对称，而三相负载的电流 $\dot{I}_A$、$\dot{I}_B$、$\dot{I}_C$也不再对称。

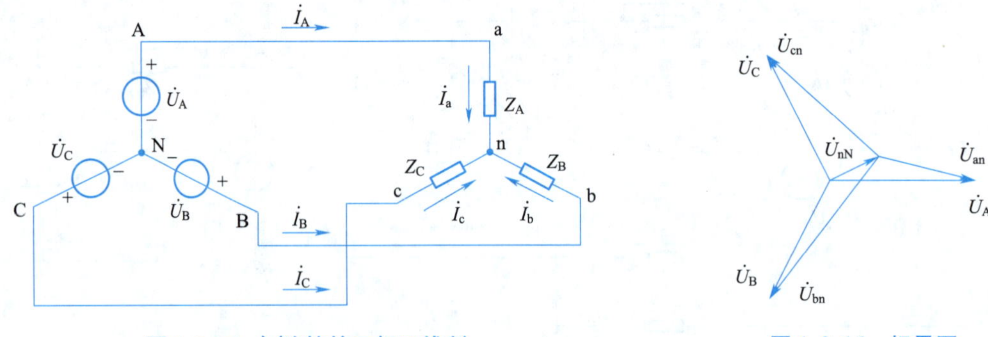

图 1-3-15　Y连接的三相三线制　　　　图 1-3-16　相量图

综上所述，在不对称三相电路中，如果有中线，且 $Z_n\approx 0$，则中线可迫使 $U_{nN}=0$，尽管电路不对称，但负载相电压对称，以保证负载正常工作；若无中线，则中性点位移，造成负载相电压不对称，从而可能导致负载不能正常工作。可见，中线作用至关重要，且不能断开。实际接线中，中线的干线必须考虑有足够的机械强度，且不允许安装开关和熔断器。

【例 1-3-3】　如图 1-3-17 所示，每只灯泡的额定电压为 220 V，额定功率为 100 W，电源系 380 V/220 V 电网，试问：

（1）三相四线制供电时（即有中线），各灯泡的亮度是否一样？

（2）三相三线制供电时（即中线断开），各灯泡能正常发光吗？

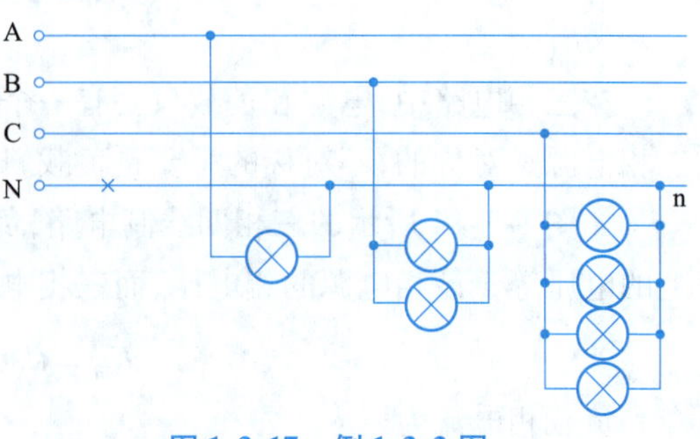

图 1-3-17　例 1-3-3 图

解:(1)三相四线制供电时,尽管此时三相负载不对称,但是有中线,加在各相灯泡上的电压均为 220 V,各灯泡正常发光,亮度一样。

(2)中线断开时,由节点电压法得

$$\dot{U}_{nN}=\frac{\dfrac{\dot{U}_A}{R_a}+\dfrac{\dot{U}_B}{R_b}+\dfrac{\dot{U}_C}{R_c}}{\dfrac{1}{R_a}+\dfrac{1}{R_b}+\dfrac{1}{R_c}}$$

每只灯泡电阻为

$$R=\frac{U_p^2}{P}=\frac{220^2}{100}\ \Omega=484\ \Omega$$

各相负载电阻为

$$R_a=\frac{R}{4}=\frac{484}{4}\ \Omega=121\ \Omega$$

$$R_b=\frac{R}{2}=\frac{484}{2}\ \Omega=242\ \Omega$$

$$R_a=R=484\ \Omega$$

$$\dot{U}_{nN}=\frac{\dfrac{220\angle 0°}{121}+\dfrac{220\angle -120°}{242}+\dfrac{220\angle 120°}{484}}{\dfrac{1}{121}+\dfrac{1}{242}+\dfrac{1}{484}}\ \text{V}=83.13\angle -19°\ \text{V}$$

各负载相电压为

$$\dot{U}_{an}=\dot{U}_A-\dot{U}_{nN}=220\angle 0°-83.13\angle -19°\ \text{V}=144\angle 10.9°\ \text{V}$$

$$\dot{U}_{bn}=\dot{U}_B-\dot{U}_{nN}=220\angle -120°-83.13\angle -19°\ \text{V}=249\angle 139°\ \text{V}$$

$$\dot{U}_{cn}=\dot{U}_C-\dot{U}_{nN}=220\angle 120°-83.13\angle -19°\ \text{V}=288\angle 130.9°\ \text{V}$$

经计算可知,A 相灯泡上的电压只有 144 V,发光不足,而 C 相灯泡上的电压远超过额定电压,很可能被烧坏。

视 频

三相电路的功率

3.5　三相电路的功率

3.5.1　有功功率

三相电路总的有功功率等于各相有功功率之和,即

$$P=P_A+P_B+P_C$$

每相有功功率为

$$P_p=U_pI_p\cos\varphi_p$$

对称三相电路,各相有功功率相同,即 $P_p=P_A=P_B=P_C$,则

$$P=3P_p=3U_pI_p\cos\varphi_p$$

负载Y连接时，有 $U_p=\dfrac{U_l}{\sqrt{3}}, I_p=I_l$，代入上式得

$$P=3I_l\frac{U_l}{\sqrt{3}}\cos\varphi_p=\sqrt{3}I_lU_l\cos\varphi_p$$

负载△连接时，有 $U_p=U_l, I_p=\dfrac{I_l}{\sqrt{3}}$，可得与上式相同的结果。

由此可见，对称三相负载无论何种连接方式，求总功率的公式都是相同的。注意：式中的 φ 是负载相电压和相电流之间的相位差。

3.5.2 无功功率

三相电路总的无功功率等于各相无功功率之和，即

$$Q=Q_A+Q_B+Q_C$$

每相无功功率为

$$Q_p=U_pI_p\sin\varphi_p$$

对称三相电路，各相无功功率相同，即 $Q_p=Q_A=Q_B=Q_C$，则

$$Q=3U_pI_p\sin\varphi_p=\sqrt{3}U_lI_l\sin\varphi_p$$

3.5.3 视在功率

三相电路总的视在功率为

$$S=\sqrt{P^2+Q^2}$$

对于对称三相电路，则有

$$S=\sqrt{P^2+Q^2}=3U_pI_p=\sqrt{3}U_lI_l$$

【例 1-3-4】 一台三相异步电动机，输出功率为 15 kW，接在线电压为 380 V 的线路中，功率因数为 0.88，效率为 88%。试求正常运行时的线电流。

解：三相异步电动机是对称三相负载，输出功率为

$$P=P_1\eta=\sqrt{3}U_lI_l\eta\cos\varphi_p$$

则

$$I_l=\frac{P}{\sqrt{3}U_l\eta\cos\varphi_p}=\frac{15\ 000}{\sqrt{3}\times380\times0.88\times0.88}\ \text{A}=29.43\ \text{A}$$

【例 1-3-5】 三相对称负载 $Z=(3+4j)\ \Omega$，接于线电压为 380 V 的三相电源上，试分别求负载Y连接和△连接时三相电路消耗的总功率。

解：由已知条件可知 $U_l=380\ \text{V}, Z=(3+4j)\ \Omega=5\angle53°\ \Omega$

当三相负载Y连接时，有 $U_l=\sqrt{3}U_p, I_p=I_l$

所以

$$U_p=\frac{U_l}{\sqrt{3}}=\frac{380}{\sqrt{3}}\ \text{V}=220\ \text{V}$$

$$I_p=\frac{U_p}{|Z|}=\frac{220}{5}\ \text{A}=44\ \text{A}$$

三相电路的总功率为

$$P=\sqrt{3}U_lI_l\cos\varphi_p=\sqrt{3}\times 44\times 380\times\cos 53°\ \text{kW}=17.3\ \text{kW}$$

当三相对称负载△连接时，有 $U_p=U_l, I_l=\sqrt{3}I_p$

所以
$$I_l=\sqrt{3}I_p=\sqrt{3}\frac{U_p}{|Z|}=\sqrt{3}\frac{380}{5}\ \text{A}=131.6\ \text{A}$$

三相电路的总功率为

$$P=\sqrt{3}U_lI_l\cos\varphi_p=\sqrt{3}\times 380\times 131.6\times\cos 53°\ \text{kW}=52.1\ \text{kW}$$

由例1-3-5计算结果可以看出，在电源电压不变的情况下，同一负载由星形连接改为三角形连接时，功率将变成原来的3倍，即 $P_{\triangle}=3P_{Y}$。

小　结

1. 三相供电系统中的三个电动势为大小相等、频率相同、相位互差120°的三相对称电动势。三相电源的表达式为

$$u_A=U_m\sin\omega t$$
$$u_B=U_m\sin(\omega t-120°)$$
$$u_C=U_m\sin(\omega t-240°)=U_m\sin(\omega t+120°)$$

将三相绕组的三个末端X、Y、Z连接在一起，这个点称为中性点，用N表示。

2. 从绕组的三个首端A、B、C和中性点N引出四根供电线，这种接法称为三相电源的星形连接或称Y连接，其供电方式称为三相四线制。

3. 每相绕组的端电压，即相线与中性线之间的电压，称为三相电源的相电压 U_p。任意两相绕组相线间的电压，即相线与相线之间的电压称为三相电源的线电压 U_l。Y连接中线电压与相电压的关系为 $U_l=\sqrt{3}U_p$。

4. 将三相绕组的首末端顺次连接[A↔(X,B)↔(Y,C)↔Z]从绕组的三个首端A、B、C引出三根供电线，这种接法称为三相电源的△连接。相电压与线电压的关系为 $U_l=U_p$。

5. 在三相电源的供电系统中，负载的连接方式有Y、△连接两种，根据电源与负载的连接类型，三相电源的供电方式可以分为Y-Y，Y-△，△-Y，△-△四种连接方式。

6. 负载不对称而又没有中线时，负载上可能得到大小不等的电压，有的超过用电设备的额定电压，有的达不到用电设备的额定电压，都不能使用电设备正常工作。中线的作用在于，使Y连接的不对称负载的相电压对称。

7. 三相交流电路中，三相负载瞬时功率 $p(t)=p_A(t)+p_B(t)+p_C(t)$，如果三相负载对称，则

有功功率 $P=3U_pI_p\cos\varphi_p=\sqrt{3}U_lI_l\cos\varphi_p$；

无功功率 $Q=3U_pI_p\sin\varphi_p=\sqrt{3}U_lI_l\sin\varphi_p$；

视在功率 $S=\sqrt{P^2+Q^2}$。

习　题

一、填空题

1. 三相制供电，由三个幅值__________、频率__________（我国电网频率为50 Hz），彼此之间相位互差__________的正弦电压所组成的供电相系统。

2. 三相制供电比单相制供电优越表现在__________，__________，__________。

3. 三相交流电压出现正幅值（或相应零值）的顺序称为__________。

4. 相序为A—B—C—A称为__________。

5. 电力系统中一般用__________区别A、B、C三相。

6. 发电机三相绕组Y连接，线电压和相电压的关系__________，线电压__________相电压30°。

7. 发电机三相绕组△连接，线电压和相电压的关系__________。

8. 三相对称负载 $\dot{I}_N =$ __________。

9. 三相对称负载Y连接，__________。

10. 三相对称负载△连接，线电流和相电流的关系 $I_l =$ __________，线电流__________相电流30°。

11. 三相负载采用何种连接方式由负载的额定电压决定。当负载额定电压等于电源线电压时采用__________连接；当负载额定电压等于电源相电压时采用__________连接。

12. 三相对称负载 $P =$ __________，$Q =$ __________，$S =$ __________。

二、选择题

1. 我国低压配电系统的供电方式为（　　）。

A. 三相三线制　　B. 三相四线制　　C. 三相五线制　　D. 两相制

2. 三相对称电源Y连接时线电压与相电压关系正确的是（　　）。

A. $\dot{U}_l = \sqrt{3}\,\dot{U}_p \angle -30°$　　B. $\dot{U}_l = \sqrt{3}\,\dot{U}_p \angle 30°$

C. $\dot{U}_p = \sqrt{3}\,\dot{U}_l \angle -30°$　　D. $\dot{U}_p = \sqrt{3}\,\dot{U}_l \angle 30°$

3. 三相对称负载△连接时，线电流与相电流关系正确的是（　　）。

A. $\dot{I}_l = \sqrt{3}\,\dot{I}_p \angle -30°$　　B. $\dot{I}_l = \sqrt{3}\,\dot{I}_p \angle 30°$

C. $\dot{I}_p = \sqrt{3}\,\dot{I}_l \angle -30°$　　D. $\dot{I}_p = \sqrt{3}\,\dot{I}_l \angle 30°$

4. 已知三相电源电压 $u_A = 220\sqrt{2}\sin(314t - 12°)$ V，$u_B = 220\sqrt{2}\sin(314t - 132°)$ V，$u_C = 220\sqrt{2}\sin(314t + 108°)$ V，则当 $t = 0.01$ s时，三相电源电压 $u_A + u_B + u_C$ 之和为（　　）。

A. 220 V　　B. 0 V　　C. −220 V　　D. $660\sqrt{2}$ V

5. 三相对称电路中，负载作Y连接时的功率为110 W，则负载改接成△连接时的功率为（　　）W。

A. 110　　B. $110\sqrt{2}$　　C. $110\sqrt{3}$　　D. 330

6. 三相对称电路中，线电压不变，将△连接的三相负载改接成丫连接，则负载的线电流是原来线电流的(　　)倍。

A. $\sqrt{3}$　　B. $1/\sqrt{3}$　　C. 3　　D. 1/3

7. 负载为△连接的三相电路，若每相负载的有功功率为 30 W，则三相有功功率为(　　)。

A. 0　　B. $30\sqrt{3}$ W　　C. 90 W　　D. $90\sqrt{3}$ W

8. 三相对称负载丫连接，若电源线电压为 380 V，线电流为 10 A，每相负载的功率因数为 0.5，则该电路总的有功功率为(　　)。

A. 1 900 W　　B. 2 687 W　　C. 3 291 W　　D. 5 700 W

9. 三相四线制电路中，已知三相电流是对称的，并且 $I_A = 10$ A，$I_B = 10$ A，$I_C = 10$ A，则中线电流 I_N 为(　　)。

A. 10 A　　B. 5 A　　C. 0 A　　D. 30 A

10. 负载为△连接的对称三相电路中，若线电压 $\dot{U}_{AB} = 380\angle 0°$ V，相电流 $\dot{I}_{AB} = 2\sqrt{3}\angle 60°$ A，则负载的功率因数为(　　)。

A. 0.5　　B. 0.707　　C. 0.86　　D. 0.966

三、综合题

1. 在三相四线制供电线路中测得相电压为 220 V，试求相电压的最大值 U_{pm}、线电压 U_l 及最大值 U_{lm} 各为多少？

2. 三相对称负载采用丫连接的三相四线制电路，线电压为 380 V，每相负载 $R = 20\ \Omega$，$X_1 = 15\ \Omega$，试求各相电压、相电流和线电流的有效值，并画出相量图。

3. 在第 2 题中，若三相电源和负载均不变，只是将负载的连接方式改为△连接。试求各相电压、相电流和线电流的有效值，并将结果与第 2 题加以比较。

4. 电路如图 1 所示，已知电源电压 $u_{UV} = 380\sqrt{2}\sin \omega t$ V。

(1) 如果每相阻抗均为 20 Ω，即 $R = X_L = X_C = 20\ \Omega$，是否可以说负载是对称的？

(2) 试用相量图求电流的瞬时值表达式。

5. 图 2 所示电路的三相对称电源的线电压为 380 V，每相负载的电阻值分别为 $R_U = 10\ \Omega$，$R_V = 20\ \Omega$，$R_W = 40\ \Omega$。试求：

(1) 各相电流及中线电流。

(2) W 相开路时，各相负载的电压和电流。

(3) W 相和中线均断开时，各相负载的电压和电流。

(4) W 相短路，且中线断开时，各相负载的电压和电流。

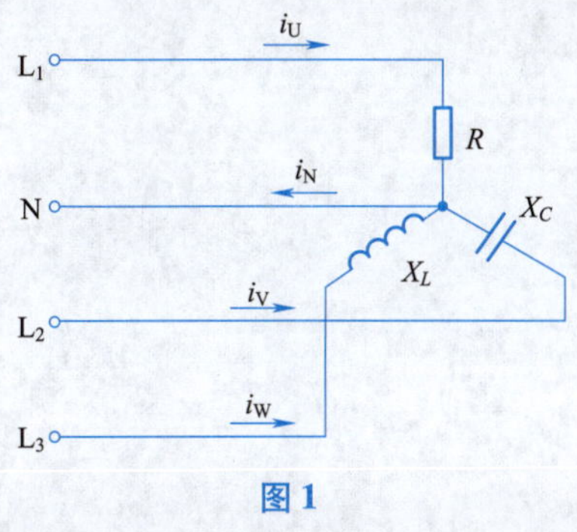

图 1

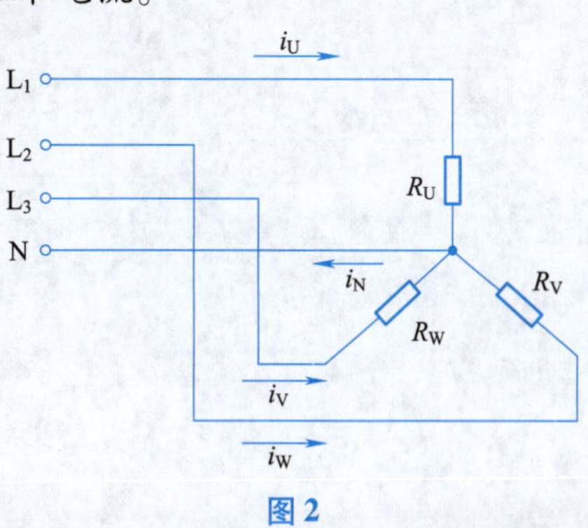

图 2

6. 有一台三相发电机，其绕组Y连接，每相额定电压为 220 V。在一次试验时，用电压表测得相电压 $U_U = U_V = U_W = 220$ V，而线电压为 $U_{UV} = U_{WU} = 220$ V，$U_{VW} = 380$ V，试问这种现象是如何造成的？

7. 已知对称三相负载Y连接，每相阻抗 $Z = (30.8 + j23.1)\,\Omega$，电源的线电压 $U_l = 380$ V，求三相功率 S、P、Q 和功率因数 $\cos\varphi$。

8. 有一台Y连接的发电机，相电流为 1 380 A，线电压为 9 300 V，功率因数为 0.80，求此发电机提供的有功功率、无功功率和视在功率。

9. 三相对称负载采用△连接，电源的线电压为 380 V，线电流为 20 A，三相总功率为 5 kW。求每相负载的电阻和感抗。

电子技术篇

第1章 模拟电子技术

学习目标

1. 掌握PN结的单向导电性，二极管和三极管的伏安特性。

2. 熟悉PN结的形成过程，二极管和三极管的基本结构、工作原理、主要参数。

3. 掌握放大器的静态分析方法，放大器的微变等效电路分析法，射极输出器的特点。

4. 掌握静态工作点的设置对放大器工作情况的影响，饱和失真和截止失真的概念。

5. 熟悉基本电压放大电路中各元件的作用，了解多级放大器的工作原理及电路分析方法。

6. 掌握理想运算放大器的特点，运算放大器的线性、非线性应用。

7. 熟悉负反馈的基本类型及判断方法，负反馈对放大器性能的影响。

8. 了解集成运算放大器的主要参数和基本组成。

9. 掌握单向半波整流电路、单相桥式整流电路的原理和输出电压的计算。

10. 熟悉电容滤波电路、稳压管稳压电路的工作原理和元件的选择方法。

11. 了解常用的整流组合元件、电感滤波电路和三端集成稳压器的应用电路。

学习重点

1. PN结的单向导电性。

2. 二极管和三极管的基本结构、特性曲线、主要参数。

3. 放大器的静态分析法、动态分析法，静态工作点的调整与稳定。

4. 运算放大器的线性、非线性应用，负反馈的基本类型及判断方法。

5. 整流、滤波和稳压管稳压电路的工作原理，元件的选择方法。

学习难点

1. PN结的形成过程，三极管的电流分配及工作原理。

2. 静态工作点的设置对放大器工作情况的影响，微变等效电路的分析方法负反馈的判断方法。

3. 运算放大器的非线性应用。

4. 电容滤波电路、电感滤波电路的工作原理。

电子电路中的信号可分为两大类:一类是随时间连续变化的信号,称为模拟信号;另一类是时间和数值都不连续的信号,多以脉冲信号的形式出现,称为数字信号。

按照电子电路中工作信号的不同,通常把电路分为模拟电路和数字电路。用于传递和处理模拟信号的电子电路称为模拟电路;用于处理数字信号的电子电路称为数字电路。

视频

半导体的基本知识

1.1　半导体的基本知识

半导体元件是电子电路的核心元件,只有掌握半导体元件的结构、性能、工作原理和特点,才能正确分析电子电路的工作原理,正确选择和合理使用半导体元件。

1.1.1　半导体的特点

物质根据其导电特性分为导体、半导体和绝缘体。半导体的导电能力介于导体与绝缘体之间。硅、锗是人们最熟悉的半导体材料,硒和许多金属氧化物、硫化物也都是半导体。

动画

半导体

半导体材料之所以应用广泛,是因为它的导电能力在不同的条件下会有很大的差别。一般来说,半导体材料有以下 3 个特点。

(1)某些半导体对温度的反应特别灵敏,导电能力随温度升高而增强。通常采用这种半导体制作热敏元件。

(2)某些半导体的导电能力随光照强度的变化而变化。通常采用这种半导体制作各种光敏元件。

(3)如果在纯净的半导体中掺入微量的其他元素,半导体的导电能力会随着掺杂浓度的变化而发生显著变化。各种不同用途的半导体器件(如二极管、三极管、场效应管)就是利用半导体的这个特性制成的。

1.1.2　本征半导体和杂质半导体

根据半导体材料的掺杂情况,半导体又可以分为本征半导体和杂质半导体。

动画

本征激发

1. 本征半导体

本征半导体是指完全纯净的具有完整晶体结构(即原子排列按一定规律排得非常整齐)的半导体。

硅和锗都是常见的半导体材料,都是四价元素,即原子的最外层有 4 个价电子,其原子结构如图 2-1-1 所示,相邻的两个原子的一对最外层电子成为共用电子对,这样的组合称为共价键。在室温或光照下,有少量的价电子挣脱共价键的束缚成为自由电子,同时在原来的位置留下了一个空穴,这个过程叫本征激发。所以在本征半导体中,自由电子和空穴成对产生,同时自由电子和空穴又不断相遇,重新形成稳定的共价键,这个过程叫复合。

自由运动的带电粒子称为载流子,半导体中有两种载流子:自由电子和空穴。

在一定温度下,载流子的产生和复合将达到动态平衡。温度越高,载流子数目越多,半导体的导电性能就越好。硅和锗的共价键机构如图 2-1-2 所示。

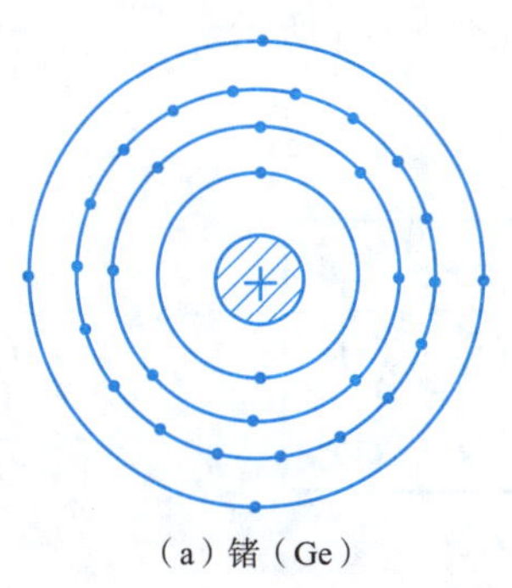

(a)锗(Ge)

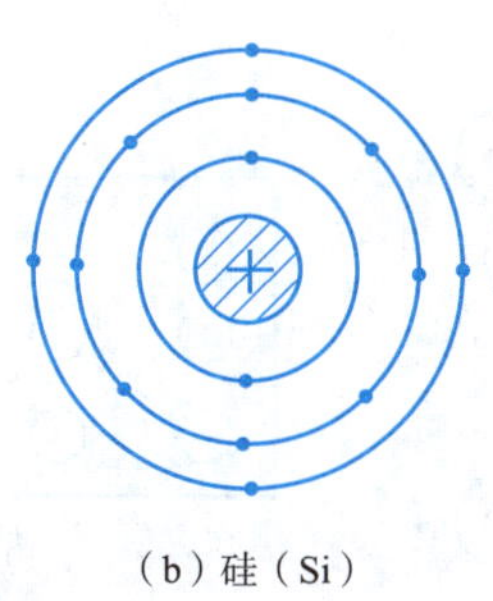

(b)硅(Si)

图 2-1-1　锗、硅原子结构图

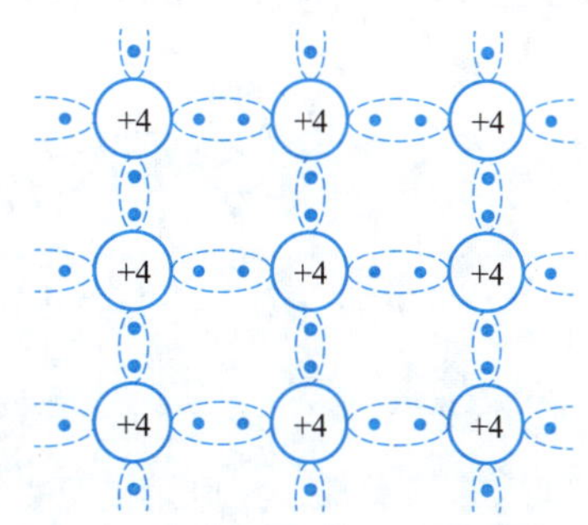

图 2-1-2　硅和锗的共价键机构

在外电场的作用下，自由电子和空穴都会做定向运动。因为在电场力的作用下，有空穴的原子可以吸引相邻原子中的价电子来填补这个空穴，相邻原子又会留下一个空穴。依次类推，虽然空穴不会移动，但看起来似乎是空穴在移动，这是一种相对运动。半导体中自由电子和空穴同时参与导电，这是半导体和金属在导电原理上的本质差别。本征激发产生电子-空穴对示意图如图 2-1-3 所示。电子和空穴的移动形成电流如图 2-1-4 所示。

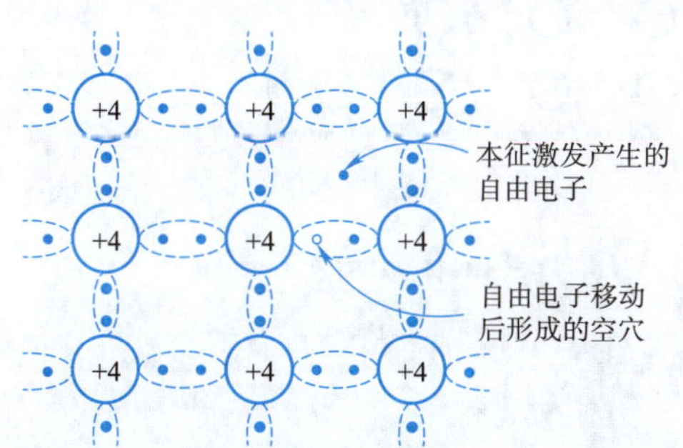

图 2-1-3　本征激发产生电子-空穴对示意图

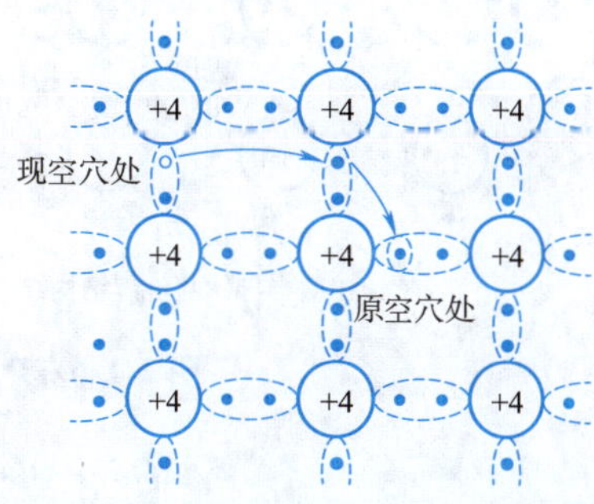

图 2-1-4　电子和空穴的移动形成电流

2. 杂质半导体

本征半导体的导电能力很弱，通常采用掺入微量杂质(通常是三价或五价的元素)的方法提高其导电能力。

动画

P型半导体

根据掺杂的元素不同，杂质半导体有两大类：N 型半导体和 P 型半导体。

N 型半导体是指在本征半导体中掺入五价元素(如磷、砷、锑等)。由于这类元素的最外层有 5 个电子，其中有 4 个电子与周围相邻的 4 个硅原子形成稳定的共价键结构，剩余的 1 个电子很容易挣脱原子核的束缚成为自由电子，即掺入五价元素后，自由电子数目较本征半导体大大增加，成为多数载流子；同时，增加了与空穴复合的机会，使空穴数目减少，成为少数载流子；在外电场的作用下，自由电子导电占主导地位，故称为电子型(N 型)半导体。N 型半导体结构如图 2-1-5 所示。

P 型半导体是指在本征半导体中掺入三价元素(如硼、铝、铟等)。由于这类元素的最外层有 3 个电子，而现在需要 4 个电子与周围相邻的 4 个硅原子形成稳定的共价键结构，因而留下了一个空穴，即掺入三价元素后，空穴数目较本征半导体大大增加，成为多数载流子；同时，增加了与自由电子复合的机会，使自由电子的数目减少，成为少数载流子；在外电场的作用下，空穴导电占主导地位，故称为空穴型（P 型）半导体。P 型半导体结构如图 2-1-6 所示。

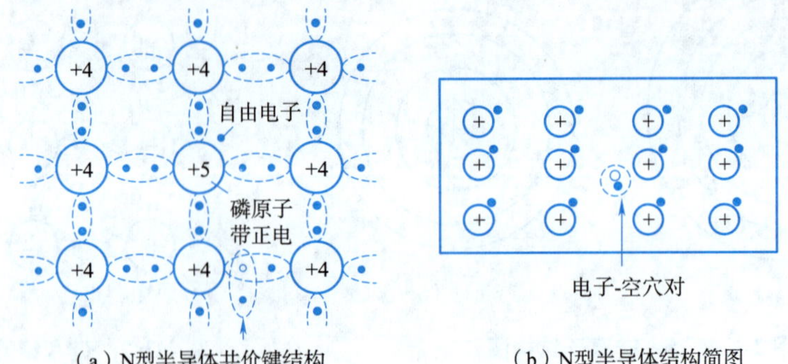

（a）N型半导体共价键结构　　（b）N型半导体结构简图

图 2-1-5　N 型半导体结构

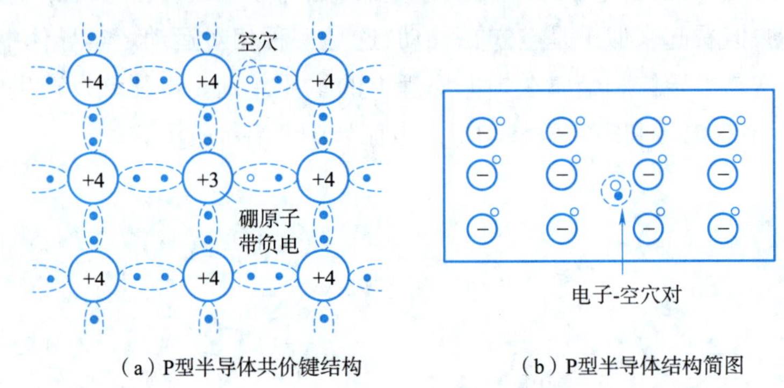

（a）P型半导体共价键结构　　（b）P型半导体结构简图

图 2-1-6　P 型半导体结构

素养教育

中国半导体科学事业开拓者

林兰英（1918—2003），福建莆田人，半导体材料科学家，中国科学院学部委员，中国科学院半导体研究所研究员、博士生导师，1948 年远涉重洋到美国留学，进入美国宾夕法尼亚州的迪金森学院数学系学习。先后获得迪金森学院数学学士学位，宾夕法尼亚大学固体物理学硕士学位，宾夕法尼亚大学固体物理学博士学位，是该校建校 215 年以来第一位获得博士学位的中国人，也是该校有史以来的第一位女博士。博士毕业后，导师推荐她去纽约长岛专司半导体研究的索菲尼亚公司任高级工程师。靠林兰英杰出的科学分析指导，该公司成功地造出了第一根硅单晶。不久，林兰英又为该公司申报了两项专利，该公司三次提高她的年薪。林兰英回国前，索菲尼亚公司给她年薪为 10 000 美元，回国后的薪水为每月 207 元人民币。

1956—1957 年，几经周折，林兰英终于回到了中国，进入中国科学院物理研究所工作，历任研究员副所长。

林兰英先后负责研制成中国第一根硅、锑化铟、砷化镓、磷化镓等单晶，为中国微电子和光电子学的发展奠定了基础，负责研制的高纯度汽相和液相外延材料达到国际先进水平，开创了中国微重力半导体材料科学研究新领域。

视频

PN结

1.2　PN 结

1.2.1　PN 结的结构

在一块本征半导体上，通过一定的掺杂工艺，一边形成 P 型半导体，一边形成 N 型半导体，在交界面处将形成一个具有特殊功能的薄层，称为 PN 结。PN 结的形成如图 2-1-7 所示。在两种半导体交界面的两侧，由于载流子的浓度差，形成多子的扩散运动，即 P 区的空穴向 N 区扩散，N 区的自由电子向 P 区扩散，扩散到对方的载流子与对方的多数载流子复合。P 区一侧失去空穴留下不能移动的负离子，N 区一侧失去电子留下不能移动的正离子，这些不参与导电的离子在 P 区和 N 区交界面处形成正、负离子的薄层，称为空间电荷区，并产生内电场，方向由 N 区指向 P 区。内电场的建立将阻碍多子的扩散运动，而有利于少子的漂移运动。随着内电场的逐渐建立，多子的扩散运动逐渐减弱，少子的漂移运动逐渐增强，最终到达动态平衡，此时空间电荷区的宽度基本保持不变。

动画

PN结形成及单向导电性

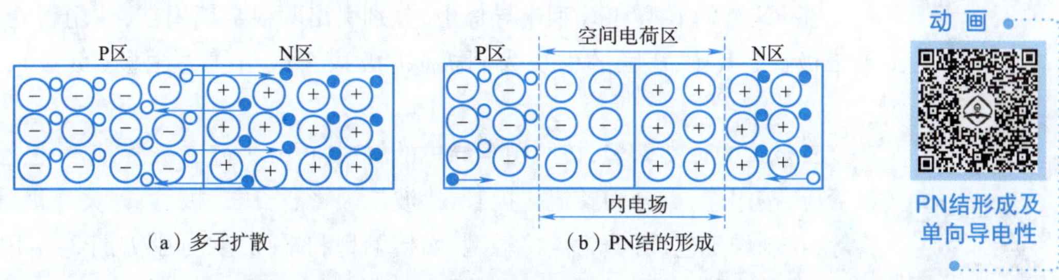

（a）多子扩散　（b）PN结的形成

图 2-1-7　多子扩散及 PN 结的形成

1.2.2　PN 结的特性

PN 结最基本的特性是单向导电性，即外加正向电压，PN 结导通；外加反向电压，PN 结截止。

1. 正偏导通

P 区一侧接电源正极，N 区一侧接电源负极，称 PN 结正向偏置。

外加电压产生的外电场和 PN 结的内电场方向相反，如图 2-1-8 所示。外电场的存在将削弱内电场的作用，使空间电荷区变窄，有利于多子的扩散运动，形成正向电流 I_F，由于多子数量较多，I_F 较大，此时 PN 结处于导通状态。

PN 结的正向电阻很小，在正常的工作范围内，正向电压稍有变化，流过 PN 结的电流就会发生显著变化，为了防止 PN 结因过流而损坏，必须在回路中串接限流电阻 R。

2. 反偏截止

P 区一侧接电源负极，N 区一侧接电源正极，称 PN 结反向偏置。

外加电压产生的外电场和PN结的内电场方向相同，如图2-1-9所示。外电场的存在将加强内电场的作用，使空间电荷区变宽，阻碍多子的扩散运动，有利于少子的漂移运动。在外电场的作用下，两区少数载流子的漂移运动形成微弱的反向电流 I_R，此时PN结处于反向截止状态。由于少子是由本征激发产生的，因此反向电流 I_R 受温度影响比较大。

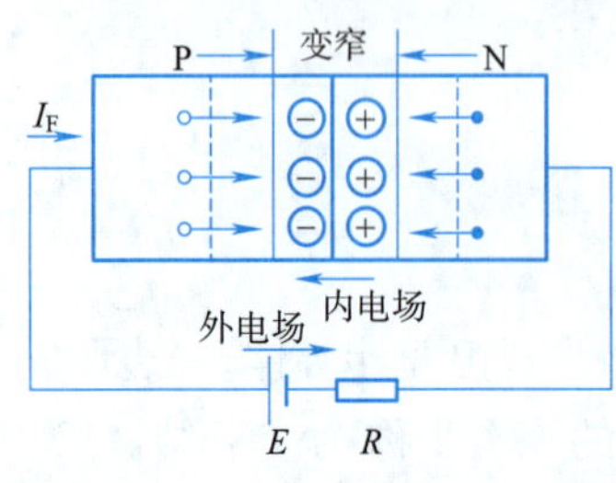

图2-1-8　PN结外加正向电压

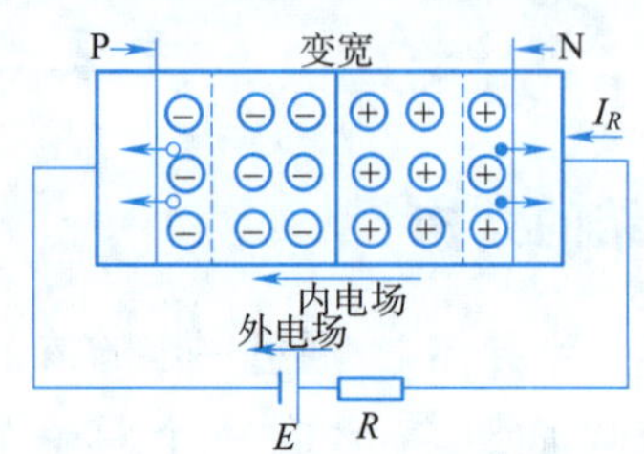

图2-1-9　PN结外加反向电压

综上所述，PN结具有单向导电性：正偏时导通，正向电阻很小；反偏时截止，反向电阻很大。

视频

半导体二极管

1.3　半导体二极管

1.3.1　二极管的结构与类型

在PN结的P型和N型半导体上，分别引出两根金属引线，并用管壳封装，就形成了二极管。其中，P区的引线为阳极（正极），N区引线为阴极（负极），分别用A、K表示。

动画

二极管

二极管的种类繁多，按所用半导体的材料，可分为硅二极管、锗二极管和砷化镓二极管等；按用途，可分为整流二极管、检波二极管、稳压二极管、开关二极管和光电二极管等；按制作工艺，可分为点接触型、面接触型和平面型，分别如图2-1-10（a）~（c）所示。二极管可以用图2-1-10（d）所示的电路符号表示。

点接触型二极管的特点是结电容小，允许通过的电流较小，适用于高频检波和混频电路。

面接触型二极管的特点是结电容大，允许通过的电流较大，适用于低频率电路。

平面型二极管中结面积较大的，可通过较大电流，适用于大功率整流；结面积较小的，适用于脉冲与数字电路中作为开关管。

1.3.2　二极管的伏安特性曲线

如图2-1-11所示，二极管的性能可以通过它的伏安特性曲线加以描述。不同的二极管具有不同的伏安特性曲线，它是选择和使用二极管的重要依据。

1. 正向特性

二极管外加正向电压小于 U_{th} 时，外电场对内电场的削弱作用还不足以克服内电场对多子扩散运动所形成的阻力，因此正向电流非常微弱。

当正向电压超过 U_{th} 以后，正向电流明显增大，此时二极管处于导通状态，正向导通电阻很小。

U_{th}称为导通电压。通常,硅管的导通电压约为0.6~0.7 V,锗管的导通电压为0.2~0.3 V。

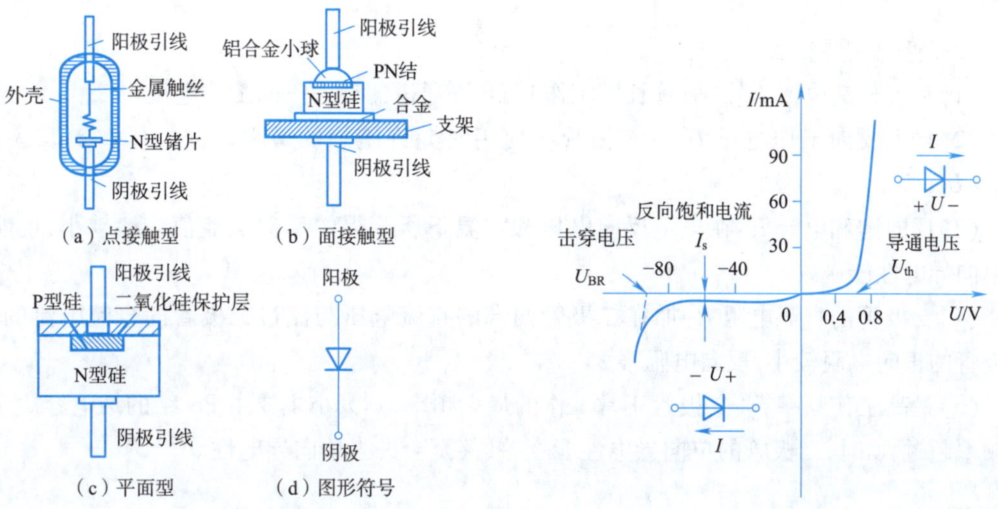

图 2-1-10　半导体二极管的结构和图形符号　　　图 2-1-11　二极管伏安特性曲线

2. 反向特性

二极管外加反向电压在一定范围内时,反向电流很小且基本不变,二极管呈现很大的电阻,电路相当于断路。此时的电流称为反向饱和电流 I_S。小功率锗管的 I_S 约几微安,硅管的 I_S 一般小于0.1 μA。当二极管上的反向电压继续增大达到一定数值 U_{BR} 以后,反向电流急剧增加,这种现象称为反向击穿。击穿电压 U_{BR} 一般在几十伏以上。

此外,温度对特性曲线有较大影响。温度升高时,正向特性曲线左移,导通电压下降;反向特性曲线下移,反向饱和电流增大。

素养教育

具体问题具体分析

二极管具有非线性的伏安特性,如果用物理方法建模,用20多个参数更真实地反映其本来面目,列出很复杂的数学方程来研究电路特性,那就必须借助于现代仿真技术,利用EDA软件来进行。在计算机及EDA软件没有广泛应用之前,为了方便快捷地研究电路性能、了解现场实际元件及电路的工作情况,我们的先辈针对非线性元件发明了外特性建模方法。结合二极管元件的工作状态,在特定的工作区域,抓住二极管具有单向导电性这一主要矛盾,去粗取精,建立了开关特性的模型(包括理想二极管模型和恒压降模型),这两个模型的主要差异其实是计算精度(当二极管相当于开关闭合时,是否考虑导通压降),显然,这需要根据二极管外电路的电压大小来选择具体采用哪一种模型以获得需要的精度。这种在特定工作条件下,利用元件模型来替换实际元件,将非线性电路进行线性化处理,对电路特性和性能指标进行估算的方法贯穿模电学习的始终。例如,三极管的开关特性工作区,受控源工作区;集成运放的非线性工作区和线性工作区,都是完全相同的策略,即根据元件外特性在特定条件下建模,将非线性元件进行线性化处理。

1.3.3 二极管的主要参数

二极管的主要参数如下。

(1)最大整流电流 I_F:二极管长期工作时,允许通过的最大正向工作电流。

(2)最大反向工作电压 U_{RM}:二极管在使用时允许施加的最大反向电压(峰值)。通常,$U_{RM}=U_{BR}/2$。

(3)反向饱和电流 I_S:在规定反向电压和室温下所测得的反向电流值。I_S 越小,说明管子的单向导电性能越好。

(4)二极管的直流电阻 R:加在二极管两端的直流电压与流过二极管的直流电流的比值。二极管的正向电阻较小,反向电阻很大。

(5)最高工作频率 f_M:二极管正常工作的最大频率,其大小主要由 PN 结的结电容决定。工作频率超过 f_M 时,二极管的单向导电性能变差,甚至会失去单向导电性。

素养教育

差异的普遍性

二极管均由半导体材料构成,均有单向导电性。而半导体材料又可以分为单晶的硅、锗,复合材料砷化镓等;从具体结构来说,有点结型、面结型等。不同材料和结构以及制作工艺的细微差别,造就了种类繁多的二极管,如整流二极管、开关二极管、稳压二极管、发光二极管、肖特基二极管等。即使是相同应用领域的二极管,其具体参数也千差万别,如工作电流不同、击穿电压不同、工作频率不同、耗散功率不同等。一个二极管元件就如此丰富多样,使初学者觉得模电很难理解,简直是在学习“魔鬼”元件构成的“魔鬼”电路。电子技术作为一门应用技术,其实并不需要大家从机理上去理解二极管为什么如此多样且参数各异,而是要了解其外特性(即非线性的伏安特性),在特定的工作条件下对二极管建模,用很简单的模型来替代实际的二极管,掌握用元件模型去分析电路特性的方法(估算法)即可。在实际应用时,虽然不同元件,其参数有差异,但是在一定的使用条件下,许多型号的元件是可以互换使用的。注意:元件替换是有条件的,不是信手拈来,而是应用领域相同、特性参数差别不大的元件之间才能替换。

1.3.4 二极管的模型及应用

1. 二极管的模型

理想二极管模型:外加正向电压二极管导通,导通压降为0,内阻为0,此时二极管相当于短路;外加反向电压,二极管截止,内阻为无穷大,二极管相当于开路。理想二极管模型的特性曲线如图 2-1-12(a)所示。

实际二极管模型:外加正向电压大于导通电压 U_{th} 时,二极管导通,内阻为 0,其特性曲线如图 2-1-12(b)所示。

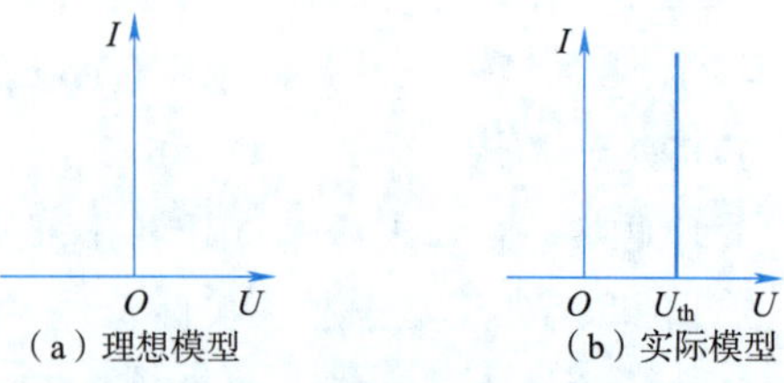

图 2-1-12 二极管的近似模型

2. 二极管的应用

1）二极管整流电路

利用二极管的单向导电性把单相交流电压变为单向脉动电压，称为整流。

【例 2-1-1】　二极管整流电路如图 2-1-13（a）所示，图中 VD 为理想二极管。正弦电压 U_i 为输入信号，试画出输出信号 U_o 的波形。

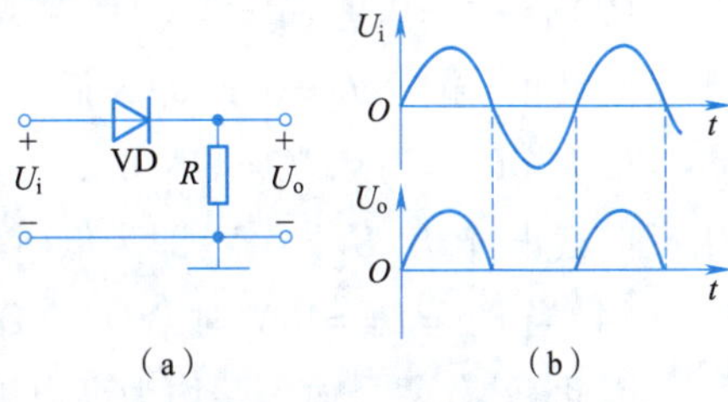

图 2-1-13　例 2-1-1 图

解：理想二极管导通压降为 0。

当 $U_i>0$ 时，二极管导通，输出电压 $U_o=U_i$；

当 $U_i<0$ 时，二极管截止，输出电压 $U_o=0$。

因此，只有输入信号的正半周施加在 R 上，输出波形如图 2-1-13（b）所示。

2）二极管限幅电路

利用二极管的单向导电性进行输入信号的整形和限幅。

【例 2-1-2】　二极管限幅电路如图 2-1-14（a）所示，图中 VD 为理想二极管。设输入信号 $U_i=U_m\sin\omega t$，且 $U_m>V_{CC}$，试画出输出信号 U_o 的波形。

解：理想二极管导通压降为 0。

当 $U_i<V_{CC}$时，二极管 VD 截止，此时 R 中没有电流，输出电压 $U_o=u_i$；

当 $U_i>V_{CC}$时，二极管 VD 导通，输出电压 $U_o=V_{CC}$。

因此，输出波形如图 2-1-14（b）所示。

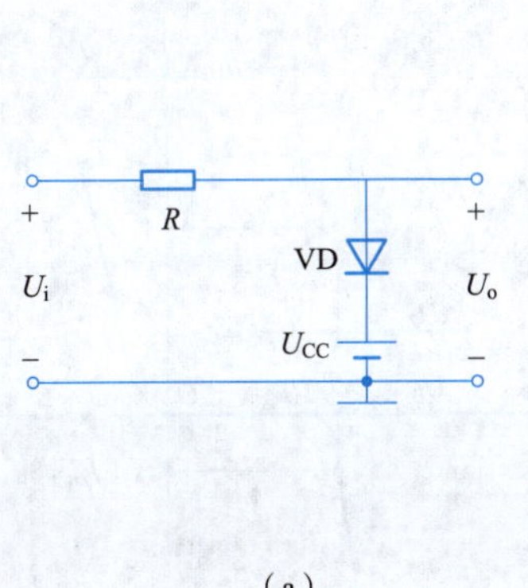

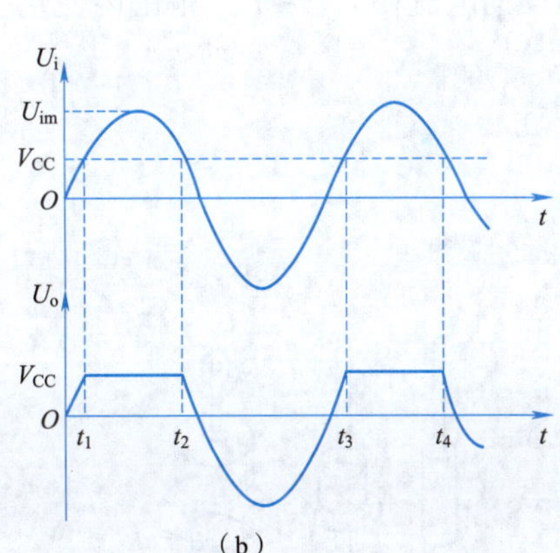

图 2-1-14　例 2-1-2 图

思考：如何实现负半周限幅和双向限幅？

3）二极管构成的数字逻辑电路

利用二极管的开关特性组成数字逻辑电路。

【例 2-1-3】　如图 2-1-15 所示，电路有两个输入端（A、B）和一个输出端（L），令 A、B 两端对应四组不同的输入电位值：

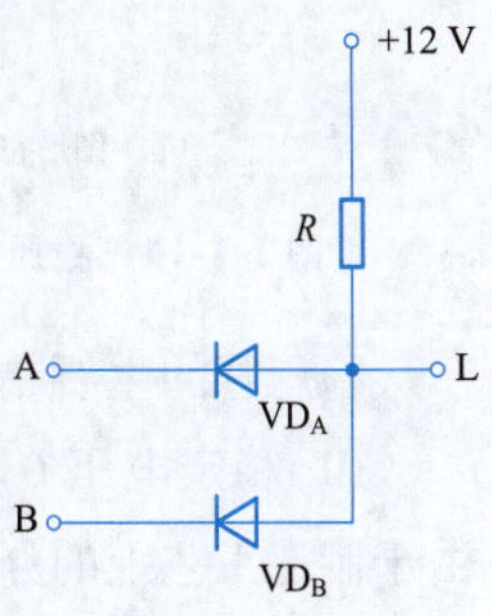

图 2-1-15　例 2-1-3 图

（1）$U_A=U_B=3$ V；

（2）$U_A=0$ V，$U_B=3$ V；

（3）$U_A=3$ V，$U_B=0$ V；

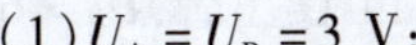

(4) $U_A = U_B = 0$ V。

试求 L 点对应的电位并分析输入输出的数字逻辑关系。

解:(1)当 $U_A = U_B = 3$ V 时,VD_B、VD_A 同时正向导通,输出 $U_L = 3$ V,即为高电平。

(2)当 $U_A = 0$ V,$U_B = 3$ V 时,VD_A 两端电压较大,优先导通,将输出 U_L 钳位在 0 V,VD_B 处于反向截止,输出 $U_L = 0$ V,即为低电平。

(3)当 $U_A = 3$ V,$U_B = 0$ V 时,VD_B 两端电压较大,优先导通,将输出 U_L 钳位在 0 V,VD_A 处于反向截止,输出 $U_L = 0$ V,即为低电平。

(4)当 $U_A = U_B = 0$ V 时,VD_A、VD_B 同时正向导通,输出 $U_L = 0$ V,即为低电平。

因此,只有两个输入端均为高电平时,输出才是高电平,对应数字电路中的与逻辑。

稳压二极管

1.3.5 其他二极管

1. 稳压二极管

稳压二极管简称稳压管,是一种面接触型半导体硅二极管,其图形符号和外形如图 2-1-16 所示。正常工作时,阴极接外加电源的正极,阳极接外加电源负极,PN 结反向偏置,工作在反向击穿状态,利用 PN 结反向击穿特性来稳定电压。

稳压管的伏安特性曲线如图 2-1-17 所示,其正向特性与普通二极管相同,反向特性曲线比普通二极管更陡。二极管在反向击穿状态下,在一定范围内,流过二极管的电流变化很大,而两端电压变化很小,稳压管正是利用这一特点实现稳压作用。稳压管工作时,必须接入限流电阻,保证其流过的反向电流在 $I_{Zmin} \sim I_{Zmax}$ 范围内变化。

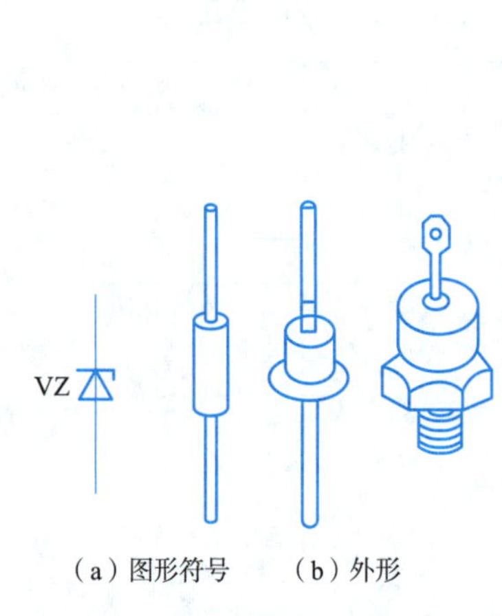

图 2-1-16 稳压二极管的图形符号和外形

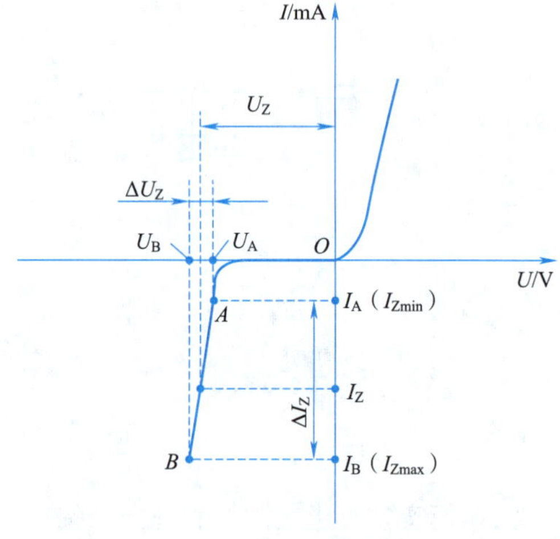

图 2-1-17 稳压二极管的伏安特性曲线

稳压管的主要参数如下。

(1)稳定电压 U_Z:指在流过稳压管的反向电流为规定的测试值时,稳压管两端的电压值。由于制造工艺上的分散性,手册给出同一型号稳定电压的范围,如 2CW14 稳压管,$U_Z = 6.0 \sim 7.5$ V。但对一个具体的 2CW14,U_Z 处于上述范围内的一个定值。

(2)最大稳定电流 I_{Zmax} 和最小稳定电流 I_{Zmin}:是稳压管正常工作时的电流范围。当工作电

流 $I_Z < I_{Zmin}$ 时，二校管就不能正常工作而使其两端电压不够稳定；$I_Z > I_{Zmax}$ 时，二极管会因过热而损坏。

(3) 动态电阻 r_Z：在稳定电压范围内，稳压管两端电压的变化量 ΔU_Z 与对应的电流变化量 ΔI_Z 之比，即 $r_Z = \dfrac{\Delta U_Z}{\Delta I_Z}$。反向击穿特性曲线越陡，$r_Z$ 越小，稳压性能也越好。

(4) 最大允许耗散功率 P_{Zmax}：二极管不致过热而损坏时，PN 结所允许的最大功率损耗。P_{Zmax} 可表示为

$$P_{Zmax} = U_Z I_{Zmax}$$

(5) 电压温度系数 α：说明稳压值受温度变化影响的系数，定义为温度每变化 1 ℃时稳压值的相对变化量，即

$$\alpha = \frac{\dfrac{\Delta U_Z}{U_Z}}{\Delta T} \times 100\% / ℃$$

硅稳压管的稳定电压 $U_Z < 4$ V 时，具有负的温度系数；$U_Z > 7$ V 时，具有正的温度系数，而在 4 ~ 7 V 之间时，温度系数较小。

【例 2-1-4】 利用稳压管设计一个稳压电路。已知输入电压 $U_I = +12$ V，稳压管稳定电流 $I_Z = 10$ mA，要求负载电流 $I_L = 10$ mA，输出电压 $U_O = 4$ V。

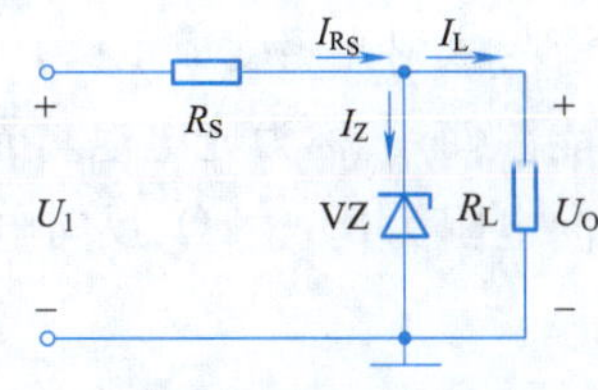

图 2-1-18 例 2-1-4 图

解： 稳压管稳压电路如图 2-1-18 所示。

由 $U_O = 4$ V 可知，稳压管稳定电压 $U_Z = 4$ V，则

$$I_{R_S} = I_Z + I_L = (10 + 10)\text{ mA} = 20\text{ mA} = 0.02\text{ A}$$

$$R_S = \frac{U_I - U_Z}{I_{R_S}} = \frac{12 - 4}{0.02}\ \Omega = 400\ \Omega$$

2. 发光二极管

发光二极管简称 LED，是由镓(Ga)、砷(As)、磷(P)等元素制成的，其图形符号和外形如图 2-1-19(a)所示。发光二极管的内部结构为一个 PN 结，具有单向导电性，发光强度与正向电流大小近似呈线性关系。光的颜色取决于制造 PN 结所使用的材料。发光二极管是直接把电能转换成光能的元件，没有热交换过程。

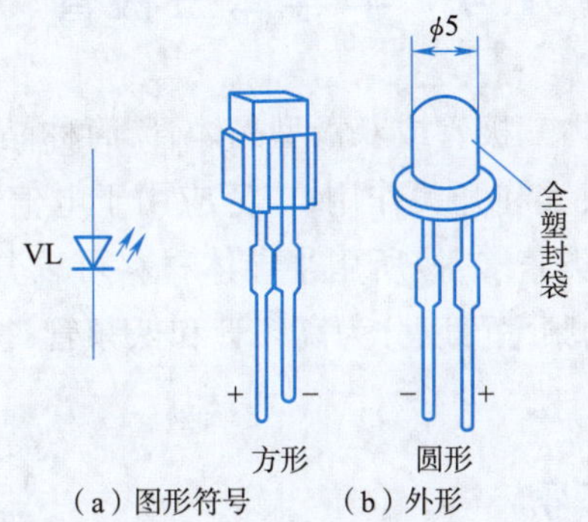

图 2-1-19 发光二极管图形符号和外形

发光二极管的种类按发光的颜色可分为红、橙、黄、绿和红外光二极管等多种；按外形可分为方形发光二极管、圆形发光二极管等；按结构分为全环氧包封发光二极管、金属底座环氧封装发光二极管、陶瓷底座环氧封装发光二极管及玻璃封装发光二极管等；按发光强度和工作电流分为普通亮度发光二极管和超高亮度发光二极管等。发光二极管的开启电压范围为 1.5 ~ 2.3 V，正常工作电流一般为几毫安至几十毫安。应用时，加正向电压，并接入相应的限流电阻。

随着发光二极管高亮度化和多色化的进展，其应用领域不断扩展。从指示灯到显示屏，从室外显示屏到信号灯和特殊照明的白光光源，最后发展到通用照明光源，发光二极管都得到了广泛的应用。

发光二极管的检测一般用万用表 $R\times10$ k(Ω) 挡，通常，正向电阻为 15 kΩ 左右，反向电阻为无穷大。

3. 光敏二极管

光敏二极管也叫光电二极管，图形符号与外形如图 2-1-20 所示。结构与普通二极管类似，不同之处在于光敏二极管的外壳有一个透明的窗口以接收光线照射，实现光电转换。其管芯是一个具有光敏特征的 PN 结，具有单向导电性，因此工作在反偏状态。无光照时，具有很小的反向饱和漏电流，此时光敏二极管截止，受到光照时，反向饱和漏电流大大增加，形成光电流，光电流与入射光照度成正比。当制成大面积光敏二极管时，能将光能直接转换成电能，可作为一种能源使用，称为光电池。光敏二极管的检测通常用万用表 $R\times1$ k(Ω) 挡检测，要求无光照时正向电阻为 8 ~ 9 kΩ，反向电阻大于 5 MΩ。

VDL

（a）图形符号　　（b）外形

图 2-1-20　光敏二极管的图形符号和外形

动 画

三极管

视 频

半导体三极管

1.4　半导体三极管

半导体三极管又叫晶体三极管或双极型晶体管，简称晶体管或三极管。三极管自问世以来，由于具有电流放大和开关作用，广泛应用于电信号的放大、振荡、脉冲技术和数字技术中。三极管种类繁多，按所用半导体材料可以分为硅管和锗管；按结构可以分为 NPN 管和 PNP 管；按使用的频率可以分为高频管和低频管；按功耗可以分为小功率管、中功率管和大功率管。

1.4.1　三极管的结构和电路符号

三极管是在本征半导体中掺入不同杂质制成两个背靠背的 PN 结，并引出相应的三根电极构成。若两边是 N 型半导体，中间是 P 型半导体，则称为 NPN 型三极管，其结构和图形符号如图 2-1-21(a)所示；若两边是 P 型半导体，中间是 N 型半导体，则称为 PNP 型三极管，其结构和图形符号如图 2-1-21(b)所示。

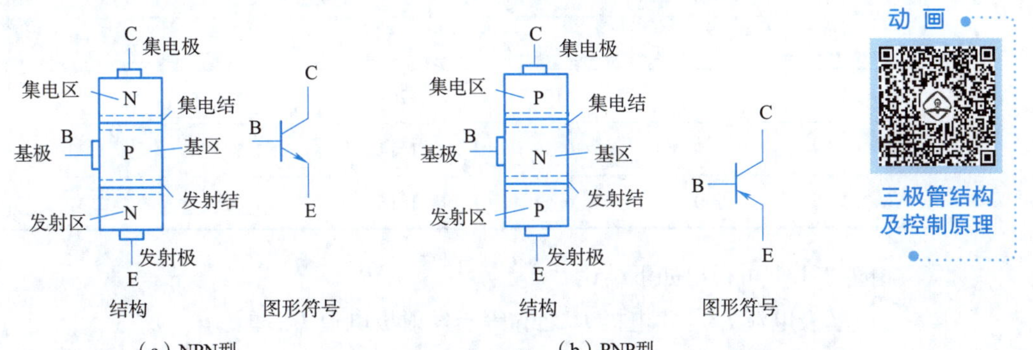

图 2-1-21　三极管结构和图形符号

三极管由三个半导体区、两个 PN 结、三个电极构成。三个半导体区分别为发射区、基区和集电区；由各区引出的电极分别为发射极(E)、基极(B)、集电极(C)；发射区和基区之间的 PN 结为发射结，集电区和基区之间的 PN 结为集电结。三极管图形符号中的箭头方向表示发射结正偏时的实际电流方向。

三极管的制造工艺特点如下：

(1)发射区掺杂浓度较高。

(2)基区制作得很薄，掺杂浓度较低。

(3)集电结面积较大。

1.4.2　三极管的电流放大作用

三极管需要内部和外部条件同时具备才能实现电流放大，内部条件即制造工艺特点，生产制造时已然具备，外部条件是发射结正向偏置，集电结反向偏置。在满足上述外部条件时，三极管具有电流放大作用。我们可以通过实验来了解三极管的放大原理和其中的电流分配关系。以 NPN 型三极管为例，实验电路如图 2-1-22 所示。

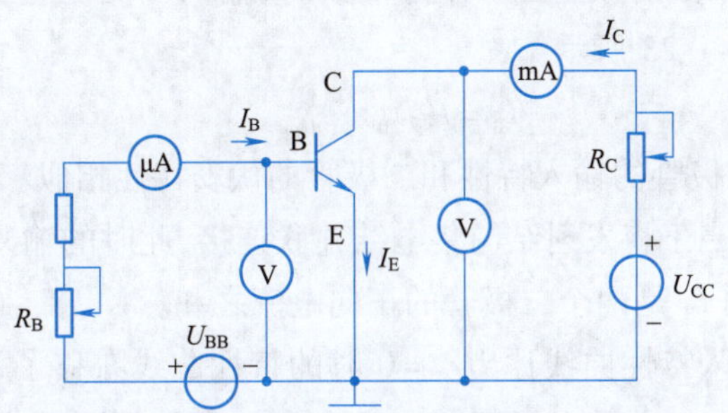

图 2-1-22　NPN 型三极管电流放大实验电路

由于发射极是公共端，因此这种接法称为共发射极接法。当改变基极电阻 R_B 时，可测得基极电流 I_B、集电极电流 I_C 和发射极电流 I_E 的大小变化，各电流参考方向如图 2-1-22 所示。测量数据见表 2-1-1。

表 2-1-1　NPN 型三极管电流放大实验测试数据

电流	实验次数					
	1	2	3	4	5	6
$I_B/\mu A$	0	10	20	30	40	50
I_C/mA	≈0	0.56	1.14	1.74	2.33	2.91
I_E/mA	≈0	0.57	1.16	1.77	2.37	2.96

由表 2-1-1 可得出如下结论：

(1)基极电流 I_B 与集电极 I_C 之和等于发射极电流 I_E，即

$$I_E = I_C + I_B$$

(2)集电极电流 I_C 和发射极电流 I_E 比较接近，且比基极电流 I_B 大得多，每组测量值$\frac{I_C}{I_B}$近似为常数，可用 $\bar{\beta}$ 代表这个常数，即有$\frac{I_C}{I_B}=\bar{\beta}$，$\bar{\beta}$ 称为直流电流放大系数。

在实验中还发现，每一个 I_B 的变化量 ΔI_B 会对应一个 I_C 的变化量 ΔI_C，且 $\Delta I_C/\Delta I_B$ 也近似为常数，可用 β 代表这个常数，即有 $\Delta I_C/\Delta I_B \approx \beta$，$\beta$ 称为交流电流放大系数。由实验数据可知 $\beta \approx \bar{\beta}$，在使用解析法对放大电路进行分析计算时，不必严格区分二者，即用 β 表示三极管的电流放大系数。则有，$I_C = \beta I_B$，$I_E = I_B + I_C = (1+\beta) I_B$，小功率管的 β 值在 20～150 之间。

1.4.3　三极管的特性曲线

三极管的特性曲线用来表示三极管各极电压和电流之间的互相关系，是晶体管内部载流子运动的外部表现，反映了晶体管的性能。特性曲线可通过三极管特性仪直观地显示出来或用实验电路进行绘制。下面将结合 NPN 型硅管共射极放大电路输入特性曲线和输出特性曲线加以分析。

1. 输入特性曲线

输入特性曲线是指当集-射极电压 U_{CE} 为常数时，输入回路中基极电流 I_B 与基-射极电压 U_{BE}之间关系曲线，如图 2-1-23 所示。

$$I_B = f(U_{BE})\big|_{U_{CE}=\text{常数}}$$

由图 2-1-23 可知，三极管的输入特性和二极管的伏安特性相似。

(1)当 $U_{CE}=0$ 时，相当于将发射结与集电结并联连接，此时的输入特性相当于两个二极管并联的正向特性。此时的 I_B 是两个二极管的正向电流之和。

(2)当 $U_{CE}=1$ 时，输入特性曲线比 $U_{CE}=0$ 时的特性曲线右移了一段距离。这是因为 U_{CE} 从 0 开始增大后，加在集电结上的电压逐渐由正偏转为反偏，增强了集电区收集电子的能力，减少了载流子在基区复合的机会。因此，在 U_{BE}相同的情况下，U_{CE}的增加将使基极电流 I_B 减少，因而曲线右移。

(3)当 $U_{CE} \geqslant 1$ 时，即使再加大 U_{CE}，输入特性曲线右移很少，往往用 $U_{CE}=1$ 的这条特性曲

线代替 $U_{CE}>1$ 的所有曲线。这是因为当 $U_{CE}>1$ 时，只要 U_{BE} 不变，那么从发射区发射到基区的电子数目基本固定，集电结所加反偏电压已经足以把这些电子中的绝大部分拉到集电区，即使 U_{CE} 再增加，基极电流 I_B 也不会明显减少。

2. 输出特性曲线

输出曲线是指当基极电流 I_B 为常数时，输出回路中集电极电流 I_C 与集-射极电压 U_{CE} 之间的关系曲线。

$$i_C=f(u_{CE})\big|_{I_B=常数}$$

在不同的 I_B 下，可得到不同的曲线，所以 NPN 型三极管的输出特性是一组曲线，如图 2-1-24 所示。当 I_B 增大时，相应的 I_C 也增大，曲线上移，而且 I_C 比 I_B 增加得多，这就是前面讲述的三极管的电流放大作用。

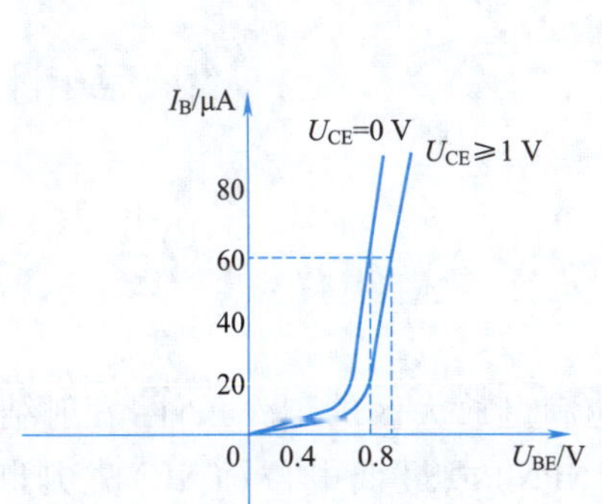

图 2-1-23　NPN 型三极管的输入特性曲线

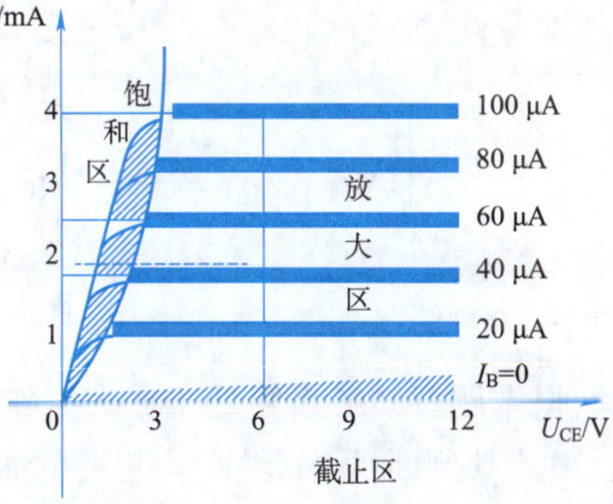

图 2-1-24　NPN 型三极管的输出特性曲线

根据三极管工作状态不同，可把输出曲线分为三个区。

1）截止区

$I_B=0$ 曲线以下的区域称为截止区。要使三极管可靠截止，其发射结和集电结都应处于反向偏置。对于 NPN 型三极管，$U_{BE}<0$、$U_{CB}>0$。三极管工作于截止区，失去电流的放大作用，集电极与发射极之间相当于开关的断开状态。

2）饱和区

发射极、集电结都处于正向偏置，此时三极管工作在饱和区。对于 NPN 型三极管，即 $U_{BE}>0$、$U_{CB}<0$。三极管工作于饱和区，由于集电结正偏，不利于收集从发射区扩散到基区的电子，使得在相同的 I_B 下，饱和区的 I_C 处于特性曲线的上升部分，I_C 将随着 U_{CE} 的增大而增大。饱和状态下，I_B 和 I_C 不成正比例，即失去电流放大作用。集电极和发射极之间的电压称为饱和压降，硅管为 0.3 V，锗管为 0.1 V。饱和时三极管的集电极和发射极之间相当于开关的闭合状态。

3）放大区

输出特性曲线近于水平部分的称为放大区，在放大区中有 $I_C=\beta I_B$，即 I_C 受 I_B 的控制。要使三极管工作于放大区，具有电流放大作用，必须满足发射结正偏，集电结反偏的条件。对于 NPN 型的三极管，$U_{BE}>0$、$U_{CB}>0$。

三极管处于放大状态的电路通常称为放大电路，而三极管处于截止和饱和状态的电路常称为开关电路。放大电路主要应用于模拟电路中，而开关电路主要应用于数字电路中。

三极管工作区的判断分析非常重要，当放大电路中的三极管不工作在放大区时，放大信号出现严重失真。工作状态与 PN 结偏置状态见表 2-1-2。

表 2-1-2 工作状态与 PN 结偏置状态

工作状态	结偏置	
	发射结	集电结
截止	反偏或零偏	反偏
放大	正偏	反偏
饱和	正偏	正偏或者零偏

【例 2-1-5】 已知放大电路中三极管各管脚对地电位如图 2-1-25(a)、(b)所示,试判断各三极管管脚及其类型。

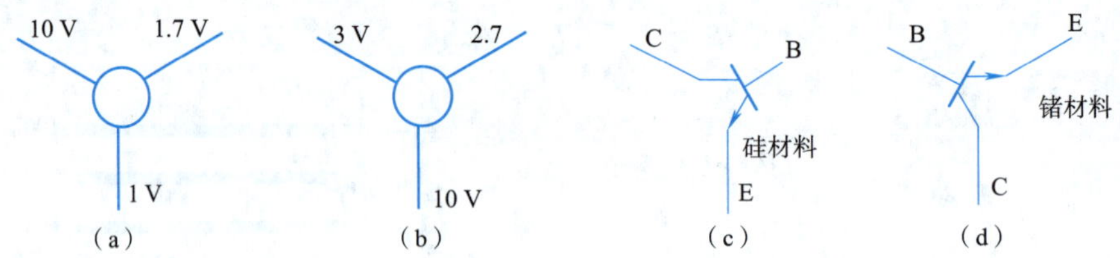

图 2-1-25 例 2-1-5 图

解:根据题意知三极管处于放大工作状态,则应满足放大区的工作条件:发射结正偏、集电结反偏。其判断原则是根据电极的最高电位(NPN)或最低电位(PNP)先判断集电极 $U_{BE}=0.7$ V 为硅管、$U_{BE}=0.3$ V 为锗管,并确定发射极 E;中间值应为基极 B。所以,判断结果如图 2-1-25(c)、(d)所示。

1.4.4 三极管的主要参数

1. 直流参数

1)电流放大系数 $\bar{\beta}$

共发射极放大电路,在静态时集电极电流 I_C 与基极电流 I_B 的比值称为共发射极静态电流放大倍数,又称直流电流放大倍数:

$$\bar{\beta}=\frac{I_C}{I_B}$$

2)集-基极反向饱和电流 I_{CBO}

I_{CBO}是当发射极开路时由于集电结处于反向偏置,集电区和基区中少数载流子的漂移运动所形成的电流。在温度一定的情况下,I_{CBO}接近于常数,所以又叫反向饱和电流。温度升高时 I_{CBO}会增大,使三极管的稳定性变差。在室温下,小功率锗管的 $I_{CBO}\approx 10$ μA,小功率硅管的 I_{CBO} <1 μA。I_{CBO}的大小是三极管质量好坏的标志之一,其值越小越好。硅管在温度稳定性方面胜于锗管。

3)集-射极穿透电流 I_{CEO}

I_{CEO}是当 $I_B=0$,即基极开路时,集电结处于反向偏置和发射结处于正向偏置时的集电极电流。因为 I_{CEO}好像是从集电极直接穿透晶体管而到达发射极的,所以称为穿透电流。I_{CEO}是衡量三极管质量好坏的重要参数之一,其值越小越好。

2. 交流参数

共发射极交流电流放大倍数β:当三极管工作在动态(有输入信号)时,基极电流的变化量为ΔI_B,它引起集电极电流的变化量为ΔI_C,ΔI_C与ΔI_B的比值称为动态电流放大倍数,即交流电流放大倍数

$$\beta=\frac{\Delta I_C}{\Delta I_B}$$

由$\bar{\beta}$和β表达式可知,二者含义虽不相同,但输出特性曲线近似于平行等距,并且I_{CEO}较小的情况下,两者数值较为接近。今后在估算时,常用$\bar{\beta}=\beta$这个近似关系。

3. 极限参数

1)集电极最大允许电流I_{CM}

集电极电流I_C超过一定值时,三极管的β值要下降。β值降为正常数值的2/3时的集电极电流,称为集电极最大允许电流I_{CM}。因此,在使用晶体管时,I_C超过I_{CM}并不一定会损坏三极管,但β将降低。

2)集-射极反向击穿电压$U_{(BR)CEO}$

$U_{(BR)CEO}$是基极开路时,加在集电极和发射极之间的最大允许电压。当晶体管的集-射极电压$U_{CE}>U_{(BR)CEO}$时,U_{CEO}突然大幅度上升,说明晶体管已被击穿。

3)集电极最大允许耗散功率P_{CM}

集电极电流在流经集电结时将产生热量,使结温升高,从而引起晶体管参数变化。当晶体管因受热而引起的参数变化不超过允许值时,集电极所消耗的最大功率称为集电极最大允许耗散功率P_{CM}。

P_{CM}主要受结温T_j的限制,一般锗管允许结温为70~90 ℃,硅管为150 ℃。

根据三极管的P_{CM}值,由$P_{CM}=I_CU_{CE}$在其输出特性曲线上作出P_{CM}曲线,它是一条双曲线。由I_{CM}、$U_{(BR)CEO}$、P_{CM}参数共同确定三极管的安全工作区,如图2-1-26所示。

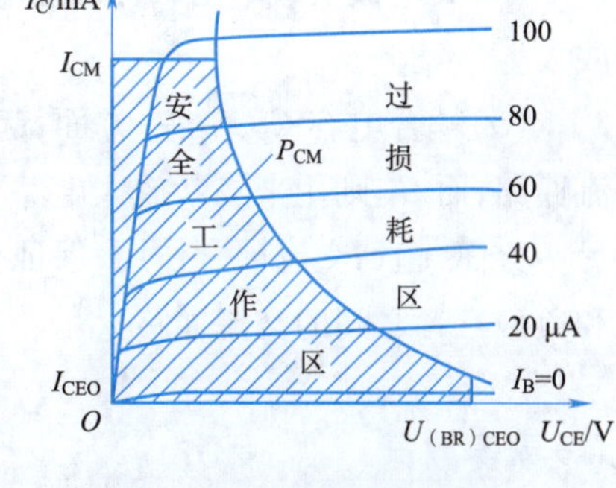

图2-1-26　极限参数曲线

以上所讨论的几个参数,其中β和I_{CBO}、I_{CEO}是表明三极管优劣的主要指标,I_{CM}、$U_{(BR)CEO}$和P_{CM}都是极限参数,用来说明晶体管的使用限制。

1.5　基本放大电路

1.5.1　基本放大电路的组成及各部分的作用

1. 放大电路的概念

放大电路的功能是将微弱的电信号增强到所需的数值,信号的类型可以是电压信号、电流信号或者功率信号。放大电路的应用十分广泛,无论是日常生活中使用的手机、智能音箱,或者精密的测量仪器和复杂的自动控制系统,其中都有各式各样的放大电路。放大电路的原理是利用三极管的放大和控制作用,把电源的能量按照输入信号的规则转换为等比例放大的输出

信号。

2. 放大电路的组成

放大电路由三极管、电阻器、电容器及电源等元件组成。根据输入信号和输出信号公共端的不同，放大电路有三种基本连接方式，即三种组态，分别为共发射极、共集电极和共基极。

3. 基本放大电路各部分作用

单管共射极放大电路如图 2-1-27 所示。输入信号为 u_i，负载为电阻 R_L，输出电压为 u_o。

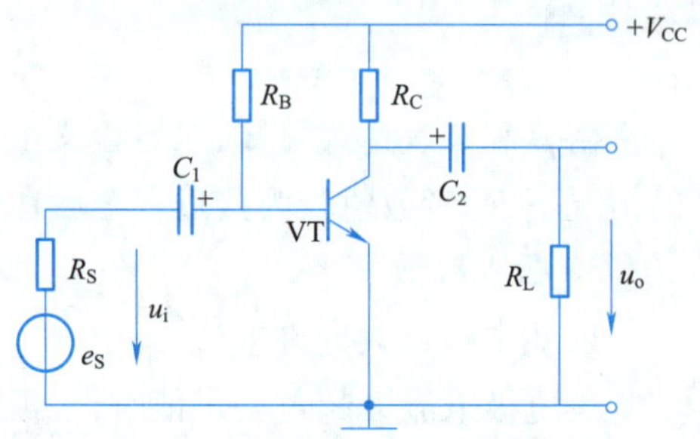

图 2-1-27 单管共射放大电路

放大电路各个组成元件作用如下。

(1)三极管 VT：是电路中的放大元件。利用三极管的电流放大作用在集电极获得放大电流 I_C，I_C 受输入信号 I_B 的控制。由能量守恒定律可知，放大电路并不具有将输入信号 u_i 直接放大的能力，而是控制了电源 V_{CC}所供给能量的变化规则，以小信号控制大信号，是放大电路的实质。

(2)直流电源 V_{CC}：为输出信号提供能量；保证集电结反向偏置，使三极管工作在放大区。

(3)基极偏置电阻 R_B：与 V_{CC}配合使发射结正向偏置；提供大小合适的基极电流 I_B，使放大电路获得合适的静态工作点。

(4)集电极负载电阻 R_C：将集电极电流的变化转换为电压的变化，以实现放大电路的电压放大。

(5)耦合电容 C_1、C_2：一方面，起到隔断直流作用，C_1 用来隔断放大电路与信号源之间的直流通路，而 C_2 则用来隔断放大电路与负载之间的直流通路，使三者之间无直流联系，互不影响；另一方面，起到交流耦合作用，保证交流信号畅通无阻地经过放大电路，沟通信号源、放大电路和负载三者之间的交流通路。

素养教育

博采众长、精诚合作、殊途同归

BJT(双极型三极管)和 FET(场效应管)的结构原理完全不同，在放大区作为受控源时，一个是流控流源，另一个是压控流源。在构成基本放大电路时，根据三个管脚中哪一个作为输入和输出信号的公共端，BJT 可以构成共射、共基、共集放大电路；而与这三种接法电路性能分别对应的，FET 可以构成共源、共漏、共栅放大电路。公共端不同，放大电路的性能指标会有很大的差异，所以应用场合不同。根据实际应用的性能要求，基本放大电路又可以衍生出差动放大电路、有源负载放大电路、互补对称功率放大电路等单元电路。为了满足实际应用对信号放大的要求，在 BJT 构成直接耦合多级放大电路时，一般用共集-共基差动放大电路作为输入级，有源共射作为中间级，共集互补对称功放作为输出级。同样，可以由 FET 构成多级放大电路发挥类似的放大作用。虽然 BJT 和 FET 两种三极管的结构原理不同，放大电路特性也有差异，但是各自协同合作，优势互补，均可完成相同的任务，可谓殊途同归。

1.5.2　放大电路的静态分析

放大电路的静态分析

放大电路静态分析的目的是确定放大电路工作的稳定性。静态即未加输入信号($u_i=0$)时放大电路的工作状态。放大电路的稳定性通过 U_{BE}、U_{CE}、I_B、I_C、I_E 这些直流参数确定,这些值也称为静态参数,这些参数在输入、输出特性曲线上确定的坐标点称为静态工作点,用 Q 表示。

静态分析的对象是直流信号,直流信号通过的路径称为直流通路,放大电路利用直流通路进行静态分析。绘制放大电路直流通路的原则是电容对直流信号的阻抗无穷大,视为开路,V_{CC} 为直流信号源。如图 2-1-28 为单管共射放大电路,其直流通路如图 2-1-29 所示。

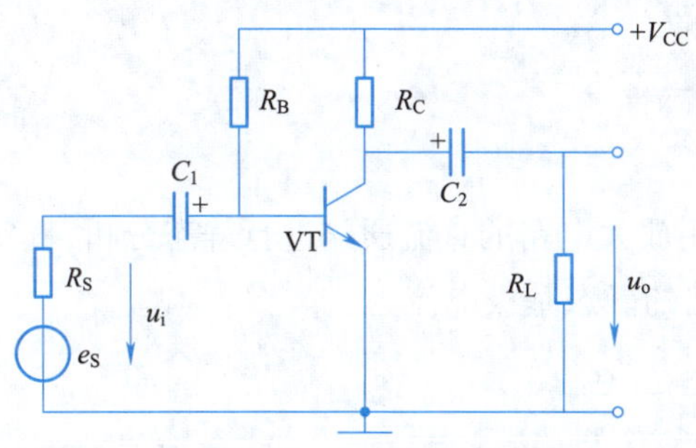

图 2-1-28　单管共射放大电路

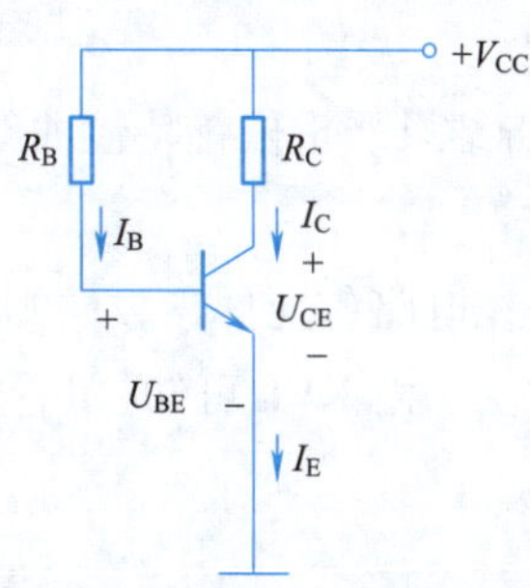

图 2-1-29　单管共射放大电路的直流电路

非线性电路元件三极管是组成放大电路的主要器件。对放大电路进行静态分析时,如何处理放大器件的非线性问题,是决定静态分析准确与否的关键。静态分析的方法有图解法和解析法。

1. 图解法

图解法是在承认放大器件为非线性元件的前提下,即已知输入特性和输出特性曲线,在特性曲线上用作图的方法求解静态值 I_B、I_C、U_{BE} 和 U_{CE},即静态工作点。

在放大电路的输入回路中,I_B 与 U_{BE} 之间的关系既要符合输入特性曲线,又要满足电路的基本电压方程:

$$U_{BE}=V_{CC}-I_BR_B$$

这是一条斜率为 $-\frac{1}{R_B}$ 的直线,在输入特性坐标平面内作这条直线,与输入特性曲线交于 Q 点,如图 2-1-30 所示。假设 Q 点对应的坐标值 $U_{BE}=0.7\ \text{V}$,$I_B=50\ \mu\text{A}$,即可得到电路的 U_{BE} 和 I_B。

同理,在输出回路中,I_C 与 U_{CE} 间的关系即应符合输出特性曲线,又应满足电路基本电压方程:

$$U_{CE}=V_{CC}-I_CR_C$$

这是一条斜率为 $-\frac{1}{R_C}$ 的直线,这条直线称为放大电路的直流负载线。在输出特性坐标平面内作这条直线 MN,与输出特性曲线交于 Q 点,如图 2-1-31 所示。由 Q 点的坐标即可得到电路的 I_C 和 U_{CE}。

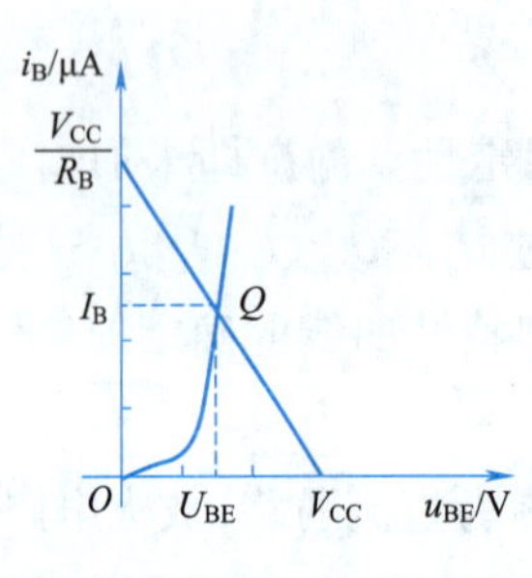

图 2-1-30　U_{BE}、I_B 的确定

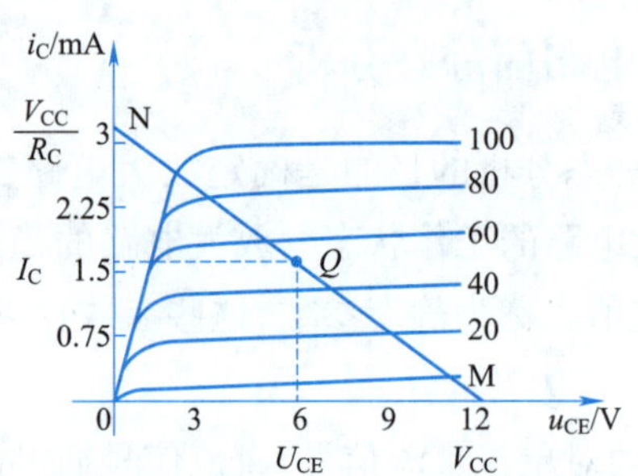

图 2-1-31　I_C、U_{CE}的确定

优点:可以直观地看到 Q 点在输出特性曲线上的位置,从而对电路是否会产生失真能够准确地进行分析。

缺点:分析结果严重依赖特性曲线及作图的准确性。

2. 解析法

解析法是在电路各元件参数已知的条件下利用放大电路的直流通路进行静态分析,确定静态工作点的方法。由 KVL 可知,单管共射放大电路的静态基极电流为

$$I_B = \frac{V_{CC} - U_{BE}}{R_B} \approx \frac{V_{CC}}{R_B}$$

U_{BE}的数值可根据半导体材料确定,硅管为 0.6 ~ 0.7 V,锗管为 0.2 ~ 0.3 V。估算时由于 $V_{CC} \gg U_{BE}$,常把 U_{BE}忽略不计。

工作在放大区的三极管集电极电流 I_C与基极电流 I_B 的关系为

$$I_C \approx \beta I_B$$

输出回路中三极管的管压降为

$$U_{CE} = V_{CC} - I_C R_C$$

3. 电路参数对静态工作点的影响

1)R_B 的影响

当 V_{CC}、R_C 不变时,输出回路的直流负载线不变。这时增大 R_B,I_B 将减小,静态工作点沿直流负载线下移,由 Q 点移向 Q_1 点,如图 2-1-32(a)所示。反之,减小 R_B,静态工作点上移,移向 Q_2 点。可见,调节 R_B 能够改变静态工作点的位置。通常使用此方法对静态工作点进行调整。

2)R_C 的影响

当 V_{CC}、R_B 不变时,I_B 也不变。改变 R_C,即改变了直流负载线的斜率,静态工作点也将随之改变。增大 R_C,直流负载线变得平坦,静态工作点由 Q 点移向 Q_3 点;反之,减小 R_C,直流负载线变陡,静态工作点移向 Q_4 点,如图 2-1-32(a)所示。

3)V_{CC}的影响

当 R_C 和 R_B 固定时,直流负载线的斜率不变。V_{CC}增加时,直流负载线平行右移,因为 R_B 不变,V_{CC}增加使 I_B 增加,因此静态工作点向右上方移动至 Q''处;反之,V_{CC}减小使 I_B 减小,直流负载线平行左移,使静态工作点向左下方移动至 Q'处,如图 2-1-32(b)所示。

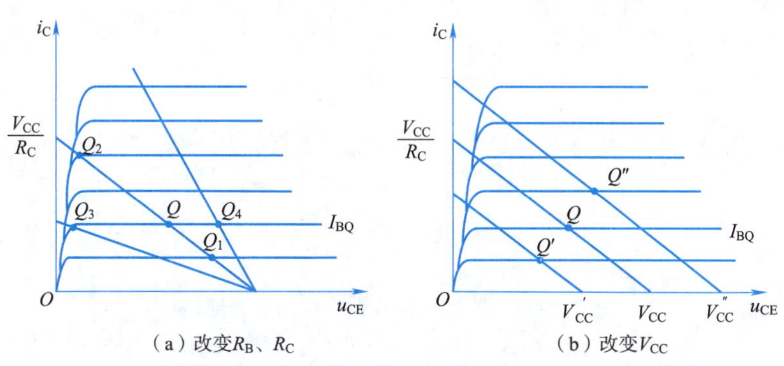

（a）改变R_B、R_C　　（b）改变V_{CC}

图 2-1-32　电路参数对静态工作点的影响

【例 2-1-6】　图 2-1-28 所示的单管共射放大电路中 $V_{CC}=12$ V，$R_C=4$ kΩ，$R_B=240$ kΩ，输入输出特性曲线分别如图 2-1-30 和图 2-1-31 所示，用图解法求静态工作点。

解：当 $I_B=0$，得 $U_{BE}=V_{CC}=12$ V，在图中横轴上可得点(12,0)；当 $U_{BE}=0$ 时，$I_B=\frac{V_{CC}}{R_B}=\frac{12}{240}$ A $=50$ mA，在图中纵轴上可得点(0,46)。

连接点(12,0)和点(0,50)的直线与对应的输入特性曲线交于 Q 点，如图 2-1-30 所示，$I_B=50$ mA，$U_{BE}=0.7$ V。

同理，由 $I_C=0$、$U_{CE}=V_{CC}=12$ V 得出点 $M(12,0)$；当 $U_{CE}=0$ 时，$I_C=\frac{V_{CC}}{R_C}=3$ mA，得出点 $N(0,3)$。

连接 MN 的直线与对应于 $I_B=50$ mA 的这条输出特性曲线交于 Q 点，如图 2-1-31 所示，得静态值：$I_C=1.5$ mA，$U_{CE}=6$ V。

1.5.3　放大电路的动态分析

放大电路动态分析的目的是确定放大电路的性能。动态即加入输入信号($u_i\neq0$)时放大电路的工作状态。放大电路的性能通过电压放大倍数β、输入电阻 r_i、输出电阻 r_o 这些参数确定，这些值也称为动态参数。动态分析的方法有图解法和微变等效电路法。

动态分析的对象是交流信号，交流信号通过的路径称为交流通路，放大电路利用交流通路进行动态分析。绘制放大电路交流通路的原则是：

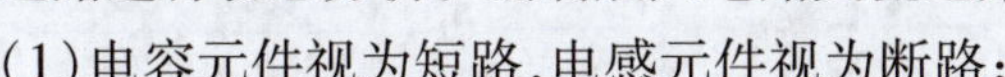

(1)电容元件视为短路，电感元件视为断路；

(2)理想电压源电压恒定不变，即电压的变化量 $\Delta U=0$，故在交流通路中相当于短路；

(3)理想电流源电流恒定不变，即电流的变化量 $\Delta I=0$，故在交流通路中相当于开路。现以单管共射放大电路为例，画出其交流通路如图 2-1-33 所示。

在放大电路的输入端加入正弦输入信号后，电路中的各电压或电流都会在原来静态值的基础上叠加一个交流量。一般规定用大写字母表示直流量，如 I_B、U_{CE}等；用小写字母表示交流量，如 i_b、u_{ce}等；而叠加量用小写字母带大写字母脚标，如 i_B、u_{CE}等。

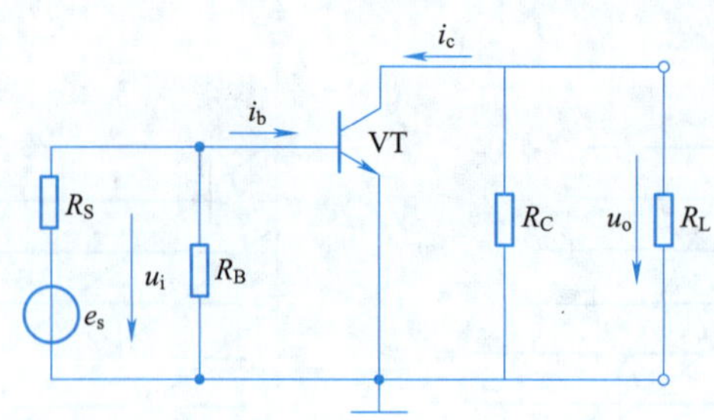

图 2-1-33　单管共射放大电路的交流通路

1. 图解法

图解法就是在放大电路的输入、输出特性曲线上,直接用作图的方法求解放大电路的工作性能。

输出电压与电流的伏安特性曲线称为交流负载线。由图 2-1-33 可知,输出回路包括两个并联电阻 R_C 和 R_L(以下用 $R'_L = R_C /\!/ R_L$ 来表示),且满足 $u_o = -i_C R'_L$,因此交流负载线的斜率为 $-\frac{1}{R'_L}$。由于 $R'_L < R_C$,因此交流负载线要比直流负载线更陡。

通过分析可知,当外加输入信号 u_i 的瞬时值为零时,u_o 与 i_C 的伏安关系不变,此时放大电路输入 $u_i = 0$,相当于只有直流信号工作的静态,放大电路输出电压与电流的伏安特性既要满足交流负载线,又要满足静态工作点,即交流负载线必须经过静态工作点。因此,只要通过 Q 点作一条斜率为 $-\frac{1}{R'_L}$ 的直线即可得到交流负载线。

假设在放大电路的输入端加上正弦交流电压 u_i,则在线性范围内,三极管的 u_{BE}、i_B、i_C 和 u_{CE} 都将围绕各自的静态值按正弦规律变化,进而求出单管共射放大电路输出 u_o 的变化范围。放大电路输入和输出回路的动态工作情况分别如图 2-1-34(a)、(b)所示。

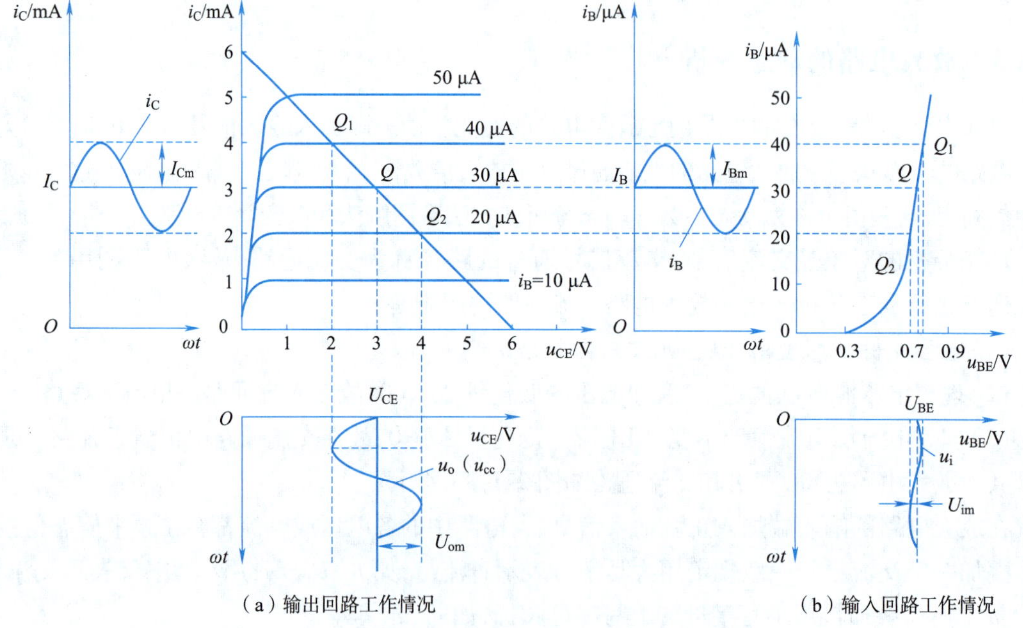

(a)输出回路工作情况　　(b)输入回路工作情况

图 2-1-34　加入正弦输入信号时放大电路的图解分析

通过图解分析可得以下结论：

(1)当 $u_i \neq 0$ 时，放大电路中三极管的各极电压和电流都围绕各自的静态值按正弦规律变化。即 u_{BE}、i_B、i_C 和 u_{CE}的波形均为在静态直流量的基础上再叠加一个正弦交流成分，成为交直流并存的状态。

(2)当输入电压有一个微小的变化量时，通过放大电路在输出端可得到一个比较大的电压变化量，可见单管共射放大电路能够实现电压放大作用。

(3)当 u_i 的瞬时值增大时，u_{BE}、i_B 和 i_C 的瞬时值也随之增大，u_{CE}和 u_o 的瞬时值将减小。即 u_o 与 u_i 的相位相反，称之为单管共射放大电路的倒相作用。

放大电路图解分析法的步骤：

(1)由静态分析确定静态工作点 Q。

(2)过 Q 点作一条斜率为 $-\frac{1}{R'_L}$的直线即为交流负载线。

(3)根据输入信号 u_i 确定 u_{BE}、i_B 和 i_C 在输入及输出特性曲线上变化范围，进而求出输出信号 u_o 的变化范围。

图解法还可用来分析放大电路的非线性失真。

2. 微变等效电路分析法

放大电路的微变等效电路法是把非线性元件三极管线性化，把非线性元件三极管组成的放大电路等效为一个线性电路。这样，可用求解线性电路的分析方法来计算三极管在小信号时的工作状态。等效原理为：输入信号 u_i 为小信号时，在静态工作点附近小范围内的特性曲线可近似为直线，可用线性电路元件来等效代替三极管这个非线性元件。

1)三极管输入端等效

图 2-1-35(a)为三极管的输入特性曲线。当输入信号幅度很小时，在静态工作点 Q 附近的曲线可视为直线。当 U_{CE}为常数时，三极管的输入电阻 r_{be} 等于 ΔU_{BE}与 ΔI_B 的比值，即

$$r_{be} = \frac{\Delta U_{BE}}{\Delta I_B} = \frac{u_{be}}{i_b}$$

在小信号情况下，r_{be}是常数，它表示三极管输入端 u_{be}与 i_b 之间的线性关系。

低频小功率晶体管的输入电阻可用下式估算：

$$r_{be} = 300\ \Omega + (1+\beta)\frac{26\ \text{mV}}{I_E\ \text{mA}}$$

式中，I_E 为发射极电流的静态值，mA；r_{be}为三极管输入电阻，一般为几百欧到几千欧，它是交流信号的动态电阻。

2)三极管输出端等效

图 2-1-35(b)为三极管的输出特性曲线，当三极管工作在线性放大区时，其输出特性曲线近似为一组与横轴平行的直线。当 U_{CE}为常数时，三极管的电流放大系数 β 为 ΔI_C 与 ΔI_B 的比值，即

$$\beta = \frac{\Delta I_C}{\Delta I_B} = \frac{i_c}{i_b}$$

在小信号条件下,β 为一个常数,在手册中常用 h_{fe} 表示。因此,三极管的输出电路可用一个恒流源 $i_C=\beta i_B$ 代替,以表示三极管 i_C 受 i_B 控制的电流控制关系。

由以上分析可得,三极管的微变等效电路如图 2-1-36 所示。图中 $r_{ce}=\Delta u_{ce}/\Delta i_c$ 很大,通常视为断开。

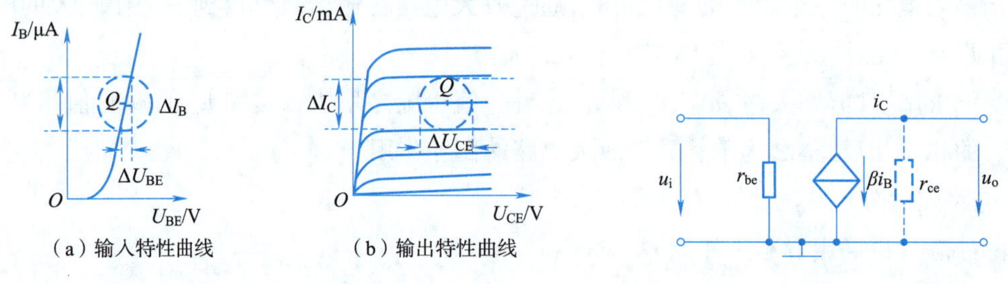

(a)输入特性曲线　(b)输出特性曲线

图 2-1-35　从三极管的特性曲线求 r_{be} 和 β

图 2-1-36　三极管的微变等效电路

3)放大电路的微变等效电路

放大电路的微变等效电路是在交流通路的基础上对三极管进行微变等效变换。根据图 2-1-33 所示的交流通路画出放大电路的微变等效电路,如图 2-1-37 所示。

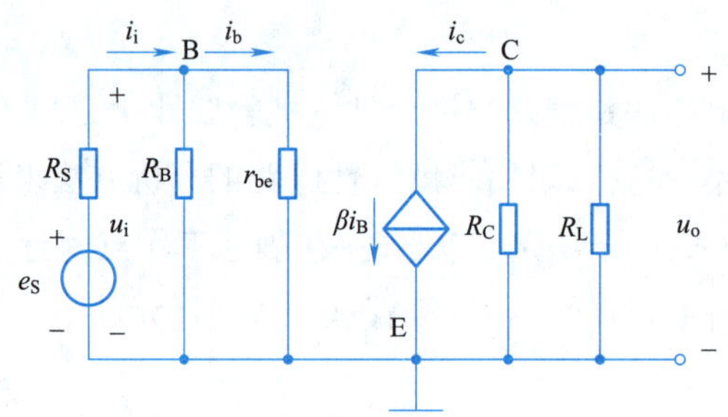

图 2-1-37　放大电路的微变等效电路

4)放大电路动态参数

(1)电压放大倍数 A_u。如图 2-1-37 所示,输入信号 $u_i=\sqrt{2}U\sin\omega t$,电压和电流均用相量表示,则有

$$\dot{U}_i=\dot{I}_B r_{be},\ \dot{U}_o=-R'_L\dot{I}_C=-R'_L\beta\dot{I}_B\text{(其中 }R'_L=R_C/\!/R_L\text{)}$$

电压放大倍数

$$A_u=\frac{\dot{U}_o}{\dot{U}_i}=-\beta\frac{R'_L}{r_{be}}$$

放大倍数为负值时,表示输出信号与输入信号相位相反。

(2)输入电阻 r_i。它是由放大电路输入端看进去的等效电阻,即

$$r_i=\frac{\dot{U}_i}{\dot{I}_i}=R_B/\!/r_{be}\approx r_{be}$$

输入电阻 r_i 的大小决定了放大电路从信号源吸取电流(输入电流)的大小。较大的输入电阻 r_i 可以降低信号源内阻 R_S 的影响,使放大电路获得较高的输入电压。因此,希望 r_i 越大越好。

(3)输出电阻 r_o。它是由放大电路输出端看进去的等效电阻。

输出电阻 r_o 的计算方法:信号源 e_S 短路,断开负载 R_L,在输出端加电压 u,电压 u 作用产生电流 i,则输出电阻

$$r_o=\frac{\dot{U}}{\dot{I}}=R_C$$

对负载而言,放大器相当于信号源,放大器的输出电阻 r_o 即为信号源的内阻。r_o 越小,输出信号 u_o 越稳定,即负载电阻 R_L 的变化对输出电压的影响就越小,表明放大器带负载的能力越强,因此希望 r_o 越小越好。

【例 2-1-7】 电路如图 2-1-28 所示,已知 $V_{CC}=12\ V, R_B=300\ k\Omega, R_C=3\ k\Omega, R_S=3\ k\Omega, R_L=3\ k\Omega, \beta=50$,试求:

(1)R_L 接入和断开两种情况下电路的电压放大倍数 A_u;

(2)输入电阻 r_i 和输出电阻 r_o;

(3)输出端开路时的电源电压放大倍数 $A_{uS}=\frac{\dot{U}_o}{\dot{U}_S}$。

解:利用估算法可得 $$I_B=\frac{V_{CC}-U_{BE}}{R_B}\approx\frac{V_{CC}}{R_B}=\frac{12}{300}\ A=40\ \mu A$$

$$I_C=\beta I_B=50\times0.04\ mA=2\ mA\approx I_E$$

$$U_{CE}=V_{CC}-I_CR_C=(12-2\times3)V=6V$$

$$r_{be}=300+(1+\beta)\frac{26}{I_E}=300+(1+\beta)\frac{26}{2}=963\ \Omega\approx0.963\ k\Omega$$

(1)R_L 接入时的电压放大倍数 A_u 为

$$A_u=\frac{\dot{U}_o}{\dot{U}_i}=-\beta\frac{R_L'}{r_{be}}=-\frac{50\times\frac{3\times3}{3+3}}{0.963}=-78$$

R_L 断开时的电压放大倍数 A_u 为

$$A_u=\frac{\dot{U}_o}{\dot{U}_i}=-\beta\frac{R_c}{r_{be}}=-\frac{50\times3}{0.963}=-156$$

(2)输入电阻 r_i 为$\frac{\dot{U}_o}{\dot{I}_i}$,则有

$$r_i=\frac{\dot{U}_o}{\dot{I}_i}=R_B/\!/r_{be}=300/\!/0.963\ k\Omega\approx0.96\ k\Omega$$

输出电阻 r_o 为

$$r_o=\frac{\dot{U}}{\dot{I}}=R_C=3\ k\Omega$$

(3)输出端开路时电源电压放大倍数为

$$A_{uS}=\frac{\dot{U}_o}{\dot{U}_S}=\frac{\dot{U}_i}{\dot{U}_S}\times\frac{\dot{U}_o}{\dot{U}_i}=\frac{r_i}{R_S+r_i}A_u=\frac{0.96}{3+0.96}\times(-156)=-38$$

素养教育

学以致用

三极管在交流信号和直流信号通过时分别表现出不同特性，应分别采用不同的等效电路进行分析。同样，在实际工程中，当不具备直接解决问题的条件时，工程人员往往利用已有条件，通过一定的辅助方法解决问题。而在推导三极管的交流和直流等效电路时，应保留哪些参数和特性，可以忽略哪些参数，这正是——“抓住主要矛盾”在工程实践中的成功实例。

动画

非线性失真

1.5.4　静态工作点的设置与波形失真

放大电路输出信号失真是指输出信号与输入信号在某些时刻不符合同一运算规则。

合理设置放大电路的静态工作点能够保证放大电路输出信号在一定范围内不失真。在三极管放大电路中，静态工作点过高、过低或输入信号过大，都可能发生输出信号失真。

1. 静态工作点过低产生截止失真

静态工作点过低产生的失真称为截止失真。静态工作点 Q 设置过低，部分输入信号进入三极管输入特性曲线的截止区，由于输入信号 i_B 已经产生严重失真，进而引起 u_{CE} 和 i_C 的波形也发生明显失真，如图 2-1-38(a)所示。截止失真产生的原因是 i_B 过小，可通过减小基极偏置电阻 R_B 进行调节。

2. 静态工作点过高产生饱和失真

静态工作点过高产生的失真称为饱和失真。静态工作点 Q 设置过高，部分输入信号进入三极管输出特性曲线的饱和区，此时 $i_C\neq\beta i_B$，三极管失去放大能力，i_C 和 u_{CE} 都将产生严重失真，如图 2-1-38(b)所示。饱和失真产生的原因是 i_B 过大，可通过增大基极偏置电阻 R_b 进行调节。工作点合适时的 u_{CE} 波形如图 2-1-38(c)所示。放大电路处于截止失真、饱和失真和正常工作状态时的输出电流 i_C 波形分别如图 2-1-38(d) ~2-1-38(f)所示。

截止失真和饱和失真产生的原因都是三极管是非线性电路元件，同属于非线性失真，因此合理设置静态工作点非常重要。静态工作点应设置在直流负载线的中点附近，此时输出端获得不失真放大信号所允许的输入信号变化范围较大。

应当注意，即使静态工作点设置合理，输入信号范围也不宜过大，否则可能同时出现截止失真和饱和失真。

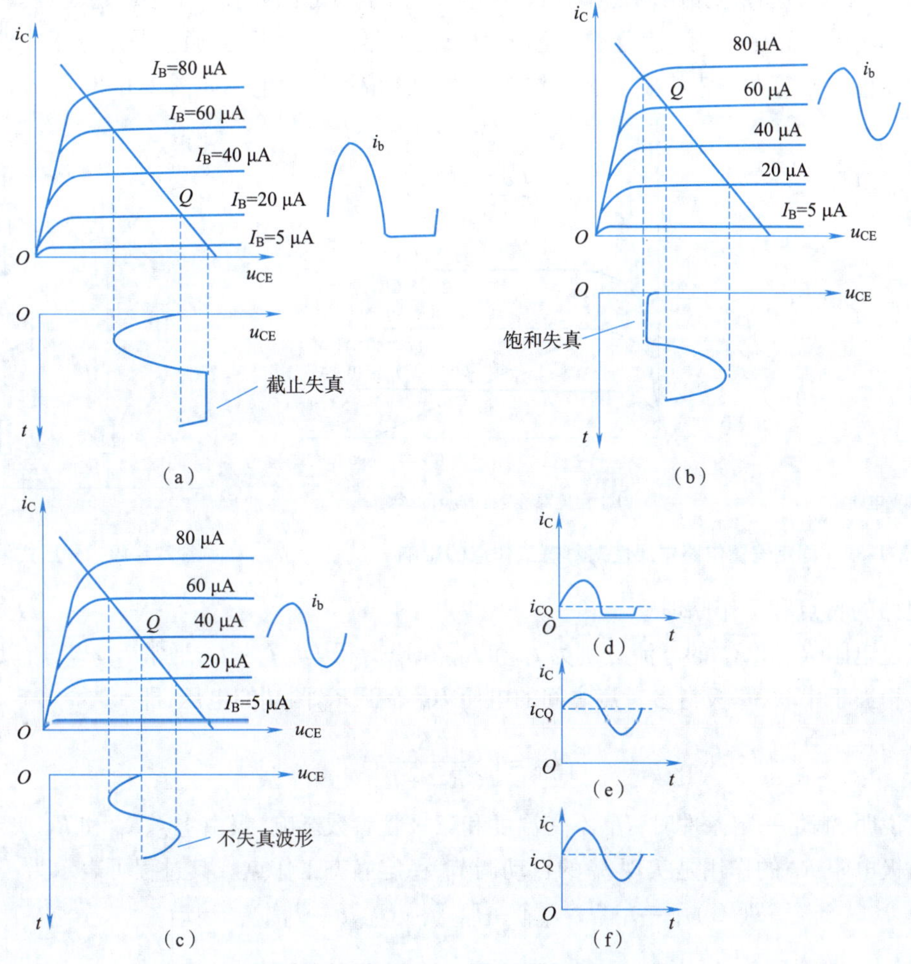

图 2-1-38　静态工作点对非线性失真的影响

1.5.5　静态工作点的稳定

1. 温度对静态工作点的影响

放大电路的多项重要技术指标与静态工作点的位置密切相关，因此，保持静态工作点的稳定十分重要。为了保证放大电路的稳定工作，必须有合适的、稳定的静态工作点。但是，环境温度的变化、电源电压的波动或更换不同β值的三极管等，都可能引起静态工作点的变化，其中温度的变化对静态工作点影响最大。

温度变化时，三极管的各项参数都会发生改变，静态工作点也会随之变动。例如，基本共射极放大电路在温度升高时，三极管的U_{BE}降低，而β、I_{CBO}和I_{CEO}均增大，输出特性曲线上移，如图 2-1-39 所示。

又如，更换β值不同的晶体三极管时，由于$I_B \approx \dfrac{V_{CC}}{R_B}$不变，则$I_C = \beta I_B$会随$\beta$变化。

2. 分压式偏置放大电路

基本共射放大电路中，当电源电压V_{CC}和基极偏置电阻R_B确定后，基极偏置电流I_B（$I_B \approx$

V_{CC}/R_B）随之固定，这种电路叫固定偏置放大电路。由于固定偏置放大电路的稳定性差，因此只能在要求不高的电路中使用。为了减小温度对放大电路性能的影响，通常采用分压式偏置或者利用热敏器件补偿等办法来稳定静态工作点。分压式偏置放大电路如图 2-1-40 所示。

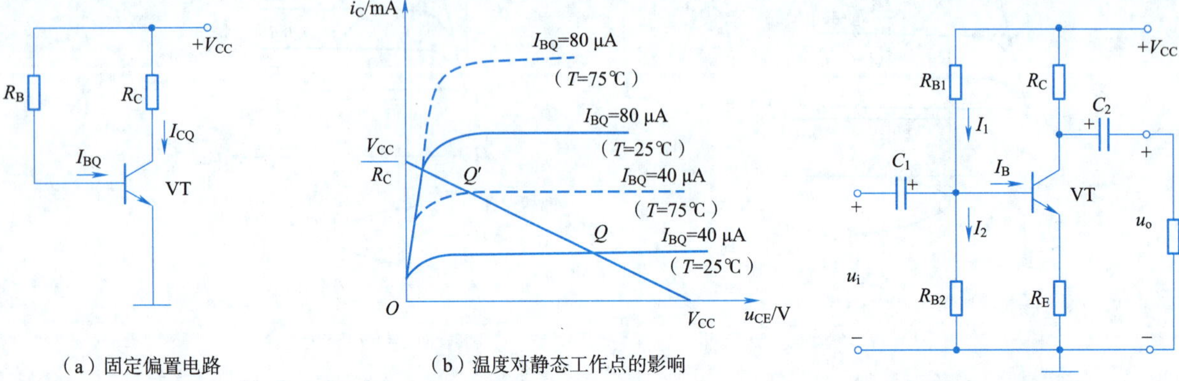

图 2-1-39　固定偏置电路中温度对静态工作点的影响

图 2-1-40　分压式偏置放大电路

1）电路的特点和工作原理

设流过电阻 R_{B1} 和 R_{B2} 的电流分别为 I_1 和 I_2，由 KCL 得 $I_1=I_2+I_B$，通常 $I_2 \gg I_B$，所以 $I_1 \approx I_2$。R_{B1} 和 R_{B2} 相当于串联，基极与参考点之间的电压 U_B 等于 R_{B2} 两端的电压，即

$$U_B = V_{CC}\frac{R_{b2}}{R_{B1}+R_{B2}}$$

上式说明，满足一定条件时，U_B 不受温度和三极管参数影响，仅由 V_{CC}、R_{B1} 和 R_{B2} 决定。

发射极电阻 R_E 的作用是实现 I_B 的自动调节，稳定静态工作点。其过程可表示为

$$T(℃)\uparrow \rightarrow I_C\uparrow \rightarrow I_B\uparrow \rightarrow U_E\uparrow \rightarrow U_{BE}\downarrow \rightarrow I_B\downarrow \rightarrow I_C\downarrow$$

当 $U_B \gg U_{BE}$ 时，发射极电流为

$$I_E=\frac{U_B-U_{BE}}{R_E}\approx\frac{U_B}{R_E}=\frac{R_{B2}V_{CC}}{(R_{B1}+R_{B2})R_E}$$

由以上分析可知，分压式偏置放大电路只有满足 $I_2 \gg I_B$ 和 $U_B \gg U_{BE}$ 这两个条件才能实现静态工作点的稳定。工程中通常按照如下标准选取 I_2 和 U_B：

对于硅管 $I_2=(5\sim10)I_B$，$U_B=3\sim5$ V。

对于锗管 $I_2=(10\sim20)I_B$，$U_B=1\sim3$ V。

2）静态分析

由图 2-1-40 可得

$$I_C \approx I_E = \frac{U_B-U_{BE}}{R_E}$$

$$I_B \approx \frac{I_C}{\beta}$$

$$U_{CE}=V_{CC}-I_C(R_C+R_E)$$

3）动态分析

（1）电压放大倍数。分压式偏置放大微变等效电路如图 2-1-41 所示。

由图 2-1-41 可以得到

$$\dot{U}_o = -\beta \dot{I}_B R'_L（其中 R'_L = R_C // R_L）$$

$$\dot{U}_i = \dot{I}_B r_{be} + \dot{I}_E R_E = \dot{I}_B [r_{be} + (1+\beta) R_E]$$

$$A_u = \frac{\dot{U}_o}{\dot{U}_i} = -\frac{\beta \dot{I}_B R'_L}{\dot{I}_B [r_{be} + (1+\beta) R_E]} = -\frac{\beta R'_L}{r_{be} + (1+\beta) R_E}$$

由上式可知，R_E 的接入虽然稳定了静态工作点，但降低了放大倍数 A_u，并且 R_E 越大，下降越多。为了消除 R_E 对放大倍数的影响，通常在 R_E 两端并联一个较大容量的电容（大约几十到几百微法，如图 2-1-42 所示）。动态分析时，C_E 对交流信号低阻可看成短路，将 R_E 短接，故 C_E 称为旁路电容。加入旁路电容后，消除了发射极电阻 R_E 对电压放大倍数 A_u 的影响，这样既稳定了静态工作点，又维持了电压放大倍数。

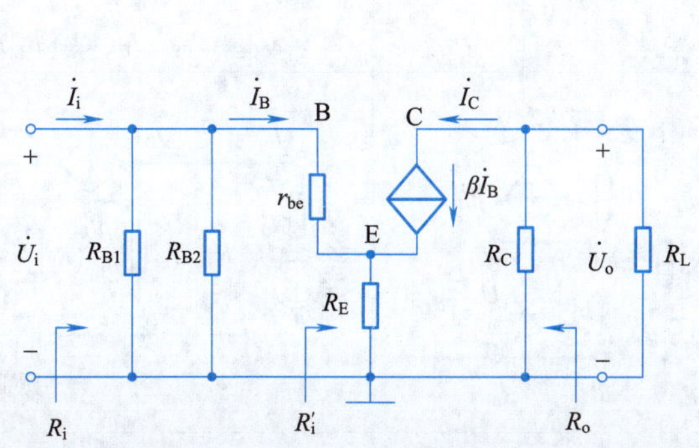

图 2-1-41　分压式偏置放大电路的微变等效电路

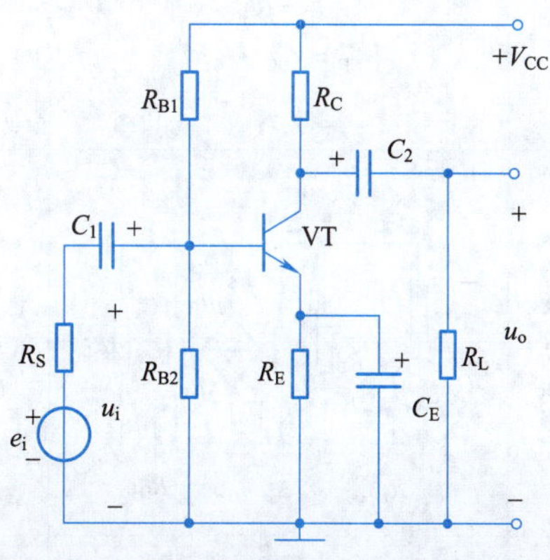

图 2-1-42　分压式偏置放大电路

（2）输入电阻和输出电阻。

$$\dot{U}_i = \dot{I}_B r_{be} + \dot{I}_E R_E = \dot{I}_B r_{be} + (1+\beta)\dot{I}_B R_E$$

$$R'_i = \frac{\dot{U}_i}{\dot{I}_B} = r_{be} + (1+\beta) R_E$$

则输入电阻为

$$R_i = R'_i // R_{B1} // R_{B2}$$

$$R_i \approx R'_i = r_{be} + (1+\beta) R_E$$

上式表明，加入 R_E 后，输入电阻得到了提高。如果电路中接入旁路电容 C_E，则输入电阻 R_i 与无发射极电阻 R_E 相同。

按照前面求输出电阻的方法，可求得输出电阻为 $R_o \approx R_C$。

1.5.6 放大电路的三种组态

放大电路共有三种组态，前面章节对共发射极放大电路的静态、动态和工作点的稳定性进行了详细分析。共集电极和共基极组态不再进行赘述。有需要的读者请自行分析，分析方法同共发射极放大电路。三种组态的对照如表 2-1-3 所示。

表 2-1-3 放大电路三种组态的对照

项目	共射放大电路	共集放大电路	共基放大电路
电路图	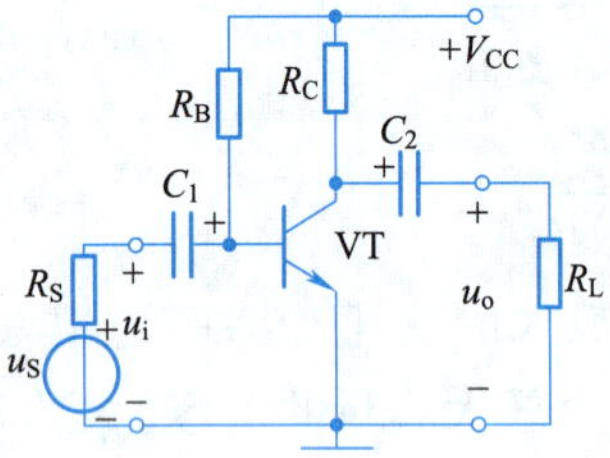	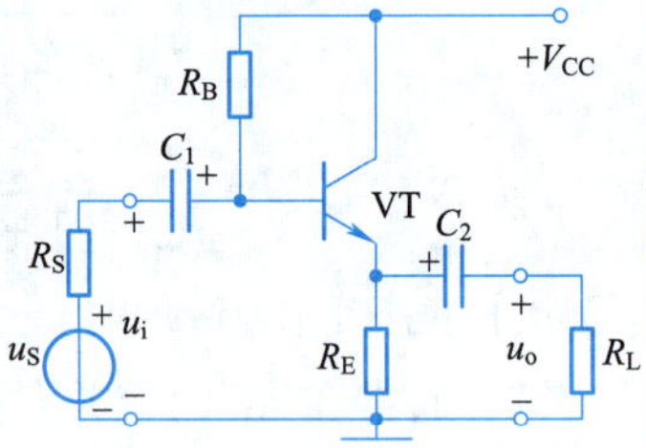	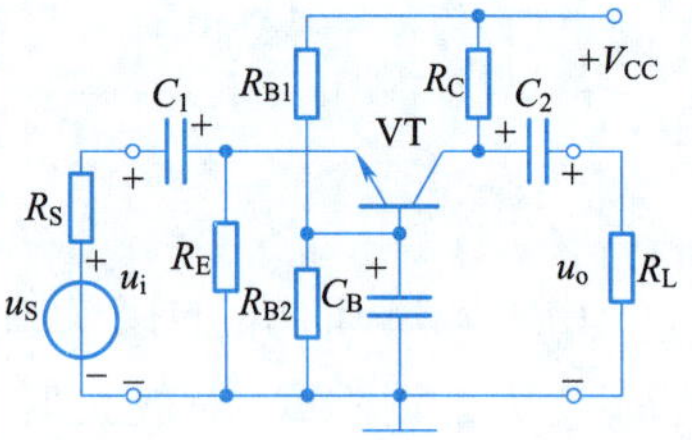
静态工作点	$I_B \approx \frac{V_{CC}}{R_B}$ $I_C = \beta I_B$ $U_{CE} = V_{OC} - I_C R_E$	$I_B \approx \frac{V_{CC}}{R_B + (1+\beta) R_E}$ $I_C = \beta I_B$ $U_{CE} \approx V_{CC} - I_C R_E$	$U_B \approx \frac{V_{CC}}{R_{B1} + R_{B2}} R_{B2}$ $I_C \approx I_E \approx \frac{U_B}{R_E}$ $I_B = \frac{I_C}{\beta}$ $U_{CE} \approx V_{CC} - I_C (R_E + R_E)$
微变等效电路	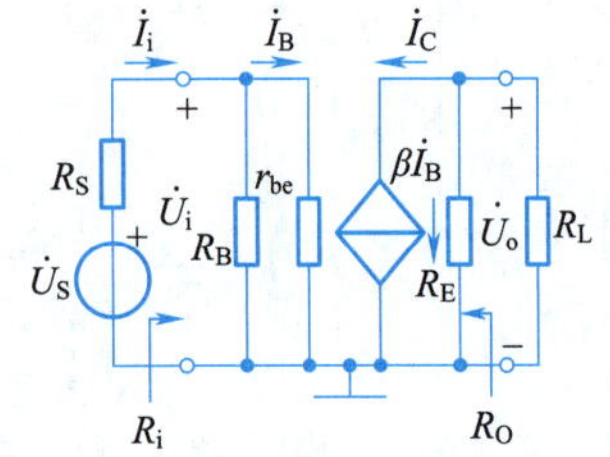	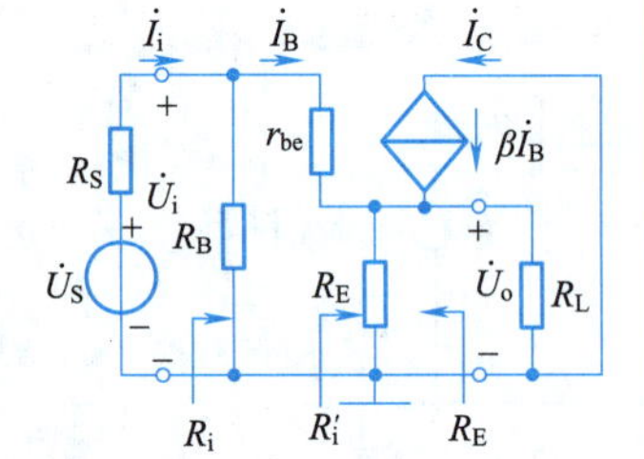	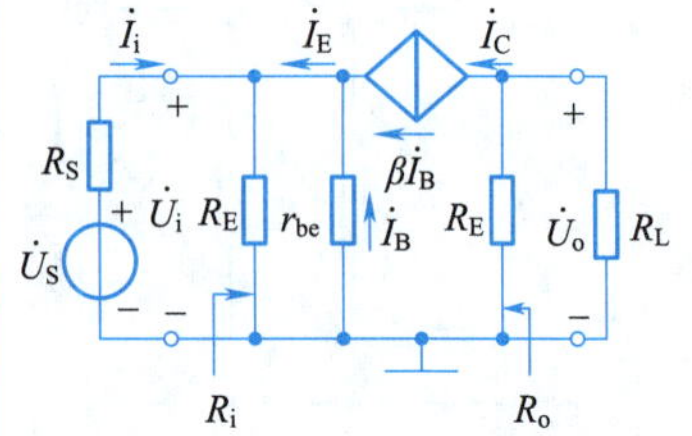
A_u	$\frac{-\beta R'_L}{r_{be}}$	$\frac{(1+\beta) R'_L}{r_{be} + (1+\beta) R'_L}$	$\frac{\beta R'_L}{r_{be}}$
R_i	$R_B // r_{be}$（中）	$R_B // [r_{be} + (1+\beta) R'_L]$（大）	$R_E // \frac{r_{be}}{1+\beta}$（小）
R_o	R_C	$R_E // \frac{r_{be} + R'_S}{1+\beta}, R'_S = R_S // R_B$	R_C
用途	多级放大器的中间级	输入、输出或缓冲级	高频或宽频带放大电路

三种组态放大电路，由于电路的结构不同，其电路特点也不尽相同。

1. 共发射极放大电路

特点：元件数量少、电路结构简单、稳定性差，具有较大的电压放大倍数，输出电压与输入电压反相，采用分压式偏置电路稳定静态工作点。共射极放大电路作为一种常用的电压放大电路，应用十分广泛。

2. 共集电极放大电路

特点：电压放大倍 $A_u \leq 1$ 且接近于1，具有电压跟随的作用，又叫电压跟随器；虽然不具有电压放大的作用，但具有电流放大的能力，因此可用作功率放大。共集电极放大电路，由于输入电阻高、输出电阻低，常常作为多级放大电路的输入级、输出级和隔离用的中间级。

3. 共基极放大电路

特点：电流放大倍数小于1，但可获得较高的电压放大倍数，且由于输入电阻小，这种低输入电阻的结构使晶体管结电容的影响不显著，因而频率响应得到很大的改善，一般可用于宽频带放大电路中。另外，共基极放大电路输出电阻高，可作为恒流源使用，这也是其主要用途之一。

1.5.7　多级放大电路

放大电路是负载的电源，如果放大电路输出信号非常微弱则负载无法正常工作。如果采用单管放大电路则难以达到负载要求，往往使用多个单管放大电路进行级联，组成多级放大电路。

通常把与信号源相连的第一级放大电路称为多级放大电路的输入级，与负载相连的末级放大电路称为输出级，输入级与输出级之间的放大电路称为中间级。

多级放大电路中，前一级和后一级之间的连接方式叫耦合。多级放大电路的耦合方式包括阻容耦合、直接耦合和变压器耦合。

1. 阻容耦合

阻容耦合放大电路中，前、后级之间通过耦合电容进行连接，如图2-1-43所示。

优点：各级放大电路的直流信号互相隔离，所以各级的静态工作点相互独立、互不影响，静态分析和单级放大电路相同；对于交流信号，只要耦合电容足够大，交流信号可以顺利通过，几乎不发生衰减。

缺点：对于缓慢变化的信号，由于频率很低，通过耦合电容将产生很大的衰减。因此，阻容耦合放大电路不适合放大低频交流信号。

2. 直接耦合

直接耦合放大电路中，前、后级之间直接或通过电阻进行连接，如图2-1-44所示。采用直接耦合的一个重要目的是便于集成。

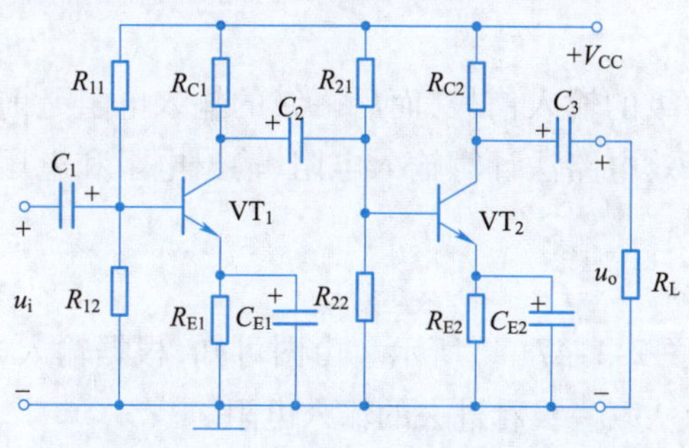

图2-1-43　典型的两级阻容耦合放大电路

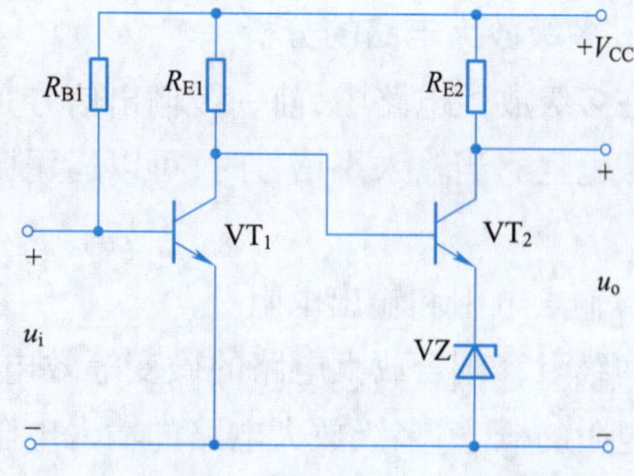

图2-1-44　直接耦合放大电路

放大电路在输入信号 $u_i=0$ 时，输出信号 u_o 在零点附近上下波动，这种现象称为零点漂移。引起零点漂移的主要原因是三极管的参数随温度变化，导致放大电路的静态工作点发生变化。

可以通过串入发射极电阻 R_E，采用热敏电阻进行温度补偿等方法抑制零点漂移，最理想的方法是输入级采用差动式放大电路。通常，直接耦合放大电路的级数越多，放大倍数越高，零点漂移的问题越严重。

优点：由于没有级间电容，直接耦合放大电路不仅可放大交流信号，还可放大缓慢变化的信号和直流信号；便于集成。

缺点：由于没有级间电容，直流信号和交流信号都可以进入下一级放大电路，使得放大电路的各级静态工作点不能独立，前后级之间相互影响；零点漂移的问题严重。

3. 变压器耦合

变压器耦合放大电路中，前、后级之间通过变压器进行连接，如图 2-1-45 所示。采用变压器耦合的一个重要目的是耦合变压器在传送信号的同时能起到变换阻抗的作用，如图 2-1-46 所示。

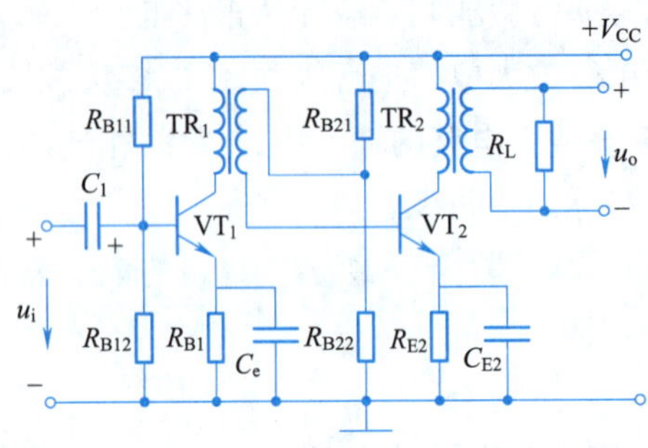

图 2-1-45　变压器耦合多级放大电路

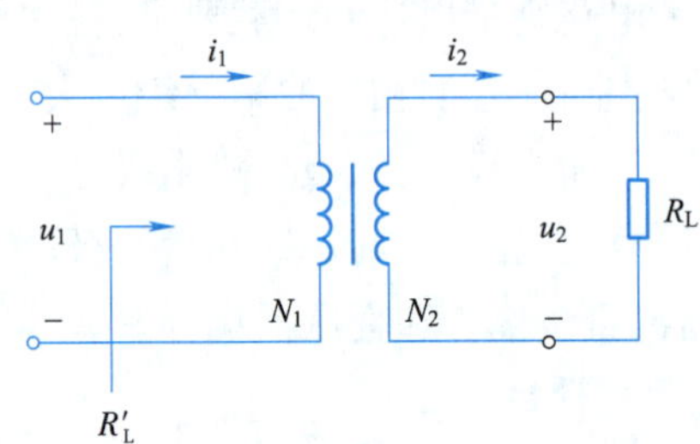

图 2-1-46　变压器的阻抗变换作用

根据变压器的相关知识可知，变压器二次侧所接的负载电阻 R_L 从一次侧看进去的等效电阻 R'_L 为

$$R'_L=\frac{u_1}{i_1}=\frac{ku_2}{\frac{i_2}{k}}=k^2\frac{u_2}{i_2}=k^2R_L$$

由上式可知，只需改变匝数比，即可将负载变成所需的数值，达到阻抗匹配的目的。

优点：各级直流通路相互独立，能实现阻抗、电压、电流变换。

缺点：体积大，频率特性比较差，且不易集成化，故其应用范围较窄。

4. 多级放大电路的分析

在多级放大电路中，前一级输出信号是后一级的输入信号，而后一级的输入电阻是前一级的负载电阻。当输入小信号时，可以运用微变等效电路法计算输入电阻、输出电阻和电压放大倍数。

1）输入电阻和输出电阻

两级阻容耦合放大电路的微变等效电路如图 2-1-47（a）所示。由图可知，根据输入电阻、输出电阻的概念，多级放大电路的输入电阻即为从第一级看进去的输入电阻。

$$R_i=\frac{\dot{U}_i}{\dot{I}_i}=R_{11}//R_{12}//r_{be1}=R_1//r_{be1}$$

式中，$R_1=R_{11}//R_{12}$ 为第一级的等效偏置电阻。

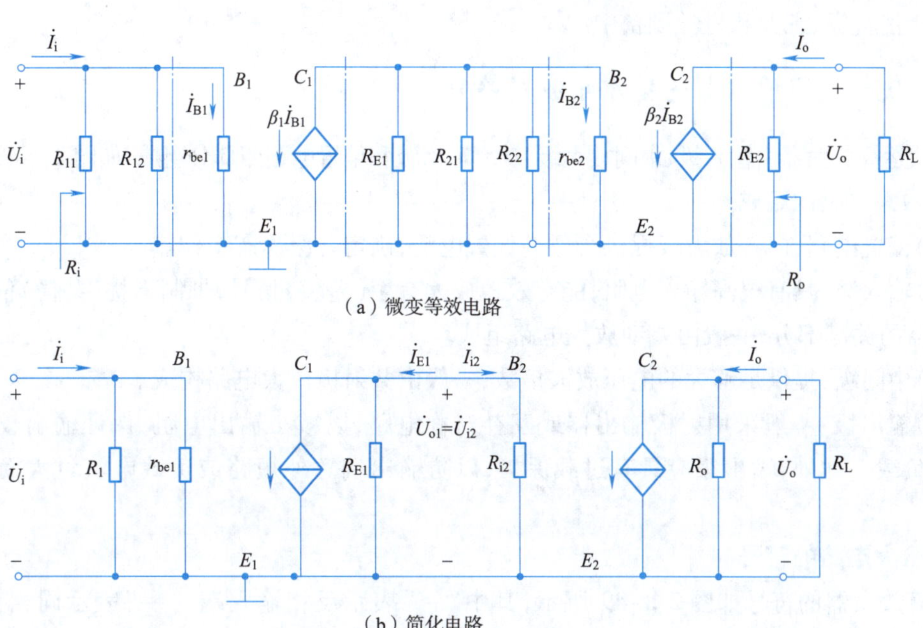

（a）微变等效电路

（b）简化电路

图 2-1-47　两级 *RC* 耦合放大电路的微变等效电路

同理，多级放大电路的输出电阻即为从最后一级看进去的输出电阻。

$$R_o = R_{o2} \approx R_{c2}$$

2）电压放大倍数

由图 2-1-47（b）可知，第一级放大电路的电压放大倍数为

$$A_{u1} = \frac{\dot{U}_{o1}}{\dot{U}_i}$$

第二级放大电路的电压放大倍数为

$$A_{u2} = \frac{\dot{U}_o}{\dot{U}_{i2}} = \frac{\dot{U}_o}{\dot{U}_{o1}}$$

所以，总的电压放大倍数为

$$A_u = \frac{\dot{U}_o}{\dot{U}_i} = \frac{\dot{U}_{o1}}{\dot{U}_i} \times \frac{\dot{U}_o}{\dot{U}_{i2}} = A_{u1}A_{u2}$$

推广到 n 级放大电路，总的电压放大倍数为

$$A_u = A_{u1}A_{u2}\cdots A_{un}$$

1.6　集成运算放大器

视频

集成运算放大器

集成运算放大器是具有高开环放大倍数并带有深度负反馈的多级直接耦合放大电路。运算放大器起源于模拟电子计算机，用于实现加、减、乘、除、比例、积分、微分等运算，用途十分广泛，并因此而得名。运算放大器是当今使用最广泛的电子设备之一，

广泛用于消费类、工业和科学设备中。

1.6.1 集成运算放大器的基本组成及符号

集成运算放大器由输入级、中间放大级、功率输出级和偏置电路四部分组成，如图 2-1-48 所示。

1. 放大电路的组成

(1)偏置电路：向各放大级提供合适的偏置电流，确定各级静态工作点。

(2)输入级：具有很高输入电阻，能有效地放大有用(差模)信号，抑制干扰(共模)信号。运算放大器的关键部分，一般由差动放大电路组成。

(3)中间级：提供足够大的电压放大倍数，一般由共射极放大电路构成。

(4)输出级：一般采用射极输出器或互补对称电路，以减小输出电阻，保证输出较大的功率推动负载。此外，输出级应具有过载保护，以防输出端意外短路或负载电流过大而烧毁功率管。

2. 放大电路的符号

运算放大器的符号如图 2-1-49 所示，其中“ - ”表示反相输入端，“ + ”表示同相输入端。输入信号由反相输入端输入，输出信号与输入信号相位相反；输入信号由同相输入端输入，输出信号与输入信号相位相同。

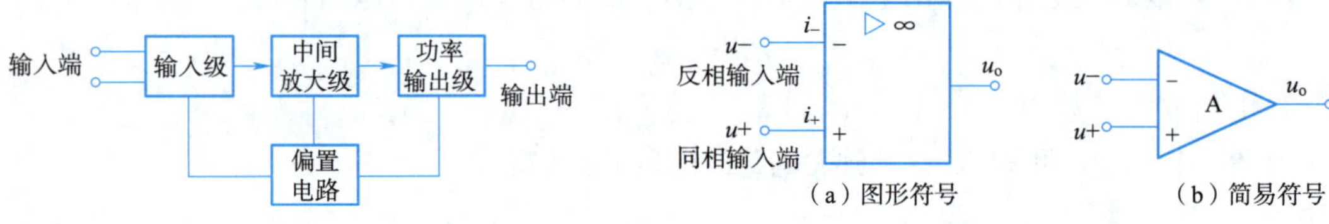

(a)图形符号　(b)简易符号

图 2-1-48　运算放大器的基本组成

图 2-1-49　运算放大器的符号

集成运算放大器按用途特点分为通用型运算放大器和专用型运算放大器。

集成电路的几种封装形式如图 2-1-50 所示。对于集成功率放大器和集成稳压电源，还带有金属散热片及安装孔。集成电路封装的引线一般有 8、12、14、18、24 根等。

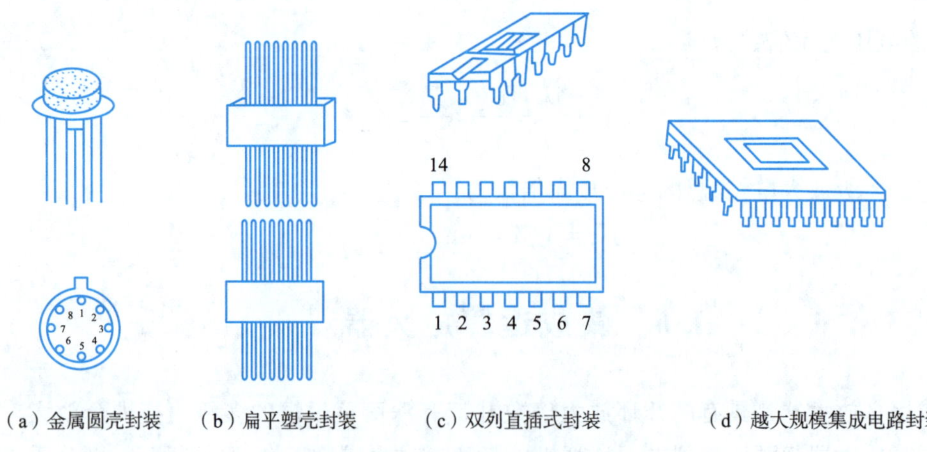

(a)金属圆壳封装　(b)扁平塑壳封装　(c)双列直插式封装　(d)越大规模集成电路封装

图 2-1-50　集成电路的封装形式

1.6.2　主要性能指标

1. 开环差模电压增益 A_{od}

开环差模电压增益指运算放大器没有外接反馈电阻（开环）时的差模电压放大倍数。一般用对数表示，单位为分贝。

A_{od}愈大，运算电路精度愈高，工作性能愈好。A_{od}一般为$10^4 \sim 10^7$，即80～140 dB，高质量集成运算放大器A_{od}可达140 dB以上。

2. 共模抑制比 K_{CMR}

共模抑制比是衡量差动放大电路对共模信号（零漂）的抑制效果的重要参数，定义为差模电压放大倍数A_{od}和共模电压放大倍数A_{oc}的比值，通常用共模抑制比K_{CMR}来表征。

$$K_{CMR}=\frac{A_{od}}{A_{oc}} \text{或} K_{CMR}=20\lg\left|\frac{A_{od}}{A_{oc}}\right|$$

共模抑制比愈大，对共模信号的抑制能力就越强，输出信号受共模信号干扰越小。因此，共模抑制比越大越好。

3. 最大输出电压 U_{OM}

最大输出电压指运算放大器组件使输入电压与输出电压保持不失真关系的最大输出电压。F007电源电压为±15 V时，$U_{OM}\approx \pm 12$ V。

此外，运算放大器还有输入失调电压U_{IO}、输入失调电流I_{IO}、差模输入电阻r_{id}和输出电阻r_o、最大差模输入电压U_{idm}、最大共模输入电压U_{icm}、静态功耗P_{CO}等参数。

1.6.3　理想运算放大器

1. 理想运算放大器的技术指标

在分析集成运算放大器的各种应用电路时，为了使问题分析简化，通常将其中的集成运算放大器看成是一个理想运算放大器，如图2-1-52所示。集成运算放大器理想化的主要条件是：

（1）开环差模电压增益$A_{od}\to\infty$；

（2）差模输入电阻$r_{id}\to\infty$；

（3）输出电阻$r_o\to 0$；

（4）共模抑制比$K_{CMR}\to\infty$。

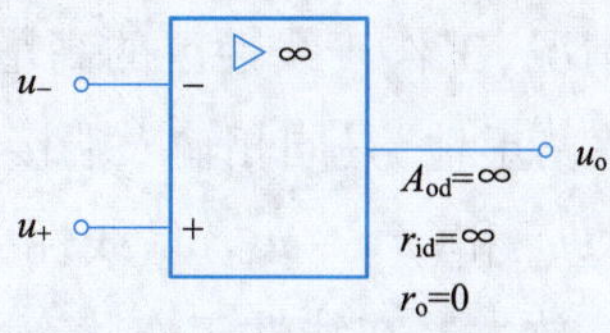

图2-1-51　理想的运算放大器

集成运算放大器的电压传输特性如图2-1-52所示，理想电压传输特性如图2-1-52（a）所示，实际电压传输特性如图2-1-52（b）所示。实际电压传输特性既存在线性关系区，也存在非线性关系区，理想的运算放大器是不存在的。但是，由于实际集成运算放大器的各项技术指标与理想集成运算放大器非常接近,将实际运算放大器视为理想运算放大器所产生的误差,完全满足工程要求。

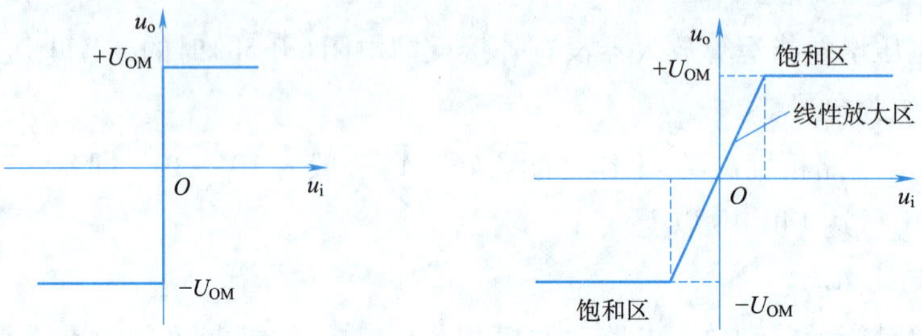

(a)理想集成运算放大器的电压传输特性　　(b)实际集成运算放大器的电压传输特性

图 2-1-52　集成运算放大器的电压传输特性

2. 理想运算放大器的工作特点

理想集成运算放大器的工作状态有两种:工作在线性区或非线性区。

工作在线性区时,集成运算放大器的输出信号与输入信号之间满足线性关系,即

$$u_o = A_{od}(u_+ - u_-)$$

式中,u_o 为集成运算放大器的输出端电压;u_+ 与 u_- 为其同相输入端和反相输入端电压;A_{od} 为开环差模电压增益。

1)理想运算放大器工作在线性区的特点

(1)"虚断"。由于运算放大器差模输入电阻 $r_{id}\to\infty$,故可认为流入集成运算放大器的两个输入端的电流为0,两个输入端相当于断路,但又不是真正的断路,故称为"虚断"。

$$i_- = i_+ \approx 0$$

(2)"虚短"和"虚地"。由于运算放大器开环差模电压放大倍数 $A_{od}\to\infty$,而输出电压 u_o 又是一个有限数值,因此 $(u_+ - u_-) = \frac{u_o}{A_{od}} \approx 0$,于是两个输入端电位相等。相当于短路,但又不是真正的短路,故称为"虚短"。

$$u_+ \approx u_-$$

同相输入端接"地"$(u_+ = 0)$,则反相输入端近似等于"地"电位,称为"虚地"。

$$u_- \approx u_+ = 0$$

"虚地"是"虚短"的一种特殊情况,工作于线性区的高增益的集成运算放大器组件引入深度电压负反馈必然具有"虚短"特性,"虚地"是同相输入端接"地"$(u_+ = 0)$才能具有的特性。

当运算放大器工作在线性区时,u_o 和 $(u_+ - u_-)$ 呈线性关系,运算放大器是一个线性放大元件。"虚短"和"虚断"是理想运算放大器在线性工作状态下的两个重要特性,并不适用于非线性的工作状态。

2)理想运算放大器工作在非线性区的特点

如果运算放大器工作信号超出了线性放大的范围,则输出电压和输入电压不再满足线性关系,将达到饱和,运算放大器将工作在饱和区。

(1)输出电压 u_o 要么等于 $+U_{OM}$,要么等于 $-U_{OM}$。当 $u_+ > u_-$ 时,$u_o = +U_{OM}$;当 $u_+ < u_-$ 时,$u_o = -U_{OM}$。

在非线性区,运算放大器的差模输入电压($u_+ - u_-$)可能不等于0,即 $u_+ \neq u_-$。此时,"虚短"特性不存在。

(2)虚断。在非线性区,虽然运算放大器两个输入端的电压不相等,但由于 $r_{id} \to \infty$,故仍认为输入电流等于0,即 $i_- = i_+ \approx 0$。此时,"虚断"特性依然存在。

素养教育

中国芯的发展历程

芯片被喻为信息时代的"发动机",是各国竞相角逐的"国之重器",是一个国家高端制造能力的综合体现。广泛应用于计算机、汽车电子以及新兴的通信网络、三网融合、网络购物、云计算、节能发展等领域。中国有着全球最大的半导体市场,并且已成为继美国之后的全球第二大集成电路设计重地。然而,长期以来,我国芯片产业一直受到西方在先进制造装备、材料和工艺引进等方面的种种限制,高端芯片主要依赖进口。目前,集成电路的主流产品仍然主要集中在中低端,除了移动通信终端和网络设备的部分集成电路产品占有率超过10%外,高端芯片的占有率几乎为零,芯片产业基本被外国垄断。2018年的中国集成电路,仍保持着90%的高端芯片依赖进口的局面,每年集成电路进口额也仍在2 000多亿美元,连续多年位于中国进口产品中的榜首。

1965年,日本的一些芯片巨头也才刚刚进入这个领域,我国基本跟欧美国家是在同一水平线上的。我国完全自主研发了第一块芯片,中科院研制出了首个65型接触式光刻机。1978年,美国公司推出世界第一台精度为3 μm左右的商品化光刻机,两年后,清华大学也成功研制相同精度的光刻机。可见,20世纪80年代我国的芯片领域技术水平还紧追国际前沿。但是,当20世纪80年代我国芯片技术燃起星星之火时,欧美国家却放宽了技术封锁,许多新生民族产业包括光刻机等被扼杀在了摇篮之中,我国自主研发芯片的道路逐渐没落。

不过,虽然我们历经磨难,但成绩也同样可喜,华为十数年潜心国产自主芯片研发,如今已是中国遥遥领先的第一大芯片设计公司;中科院"龙芯"芯片成果落地转化普及虽然仍有一段道路,但"龙芯一号""龙芯二号""龙芯三号"的不断研发与投产,仍是一个强心剂;网讯科技研发出具有完全自主产权的万兆以太网控制器,部分性能已赶超世界水平。

纵观国产化芯片发展历史,可以用楚国士大夫屈原的《离骚》里的一句话来概括,"路漫漫其修远兮,吾将上下而求索。"

视频

负反馈放大电路

1.7 负反馈放大电路

1.7.1 反馈的基本概念

在放大电路中，将输出信号的一部分或全部以一定的方式反送回到输入端，以改善系统性能的过程，称之为反馈。

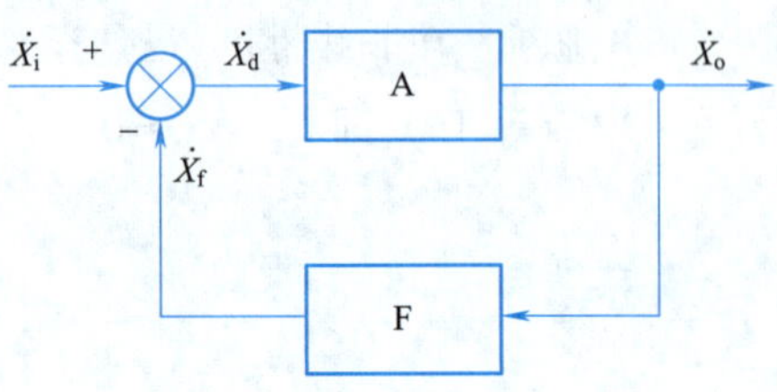

图 2-1-53 反馈放大电路的基本结构

反馈放大电路的基本结构如图 2-1-53 所示，由基本放大电路和反馈网络两部分组成。图中 A 代表基本放大电路，F 代表反馈网络。$\dot{X}_i$为输入信号，$\dot{X}_o$为输出信号，$\dot{X}_f$为反馈信号(可以是电压信号，也可以是电流信号)，$\dot{X}_d$为净输入信号。

基本放大器净输入信号 $\dot{X}_d$为

$$\dot{X}_d = \dot{X}_i - \dot{X}_f$$

基本放大器的开环放大倍数 A 定义为输出信号 $\dot{X}_o$和净输入信号 $\dot{X}_d$之比，即

$$A = \frac{\dot{X}_o}{\dot{X}_d}$$

反馈网络的反馈系数 F 定义为反馈信号 $\dot{X}_f$和输出信号 $\dot{X}_o$之比，即

$$F = \frac{\dot{X}_f}{\dot{X}_o}$$

反馈放大器闭环放大倍数 A_f 定义为输出信号 $\dot{X}_o$和输入信号 $\dot{X}_i$之比，即

$$A_f = \frac{\dot{X}_o}{\dot{X}_i} = \frac{A\dot{X}_d}{\dot{X}_d + F\dot{X}_o} = \frac{A}{1 + AF}$$

式中，$|1 + AF|$为反馈深度，表示反馈的程度。

上式给出了闭环放大倍数 A_f 和开环放大倍数之间 A 的关系。

1. 若$|1 + AF| > 1$，则$|A_f| < |A|$

闭环放大倍数 A_f 低于开环放大倍数 A，此时引入的反馈为负反馈。负反馈深度越深，放大倍数下降得越多，但是能够带来放大器其他性能的改善。

若反馈深度$|1 + AF| \gg 1$，称为深度负反馈，则

$$A_f = \frac{A}{1 + AF} \approx \frac{A}{AF} = \frac{1}{F}$$

由上式不难得到，深度负反馈的闭环放大倍数 A_f 由反馈网络决定，与基本放大电路无关。在交流小信号时，放大器的净输入信号 $\dot{X}_d \approx 0$，深度负反馈条件下有 $\dot{X}_i \approx \dot{X}_f$，即反馈信号和输入信号近似相等。

2. 若 $|1+AF|<1$，则 $|A_f|>|A|$

闭环放大倍数 A_f 高于开环放大倍数 A，引入的反馈称为正反馈。

若 $|1+AF|=0$，则 $AF=-1$，正反馈的闭环放大倍数为无穷大，此时电路产生了自激振荡。应避免放大电路工作在自激振荡状态，但是在振荡电路中，正反馈的引入使电路工作在自激振荡状态，以获得正弦波输出。

1.7.2　反馈类型及判断方法

1. 有无反馈的判断

检查放大电路是否存在反馈通路，如果存在，则继续检查反馈信号是否返回到了输入端；如无反馈通路，则无反馈。反馈通路可以是若干电路或元件组成的反馈网络，也可以是导线。图2-1-54(a)中反馈元件为 R_B，图2-1-54(b)中反馈元件为 R_f，且反馈信号都已返回输入端，所以两电路均有反馈。

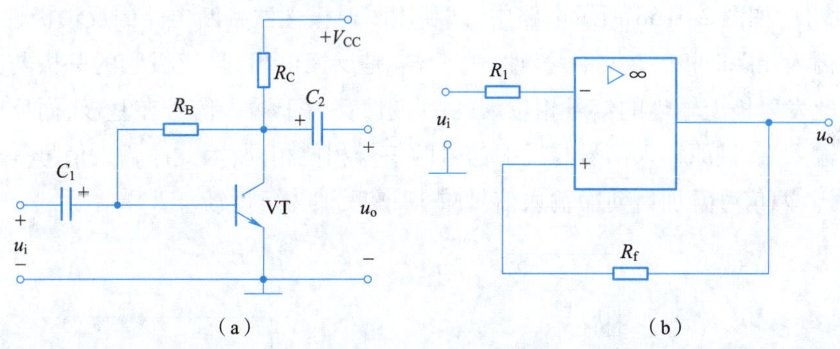

图2-1-54　反馈放大电路

图2-1-55所示共射极放大电路中，由于发射极电阻 R_E 是输出和输入回路的公共支路，因此，电阻 R_E 上的电压必将影响输入信号 u_{BE}。所以，发射极电阻 R_E 是反馈电阻。这是一种本级反馈形式。

图2-1-56所示的多级放大电路中，电阻 R_6 跨接在两级放大电路之间，将第二级放大电路的输出返回到多级放大电路的输入端，所以，R_6 称为反馈电阻。这是一种级间反馈形式。

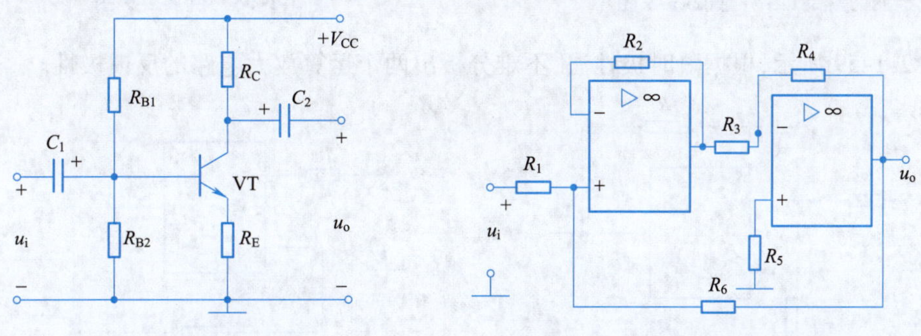

图2-1-55　共射放大电路　　图2-1-56　多级放大电路中的反馈

2. 反馈极性(正、负)的判断

反馈信号使净输入信号减弱，称为负反馈；反馈信号使净输入信号加强，称为正反馈。反馈极性的判断多采用瞬时极性法。

瞬时极性法:假设放大电路的输入信号某时刻的瞬时极性(输入信号瞬时极性通常选取正半周,用“+”表示),根据放大电路中各点信号的相位关系,依次判定出电路中各点信号的瞬时极性。如果反馈信号与输入信号在同一输入端,输入信号和反馈信号求和;如果反馈信号与输入信号在不同输入端,输入信号和反馈信号求差。如果反馈信号使净输入信号变小,则表明为负反馈,否则为正反馈。

【例 2-1-8】 在图 2-1-57 所示的电路中,试利用瞬时极性法判断电路的反馈极性。

解:假设输入端瞬时极性为(+)极性,根据前面所学的知识可知,三极管集电极上的信号相位与基极的信号相位相反,所以,信号经放大后,在集电极上输出的信号相位为(-)极性。它经 R_B 反馈,由于电阻不改变信号相位,因此,反馈回输入端的反馈信号相位为(-)极性。由于反馈信号和输入信号在同一个输入端(基极),且输入信号与反馈信号的相位相反,因此净输入信号等于输入信号加上反馈信号。两信号叠加后使净输入信号减小,该反馈为负反馈。

【例 2-1-9】 如图 2-1-58 所示电路中,试利用瞬时极性法判断电路的反馈极性。

解:假设输入端瞬时极性为(+)极性,由于 R_E 是反馈电阻,且三极管的基极与其发射极的相位相同,因此发射极上输出的信号相位为(+)极性。由于输入信号在基极,而反馈信号在发射极,在不同输入端,且原输入信号与反馈信号两信号相位相同,因此净输入信号等于输入信号减去反馈信号。两信号叠加后使净输入信号减小,该反馈为负反馈。

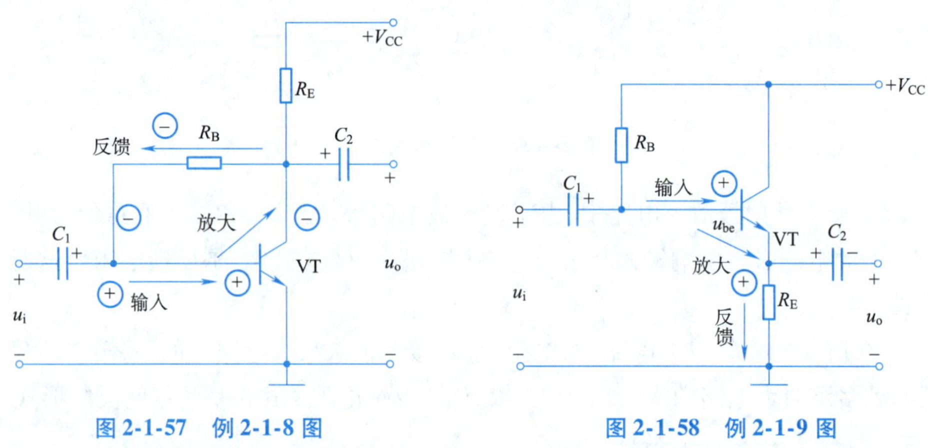

图 2-1-57 例 2-1-8 图　　图 2-1-58 例 2-1-9 图

如图 2-1-59 所示,根据瞬时极性法,不难分析出两个运算放大电路的反馈极性。

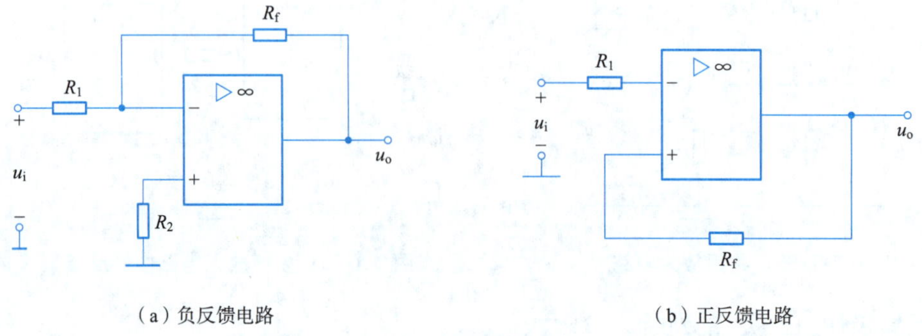

(a)负反馈电路　　(b)正反馈电路

图 2-1-59 运放反馈极性的判定

3. 直流反馈与交流反馈

反馈信号只含有直流分量，则称为直流反馈；反馈信号只含有交流分量，则称为交流反馈；若反馈信号同时含有交、直流分量，则称为交、直流反馈。

图 2-1-60(a)所示的电路中，由于反馈通路含有交流旁路电容 C，则交流反馈信号不能反送入输入端，反馈信号就只有直流分量，因此，电路为直流反馈。

图 2-1-60(b)所示的电路中，由于反馈通路含有耦合电容 C，则直流反馈信号不能反送入输入端，反馈信号就只有交流分量，因此，电路为交流反馈。

图 2-1-60(c)所示的电路中，由于反馈通路上既无旁路电容，又无耦合电容，因此，电路为交、直流反馈。

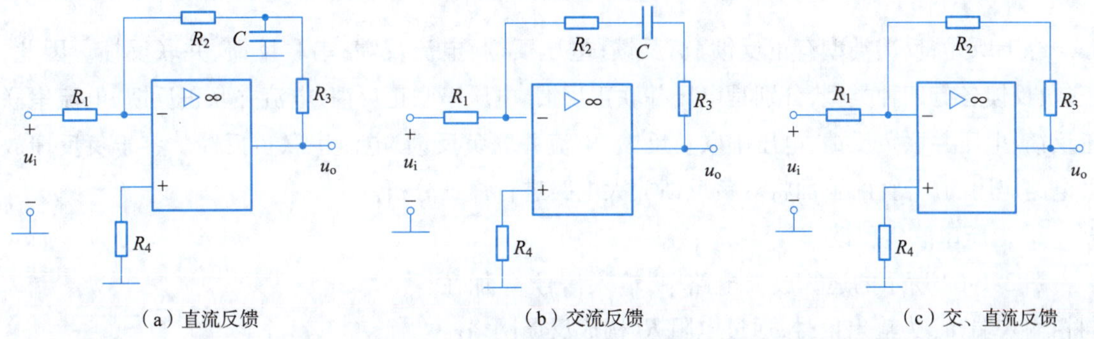

图 2-1-60　直流反馈与交流反馈

直流负反馈的作用是稳定放大电路的静态工作点，而交流负反馈能改善放大电路的动态性能。

4. 电压反馈与电流反馈

依据反馈网络从输出回路上的取样方式，可将反馈分为电压反馈和电流反馈。若反馈信号取至输出电压，称为电压反馈，如图 2-1-61(a)所示；若反馈信号取至输出电流，称为电流反馈，如图 2-1-61(b)所示。

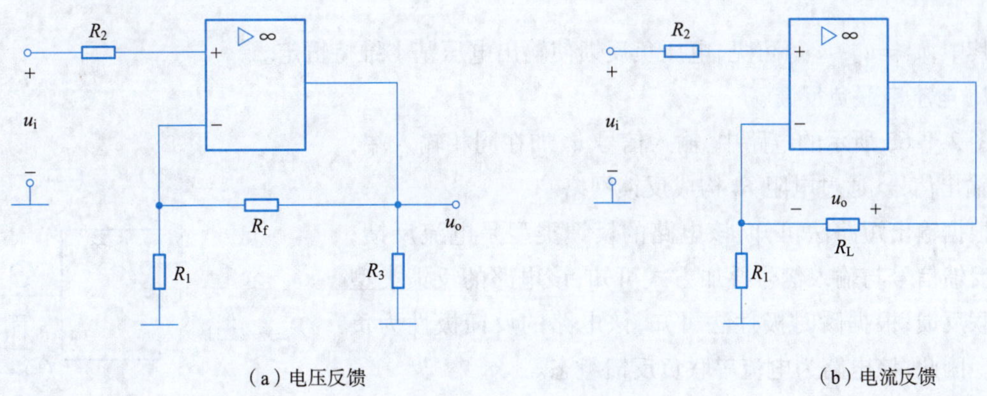

图 2-1-61　电压反馈与电流反馈

依据输出短路法，假设输出电压 $u_o=0$，若此时反馈信号消失，则为电压反馈；若此时反馈信号依然存在，则为电流反馈。

在图 2-1-61(a)中，假设 $u_o=0$ 时，此时 R_3 可视为短路，则输出信号无法通过 R_f 反馈到输入端，所以此电路为电压反馈；在图 2-1-61(b)中，假设 $u_o=0$ 时，显然，输出信号仍然可以反馈到输入端，所以此电路为电流反馈。

5. 串联反馈与并联反馈

依据反馈信号与输入信号的连接方式，可将反馈分为串联反馈和并联反馈。若反馈信号与输入信号在同一端点以电流的形式相叠加，则为并联反馈，如图 2-1-60(a)所示；若反馈信号与输入信号不在同输入端以电压形式相叠加，则为串联反馈，如图 2-1-61(a)所示。

1.7.3 负反馈放大电路的分析

综上所述，反馈类型有正反馈、负反馈；电压反馈、电流反馈；串联反馈、并联反馈。因此，正、负反馈各有四种类型，分别是电压并联正反馈、电压串联正反馈、电流并联正反馈、电流串联正反馈、电压并联负反馈、电压串联负反馈、电流并联负反馈、电流串联负反馈。鉴于负反馈放大电路应用的广泛性，下面将对负反馈放大电路进行详细分析。

1. 电压串联负反馈

图 2-1-62 所示的运算放大电路中，输入信号 u_i 加在同相输入端，u_o 为输出信号，通过电阻 R_f 构成反馈网络。

根据输出短路法可知，该电路的反馈类型是电压反馈；根据反馈信号与输入信号叠加方式可知，该电路的反馈类型是串联反馈；根据瞬时极性法可知，该电路的反馈极性为负反馈。因此，该电路为电压串联负反馈组态。

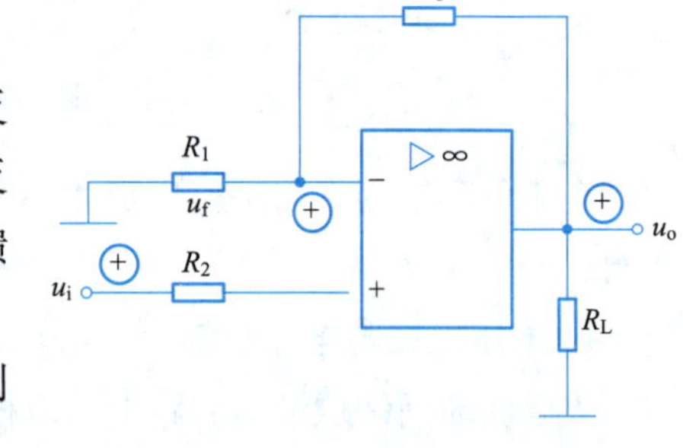

图 2-1-62　电压串联负反馈电路

当 u_i 一定时，如负载的变化使输出电压 u_o 下降，则电路将会出现如下自动调节：

$$R_L\downarrow\rightarrow u_o\downarrow\rightarrow u_f\downarrow\rightarrow u_i'\uparrow\rightarrow u_o\uparrow$$

其中，$u_i'=u_i-u_f$。可见，电压负反馈使输出电压基本维持恒定。

2. 电流串联负反馈

图 2-1-63 所示的电路中，输入信号 u_i 加在同相输入端，u_o 为输出信号，通过电阻 R_f 构成反馈网络。

根据输出短路法可知，该电路的反馈类型是电流反馈；根据反馈信号与输入信号叠加方式可知，该电路的反馈类型是串联反馈；根据瞬时极性法可知，该电路的反馈极性为负反馈。因此，该电路为电流串联负反馈组态。

当 u_i 一定时，如负载的变化使输出电流下降，则电路将会出现如下自动调节：

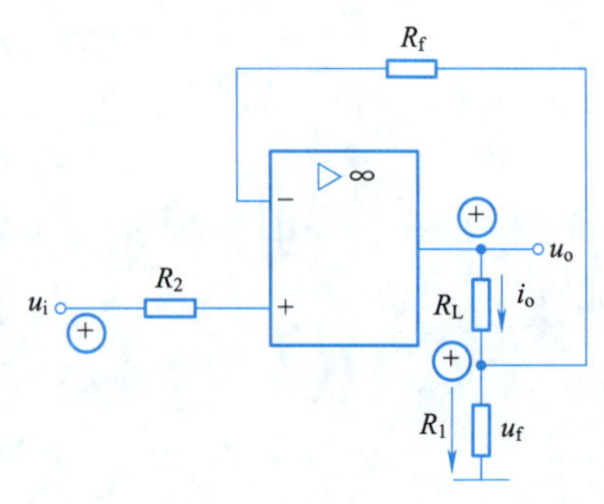

图 2-1-63　电流串联负反馈电路

$$\begin{array}{l} R_L\uparrow\rightarrow i_o\downarrow\rightarrow u_f\downarrow\rightarrow u_i'\uparrow \\ i_o\uparrow\leftarrow \end{array}$$

其中，$u_i' = u_i - u_f$。可见，电流负反馈使输出电流基本维持恒定。

3. 电压并联负反馈

图2-1-64所示的电路中，输入信号 u_i 加在反相输入端，u_o 为输出信号，通过电阻 R_F 构成反馈网络。

根据输出短路法可知，该电路的反馈类型是电压反馈；根据反馈信号与输入信号叠加方式可知，该电路的反馈类型是并联反馈；根据瞬时极性法可知，该电路的反馈极性为负反馈。因此，该电路为电压并联负反馈组态。

电压负反馈的方式使输出电压基本保持恒定。

4. 电流并联负反馈

图2-1-65所示的电路中，输入信号 u_i 加在反相输入端，u_o 为输出信号，电阻 R_3 和 R_F 构成反馈网络。

根据输出短路法可知，该电路的反馈类型是电流反馈；根据反馈信号与输入信号叠加方式可知，该电路的反馈类型是并联反馈；根据瞬时极性法可知，该电路的反馈极性为负反馈。因此，该电路为电压并联负反馈组态。

电流负反馈的方式使输出电流基本保持恒定。

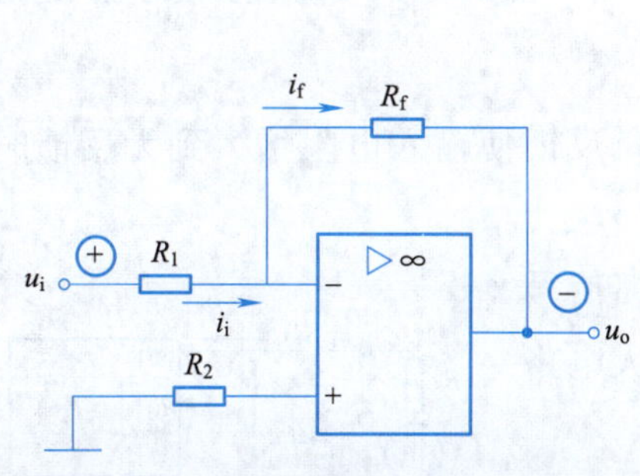

图2-1-64　电压并联负反馈电路

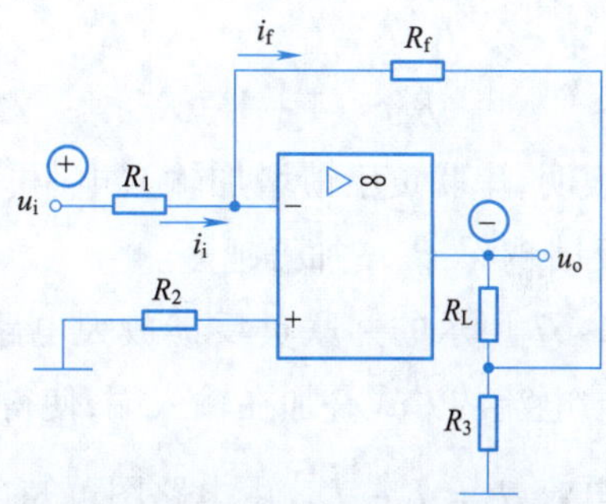

图2-1-65　电流并联负反馈电路

1.7.4　负反馈对运算放大器性能的影响

1. 提高放大倍数的稳定性

在放大电路工作过程中，环境温度变化、三极管老化、电源电压变化等情况，都会引起运算放大器电压放大倍数 A_u 的变化，使放大倍数不稳定。

令开环放大倍数为 A，变化量为 $\mathrm{d}A$，则相对变化量为$\frac{\mathrm{d}A}{A}$；令闭环放大倍数为 A_f，变化量为 $\mathrm{d}A_f$，则相对变化量为$\frac{\mathrm{d}A_f}{A_f}$。根据 $A_f=\frac{A}{1+AF}$对 A 求导数，可得

$$\frac{\mathrm{d}A_f}{\mathrm{d}A}=\frac{1}{(1+AF)^2}=\frac{1}{1+AF}\cdot\frac{A_f}{A}$$

所以

$$\frac{\mathrm{d}A_f}{A_f}=\frac{1}{1+AF}\cdot\frac{\mathrm{d}A}{A}$$

上式说明，闭环放大倍数的相对变化量$\frac{\mathrm{d}A_f}{A_f}$是开环放大倍数的相对变化量$\frac{\mathrm{d}A}{A}$的$\frac{1}{1+AF}$倍，即放大倍数的稳定性提高了$(1+AF)$倍。负反馈越深，电路放大倍数的稳定性越高。

2. 负反馈对输入电阻和输出电阻的影响

负反馈对输入电阻的影响，取决于反馈信号和输入信号的叠加方式，即反馈类型是串联负反馈还是并联负反馈；负反馈对输出电阻的影响，取决于反馈信号在输出端的取样方式，即反馈类型是电压负反馈还是电流负反馈。

1）对输入电阻的影响

图 2-1-66 所示的串联负反馈放大电路中，反馈信号以电压反馈的方式叠加在输入端，使得基本放大电路的净输入电压 $\dot{U}'_i=\dot{U}_i-\dot{U}_f$。由电路图可知

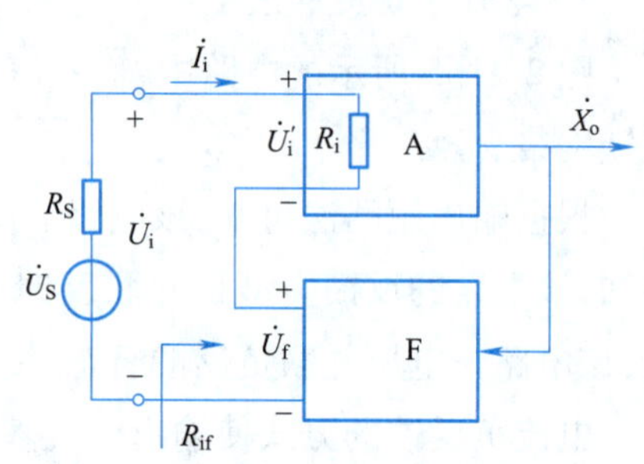

图 2-1-66　串联负反馈对输入电阻的影响

$$R_i=\frac{\dot{U}'_i}{\dot{I}_i}$$

$$R_{if}=\frac{\dot{U}_i}{\dot{I}_i}=\frac{\dot{U}'_i+\dot{U}_f}{\dot{I}_i}=\frac{\dot{U}'_i+AF\dot{U}'_i}{\dot{I}_i}$$

$$R_{if}=(1+AF)R_i$$

上式表明，串联负反馈增加输入电阻，且串联负反馈使输入电阻增大到无反馈时的$(1+AF)$倍。反馈越深，R_{if}增加得越多。

图 2-1-67 所示的并联负反馈放大电路中，反馈信号总是以反馈电流的方式叠加在输入端，使得基本放大电路的净输入电流 $\dot{I}'_i=\dot{I}_i-\dot{I}_f$。由电路图可知

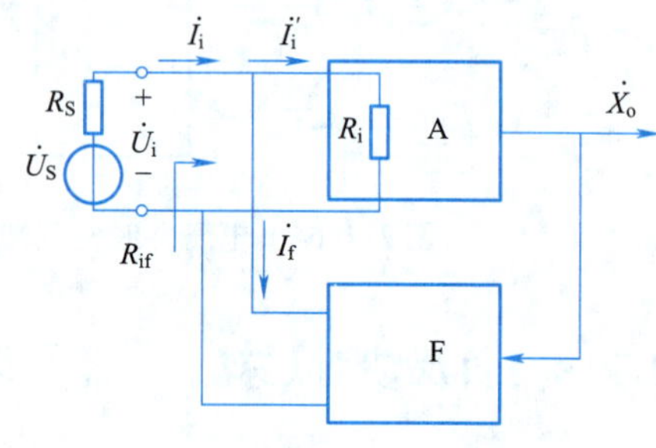

图 2-1-67　并联负反馈对输入电阻的影响

$$R_i=\frac{\dot{U}_i}{\dot{I}'_i}$$

$$R_{if}=\frac{\dot{U}_i}{\dot{I}_i}=\frac{\dot{U}_i}{\dot{I}'_i+\dot{I}_f}=\frac{\dot{U}_i}{\dot{I}'_i+AF\dot{I}'_i}$$

$$R_{if}=\frac{R_i}{1+AF}$$

上式表明，并联负反馈减少输入电阻，且并联负反馈使输入电阻减小到无反馈时的$\frac{1}{1+AF}$。反馈越深，R_{if}减少越多。

2）对输出电阻的影响

图 2-1-68 所示的电压负反馈放大电路中，反馈信号取至输出电压。当 $\dot{X}_{i=0}$时，$\dot{X}'_i=-X_f$。

由电路图可知

$$R_{of}=\frac{\dot{U}_o}{\dot{I}_o}=\frac{\dot{U}_o}{\dfrac{\dot{U}_o-(-AF\dot{U}_o)}{R_o}}$$

$$R_{of}=\frac{R_o}{1+AF}$$

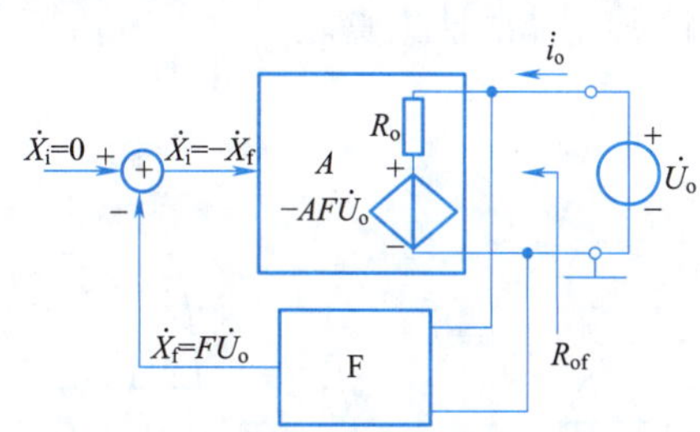

图 2-1-68　电压负反馈对输出电阻的影响

上式表明，电压负反馈减少输出电阻，且电压负反馈使输出电阻减小到无反馈时的$\frac{1}{1+AF}$。反馈越深，R_{of}减少的越多。

如图 2-1-69 所示的电流负反馈放大电路中，反馈信号取至输出电流。当 $\dot{X}_i=0$ 时，$\dot{X}'_i=-\dot{X}_f$。由电路图可知

$$\dot{I}_o=\frac{\dot{U}_o}{R_o}+(-AF\dot{I}_o)$$

$$\dot{I}_o=\frac{\dfrac{\dot{U}_o}{R_o}}{1+AF}$$

$$R_{of}=\frac{\dot{U}_o}{\dot{I}_o}=(1+AF)R_o$$

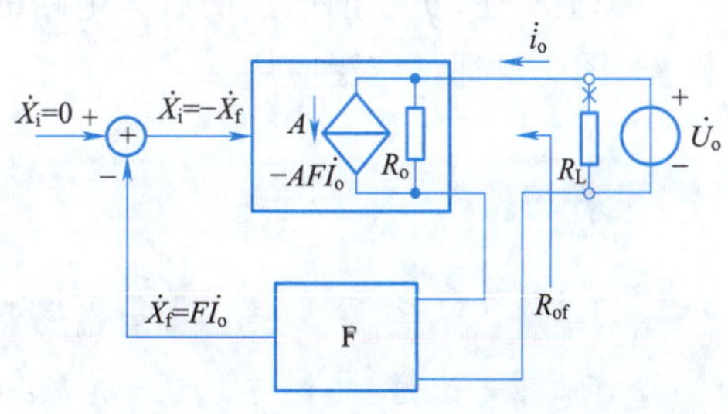

图 2-1-69　电流负反馈对输出电阻的影响

上式表明，电流负反馈增加输出电阻，且电流负反馈使输出电阻增大到无反馈时的$(1+AF)$倍。反馈越深，R_{of}增加越多。

3. 扩展频带

某放大电路中频开环放大倍数为 A_{um}，幅频特性如图 2-1-70 所示。令 A_{um} 下降到$\frac{A_{um}}{\sqrt{2}}$对应的下限和上限截止频率分别为f_L 和f_H，则开环时的通频带宽 $BW=f_H-f_L$。引入负反馈后，幅频特性曲线下移。中频闭环电压放大倍数 A_{umf} 比开环电压放大倍数 A_{um} 下降了很多，对应的下限和上限截止频率分别为f_{fL}和f_{fH}，相应的带宽 $BW_f=f_{fH}-f_{fL}$。由幅频特性可见，负反馈使放大器的通频带得到了扩展。

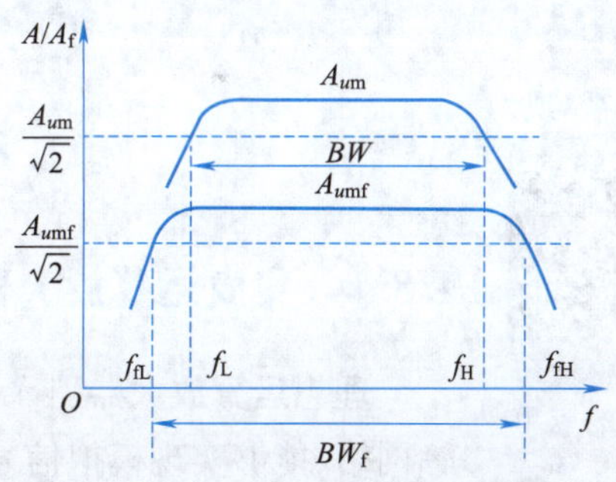

图 2-1-70　放大电路的幅频特性

4. 减小非线性失真

放大电路中静态工作点位置选择不合适或输入信号过大，都会导致输出信号失真。设输入信号 u_i 为标准正弦波，放大电路开环时输出波形 u_o 如图 2-1-71(a)所示，正半周大，负半周小。引入负反馈后，反馈信号 u_f 同样正半周大，负半周小。反馈信号 u_f 在输入端与 u_i 叠加，由于 $u'_i=u_i-u_f$，净输入信号 u'_i则变成了正半周小，负半周大。再通过基本放大电路放大，使输出信号 u_o 接近于正弦波，如图 2-1-71(b)所示，明显地

动 画

负反馈减小非线性失真

改善了非线性失真。

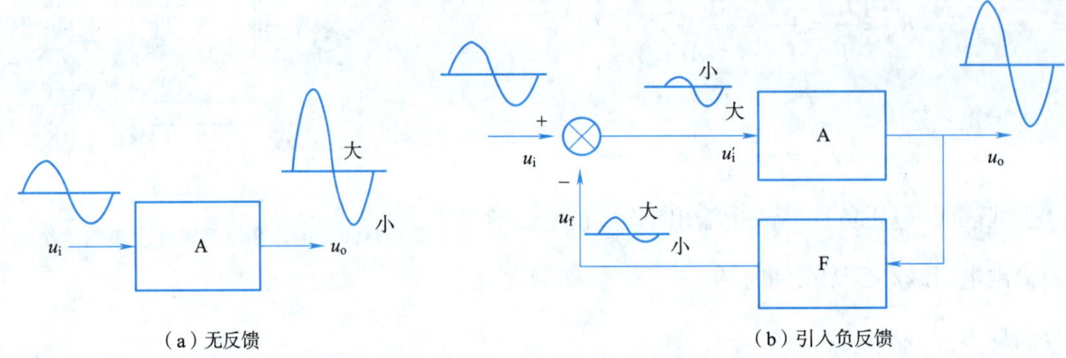

图 2-1-71 利用负反馈减小非线性失真

综上所述，负反馈虽然使放大电路的放大倍数降低，但是可从上述各方面改善放大电路的性能，因此得到了广泛应用。

素养教育

自省吾身，常思己过，善修其身

此语由《论语》中的"吾日三省吾身"引申而来，常用来勉励自我。老子也说"大道之行，不责于人"，人无完人，更应该去自省吾身。不轻易去指责别人、多观望自身，是一种良好修养，更是一种大智慧。

视频

集成运算放大器的应用

1.8 集成运算放大器的应用

1.8.1 集成运算放大器的线性应用电路

理想运算放大器引入负反馈后，以输入电压为自变量，输出电压作为函数，利用反馈网络，能够实现模拟信号的各种运算。在线性区充分利用虚短和虚断两个特性，即可求出输出电压和输入电压的运算关系式。

1. 比例运算电路

比例运算电路是运算电路中最简单的电路，它的输出电压与输入电压成比例。

1）反相比例运算电路

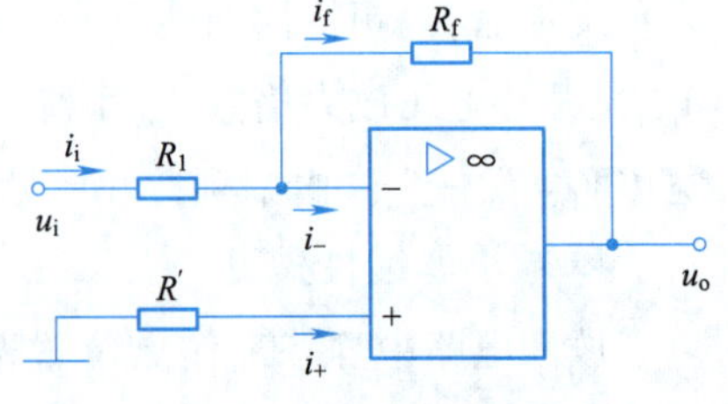

图 2-1-72 反向比例运算电路

反相比例运算电路如图 2-1-72 所示。图中电阻 R' 称为平衡电阻，其作用是保证运算放大器差动输入级输入端静态电路的平衡，阻值为 $R_1 /\!/ R_f$。

由于运放工作在线性区，根据"虚地""虚断"可知：

$$u_+ = u_- = 0, i_+ = i_- = 0$$

由“虚断”可知 $i_i=i_f$，则有

$$\frac{u_i-u_-}{R_1}=\frac{u_--u_o}{R_f}$$

由“虚地”可知 $u_-=0$，则有

$$u_o=-\frac{R_f}{R_1}u_i$$

则闭环电压放大倍数为

$$A_{uf}=\frac{u_o}{u_i}=-\frac{R_f}{R_1}$$

上式表明输出电压 u_o 与输入电压 u_i 相位相反，且满足 $\frac{u_o}{u_i}=-\frac{R_f}{R_1}$。当 $R_1=R_f$ 时，$A_{uf}=-1$，即电路的 u_o 与 u_i 大小相等，相位相反，则此时电路称为反相器。

放大电路的输入电阻为

$$R_i=\frac{u_i}{i_i}=R_1$$

放大电路的输出电阻为

$$R_o=0$$

【例 2-1-10】 如图 2-1-72 所示电路中，若要求输入电阻 $R_i=20\ \text{k}\Omega$，比例系数为 -5，求 R_1、R_f

解： 根据 $R_i=R_1$ 可知，$R_1=20\ \text{k}\Omega$，又根据 $A_{uf}=-\frac{R_f}{R_1}$ 可知：

$$R_f=-A_{uf}R_1=-(-5)\times 20\ \text{k}\Omega=100\ \text{k}\Omega$$

2）同相比例运算电路

将反相比例运算电路的输入端和“地”互换，则可得到同相比例运算电路。同相比例运算电路如图 2-1-73 所示。图中，电阻 R_2 为平衡电阻，其阻值为 $R_1 /\!/ R_f$。

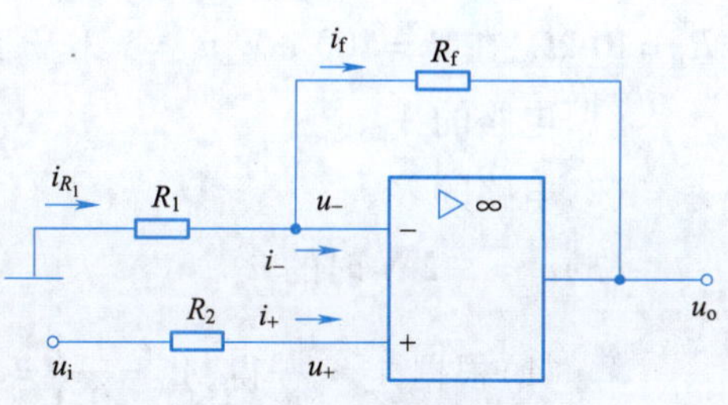

图 2-1-73　同相比例运算电路

由于集成运放工作在线性区，根据“虚短”“虚断”可知：

$$u_+=u_-,\ i_+=i_-=0$$

由“虚断”可知 $i_{R_1}=i_f$，则有

$$u_{R_1}=u_-=\frac{R_1}{R_1+R_f}u_o$$

由“虚断”可知 $u_+=u_-=u_i$，则有

$$u_o=\left(1+\frac{R_f}{R_1}\right)u_i$$

则闭环电压放大倍数为

$$A_{uf}=\frac{u_o}{u_i}=1+\frac{R_f}{R_1}$$

放大电路的输入电阻为

$$R_i=\frac{u_i}{i_+}\to\infty$$

放大电路的输出电阻为

$$R_o=0$$

由 A_{uf}表达式可知,输出电压 u_o 与输入电压 u_i 相位相同,且满足

$$u_o=\left(1+\frac{R_f}{R_1}\right)u_i$$

同相比例运算电路中,若 $R_1\to\infty$ 或 $R_1\to\infty$、$R_f=0$,则由上式可得 $u_o=u_i$,此时,电路称为电压跟随器,如图 2-1-74 所示。

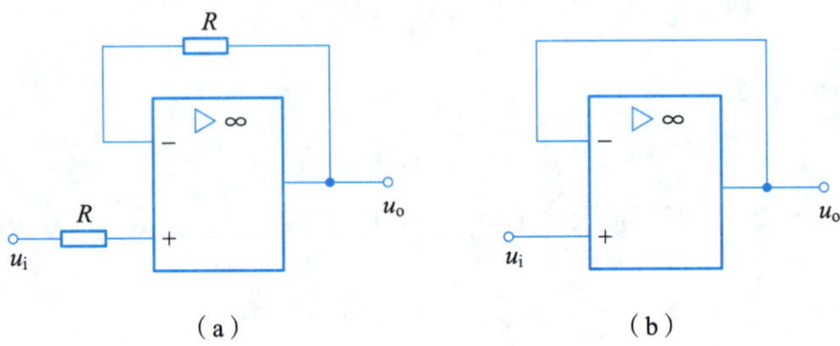

图 2-1-74　电压跟随器

【例 2-1-11】　图2-1-73 所示的电路中,已知集成运算放大器的最大输出电压幅值为 ±13 V,$R_1=10\ \text{k}\Omega$,在 $u_i=100$ mV,$u_o=1.1$ V,试求:

(1)电路的 A_{uf};

(2)电路的 R_f;

(3)$u_i=-2$ V 时的 u_o。

解:(1)根据 $A_{uf}=\frac{u_o}{u_i}$得,$A_{uf}=\frac{1.1}{0.1}=11$。

(2)根据 $A_{uf}=1+\frac{R_f}{R_1}$,将已知条件代入可解得

$$R_f=100\ \text{k}\Omega$$

(3)当 $u_i=-2$ V 时,假设集成运放工作在线性区。$u_o=A_{uf}u_i=-22$ V,超出 $-U_{OM}$,故集成运放进入非线性区,输出电压 $u_o=-13$ V。

2. 加法运算电路

能实现加法运算的电路称为加法器或求和电路。根据输入信号连接到不同的输入端,加法器有反相加法运算电路和同相加法运算电路之分。

1）反相加法运算电路

反相加法运算电路如图 2-1-75 所示。图中电阻 R 为平衡电阻，其阻值为 $R_1 /\!/ R_2 /\!/ R_3 /\!/ R_f$。

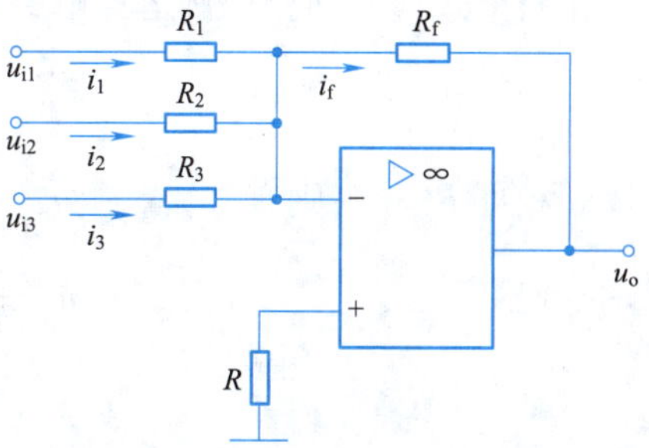

由于集成运放工作在线性区，根据"虚地""虚断"可知：

$$u_+ = u_- = 0, i_+ = i_- = 0$$

由"虚断"可知 $i_F = i_1 + i_2 + i_3$，则有

$$\frac{u_- - u_o}{R_f} = \frac{u_{i1} - u_-}{R_1} + \frac{u_{i2} - u_-}{R_2} + \frac{u_{i3} - u_-}{R_3}$$

图 2-1-75　反向加法运算电路

由"虚地"可知 $u_- = 0$，则有

$$-\frac{u_o}{R_f} = \frac{u_{i1}}{R_1} + \frac{u_{i2}}{R_2} + \frac{u_{i3}}{R_3}$$

整理得

$$u_o = -R_f\left(\frac{u_{i1}}{R_1} + \frac{u_{i2}}{R_2} + \frac{u_{i3}}{R_3}\right)$$

上式表明，反相加法运算电路的输出电压 u_o 等于各输入电压 u_{i1}、u_{i2}、u_{i3} 以不同的比例反相求和。

若取 $R_1 = R_2 = \cdots = R_n$，则有

$$u_o = -\frac{R_f}{R}(u_{i1} + u_{i2} + \cdots + u_{in})$$

若取 $R_f = R_1 = R_2 = \cdots R_n$，则有

$$u_o = -(u_{i1} + u_{i2} + \cdots + u_{in})$$

【例 2-1-12】　图 2-1-75 所示的反相输入加法运算电路中，已知 $R_1 = R_2 = 5\ \text{k}\Omega$，$R_3 = 10\ \text{k}\Omega$，$R_f = 100\ \text{k}\Omega$，试求 u_o 与 u_{i1}、u_{i2}、u_{i3} 的关系。

解：输出电压

$$\begin{aligned} u_o &= -\left(\frac{R_f}{R_1}u_{i1} + \frac{R_f}{R_2}u_{i2} + \frac{R_f}{R_3}u_{i3}\right) = -\left(\frac{100}{5}u_{i1} + \frac{100}{5}u_{i2} + \frac{100}{10}u_{i3}\right) \\ &= -(20u_{i1} + 20u_{i2} + 10u_{i3}) \end{aligned}$$

2）同相加法运算电路

同相加法运算电路如图 2-1-76 所示。图中，令 $R' = R_1 /\!/ R_2 /\!/ R_3 /\!/ R$、$R'' = R_{f1} /\!/ R_{f2}$。

由于集成运放工作在线性区，根据"虚短""虚断"可知

$$u_+ = u_- \quad i_+ = i_- = 0$$

由"虚断"可知 $i_4 = i_1 + i_2 + i_3$，则有

$$\frac{u_{i1} - u_+}{R_1} + \frac{u_{i2} - u_+}{R_2} + \frac{u_{i3} - u_+}{R_3} = \frac{u_+}{R}$$

解得　$$u_+ = R'\left(\frac{u_{i1}}{R_1} + \frac{u_{i2}}{R_2} + \frac{u_{i3}}{R_3}\right)$$

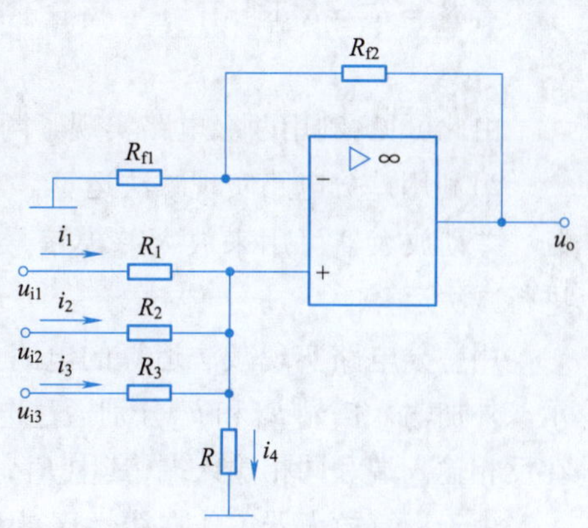

图 2-1-76　同相加法运算电路

将上式代入同相比例运算电路可得

$$u_o=\left(1+\frac{R_{f2}}{R_{f1}}\right)R'\left(\frac{u_{i1}}{R_1}+\frac{u_{i2}}{R_2}+\frac{u_{i3}}{R_3}\right)$$

根据 $R'=R''$,则有

$$\begin{aligned}u_o&=\frac{R_{f1}+R_{f2}}{R_{f1}R_{f2}}R_{f2}R'\left(\frac{u_{i1}}{R_1}+\frac{u_{i2}}{R_2}+\frac{u_{i3}}{R_3}\right)\\&=\frac{R_{f2}}{R''}R'\left(\frac{u_{i1}}{R_1}+\frac{u_{i2}}{R_2}+\frac{u_{i3}}{R_3}\right)\\&=R_{f2}\left(\frac{u_{i1}}{R_1}+\frac{u_{i2}}{R_2}+\frac{u_{i3}}{R_3}\right)\end{aligned}$$

上式表明,同相加法运算电路的输出电压 u_o 等于各输入电压 u_{i1}、u_{i2}、u_{i3} 以不同的比例同相求和。

3. 减法运算电路

1)利用反相信号求和实现减法运算

减法电路如图 2-1-77 所示,第一级为反相比例运算电路,第二级为反相加法运算电路。

由图可得:

$$u_{o1}=-\frac{R_{f1}}{R_1}u_{i1}$$

$$u_o=-\left(\frac{R_{f2}}{R_3}u_{i2}+\frac{R_{f2}}{R_4}u_{o1}\right)=\frac{R_{f1}R_{f2}}{R_1R_4}u_{i1}-\frac{R_{f2}}{R_3}u_{i2}$$

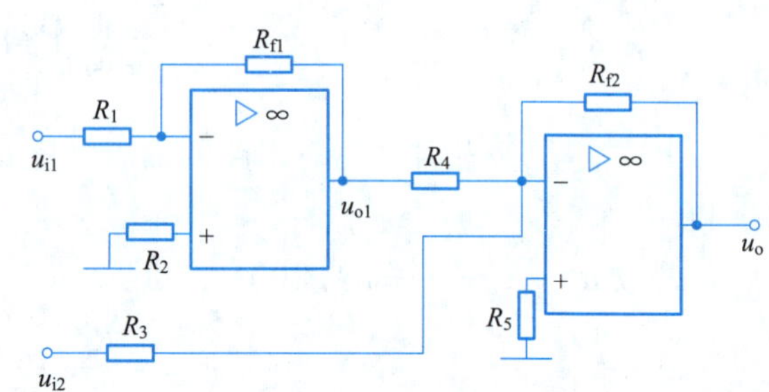

图 2-1-77　加法电路构成的减法电路

若 $R_1=R_{f1}$,即第一级为反相器,则有

$$u_o=\frac{R_{f2}}{R_4}u_{i1}-\frac{R_{f2}}{R_3}u_{i2}$$

若 $R_3=R_4$ 时,则有

$$u_o=\frac{R_{f2}}{R_4}(u_{i1}-u_{i2})$$

由上式可以看出,输出电压与输入电压差值成比例。

若 $R_3=R_4=R_{f2}$时,有

$$u_o=u_{i1}-u_{i2}$$

由此可见,利用两级电路实现了两个信号的减法运算。

2)利用差分电路实现减法运算

差动放大器可用来放大差模信号、抑制共模信号、进行减法运算。

用差分电路实现减法运算的电路如图 2-1-78 所示。外加输入信号 u_{i1} 和 u_{i2}分别通过电阻 R_1 和 R_2 加在反相输入端和同相输入端,其中 $R_1/\!/R_f=R_2/\!/R_3$。

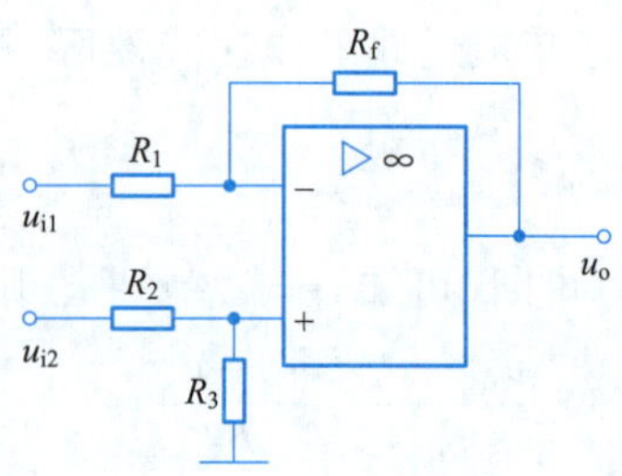

图 2-1-78　用差分电路实现减法运算的电路

由于运算放大器工作在线性区,因此可以利用叠加原理进行分析。

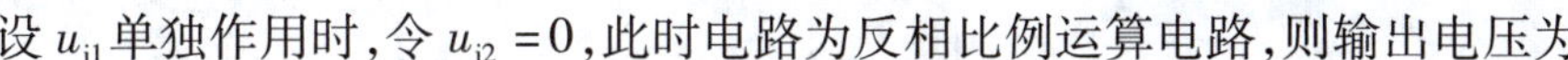

设 u_{i1} 单独作用时，令 $u_{i2}=0$，此时电路为反相比例运算电路，则输出电压为

$$u_{o1}=-\frac{R_f}{R_1}u_{i1}$$

设 u_{i2} 单独作用时，令 $u_{i1}=0$，此时电路为同相比例运算电路，则输出电压为

$$u_{+}=\frac{R_3}{R_2+R_3}u_{i2}$$

$$u_{o2}=\left(1+\frac{R_f}{R_1}\right)u_{+}=\left(1+\frac{R_f}{R_1}\right)\times\left(\frac{R_3}{R_2+R_3}\right)u_{i2}$$

当 u_{i1}、u_{i2} 共同作用时，输出电压为

$$\begin{aligned}u_o&=u_{o1}+u_{o2}\\&=\left(1+\frac{R_f}{R_1}\right)\times\left(\frac{R_3}{R_2+R_3}\right)u_{i2}-\frac{R_f}{R_1}u_{i1}\end{aligned}$$

当 $R_1=R_2$，$R_f=R_3$ 时

$$u_o=\frac{R_f}{R_1}(u_{i2}+u_{i1})$$

由上式可以看出，输出电压与输入电压的差值成比例。

当 $R_1=R_f$ 时，$u_o=u_{i2}-u_{i1}$，实现了两个信号的减法运算。

4. 积分、微分运算电路

在自动控制系统中，常用积分运算电路和微分运算电路作为调节环节。此外，积分运算电路还可用于延时、定时和非正弦波发生电路中。

1) 积分运算电路

积分运算电路如图2-1-79所示，输入信号 u_i 通过电阻 R 接至反相输入端，电容 C 为反馈元件，图中 R_1 为平衡电阻，取 $R_1=R$。

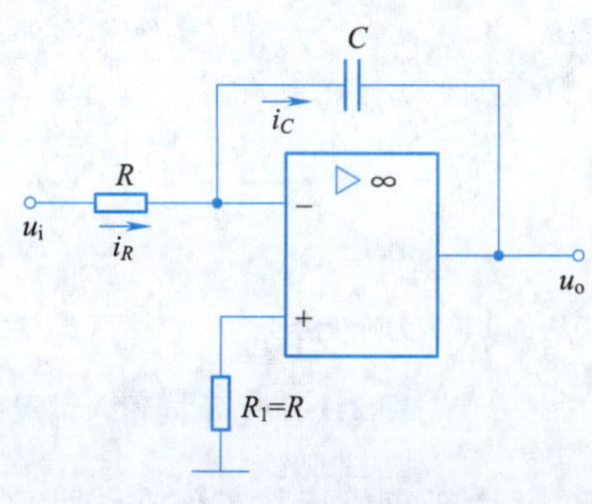

图2-1-79　积分运算电路

由于集成运放工作在线性区，根据"虚地""虚断"可知：

$$u_{+}=u_{-}=0,\ i_{+}=i_{-}=0$$

由"虚断"可知 $i_C=i_R$，则有

$$\frac{u_i-u_{-}}{R_1}=C\frac{\mathrm{d}(u_{-}-u_o)}{\mathrm{d}t}$$

由"虚地"可知 $u_{-}=0$，则有

$$\frac{u_i}{R_1}=-C\frac{\mathrm{d}(u_o)}{\mathrm{d}t}$$

整理得

$$u_o=-\frac{1}{RC}\int u_i\mathrm{d}t$$

由上式可知，输出信号 u_o 为输入信号 u_i 对时间的积分，负号相位相反。其比例常数取决于电路的积分时间常数 $\tau=RC$。

若在时间 $t_1\sim t_2$ 内积分，则应考虑 u_o 的初始值 $u_o(t_1)$，那么输出电压为

$$u_o=-\frac{1}{RC}\int_{t_1}^{t_2}u_i\mathrm{d}t+u_o(t_1)$$

若 u_i 为常量 U_i 时，则

$$u_o=-\frac{1}{RC}U_i(t_2-t_1)+u_o(t_1)$$

上式表明，只要集成运放工作在线性区，u_o 与 u_i 就呈线性关系。

当输入为阶跃信号且初始时刻电容电压为零，即 $u_o(t_1)=0$ 时，在线性区输出电压和输入电压满足线性关系 $u_o=-\frac{1}{RC}U_i$，输出电压波形如图 2-1-80(a)所示（输出电压达到运放输出的饱和值时，$u_o=-U_{OM}$）。当输入为方波信号和正弦波信号时，输出电压波形分别如图 2-1-80(b)、(c)所示。

2）微分运算电路

微分运算电路如图 2-1-81 所示。图中 R_1 为平衡电阻，取 $R_1=R$。

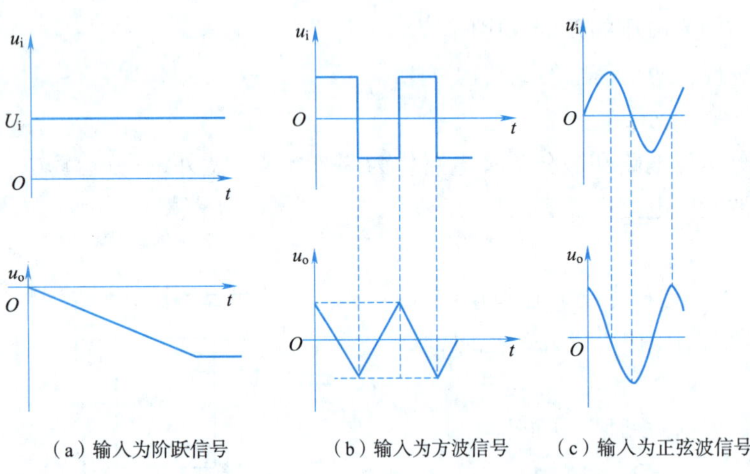

(a) 输入为阶跃信号　(b) 输入为方波信号　(c) 输入为正弦波信号

图 2-1-80　不同输入情况下的积分电路电压波形

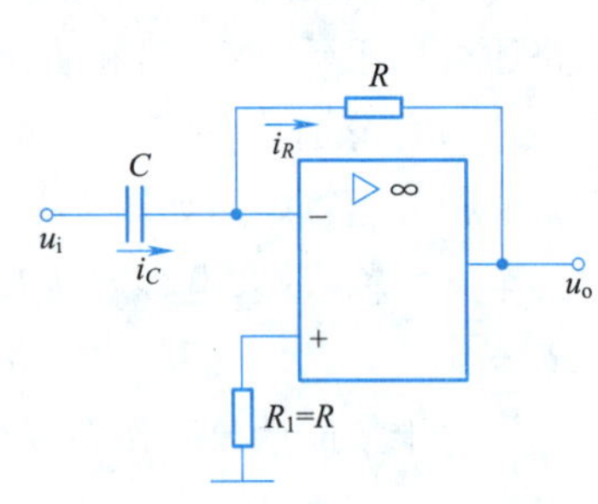

图 2-1-81　微分运算电路

由于集成运放工作在线性区，根据“虚地”“虚断”可知：

$$u_+=u_-=0, i_+=i_-=0$$

由“虚断”可知 $i_C=i_R$，则有

$$C\frac{\mathrm{d}(u_i-u_-)}{\mathrm{d}t}=\frac{u_--u_o}{R}$$

由“虚地”可知 $u_-=0$，则有

$$C\frac{\mathrm{d}u_i}{\mathrm{d}t}=-\frac{u_o}{R}$$

整理得

$$u_o=-RC\frac{\mathrm{d}u_i}{\mathrm{d}t}$$

上式说明输出电压 u_o 与输入电压 u_i 对时间的微分 $\frac{du_i}{dt}$ 成正比。

在微分运算电路的输入端，若加正弦电压，则输出为余弦波，实现了函数的变换，或者说实现了对输入电压的移相；若加矩形波，则输出为尖脉冲，如图 2-1-82 所示。由集成运算放大器构成的微分运算电路的运算精度，远远高于由 R、C 元件组成的简单微分电路。

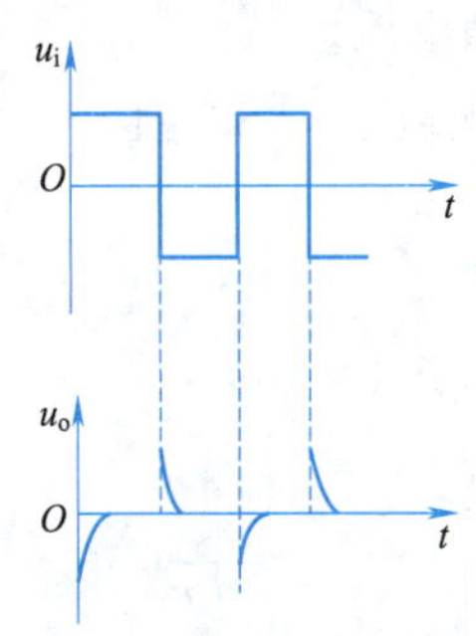

图 2-1-82　微分运算为矩形波时的波形

1.8.2　使用运算放大器的注意事项

1. 静态调试

无自稳零功能运算放大器，合理配置调零电路，保证精度；单电源供电集成运算放大器，设置偏置电阻，保证输出合适的静态电压。

2. 消除自激

设置消振电路，消除自激振荡。

3. 设置保护电路

1）输入保护

在运算放大器输入端并接极性相反的二极管，将输入信号电压的幅度限制在允许范围之内，防止输入信号电压过高，损坏输入级。保护电路如图 2-1-83 所示。

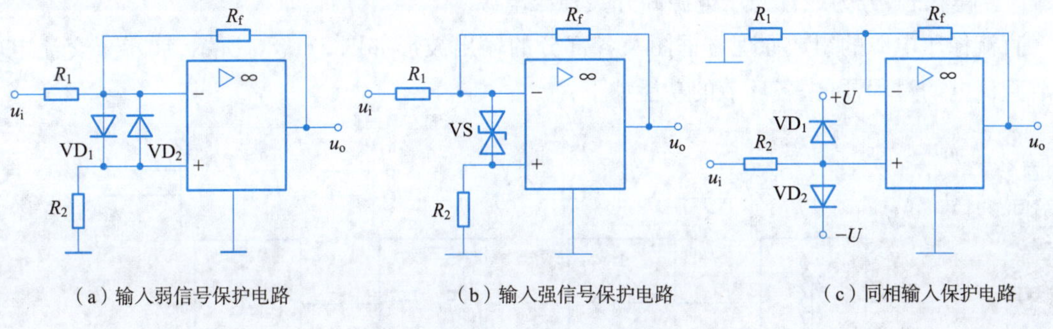

（a）输入弱信号保护电路　（b）输入强信号保护电路　（c）同相输入保护电路

图 2-1-83　保护电路

弱信号输入的保护电路如图 2-1-83（a）所示，二极管将输入信号电压限制在导通压降 ±0.7 V 之内（硅二极管为 ±0.7 V）。强信号输入的保护电路如图 2-1-83（b）所示，稳压管将输入信号电压限制在运算放大器的最大差模输入电压之内（适用于最大差模输入电压较高的运算放大器），稳压管的选择应满足 $\pm(U_D+U_Z)$ 小于运放的最大差模输入电压。同相输入保护电路如图 2-1-83（c）所示，其中 $+U$ 和 $-U$ 应低于运算放大器的最大允许共模电压，此时运算放大器承受的共模输入电压被限制在 $+U$ 或 $-U$。

2）电源极性错接保护

利用二极管的单向导电性，防止错接造成运算放大器损坏。保护电路如图 2-1-84 所示。

3)输出保护

利用稳压管 VS 的钳位作用限制输出电压,防止输出级因过流而损坏。保护电路如图 2-1-85 所示。

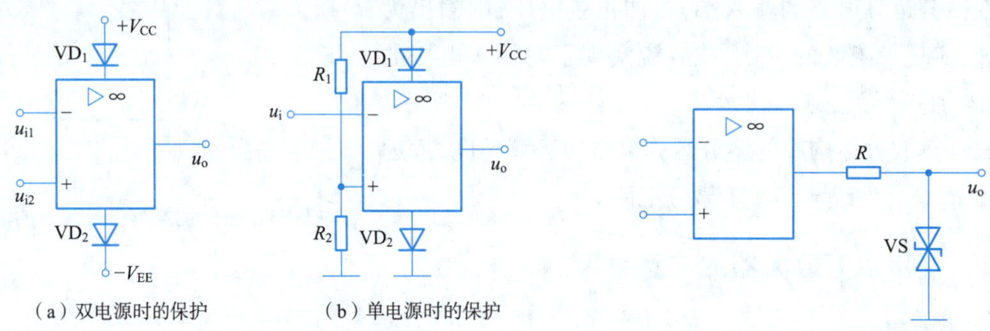

图 2-1-84　电源极性错接保护

图 2-1-85　输出保护

需要说明的是,保护电路的设置对于简化设计、减小体积和降低成本会带来一些负面影响。所以,运算放大器电路应根据使用条件及设计要求适当选取保护电路。

视 频

直流稳压电源

1.9　直流稳压电源

1.9.1　概述

能为负载提供稳定直流电源的电子装置称为直流稳压电源,根据输出功率管的工作状态,分为线性稳压电源和开关稳压电源。

直流稳压电源的组成原理方框图及各部分的输出波形如图 2-1-86 所示,展示了交流电转换成直流电的过程,图中各环节的功能如下:

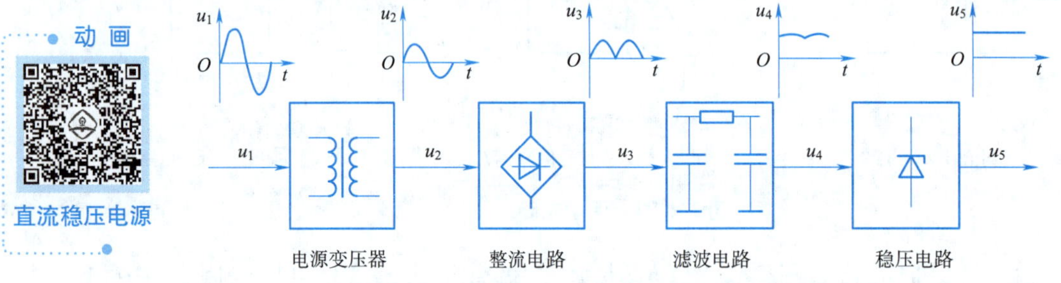

图 2-1-86　直流稳压电源的组成方框图及各部分的输出波形

(1)电源变压器:将交流电源电压变换成符合整流需要的电压。

(2)整流电路:利用二极管单向导电性将交流电变换成单向脉动电压。

(3)滤波电路:减小整流电压的脉动程度,以适合负载的需要。

(4)稳压电路:使直流电源不受电网波动及负载变化的影响,输出稳定直流电压。如果电路对直流电压的稳定程度要求较低,可以省略稳压电路。

1.9.2　单相整流电路

1. 整流电路

整流就是把大小、方向都随时间变化的交流电变换成直流电。完成这一任务的电路称为整流电路。常见的整流电路有单相半波整流电路、单相全波整流电路、桥式整流电路等。

1)单相半波整流电路

半波整流

单相半波整流电路利用二极管的单向导电特性,通过在电路中串联一只整流二极管实现半波整流,如图 2-1-87 所示。

令变压器二次侧电压 $u_i=\sqrt{2}U\sin\omega t$,设正半周的瞬时极性为上正下负,则负半周的瞬时极性为下正上负。由二极管的单向导电性可知,在输入信号的正半周,二极管 VD 导通,忽略二极管的导通压降,则输出信号 $u_o=u_i$;在输入信号的负半周,二极管 VD 反向截止,输出信号 $u_o=0$。输出电压波形如图 2-1-88 所示。

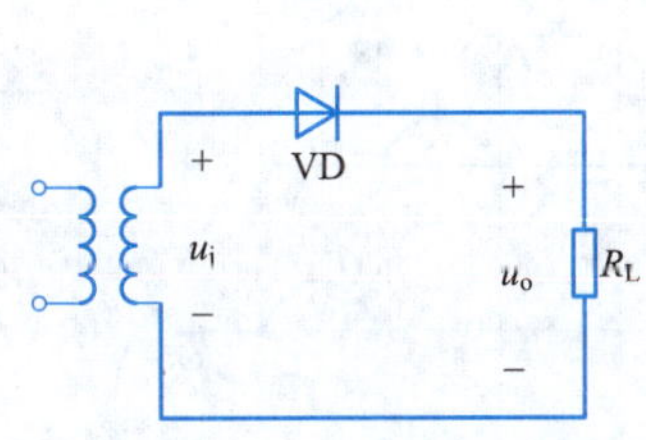

图 2-1-87　半波整流电路

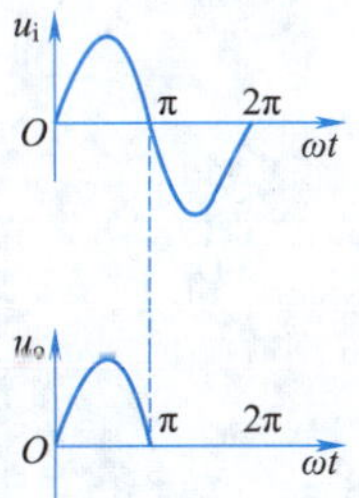

图 2-1-88　单相半波整流电路的输出波形

由图 2-1-88 可知,负载上得到的电压为单向脉动电压,通常用平均值来衡量输出电压的大小,即输出电压平均值

$$U_{o(AV)}=\frac{1}{2\pi}\int_0^{\pi}\sqrt{2}U\sin\omega t\mathrm{d}(\omega t)=\frac{2\sqrt{2}}{2\pi}U=0.45U$$

负载电阻平均电流

$$I_L=\frac{U_{o(AV)}}{R_L}=\frac{0.45U}{R_L}=0.45\frac{U}{R_L}$$

二极管平均电流

$$I_D=I_L=0.45\frac{U}{R_L}$$

二极管承受的反向峰值电压

$$U_{D(max)}=\sqrt{2}U$$

2)单相全波整流电路

单相半波整流电路的缺点是只利用了电源的半个周期。若将两个半波整流电路组合起来,便可形成一个全波整流电路,如图 2-1-89(a)所示。全波整流电路利用了变压器二次侧中心抽头,将变压器二次绕组分成两个对称的二次线圈。令变压器二次电压 $u_2=\sqrt{2}U\sin\omega t$,则输入信号正半周 VD_1 导通 VD_2 截止、负半周 VD_2 导通 VD_1 截止,即正负半周均有电流流过负载 R_L。且正、负半周负载 R_L 流过的电流方向相同,故在输入信号正、负半周输出电压同相。其输出波

形如图 2-1-89(b)所示。

显然,整流电压的平均值 $U_{o(AV)}$ 为半波整流时的 2 倍,即输出电压平均值为

$$U_{o(AV)} = 2 \times 0.45U = 0.9U$$

负载电阻平均电流为

$$I_L = \frac{U_{o(AV)}}{R_L} = \frac{0.9U}{R_L} = 0.9\frac{U}{R_L}$$

二极管平均电流为

$$I_D = \frac{I_L}{2} = 0.45\frac{U}{R_L}$$

二极管承受的反向峰值电压为

$$U_{D1(max)} = 2\sqrt{2}U$$

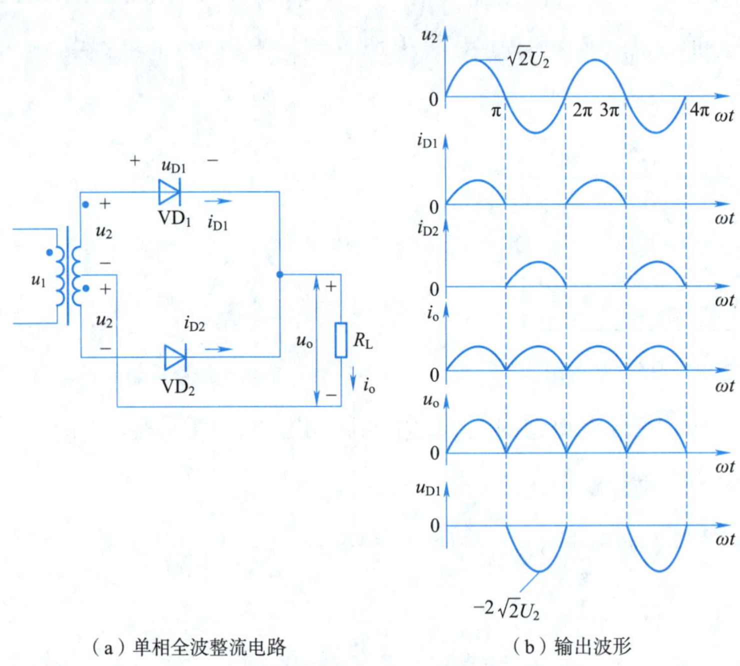

(a)单相全波整流电路　　(b)输出波形

图 2-1-89　单相全波整流电路及其输出波形

3)桥式整流电路

桥式整流

在全波整流电路中,最常用的整流电路是单相桥式整流电路,通过将 4 只二极管接成电桥的形式组成。桥式整流电路如图 2-1-90(a)所示,整流桥简化画法如图 2-1-90(b)所示。

令变压器二次侧电压 $u_2 = \sqrt{2}U\sin\omega t$,在输入信号的正半周,二极管 VD_1、VD_2 导通,VD_3、VD_4 截止;在信号电压的负半周,二极管 VD_3、VD_4 导通,VD_1、VD_2 截止,即正负半周均有电流流过负载 R_L。且正、负半周负载 R_L 流过的电流方向相同,故在输入信号正、负半周输出电压同相。其输出波形如图 2-1-91 所示。

从图 2-1-91 可以看出,经过整流后,输出电压仍为脉动直流电压。显然,整流电压的平均值 $U_{o(AV)}$、负载电阻平均电流 I_L 和二极管平均电流 I_D 与单相全波整流完全相同,即 $U_{o(AV)} =$

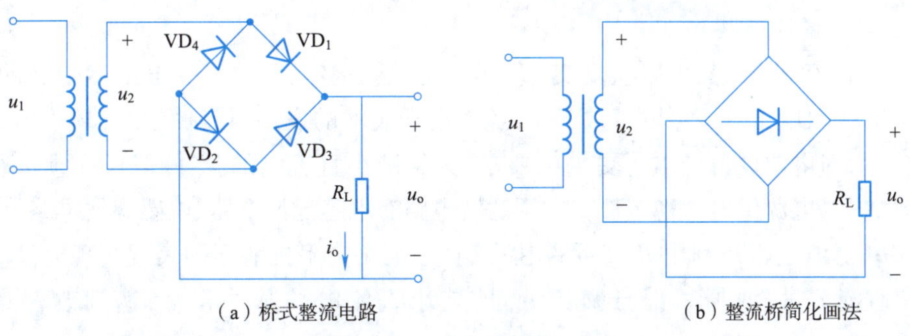

图 2-1-90　单相桥式整流电路

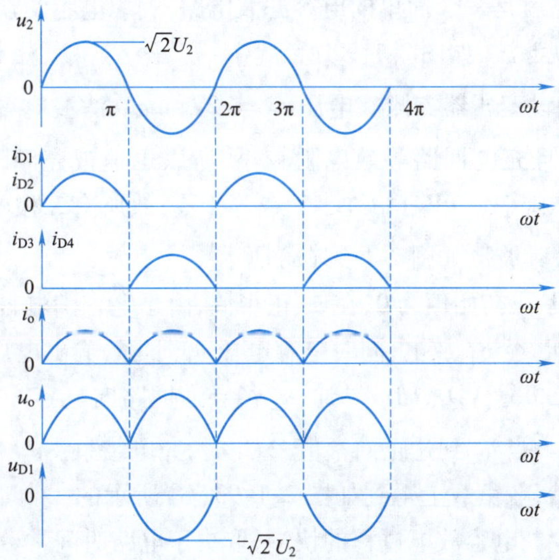

图 2-1-91　单相桥式整流电路的电压与电流波形

$0.9U$、$I_L=0.9U/R_L$、$I_D=0.45U/R_L$。

二极管承受的反向峰值电压

$$U_{D1(max)}=\sqrt{2}U$$

整流电路中，整流二极管的选择原则：$I_{FM}\geqslant I_D$，$U_{R(max)}\geqslant U_{D(max)}$。

以上三种整流电路优缺点见表 2-1-4。

表 2-1-4　整流电路对比

项目名称	半波整流	全波整流	桥式整流
优点	电路结构简单	输出脉动相对较小	1. 不需要变压器中心抽头 2. 提高了变压器的利用率
缺点	1. 输出脉动较大 2. 输出电压低 3. 变压器半周不导电，利用率低	1. 要求变压器有中心抽头 2. 每个线圈只有半周导电 3. 二极管承受的反向电压高	输出仍然为脉动的直流

2. 滤波电路

整流电路虽然可以实现交、直流转换，但是整流后的直流电依然是脉冲直流电。只有少数电子设备可以正常工作，随着电子技术的发展，特别是半导体材料的大范围应用，对电源设备提出了更高的要求，为了减小直流电的脉冲程度，必须进行滤波处理，提高电源供电的稳定性。常用滤波电路有电容滤波电路、电感滤波电路等。

滤波电路是利用 R、C 元件在交、直流电路中阻抗的不同表现实现滤波。经过滤波后，保留直流分量，滤掉一部分交流分量，减小直流电的脉冲程度，达到改善直流电的目的。

1）电容滤波电路（C 滤波电路）

负载两端并联电容器就是一个简单的电容滤波电路，利用电容两端电压在电路状态发生改变时不能突变的原理实现滤波，如图 2-1-92 所示。

当空载（$R_L=\infty$）时，设变压器二侧次电压 $u_2=\sqrt{2}U\sin\omega t$、滤波电容初始电压为 0。滤波电容相当于充电回路负载，且充电回路等效电阻较小，所以迅速被充满，U_C 达到电源峰值 $\sqrt{2}U$。由于此时二极管的正向压降（V_A-V_K）始终小于或等于零，故所有二极管均截止，电容无法释放电能，输出电压 $u_o=\sqrt{2}U$，其波形如图 2-1-93（a）所示。

当接入负载 R_L 后，设 u_2 初始值为 0，在 u_2 正半周，由于电容满电，接入负载初期 $u_2<u_C$，电容 C 将电场能转变成电能，经 R_L 放电，同时电容电压 u_C 下降，输出电压 $u_o=u_C$。当 u_2 按正弦规律上升至大于 u_C 时，二极管 VD_1、VD_2 导通，u_2 经导通回路向电容 C 充电，并且向负载 R_L 提供电能，输出电压 $u_o=u_2$。当 u_2 到达正向幅值 $\sqrt{2}U_2$ 时，充电结束。u_2 开始下降，同时电容 C 又经 R_L 放电，如此周而复始，在负载上得到如图 2-1-93（b）所示的一个近似锯齿波的电压，使负载电压脉冲程度大为减少。电容放电过程的快慢，取决于电路时间常数 τ_d（$\tau_d=R_LC$），τ_d 越大，放电过程越慢，输出电压越平稳。

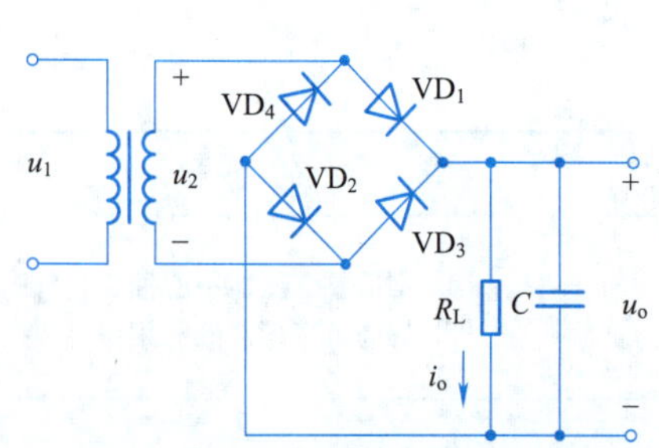

图 2-1-92　桥式电容滤波整流电路

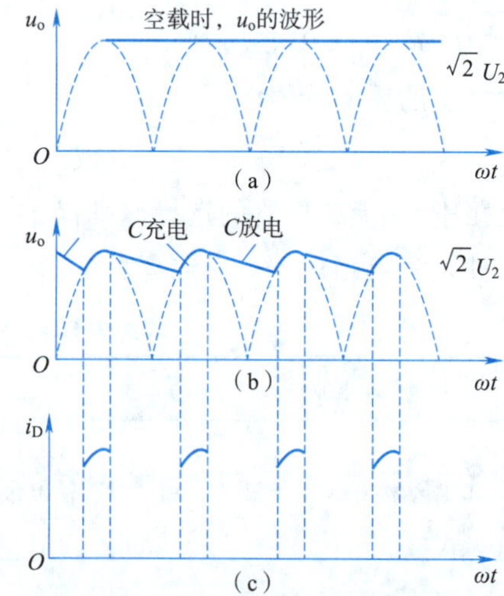

图 2-1-93　桥式电容滤波整流电路的电压、电流波形

由以上分析可知，电容滤波电路具有如下特点。

（1）在电容滤波电路中，二极管的导通角小于 180°，且放电时间常数愈大，导通角愈小。故整流二极管在短暂的导电时间内,如图 2-1-93(c)所示,将流过一个很大的冲击电流,称为浪涌电流,易损坏二极管。且半波整流电容滤波电路中,二极管承受的最高反向电压 $U_{D(max)}=2\sqrt{2}U$,桥式整流电容滤波电路中 $U_{D(max)}=\sqrt{2}U$,所以选择二极管时必须留有充分的裕量。

(2)电容滤波后,输出信号的脉冲程度较无电容滤波整流电路减小,平均值得到提高。

$$U_{o(AV)}=U(\text{半波})$$

$$U_{o(AV)}=1.2U(\text{全波})$$

(3)电容滤波输出电压与电路时间常数密切相关。R_LC 越大,输出电压越高。确定电容值的经验公式为

$$R_LC \geqslant (3\sim5)\frac{T}{2}$$

(4)当负载 R_L 发生变化时,电路时间常数 τ_d 随之发生变化,进而影响输出信号的稳定性。可见,电容滤波电路的输出信号稳定性较差,适用于小电流且负载变动范围不大的场合。

2)电感滤波电路(L 滤波电路)

负载回路中串联一个电感就是一个简单的电感滤波电路,利用电感元件上电流在电路状态发生改变时不能突变的原理实现滤波,如图 2-1-94 所示。

当忽略电感 L 的电阻时,负载上输出的电压平均值和纯电阻(不加电感)负载基本相同,即 $U_{o(AV)}=0.9U_2$。其滤波波形如图 2-1-95 所示。

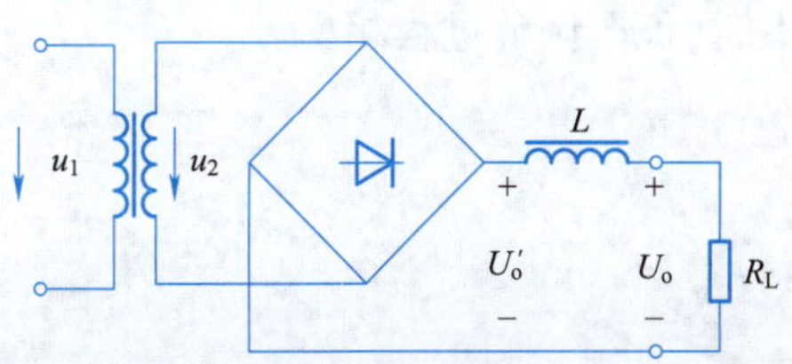

图 2-1-94　电感滤波电路

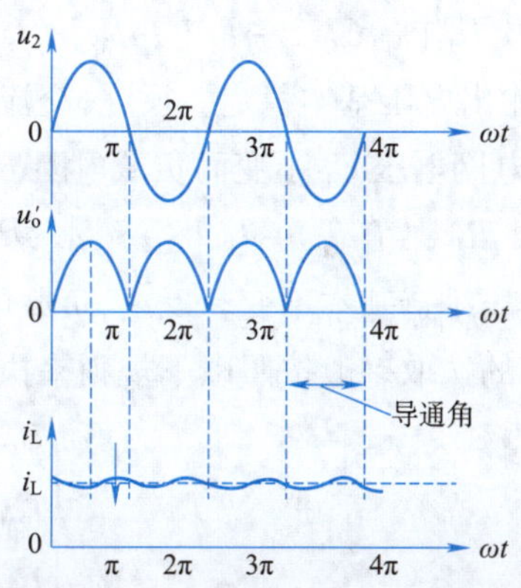

图 2-1-95　电感滤波电路的波形图

与电容滤波相比,电感滤波的特点如下。

(1)优点:二极管的导电角较大(电感 L 的反电势使二极管导电角增大),没有电流冲击,峰值电流很小,输出特性比较平坦。因此,电感滤波一般适用于低电压、大电流的场合。

(2)缺点:体积大,笨重,易引起电磁干扰。

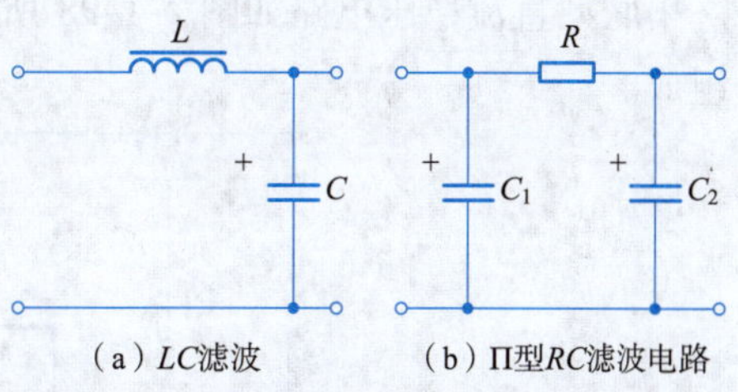

图 2-1-96　LC 滤波及 Π 型 RC 滤波电路

此外,为了进一步减小负载电压中的纹波,还可在电感 L 后与负载并联电容 C 构成 LC 滤波电路,如图 2-1-96(a)所示;或者使用 Π 型 RC 滤波电路,如图 2-1-96(b)所示,其性能和应用场合与电容滤波电路相似。

3. 稳压电路

动画
稳压电路

经整流和滤波后的电压仍然是一个脉冲直流电压。对于某些电子设备，尤其是精密电子测量仪器、自动控制装置、计算装置及晶闸管的触发电路等依然无法正常工作。因此，在滤波电路之后，往往还需增加稳压电路。常见的稳压电路有并联型硅稳压电路、串联型直流稳压电路等。

1）并联型硅稳压电路

并联型硅稳压电路如图 2-1-97 所示。稳压电路由稳压管 VZ 和限流电阻 R 组成。限流电阻 R 是稳压电路必不可少的组成元件，当电网电压波动或负载电流变化时，通过限流电阻 R 的调节作用保持输出电压基本不变。

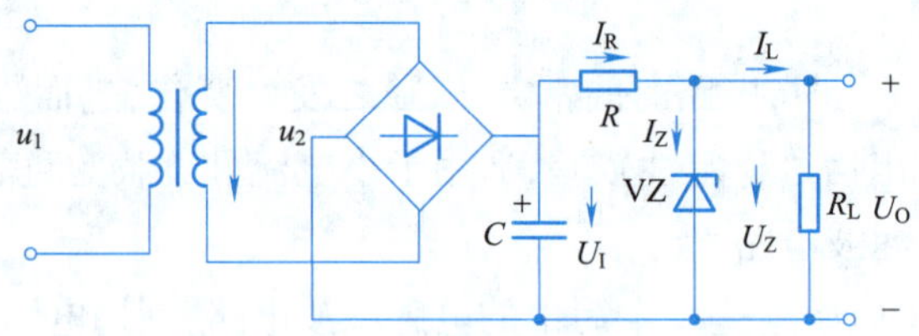

图 2-1-97　并联型硅稳压电路

稳压原理如下。

（1）当负载 R_L 不变而交流电网电压 U_I 增加时，其稳压原理如下：

$$U_I\uparrow\rightarrow U_O\uparrow\rightarrow I_Z\uparrow\rightarrow I_R\uparrow(I_R=I_Z+I_L)\rightarrow U_R\uparrow\rightarrow U_O\downarrow(U_O=U_I-U_R)$$

可见，输出电压基本稳定。反之，交流电网电压降低时，稳压调节过程相反。

（2）当电网电压 U_I 不变而负载电阻 R_L 减小（即 I_I 增加）时，其稳压原理如下：

$$R_L\downarrow(I_L\uparrow)\rightarrow I_R\uparrow\rightarrow U_O\downarrow\rightarrow I_Z\downarrow\rightarrow I_R\downarrow\rightarrow U_R\downarrow\rightarrow U_O\uparrow(U_O=U_I-U_R)$$

输出电压维持基本不变。反之，负载电阻 R_L 增大时，稳压调节过程相反。

稳压管的选取一般按照以下规则来执行：

$$\begin{cases}U_Z=U_O\\ I_{ZM}=(1.5\sim3)I_{OM}\\ U_I=(2\sim3)U_O\end{cases}$$

2）串联型直流稳压电路

串联型直流稳压电路如图 2-1-98 所示，由取样电路、放大电路、基准电压和调整环节四部分组成。

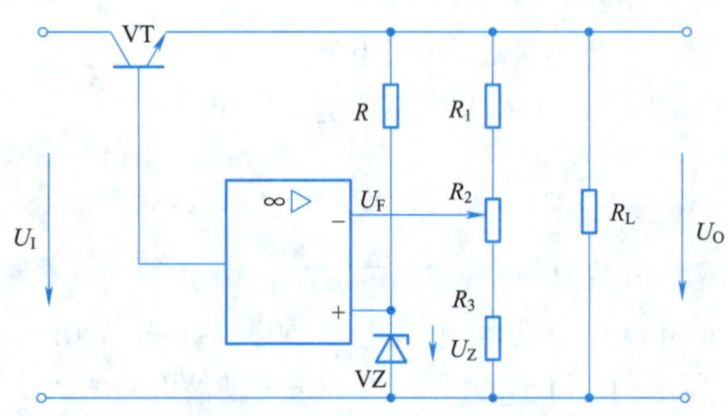

图 2-1-98　串联型直流稳压电路

(1)取样电路:由电阻 R_1、R_2 和 R_3 组成。输出电压发生改变,取样电压 U_F 随之变化。

(2)放大电路:由运算放大器组成,将采样电压与基准电压的差值进行放大,然后送到调整管 VT 的基极。

(3)基准电压:基准电压由稳压管 VS 提供。限流电阻 R 的作用是保证 VZ 有一个合适的工作电流。

(4)调整环节:调整管 VT 接在输入直流电压 U_I 和输出端的负载电阻 R_L 之间,若输出电压 U_O 由于电网电压或负载电流等变化而引起波动时,其变化量经取样、比较、放大后送到调整管的基极,使调整管的集电极和发射极电压发生相应的变化,最终调整输出电压,使之基本保持稳定。

串联型直流稳压电路稳压原理如下:

假设电网电压上升或负载电流 I_L 下降使线路损耗减少,使输入电压 U_I 上升,导致输出 U_O 上升,U_O 上升使采样电压 U_F 上升,由于基准电压为稳压管稳定电压,故 U_Z 不变,放大器时输入电压 $U_{ID}(U_{ID}=U_Z-U_F)$下降,U_{ID}下降使放大器输出电压下降,即调整管 VT 基极电压 U_{BE}下降,U_{BE}下降使调整管 I_B、I_C 下降,I_C 下降使 U_{CE}上升,由于 $U_O=U_I-U_{CE}$,最终使 U_O 维持基本不变。

$$U_I\uparrow \text{或} I_L\downarrow\rightarrow U_O\uparrow\rightarrow U_F\uparrow\rightarrow U_{ID}(U_{ID}=U_Z-U_F)\downarrow\rightarrow U_{BE}\downarrow\rightarrow I_C\downarrow\rightarrow U_{CE}\uparrow\rightarrow U_O\downarrow$$

由此看出,串联型直流稳压电路实质上是通过电压负反馈使输出电压保持基本稳定。

输出电压的调节范围:

$$\frac{R_1+R_2+R_3}{R_2+R_3}U_Z\leqslant U_O\leqslant\frac{R_1+R_2+R_3}{R_3}U_Z$$

【例 2-1-13】 电路如图 2-1-98 所示。已知 $U_Z=6\ \text{V}$,$R_1=2\ \text{k}\Omega$,$R_2=1\ \text{k}\Omega$,$R_3=2\ \text{k}\Omega$,试求电压输出范围。

解:

$$\frac{2+1+2}{1+2}\times6\ \text{V}\leqslant U_O\leqslant\frac{2+1+2}{2}\times6\ \text{V}$$

解得 $10\ \text{V}\leqslant U_O\leqslant15\ \text{V}$。

1.9.3　集成稳压电源

集成稳压电源与分立元件稳压电源相比具有体积小、性能好、使用简便、可靠性高等优点,目前已在电子设备中得到广泛应用。集成稳压电源有多种类型,较为常用的有三端固定输出电压式、三端可调输出电压式、多端可调输出电压式和开关型。

W78XX 系列(输出正电压)和 W79XX 系列(输出负电压)三端集成稳压器的外形和引脚如图 2-1-99 所示,输出固定电压有 ±5 V、±6 V、±9 V、±12 V、±15 V、±18 V、±24 V 七个档次。例如,W7815 表示 78 系列,输出电压为 +15 V,最大输出电流可达 1.5 A。W78XX 系列 1 脚为输入端,2 脚为输出端,3 脚为公共端。W79XX 系列 1 脚为公共端,2 脚为输出端,3 脚为输入端。

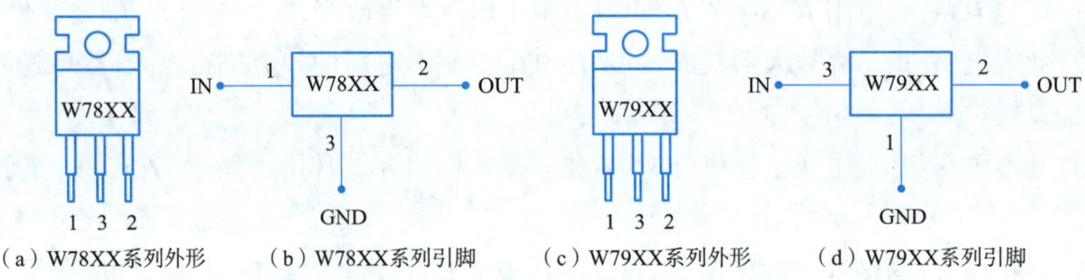

（a）W78XX系列外形　（b）W78XX系列引脚　（c）W79XX系列外形　（d）W79XX系列引脚

图 2-1-99　三端集成稳压器的外形和引脚

1. 输出电压固定的稳压电路

输出电压固定的稳压电路如图 2-1-100 所示，通常 U_I 比 U_O 大 5 V 以上，以保证稳压器中的调整管工作在放大区，使芯片正常工作。C_I 可以抵消因输入端接线较长而产生的电感效应，防止产生自激振荡，接线不长时可以省略。C_I 的值一般为 0. 1 ~ 1 F。C_O 用来消除高频噪声和改善输出的瞬态特性，即在负载电流变化时不致引起 U_O 有较大的波动，C_O 可取 1 μF。

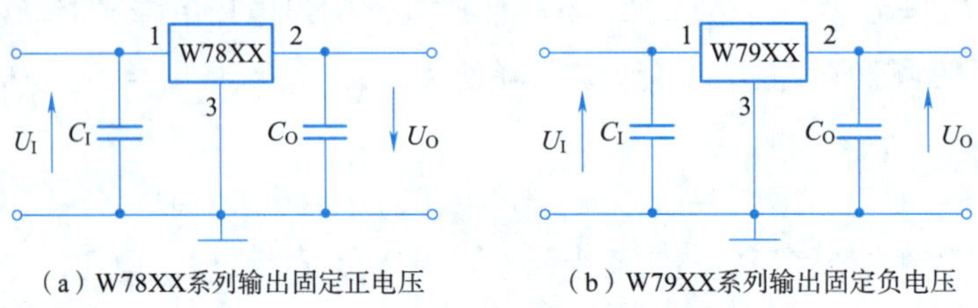

（a）W78XX系列输出固定正电压　（b）W79XX系列输出固定负电压

图 2-1-100　输出电压固定的稳压电路

2. 输出电压可调的稳压电路

输出电压可调的稳压电路如图 2-1-101 所示。运算放大器接成跟随器形式，其输出电压（即 W78XX 集成块 2 端对 3 端的电压）为 U_{XX}，因其电压放大倍数为 +1，故同相输入端对 2 端的输入电压同样为 $U = U_{XX}$，根据分压比的关系可求出本电路输出电压 U_O 的调节范围为

$$\frac{R_1 + R_2 + R_3}{R_1 + R_2} U_{XX} \leqslant U_O \leqslant \frac{R_1 + R_2 + R_3}{R_1} U_{XX}$$

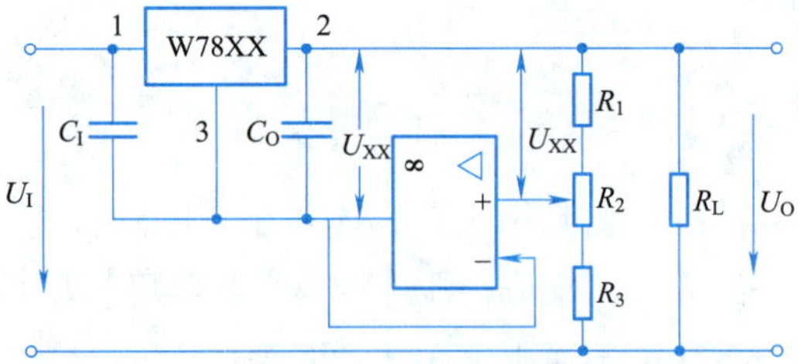

图 2-1-101　输出电压可调的稳压电路

随着集成电路的不断发展，现在市场上已有多种型号的三端的可调式集成稳压器，如三端正压可调稳压器 CW117/217/317（国外型号 LM117/217/317）、三端负压可调稳压器 CW137/237/337（国外型号 LM137/237/337），输出电流为 1. 5 A，输出电压为 1. 2 ~ 37 V 可调。

小　　结

1. 电子电路中常用的半导体器件有二极管、三极管、稳压管等。制造这些器件的主要材料是半导体，如硅和锗等。

2. 半导体中存在两种载流子：自由电子和空穴。

3. 二极管就是利用一个PN结加上外壳，引出两个电极而制成的。它的主要特点是具有单向导电性，在电路中可以起到整流和检波等作用。

4. 三极管有两种类型：NPN型和PNP型。无论何种类型，内部结构均包含两个PN结，即发射结和集电结，并引出三个电极，即发射极、基极和集电极。

5. 放大电路是一种最基本、最常用的模拟电子电路。放大的概念实质上是能量的控制，放大的对象是变化量。

6. 放大电路的基本分析方法有两种：图解法和解析法。

7. 三极管是一种温度敏感元件，当温度变化时，其各种参数将随之发生变化，使放大电路的工作点不稳定，甚至不能正常工作。

8. 多级放大电路常用的三种耦合方式是：阻容耦合、直接耦合和变压器耦合。

9. 直接耦合放大电路的主要问题是零点漂移。

10. 运算放大器主要由输入级、中间放大级、功率输出级和偏置电路四部分组成。

11. 运放放大器在线性应用时可以有三种输入方式：反相输入、同相输入和差动输入。

12. 利用二极管的单向导电性可以组成整流电路。常见的整流电路有单相半波整流电路、单相全波整流电路、桥式整流电路三种。

13. 滤波电路的主要任务是尽量滤掉输出电压中的脉冲成分，同时，尽量保留其中的直流成分。滤波电路主要由电容、电感等储能元件组成。

14. 稳压电路的任务是在电网电压波动或负载电流变化时，使输出电压保持基本稳定。常用的稳压电路有：并联型硅稳压电路，串联型直流稳压电路，集成稳压电器。

习　　题

一、填空题

1. 半导体二极管的主要特性是__________。

2. 杂质半导体有P型和__________型两种；三极管的结构有NPN型和__________型两种。

3. 图1中二极管为理想器件，VD1工作在__________状态；VD2工作在__________状态；$U_A=$__________V。

4. 在图2所示电路中2CW5的参数为：稳定电压$U_Z=12$ V，最大稳定电流$I_{Zmax}=20$ mA。图中电压表中流过的电流忽略不计。当开关S闭合时，电压表V和电流表A1、A2的读数分别为__________V、__________mA、__________mA；当开关S断开时，其读数分别为__________V、__________mA、__________mA。

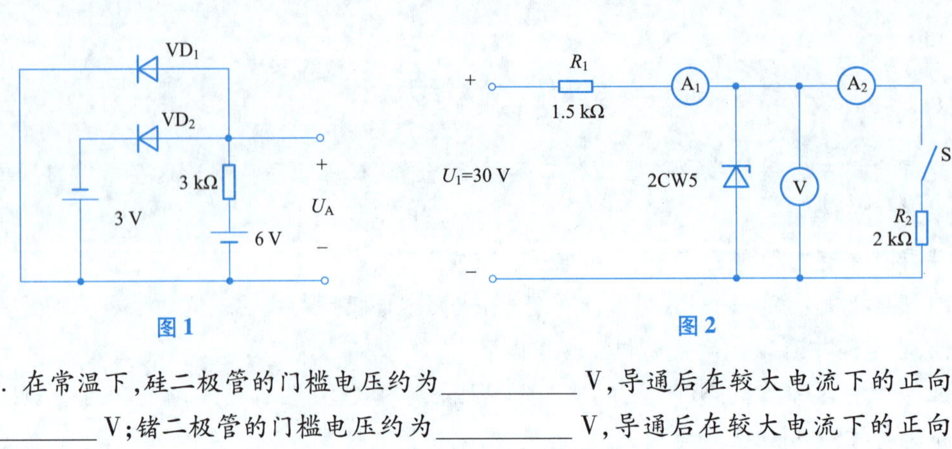

图 1　　　　图 2

5. 在常温下,硅二极管的门槛电压约为__________V,导通后在较大电流下的正向压降约为__________V;锗二极管的门槛电压约为__________V,导通后在较大电流下的正向压降约为__________V。

6. 漂移电流是__________电流,它由__________载流子形成,其大小与__________有关,而与外加电压无关。

7. 三极管具有放大作用,外部电压条件是发射结__________,集电结__________。

8. 三极管放大电路中,测得三极管三个引脚对地电位分别为:$U_A = -5$ V、$U_B = -8$ V、$U_C = -5.2$ V,则三极管对应的电极是:A 为__________极、B 为__________极、C 为__________极,晶体管为__________型三极管。

9. 处于放大状态的 NPN 型晶体管,U_B、U_C、U_E 三个电位之间的关系是__________,处于饱和状态的 NPN 型晶体管 U_B、U_C、U_E 三个电位之间的关系是__________。

10. 三极管工作在放大区时,发射结为__________偏置,集电结为__________偏置;工作在饱和区时发射结为__________偏置,集电结为__________偏置。

11. 为提高放大电路输入电阻应引入__________反馈;为降低放大电路输出电阻,应引入__________反馈。

12. 理想运算放大器的开环电压放大倍数为__________,输入电阻为__________,输出电阻为__________。

13. 理想运算放大器工作在线性区时,运放两个输入端电压__________,称作__________;流入输入端的电流为__________,称作__________。

14. 共集电极电路电压放大倍数__________(写汉字),输入电阻__________,输出电阻__________,常用在输入级,输出级或缓冲级。

15. 差分放大电路能够抑制__________漂移,也称温度漂移,所以它广泛应用于__________电路中。

16. 多级放大电路的耦合方式有__________、阻容耦合、变压器耦合。

17. 某放大电路在负载开路时的输出电压为 4 V,接入 12 kΩ 的负载电阻后,输出电压降为 3 V,这说明放大电路的输出电阻为__________kΩ。

18. 在共射、共集和共基三种放大电路组态中,希望电压放大倍数大、输出电压与输入电压反相,可选用__________组态;希望输入电阻大、输出电压与输入电压同相,可选用__________组态。

19. 电流并联负反馈能稳定电路的__________,同时使输入电阻__________。

20. 小功率稳压电源一般由电源变压器、整流电路、__________电路、稳压电路等四部分构成。

二、选择题

1. 图3所示电路中二极管是理想的，$R=6\ \Omega$。当普通指针式万用表置于R×1 Ω挡时，用黑表笔（通常带负电）接A点，红表笔（通常带正电）接B点，则万用表的指示值为（　　）。

A. 18 Ω　　B. 9 Ω　　C. 3 Ω　　D. 2 Ω

2. 稳压二极管是一个可逆击穿二极管，稳压时其两端电压必须（　　）它的稳压值U_Z才有导通电流。

A. 等于　　B. 小于或等于　　C. 大于　　D. 小于

3. 电路如图4所示，二极管导通电压$U_D=0.7$ V，关于输出电压的说法正确的是（　　）。

A. $u_{I1}=3$ V，$u_{I2}=0.3$ V时输出电压为3.7 V

B. $u_{I1}=3$ V，$u_{I2}=0.3$ V时输出电压为1 V

C. $u_{I1}=3$ V，$u_{I2}=3$ V时输出电压为5 V

D. 只有当$u_{I1}=0.3$ V，$u_{I2}=0.3$ V时输出电压为才为1 V

4. 三极管的反向电流I_{CBO}是由（　　）组成的。

A. 多数载流子　　B. 少数载流子

C. 多数载流子和少数载流子　　D. 电子

5. 某NPN型三极管的输出特性曲线如图5所示，当$u_{CE}=6$ V，其电流放大系数β为（　　）。

A. 100　　B. 50　　C. 150　　D. 25

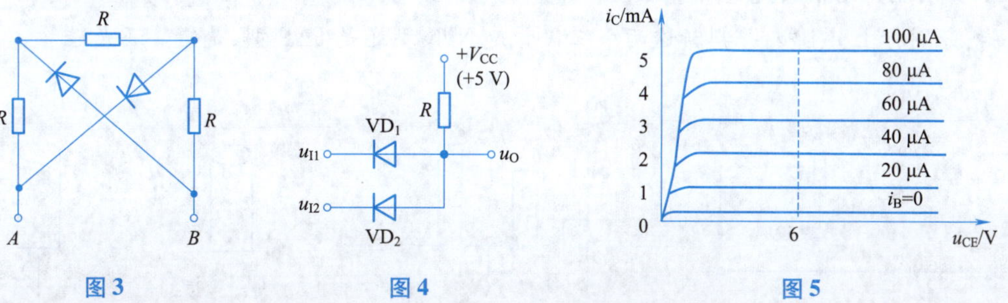

图3　　图4　　图5

6. 通用型集成运放的输入级采用差动放大电路，这是因为它的（　　）。

A. 输入电阻高　　B. 输出电阻低

C. 共模抑制比大　　D. 电压放大倍数大

7. 共射极放大电路的交流输出波形上半周失真时为（　　）。

A. 饱和失真　　B. 截止失真　　C. 交越失真　　D. 突变失真

8. 共集电极放大电路的负反馈组态是（　　）。

A. 电压串联　　B. 电流串联　　C. 电压并联　　D. 电流并联

9. 为了稳定静态工作点，应在放大电路中引入（　　）。

A. 电流负反馈　　B. 电压负反馈　　C. 直流负反馈　　D. 交流负反馈

10. 通用型集成运放的输入级多采用（　　）。

A. 共基接法　　B. 共集接法　　C. 共射接法　　D. 差分接法

11. 直流稳压电源中滤波电路的目的是(　　)。

A. 将交流变为直流　　B. 将高频变为低频

C. 将交、直流混合量中的交流成分滤掉　　D. 保护电源

三、综合题

1. 电路如图 6 所示,判断二极管 VD1、VD2 的工作状态。

2. 已知在图 7 中,$u_i = 12\sin\omega t$ V,$R_L = 6\ \Omega$,试对应地画出二极管的电流 i_D 及输出电压 u_o 的波形,并在波形图上标出幅值(设二极管的正向压降和反向电流可以忽略)。

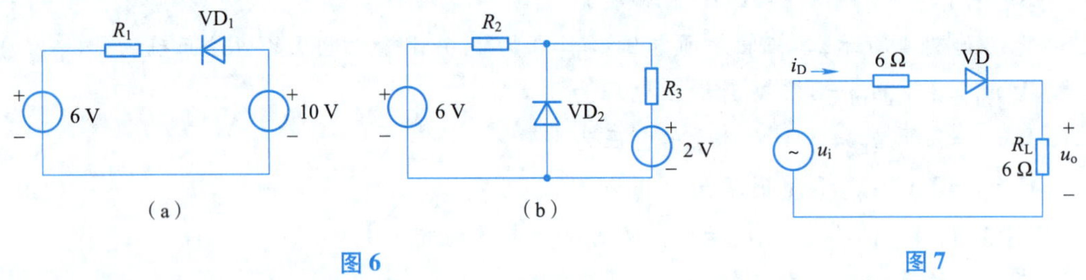

图 6　　图 7

3. 图 8(a)所示的电路中,若在输入端加入图 8(b)所示的脉冲信号,在忽略二极管压降情况下,分别画出二极管端电压 u_D、输出电压 u_o 的波形图。

4. 若图 8(a)中的二极管 VD 反接(即左端为阴极、右端为阳极),在输入端加入 $u_i = 12\sin\omega t$ V,二极管的管压降忽略不计,试画出 u_o 的输出波形。

5. 分别测得两个放大电路中三极管的各极电位分别如图 9(a)和图 9(b)所示,试识别它们的引脚,分别标上 e、b、c,并判断这两个三极管是 NPN 型还是 PNP 型,是锗管还是硅管。

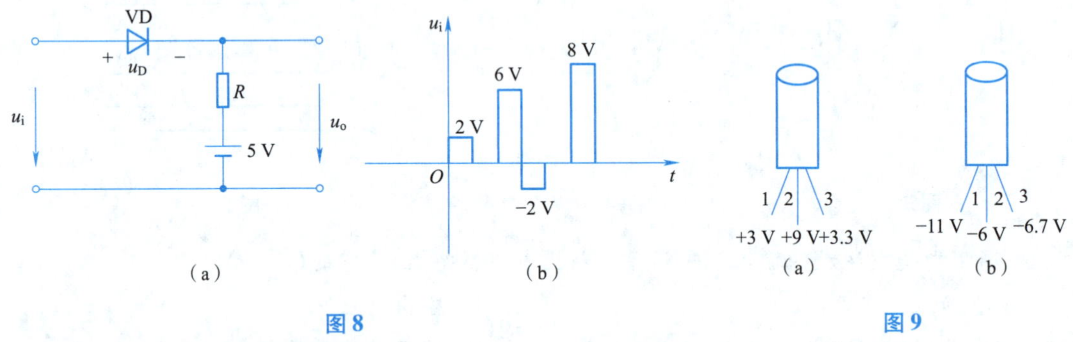

图 8　　图 9

6. 图 10 所示电路是否具有放大作用?为什么?若不能,应如何纠正?

7. 已知基本共射极放大电路中,$V_{CC} = 10$ V,$R_C = 5\ \mathrm{k\Omega}$,$R_B = 510\ \mathrm{k\Omega}$,$R_L = 5\ \mathrm{k\Omega}$,$U_{BE} = 0.7$ V,三极管的输出特性如图 11 所示。

(1)试用图解法求出电路的静态工作点,并分析这个工作点选得是否合适。

(2)在 V_{CC} 和三极管不变的情况下,为了把三极管的静态集电极电压 U_{CE} 提高到 6 V 左右,可以改变哪些参数?如何改?

(3)在 V_{CC} 和三极管不变的情况下,为了使 $I_C = 2$ mA,$U_{CE} = 2$ V,应改变哪些参数?改成什么数值?

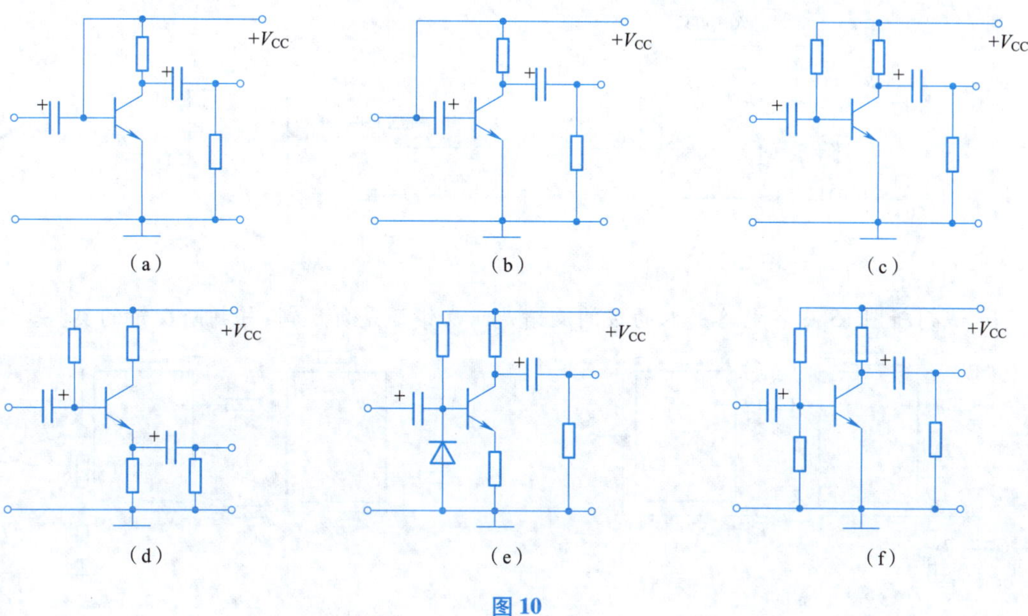

图 10

8. 设图 12 所示电路中三极管的 $\beta=60$，$V_{CC}=6\ \text{V}$，$R_C=5\ \text{k}\Omega$，$R_B=510\ \text{k}\Omega$，$R_L=5\ \text{k}\Omega$，$U_{BE}=0.7\ \text{V}$，试：

(1) 估算静态工作点；

(2) 求 r_{be} 值；

(3) 画出放大电路的微变等效电路；

(4) 求电压放大倍数 A_u，输入 r_i 和输出电阻 r_o。

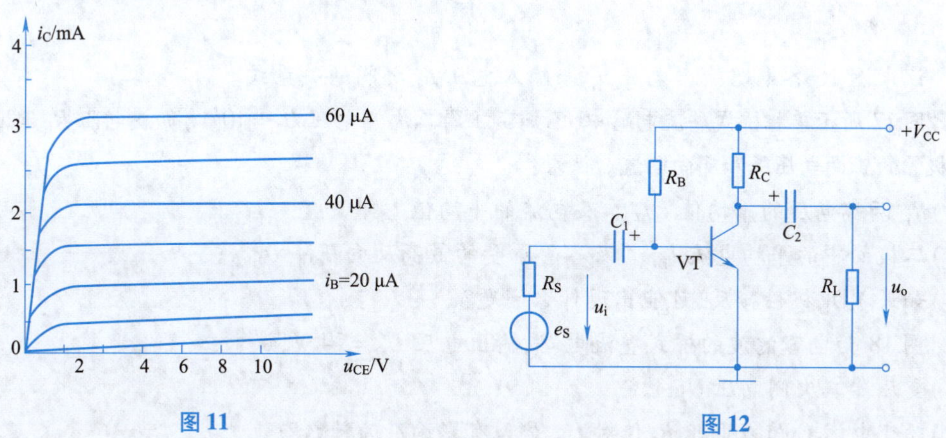

图 11　　图 12

9. 已知图 13 所示的电路中，输出最大电压 $U_{OPP}=\pm 13\ \text{V}$，试求：

(1) u_o 与 u_i 的运算关系；

(2) 当 u_i 分别为 10 mV、−10 mV、1 V、−1 V、5 V、−5 V 时的输出电压 u_o。

10. 电路如图 14 所示，试：

(1) 若 $R=20\ \text{k}\Omega$，$R_f=100\ \text{k}\Omega$，求 u_o。

(2) 若 $R_f=100\ \text{k}\Omega$，$u_o=2u_i$，求 R。

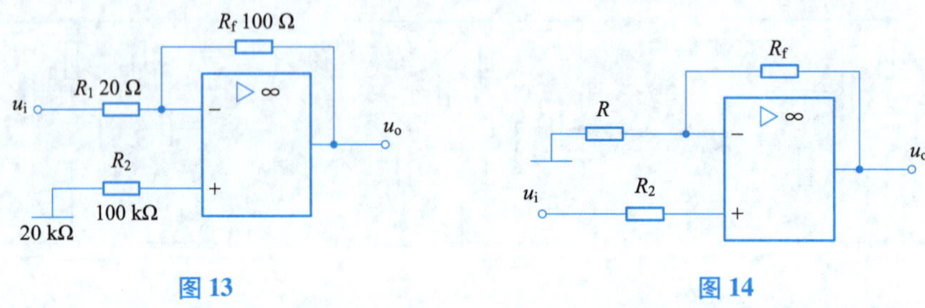

图 13　　图 14

11. 试判断图 15 中各电路引入的极间反馈是正反馈还是负反馈,并判断反馈的类型。

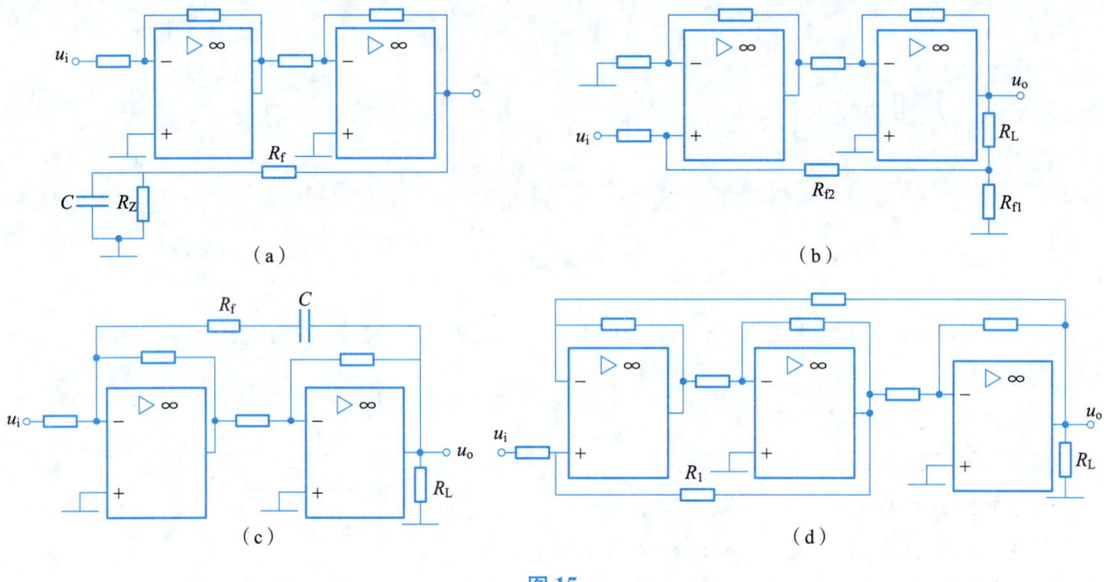

图 15

12. 试求图 16 各电路输出电压 u_o 与输入电压 u_i 之间的关系式。

13. 图 17 所示单相桥式整流电路中,已知变压器二次侧电压 $U_2=10$ V,负载电阻 $R_L=200$ kΩ,忽略二极管的正向电压降和反向电流。试求:

(1) R_L 两端电压的平均值 $U_{O(AV)}$ 及电流的平均值 $I_{O(AV)}$;

(2)二极管中的平均电流 $I_{D(AV)}$ 及各管承受的最高反向压降 U_{DRM};

(3)如果 VD_1 极性接反,可能出现什么问题?

14. 图 18 为电容滤波的桥式整流电路,输出电压 $U_O=24$ V,试求:

(1)变压器二次侧电压 U_2;

(2)改变电容 C 值或电阻 R_L 值对 U_O 是否有影响?为什么?

15. 试比较图 19 所示的三个电路,哪个滤波效果较好?哪个较差?哪个不能起滤波作用?

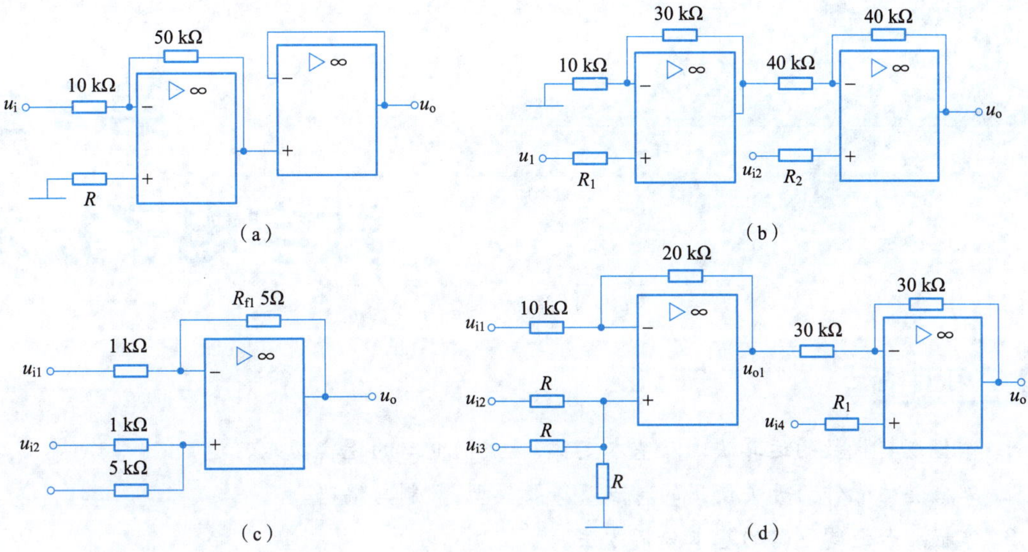

图 16

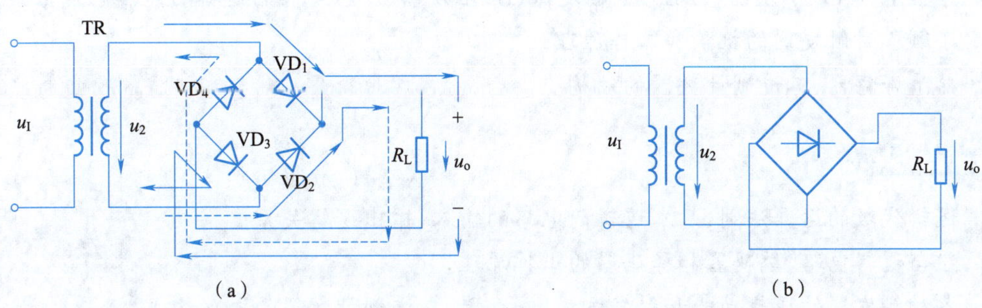

图 17 单相桥式整流电路

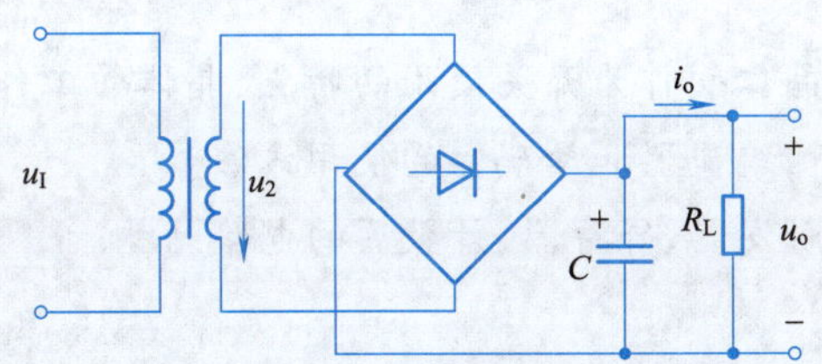

图 18 单相桥式整流电容滤波电路

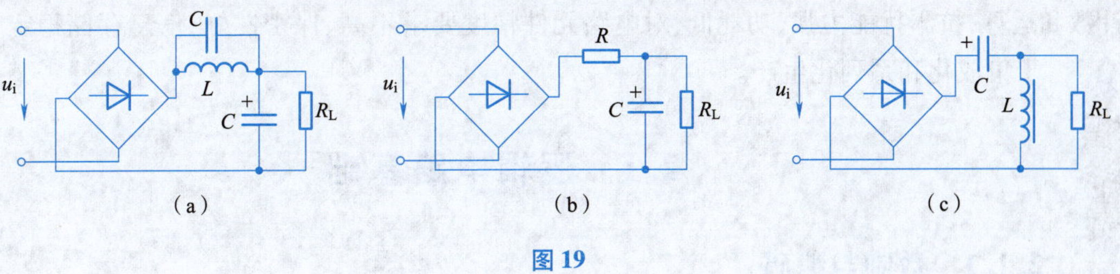

图 19

第2章 数字电子技术

学习目标

1. 掌握逻辑代数的运算法则及基本定律,集成门电路的逻辑功能。
2. 掌握晶体管作为开关使用的特点及等效模型,数制与编码。
3. 掌握组合逻辑电路的基本分析方法。
4. 熟悉编码器和译码器的功能和使用方法。
5. 掌握基本RS触发器、可控RS触发器、JK触发器、D触发器的逻辑功能和触发方式。
6. 了解各种触发器的机构和工作原理。
7. 熟悉寄存器、二进制计数器的结构。

学习重点

1. 逻辑代数的运算法则,基本逻辑门电路的输入、输出逻辑关系。
2. 组合逻辑电路、编码器和译码器的工作原理。
3. 各种触发器的逻辑功能和触发方式,寄存器、二进制计数器的电路构成。

学习难点

1. 逻辑函数式的化简,晶体管作为开关使用的特点,晶体管工作状态的判断。
2. 组合逻辑电路的分析,编码器和译码器的使用方法。
3. 可控RS触发器、JK触发器、寄存器、计数器的电路结构。

数字电子技术正在日新月异地发展,各种类型的数字电路广泛应用于数字通信、自动控制、计算机、数字测量仪器以及家用电器等各个领域。与模拟电路相比,数字电路使用二进制数进行计数和运算,抗干扰能力强、功耗低、对电路元件精度要求不高、保密性好,信息存储稳定,便于集成化和系列化生产。

视频

逻辑电路基础

2.1 逻辑电路基础

2.1.1 数制与编码

计数体制简称数制,体现的是多位数码中每一位的构成方法,以及从低位到高位的进位规则。十进制是我们在日常生活中习惯使用的一种计数体制，而在数字系统中，由于数字信号的特殊性，多数情况使用二进制、八进制和十六进制。

1. 十进制

十进制是以10为基数的计数体制，包括0~9十个数码和一个小数点，计数规则“逢十进一”。用脚注10或D表示，数学表达式为

$$N_{10} = \sum_{i=-\infty}^{+\infty} K_i 10^i$$

式中，K_i 为第 i 位的系数，为十个数码中的任意一个；10^i 称为相应数值位置的权，简称位权。

如 $122.25(122.25)_{10} = 1\times10^2 + 2\times10^1 + 2\times10^0 + 2\times10^{-1} + 5\times10^{-2}$

2. 二进制

二进制是以2为基数的计数体制，包括0、1两个数码和一个小数点，计数规则“逢二进一”。用脚注2或B表示，数学表达式为

$$N_2 = \sum_{i=-\infty}^{+\infty} K_i 2^i$$

式中，K_i 为第 i 位的系数，为两个数码中的任意一个；2^i 称为相应数值的位权。

3. 八进制

随着二进制数值的增大，数值的位数不断增多，不便书写和记忆，故在数字系统中常用八进制和十六进制来表示二进制数。

八进制以8为基数的计数体制，包括0~7八个数码和一个小数点，计数规则“逢八进一”。用脚注8或O表示，数学表达式为

$$N_8 = \sum_{i=-\infty}^{+\infty} K_i 8^i$$

式中，K_i 为第 i 位的系数，为八个数码中的任意一个；8^i 称为相应数值的位权。

4. 十六进制

十六进制以16为基数的计数体制，包括0~9、A~F共计十六个数码和一个小数点，计数规则“逢十六进一”。用脚注16或H表示，数学表达式为

$$N_{16} = \sum_{i=-\infty}^{+\infty} K_i 16^i$$

式中，K_i 为第 i 位的系数，为1~15这十六个十进制数中的任意一个；16^i 称为相应数值的位权。

5. 数制转换

1）二-十转换

转换方法：将每一位二进制数乘以位权后相加。

【例2-2-1】 将二进制数1101.11转化成十进制数。

解：将二进制“按权展开求和法”可得到

$$(1101.11)_2 = 1\times2^3 + 1\times2^2 + 0\times2^1 + 1\times2^0 + 1\times2^{-1} + 1\times2^{-2} = (13.75)_{10}$$

八-十、十六-十转换方法同二-十转化方法，即按位权展开后相加。

2）十-二转换

转换方法：整数和小数部分单独进行转换，整数部分“除2取余”法，除到商为0，最后出现

的余数是高位；小数部分"乘 2 取整"法，乘到积为 0 或要求的精度，最先出现的整数是高位。

【例 2-2-2】 将十进制数 27. 36 转化成二进制数。

解：

整数部分

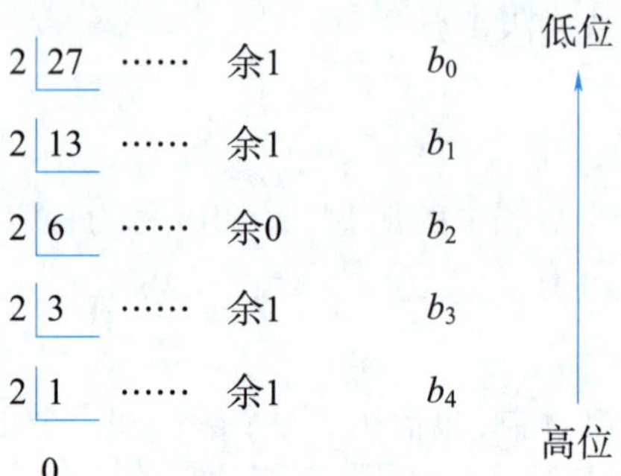

则$(27)_{10} = (11011)_2$

小数部分

$0.36 \times 2 = 0.72 \cdots\cdots 0 b_{-1}$ 高位

$0.72 \times 2 = 1.44 \cdots\cdots 1 b_{-2}$

$0.44 \times 2 = 0.88 \cdots\cdots 0 b_{-3}$

$0.88 \times 2 = 1.76 \cdots\cdots 1 b_{-4}$

$0.76 \times 2 = 1.52 \cdots\cdots 1 b_{-5}$

$0.52 \times 2 = 1.04 \cdots\cdots 1 b_{-6}$ 低位

则$(0.36)_{10} = (0.010111)_2$

即$(27.36)_{10} = (11011.010111)_2$。

十–八、十–十六转换方法同十–二转换方法，但是，转换成八进制时，整数部分"除 8 取余"，小数部分"乘 8 取整"；转换成十六进制时，整数部分"除 16 取余"，小数部分"乘 16 取整"。

3）八–二、十六–二相互转换

由于 1 位八进制数对应于 3 位二进制数，因此，八–二进制相互转换时，需将每 1 位八进制数变成 3 位二进制数或者将 3 位二进制数变成 1 位八进制数，按位的高低依次排列。

由于 1 位十六进制数对应于 4 位二进制数，因此，十六–二进制相互转换时，需将每 1 位十六进制数变成 4 位二进制数或者将 4 位二进制数变成 1 位十六进制数，按位的高低依次排列。

【例 2-2-3】 将十六进制数 EAF1. 3 转化为二进制数。

解：$(EAF1.3)_{16} = (1110101011110001.0011)_2$。

十进制数、二进制数、八进制数、十六进制数转换关系见表 2-2-1。

表 2-2-1 进制转换表

十进制数	二进制数	八进制数	十六进制数
0	0000	0	0
1	0001	1	1
2	0010	2	2

续表

十进制数	二进制数	八进制数	十六进制数
3	0011	3	3
4	0100	4	4
5	0101	5	5
6	0110	6	6
7	0111	7	7
8	1000	10	8
9	1001	11	9
10	1010	12	A
11	1011	13	B
12	1100	14	C
13	1101	15	D
14	1110	16	E
15	1111	17	F

6. 码制

数字电路中，数码不仅可以表示数量的大小，还能用来表示各种文字、符号等信息。这些表示各种信息的二进制数码称为代码。赋予代码不同信息的过程，称为编码。

最常用的编码是：用 4 位二进制数码来表示个 1 位十进制数码，这种编码方法叫二-十进制编码，简称 BCD 码。BCD 码分有权码和无权码，有权码是指 4 位二进制码中的每一位均有固定的权值。

常用的 BCD 编码见表 2-2-2，其中 8421 码应用最广，余三码和格雷码为无权码。

表 2-2-2　常用的 BCD 编码

十进制数码	8421 编码	5421 编码	2421 编码	余三码(无权码)	格雷码(无权码)
0	0000	0000	0000	0011	0000
1	0001	0001	0001	0100	0001
2	0010	0010	0010	0101	0011
3	0011	0011	0011	0110	0010
4	0100	0100	0100	0111	0110
5	0101	1000	1011	1000	0111
6	0110	1001	1100	1001	0101
7	0111	1010	1101	1010	0100
8	1000	1011	1110	1011	1100
9	1001	1100	1111	1100	1000
权	8421	5421	2421	无权	无权

素养教育

半斤八两

半斤八两的由来：范蠡，字少伯，春秋末楚国宛邑三户（今河南南阳）人。我国历史上杰出的政治家、军事家、思想家和商业理论家。后改名陶朱公。就是这位号称财神的陶朱公，经商时发明了秤。陶朱公经商的时代还没有衡器，市场上很多货物的交易都是估计分量，很难做到公平交易。于是他便设想制造一种能测定货物质量的工具。陶朱公用橘槔从井中汲水时受到启发，发明了类似于现在的台秤，这种称对于坐商还可以，而对于行贾使用起来就很不方便。于是陶朱公又对秤进行了一番改造，在秤杆支点上钻个小孔，小孔穿上麻绳，用手来提。这样一来，秤的使用和携带就方便多了。但是，时间一长，陶朱公又发现，一些心术不正的商人，卖东西时缺斤少两，克扣百姓。他决定把秤再作改进，警告奸商用秤要公平心正。他改秤杆白木刻黑星为红木嵌金属星形，并在南斗六星和北斗七星之外，再加上福、禄、寿三星，以十六两为一斤。他告诫商人，经商必须光明正大，不能去赚黑心钱。据史料对照，陶朱公发明的秤比罗马大秤还早二百多年。

2.1.2 逻辑代数

逻辑代数又称布尔代数，是一种描述事物逻辑关系的数学方法。当逻辑变量赋予不同的二进制数时，逻辑电路可通过逻辑代数研究事件的因果关系。因此，逻辑代数是分析和设计逻辑电路的重要数学工具。

1. 逻辑变量和逻辑函数

表示事物状态的变量称为逻辑变量。而在逻辑代数中，输出变量和输入变量的关系称为逻辑函数。

逻辑变量只有两种取值“0”和“1”，没有数值含义，代表两种对立的状态。数字电路通常采用正逻辑，即高电平对应逻辑“1”，低电平对应逻辑“0”。

2. 基本逻辑运算

逻辑代数中有三种基本逻辑运算，即“与”逻辑运算、“或”逻辑运算和“非”逻辑运算。任何复杂的逻辑运算都可以通过这三种基本逻辑运算来实现。

1)“与”逻辑运算

只有决定事件结果的全部条件同时具备时，结果才会发生，这种因果关系称为“与”逻辑运算（或逻辑乘）。

图 2-2-1 所示的开关串联电路中，设灯点亮为逻辑“1”，灯熄灭为逻辑“0”，开关闭合为逻辑“1”，开关断开为逻辑“0”。由图可知，只有当开关 A 和 B 全部闭合，灯 Y 才会点亮。因此，电路构成“与”逻辑运算，其逻辑函数表达式为

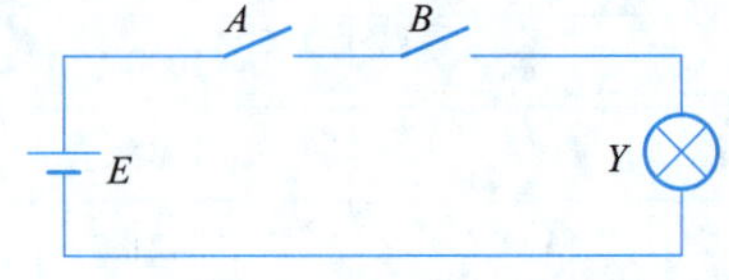

图 2-2-1 “与”逻辑运算电路

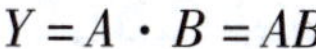

$$Y = A \cdot B = AB$$

这里“·”代表与运算符号，读作“与”，书写时可直接省略。

根据状态表将相应变量赋值，得到的赋值表称为真值表。“与”逻辑运算状态表、真值表和图形符号如图 2-2-2 所示。

开关A	开关B	灯Y
断开	断开	灭
断开	闭合	灭
闭合	断开	灭
闭合	闭合	亮

（a）状态表

A	B	Y
0	0	0
0	1	0
1	0	0
1	1	1

（b）真值表

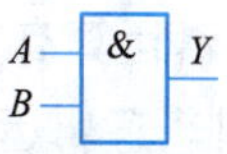

（c）图形符号

图 2-2-2　“与”逻辑运算状态表、真值表和图形符号

2)“或”逻辑运算

决定事件结果的若干条件中，只要有一个或一个以上的条件满足，结果就会发生，这种因果关系称为“或”逻辑运算（“或”逻辑加）。

图 2-2-3 所示的开关并联电路中，只要开关 A 和 B 中有一个以上闭合时，灯 Y 点亮。因此，电路构成“或”逻辑运算，其逻辑函数表达式为

$$Y = A + B$$

这里“+”代表或运算符号，读作“或”。“或”逻辑运算状态表、真值表和图形符号如图 2-2-4 所示。

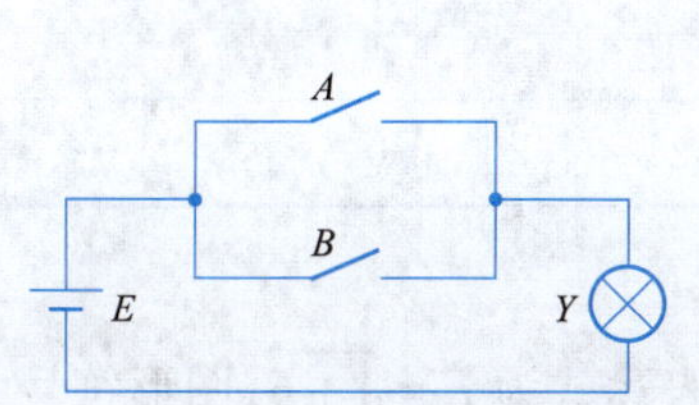

图 2-2-3　“或”逻辑运算电路图

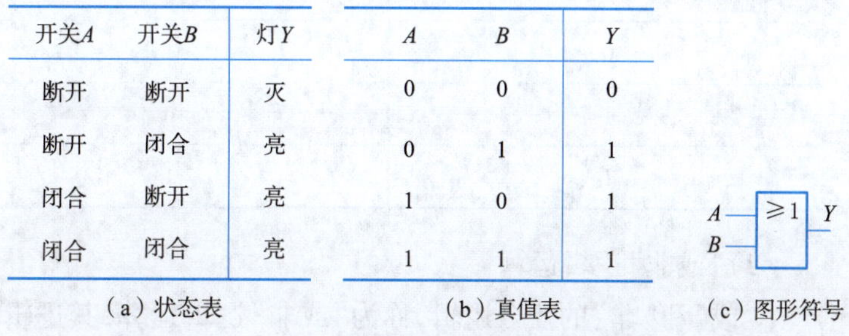

开关A	开关B	灯Y
断开	断开	灭
断开	闭合	亮
闭合	断开	亮
闭合	闭合	亮

（a）状态表

A	B	Y
0	0	0
0	1	1
1	0	1
1	1	1

（b）真值表

（c）图形符号

图 2-2-4　“或”逻辑运算状态表、真值表和图形符号

3)“非”逻辑运算

决定事件结果的条件满足时，结果不发生；决定事件结果的条件不满足时，结果发生。这种因果关系称为“非”逻辑运算（“或”逻辑反）。

图 2-2-5 所示的开关电路中，开关 A 闭合时，灯 Y 熄灭；开关 A 断开时，灯 Y 点亮。因此，电路构成“非”逻辑运算，其逻辑函数表达式为

$$Y = \overline{A}$$

这里“—”代表求反的运算符号，读作“非”。“非”逻辑运算状态表、真值表和图形符号如图 2-2-6 所示。

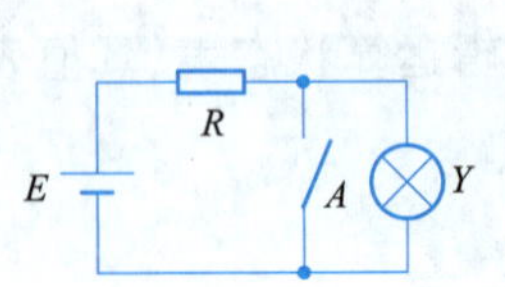

图 2-2-5 “非”逻辑运算电路图

开关A	灯Y
断开	亮
闭合	灭

（a）状态表

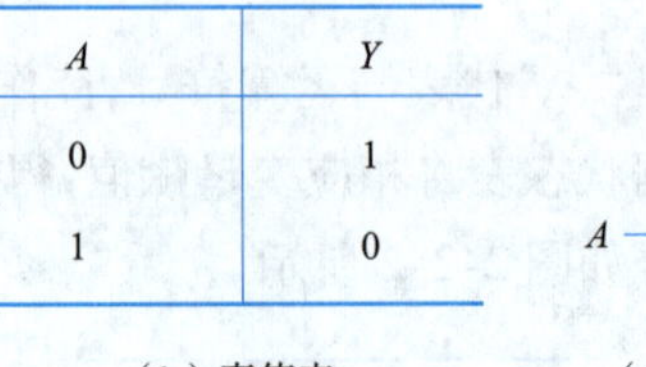

A	Y
0	1
1	0

（b）真值表

（c）图形符号

图 2-2-6 非逻辑运算状态表、真值表和图形符号

3. 复合逻辑运算

复合逻辑运算有“与非”“或非”“与或非”“异或”“同或”等。

1）“与非”逻辑运算

“与”和“非”的复合逻辑，称为“与非”逻辑运算，其逻辑函数表达式为 $F=\overline{AB}$，图形符号如图 2-2-7（a），真值表见表 2-2-3。

（a）“与非”逻辑运算图形符号

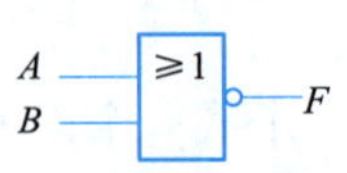

（b）“或非”逻辑运算复合图形符号

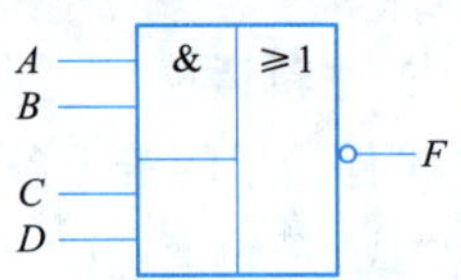

（c）“与或非”逻辑运算图形符号

图 2-2-7 复合逻辑运算图形符号

表 2-2-3 “与非”逻辑运算真值表

A	B	F
0	0	1
0	1	1
1	0	1
1	1	0

2）“或非”逻辑运算

“或”和“非”的复合逻辑，称为“或非”逻辑运算，其逻辑函数表达式为 $F=\overline{A+B}$，图形符号如图 2-2-7（b）所示，真值表见表 2-2-4。

表 2-2-4 “或非”逻辑运算真值表

A	B	F
0	0	1
0	1	0
1	0	0
1	1	0

3)“与或非”逻辑运算

“与”“或”“非”三种逻辑运算的复合逻辑称为“与或非”逻辑运算，运算顺序为：先“与”，后“或”，再“非”。逻辑函数表达式为 $F=\overline{AB+CD}$，图形符号如图 2-2-7(c)所示。

4)“异或”和“同或”逻辑运算

若两个输入变量 A、B 的取值不同，则输出变量 F 为“1”；若 A、B 取值相同，则输出变量 F 为“0”。这种逻辑关系叫“异或”逻辑运算，其逻辑函数表达式为 $F=A\oplus B=\bar{A}B+A\bar{B}$，图形符号如图 2-2-8(a)所示，真值表见表 2-2-5。

(a) “异或”逻辑运算图形符号　(b) “同或”逻辑运算图形符号

图 2-2-8 “异或”和“同或”逻辑运算图形符号

表 2-2-5 “异或”“同或”逻辑运算真值表

A	B	$F=A\oplus B$	$F=A\odot B$
0	0	0	1
0	1	1	0
1	0	1	0
1	1	0	1

若两个输入变量 A、B 的取值相同，则输出变量 F 为“1”；若 A、B 取值不同，则 F 为“0”。这种逻辑关系叫“同或”逻辑运算。其逻辑函数表达式为 $F=A\odot B=AB+\overline{A}\overline{B}$，图形符号如图 2-2-8(b)所示，真值表见表 2-2-5。

4. 逻辑函数表示方法

逻辑函数常用表示方法有真值表、逻辑函数表达式、逻辑图和卡诺图等。

1)真值表

例如，三人表决事件，根据少数服从多数原则，两个或两个以上表决人员同意，则事件通过。真值有见表 2-2-6。

表 2-2-6 三人表决事件真值表

A	B	C	结果 F
0	0	0	0
0	0	1	0
0	1	0	0
0	1	1	1
1	0	0	0
1	0	1	1
1	1	0	1
1	1	1	1

2）逻辑函数表达式

用函数表示逻辑关系的表达式称为逻辑函数表达式。根据逻辑关系直接列写逻辑函数表达式通常很难，因此可以根据逻辑关系先列出其真值表，再由真值表列写逻辑函数表达式。

根据真值表列写逻辑函数式的方法：找到真值表中那些使函数值为 1 的变量组合，“1”表示原变量，“0”表示反变量，同一组合内输入变量相“与”，不同组合的各“与”项相“或”，即可得到真值表对应的逻辑函数表达式。

【例 2-2-4】 通过三人表决事件真值表（见表 2-2-6），写出对应逻辑函数表达式。

解：011、101、110、111 四个变量组合使函数值为“1”，所以 4 个“与”项为 $\bar{A}BC$、$A\bar{B}C$、$AB\bar{C}$、ABC，该函数的逻辑函数表达式为：

$$F=\bar{A}BC+A\bar{B}C+AB\bar{C}+ABC$$

3）逻辑图

用逻辑图形符号代替逻辑函数表达式中的运算符号，即可得到逻辑图。

【例 2-2-5】 画出函数 $F=\overline{AB}+\bar{C}$ 的逻辑图。

解：该函数包括“与非”“或”“非”三种关系，将这三种关系用逻辑图形符号代替得到其逻辑图，如图 2-2-9 所示。

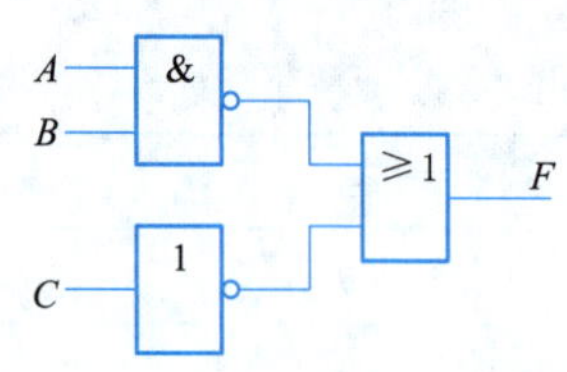

图 2-2-9 例 2-2-5 的逻辑图

2.1.3 分立元件门电路

二极管、三极管等开关元件经过适当组合构成的电路，可以实现一定的逻辑关系。这种实现一定逻辑关系的电路称为逻辑门电路，简称门电路。门电路分为分立元件门电路和集成逻辑门电路。由电阻、电容、二极管和三极管等构成的各种逻辑门电路，称作分立元件门电路。其中，用逻辑“0”表示低电平，逻辑“1”表示高电平。

1. 二极管门电路

1）二极管“与”门电路

二极管“与”门电路如图 2-2-10 所示，由电路关系可知，输入、输出变量满足“与”逻辑，该电路为“与”门电路。“与”门真值表见表 2-2-7。

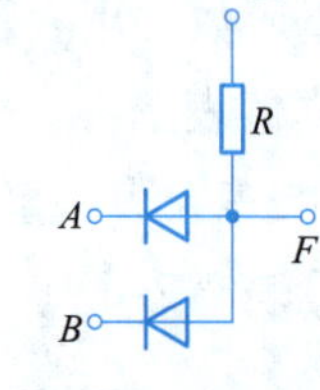

图 2-2-10 二极管“与”门电路

表 2-2-7 “与”门真值表

A	B	F
0	0	0
0	1	0
1	0	0
1	1	1

2）二极管“或”门

二极管或门电路如图 2-2-11 所示，由电路关系可知，输入、输出变量满足“或”逻辑，该电路为"或"门电路。"或"门真值表见表2-2-8。

表2-2-8　"或"门真值表

A	B	F
0	0	0
0	1	1
1	0	1
1	1	1

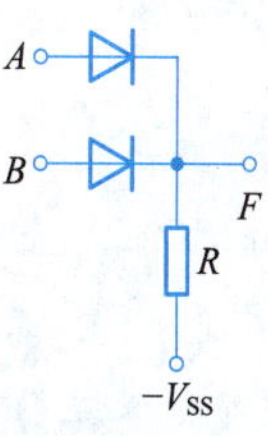

图2-2-11　二极管"或"门电路

2. 三极管门电路

1)三极管"非"门

三极管"非"门电路如图2-2-12所示,由电路关系可知,输入、输出变量满足"非"逻辑,该电路为"非"门电路,也称为反相器。"非"门值表见表2-2-9。

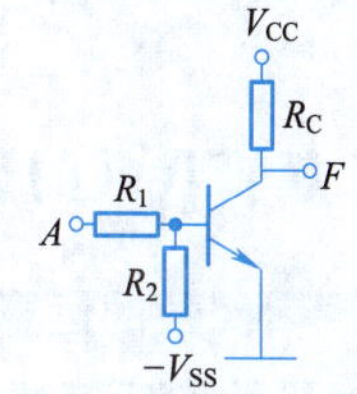

图2-2-12　三极管"非"门电路

表2-2-9　"非"门真值表

A	F
1	1
0	0

2)三极管"与非"门

将二极管"与"门与反相器连接起来,构成如图2-2-13所示电路。由电路关系可知,输入、输出变量满足"与非"逻辑,该电路为"与非"门电路。"与非"门真值表见表2-2-10。

表2-2-10　"与非"门真值表

A	B	F
0	0	1
0	1	1
1	0	1
1	1	0

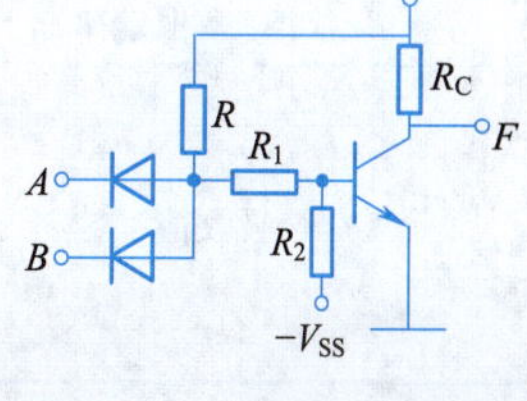

图2-2-13　"与非"门电路

3)三极管"或非"门

将二极管"或"门与反相器连接起来,构成如图2-2-14所示电路。由电路关系可知,输入、输出变量满足"或非"逻辑,该电路为"或非"门电路。"或非"门真值表见表2-2-11。

表2-2-11　"或非"门真值表

A	B	F
0	0	1
0	1	0
1	0	0
1	1	0

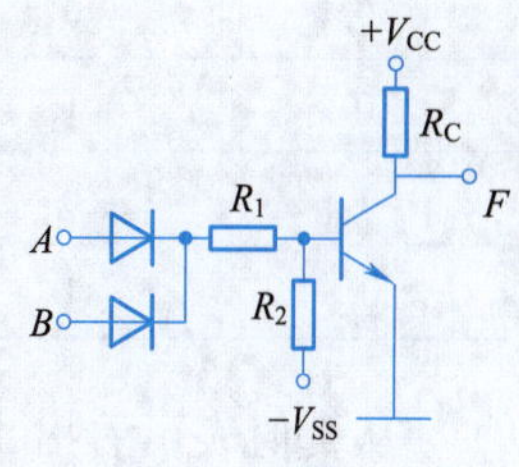

图2-2-14　"或非"门电路

素养教育

天下兴亡，匹夫有责

我们日常用的电子产品，如手机、电脑等，它们的组成肯定离不开集成电子电路，虽然集成电子电路有很强大的功能，但它的组成是由许多默默无闻的元器件支撑的，一旦有一个元器件损坏或不工作，那么整个庞大的集成电子电路将极有可能会崩盘。正所谓“天下兴亡，匹夫有责”，国家的发展兴旺和我们每个个体都是息息相关，我们要有责任、有担当，为祖国的建设发展添砖加瓦、献一份力。

2.1.4 逻辑代数的运算

1. 逻辑代数的运算法则

逻辑代数的运算法则见表2-2-12。

表2-2-12 逻辑代数的运算法则

运算法则	公式	
基本运算法则	$A\cdot 0=0\quad A\cdot 1=A\quad A\cdot A=A$	
	$A+0=A\quad A+1=A\quad A+A=A$	
	$A+\overline{A}=1\quad A\overline{A}=0\quad \overline{\overline{A}}=A$	
交换律	$AB=BA$	$A+B=B+A$
结合律	$(AB)C=A\cdot(B\cdot C)$	$(A+B)+C=A+(B+C)$
分配率	$A(B+C)=A\cdot B+A\cdot C$	$A+BC=(A+B)(A+C)$
反演律(摩根定律)	$\overline{AB}=\overline{A}+\overline{B}$	$\overline{A+B}=\overline{A}\overline{B}$
吸收律	$A(A+B)=A\quad A+AB=A$ $A(\overline{A}+B)=AB\quad A+\overline{A}B=A+B$ $AB+\overline{A}C+BC=AB+\overline{A}C$ $(A+B)(\overline{A}+C)(B+C)=(A+B)(\overline{A}+C)$	

表中各法则和定律可以通过列真值表和利用已经证明定律进行证明。

【例2-2-6】 用列真值表证明恒等式$\overline{A\oplus B}=\overline{A}\,\overline{B}+AB$。

证：

A	B	$A\oplus B$	$\overline{A}\overline{B}$	AB	$\overline{A\oplus B}$	$\overline{A}\overline{B}+AB$
0	0	0	1	0	1	1
0	1	1	0	0	0	0
1	0	1	0	0	0	0
1	1	0	0	1	1	1

从真值表可看出，$\overline{A\oplus B}$和$\overline{A}\,\overline{B}+AB$真值表完全相同，恒等式成立。

【例2-2-7】 证明分配律：$A+BC=(A+B)(A+C)$。

证：$(A+B)(A+C)=AA+AB+AC+BC$

$=A+AB+AC+BC$

$=A(1+B+C)+BC$

$=A+BC$

2. 逻辑代数的两个重要规则

1)代入规则

将任意逻辑等式的同一变量都用同一逻辑函数替代，等式依然成立，该规则称为代入规则。

例如，证明$\overline{A+B+C}=\overline{A}\,\overline{B}\,\overline{C}$。

由反演律知$\overline{A+B}=\overline{A}\,\overline{B}$，将 B 用 $B+C$ 替代，则等式仍成立，即

$$\overline{A+B+C}=\overline{A}\cdot\overline{B+C}=\overline{A}\,\overline{B}\,\overline{C}$$

同理，可将，反演律推广到任意变量，即

$$\overline{A_1+A_2+\cdots A_n}=\overline{A_1}\,\overline{A_2}\cdots\overline{A_n}$$

2)反演规则

反演规则用于求解任意一个逻辑函数 Y 的非函数$\overline{Y}$。运算法则为：与(·)变或(+)，或(+)变与(·)；0 变 1，1 变 0；原变量变成反变量，反变量变成原变量。

运用反演规则时，注意运算优先级：括号优于"与"逻辑，"与"逻辑优于"或"逻辑。例如，求$F=\overline{A}B+CD$ 的非函数$\overline{F}$。

按照反演规则，可得$\overline{F}=(A+\overline{B})(\overline{C}+\overline{D})$。

2.2　逻辑函数的化简

将逻辑函数表达式转换成逻辑图，进而设计逻辑电路前，通常需要将函数表达式化为最简，通常是最简"与或"表达式。所谓最简"与或"表达式，指"与"项项数最少，且每个"与"项中变量的个数也最少的"与或"表达式。逻辑函数通常有两种化简方法：代数化简法和卡诺图化简法。

2.2.1　逻辑函数的代数化简法

视频

逻辑函数的化简

1. 并项法

运用 $A+\overline{A}=1$，将两项合并消去一个逻辑变量。

【例 2-2-8】　用并项法化简逻辑函数 $F=\overline{A}B\overline{C}+A\overline{C}+\overline{BC}$。

解：$F=\overline{A}B\overline{C}+A\overline{C}+\overline{B}\,\overline{C}$

$=\overline{A}B\overline{C}+(A+\overline{B})\overline{C}$

$=(\overline{A}B)\overline{C}+\overline{\overline{A}B}\,\overline{C}$

$=\overline{C}$

2. 吸收法

利用 $A+AB=A,AB+\overline{A}C+BC=AB+\overline{A}C$ 吸收多余因子。

【例 2-2-9】 用吸收法化简逻辑函数 $F=AB+AB\overline{C}+ABD$。

解:$F=AB+AB\overline{C}+ABD$

$=AB+AB(\overline{C}+D)$

$=AB(1+\overline{C}+D)$

$=AB$

3. 消去法

利用公式 $AB+\overline{A}C+BC=AB+\overline{A}C;A+\overline{A}B=A+B$ 消去多余因子。

【例 2-2-10】 利用消去法化简逻辑函数 $F=A\overline{B}C\overline{D}+(\overline{A}+B)E+C\overline{D}E$

解:$F=A\overline{B}C\overline{D}+(\overline{A}+B)E+C\overline{D}E$

$=A\overline{B}C\overline{D}+\overline{A\overline{B}}E+C\overline{D}E$

$=A\overline{B}C\overline{D}+\overline{A\overline{B}}E$

4. 配项法

利用公式 $A+\overline{A}=1,A=A(B+\overline{B})=AB+\overline{A}B$ 将式扩展成两项,用来与其他项合并。配项法要求对逻辑代数的运算法则熟练掌握。

【例 2-2-11】 利用配项法化简逻辑函数 $F=A\overline{B}+B\overline{C}+\overline{B}C+\overline{A}B$。

解:$F=A\overline{B}+B\overline{C}+\overline{B}C+\overline{A}B$

$=A\overline{B}+B\overline{C}+\overline{B}C(A+\overline{A})+\overline{A}B(C+\overline{C})$

$=A\overline{B}+B\overline{C}+A\overline{B}C+\overline{A}\,\overline{B}C+\overline{A}BC+\overline{A}B\overline{C}$

$=(A\overline{B}+A\overline{B}C)+(B\overline{C}+\overline{A}B\overline{C})+(\overline{A}\,\overline{B}C+\overline{A}BC)$

$=A\overline{B}+B\overline{C}+\overline{A}C$

2.2.2 逻辑函数的卡诺图化简法

1. 最小项

1)最小项的定义

包含全部变量且等于 1 的机会最小的“与”项,称之为最小项。n 个变量的最小项是 n 个因子的“与”项,这 n 个变量均以原变量或反变量的形式在“与”项中出现且仅出现一次。n 个变量就有 2^n 个最小项,如三变量 A、B、C 的最小项有 2^3 个,分别为$\overline{A}\,\overline{B}\,\overline{C}$、$\overline{A}\,\overline{B}C$、$\overline{A}B\overline{C}$、$\overline{A}BC$、$A\overline{B}\,\overline{C}$、$A\overline{B}C$、$AB\overline{C}$、$ABC$。

卡诺图中常用 m_i 表示最小项,i 为最小项组合对应的二进制数的十进制数值。

全部由最小项相加而成的函数表达式称为最小项表达式,或称为标准“与或”表达式。

2)最小项性质

(1)任何一个最小项,只有一组变量的取值使它的值为 1。

(2)同一取值时,任意两个最小项之积恒为0。

(3)同一取值时,n 个变量的全部最小项之和恒为1。

(4)两个最小项中仅有一个变量不同,称这两个最小项为相邻项,相邻项可以合并消去一个因子,如 $A\bar{B}C + ABC = AC$。三变量逻辑函数最小项真值表见表2-2-13。

表2-2-13　三变量逻辑函数最小项真值表

ABC	m_0 $\bar{A}\bar{B}\bar{C}$	m_1 $\bar{A}\bar{B}C$	m_2 $\bar{A}B\bar{C}$	m_3 $\bar{A}BC$	m_4 $A\bar{B}\bar{C}$	m_5 $A\bar{B}C$	m_6 $AB\bar{C}$	m_7 ABC
000	1	0	0	0	0	0	0	0
001	0	1	0	0	0	0	0	0
010	0	0	1	0	0	0	0	0
011	0	0	0	1	0	0	0	0
100	0	0	0	0	1	0	0	0
101	0	0	0	0	0	1	0	0
110	0	0	0	0	0	0	1	0
111	0	0	0	0	0	0	0	1

2. 卡诺图

卡诺图是根据真值表按照相邻最小项的规则画出来的方块图。相邻最小项即卡诺图中上下左右最小项只有一个变量不同。

二变量至四变量的卡诺图分别如图2-2-15~图2-2-17所示。其中,图2-2-16(b)用最小项来表示,其余用最小项编号表示。

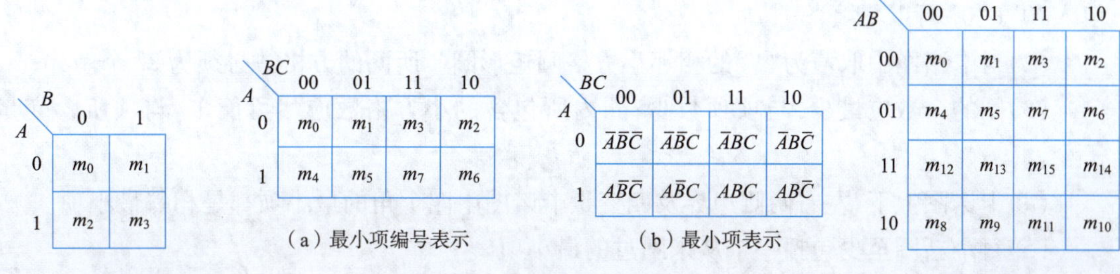

(a)最小项编号表示　(b)最小项表示

图2-2-15　二变量卡诺图　　图2-2-16　三变量卡诺图　　图2-2-17　四变量卡诺图

3. 卡诺图表示法

1)根据最小项表达式绘制卡诺图

将最小项表达式中的数字所对应卡诺图中相应的方格填"1",其余小方格填入"0"即可。例如,函数 $F(A,B,C,D)=\sum m(1,7,12) = \bar{A}\bar{B}\bar{C}D + \bar{A}BCD + AB\bar{C}\bar{D}$,其卡诺图如图2-2-18所示。

若函数表达式为非标准"与或"表达式,则可利用互补律($A+\bar{A}=1$)对缺少因子的"与"项进行变量补全,将其变成标准"与或"表达式。例如,函数 $F(A,B,C) = \bar{A}C + A\bar{B}C + AB = \bar{A}(B+\bar{B})C + A\bar{B}C + AB(C+\bar{C}) = \bar{A}\bar{B}C + \bar{A}BC + A\bar{B}C + AB\bar{C} + ABC = m_1 + m_3 + m_5 + m_6 + m_7 = \sum m(1,3,5,6,7)$,其卡诺图如图2-2-19所示。

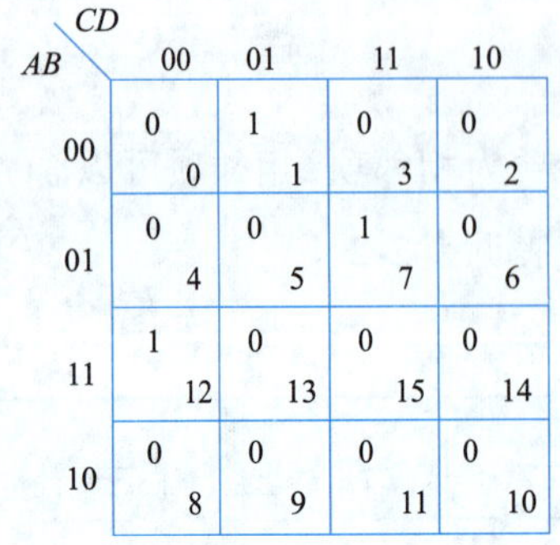

图 2-2-18　$F=\sum m(1,7,12)$的卡诺图

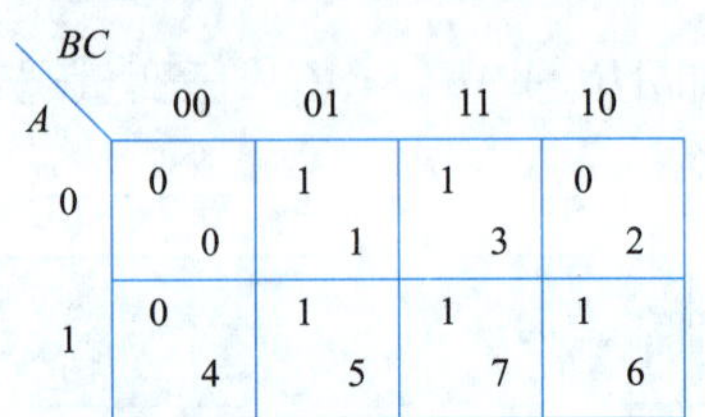

图 2-2-19　$F=\sum m(1,3,5,6,7)$的卡诺图

2)利用真值表绘制卡诺图

利用真值表可以直接得到逻辑函数的卡诺图。只要将真值表中输出为"1"的最小项所对应的小方格填入"1",其余小方格填入"0"即可。

4. 卡诺图化简原理

同一个逻辑函数可以用不同的逻辑式来表示,但最小项组成的标准"与或"表达式是唯一的,这是卡诺图化简的基础。

由相邻最小项可知,卡诺图上两个相邻的最小项中,仅有一个变量不同,可用关系式 $AB+A\overline{B}=A$ 消去不同变量,并用一个由$(n-1)$个变量组成的"与"项来表示,即用一个表达式表示两个最小项。合并的相邻最小项越多,函数的简化程度越高。

5. 卡诺图化简方法

(1)用卡诺图正确表示原函数,原函数中包含的最小项对应的小方格填入"1",其余小方格填入"0"("0"可以不填)。

(2)对卡诺图中取值为"1"的相邻小方格画矩形圈。所圈的方格数必须为 2^n 个。

(3)圈的个数应最少,与项项数少;圈内所包含的小方格数应尽可能多,与项所含变量因子少。

(4)卡诺图上下、左右两侧边界及四变量卡诺图中四个角的最小项都是相邻最小项。

(5)每个新圈至少包括一个从未圈过的最小项。

(6)每个取值为 1 的小方格可以被圈多次,但不得遗漏。

(7)最小圈可以只含有一个小方格,但此时不能化简。

【例 2-2-12】　用卡诺图化简函数 $F(A,B,C)=\overline{A}BC+A\overline{B}C+AB\overline{C}+ABC$

解:(1)画出与原函数 F 对应的卡诺图,如图 2-2-20(a)所示。

(2)用圈将相邻项 m_3 和 m_7、m_5 和 m_7、m_6 和 m_7 两两圈住。

(3)将每个圈中不同变量消去,保留共有变量,得到化简后的表达式:

$$F(A,B,C)=AB+BC+AC$$

【例 2-2-13】　用卡诺图化简函数 $F(A,B,C,D)=\sum m(1,5,6,7,11,12,13,15)$

解:(1)画出与原函数 F 对应的卡诺图,如图 2-2-20(b)所示。

(2)用圈将相邻项 m_1 和 m_5、m_{12} 和 m_{13}、m_{11} 和 m_{15}、m_6 和 m_7 两两圈住。注意:此时若先圈大

圈(如图中虚线所示),则将产生多余圈。

(3)将每个圈中不同变量消去,保留共有变量,得到化简后的表达式:

$$F(A,B,C,D)=\overline{A}\,\overline{C}D+AB\overline{C}+ACD+\overline{A}BC$$

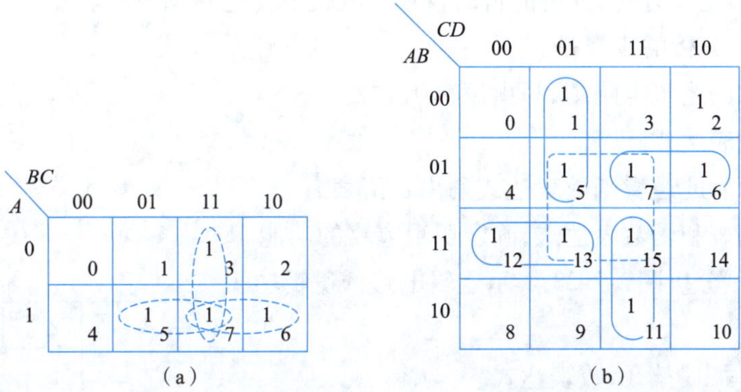

图 2-2-20　例 2-2-12、例 2-2-13 卡诺图

素养教育

严于律己、遵纪守法

卡诺图化简和公式化简可以使逻辑函数表达式更加直观、简便,但这种化简要遵守一定的规则和定律,否则有可能将式子越化越烦琐。我们的生活如同逻辑函数化简一样,必须要在一定的框架下,循规守矩、遵纪守法,才会更加自由、舒适。

2.3　组合逻辑电路

数字电路分为两大类:组合逻辑电路和时序逻辑电路。

组合逻辑电路:任意时刻的输出仅取决于该时刻的输入,与电路原来的状态无关。组合逻辑电路不包含反馈电路和存储单元,全部由门电路构成,如图 2-2-21 所示。

时序逻辑电路:由组合逻辑电路和存储电路组成,它的输出状态不仅取决于当前时刻输入,还与原来的输出状态有关,具有记忆功能,如图 2-2-22 所示。

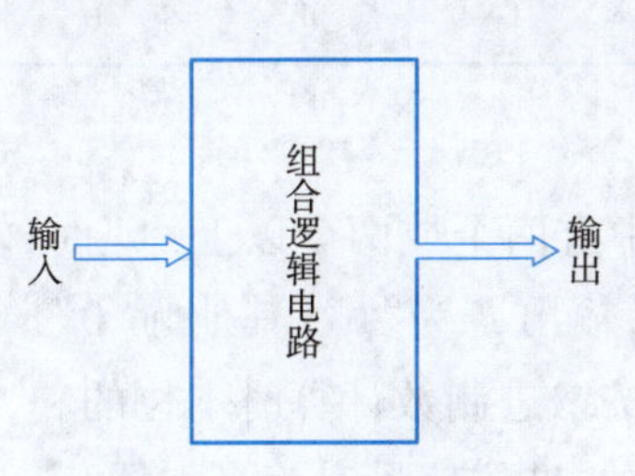

图 2-2-21　组合逻辑电路

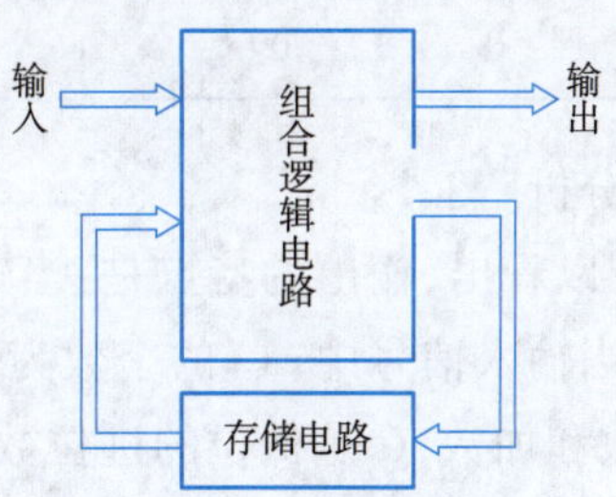

图 2-2-22　时序逻辑电路

2.3.1 组合逻辑电路的分析

组合逻辑电路的分析就是根据给定的逻辑电路，分析出输出信号和输入信号的逻辑关系，从而确定其逻辑功能。有时，分析的目的仅在于验证已知电路的逻辑功能是否正确。

组合逻辑电路分析的步骤是：

(1)根据已知的逻辑电路图，写出逻辑函数表达式。

(2)化简函数表达式。

(3)根据化简后的逻辑函数表达式列出真值表。

(4)根据真值表和函数表达式，确定逻辑电路的功能。

【例 2-2-14】 分析图 2-2-23 所示逻辑电路的逻辑功能。

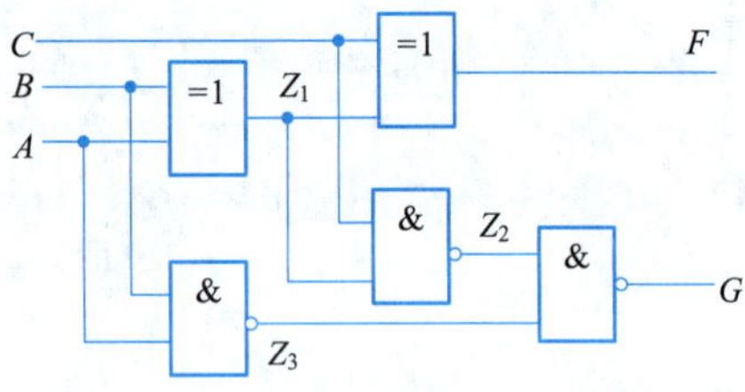

图 2-2-23 例 2-2-14 逻辑电路

解：(1)逐级写出逻辑函数表达式。

$$Z_1 = A \oplus B$$

$$Z_2 = \overline{Z_1 C}$$

$$Z_3 = \overline{AB}$$

$$F = Z_1 \oplus C$$

$$G = \overline{Z_2 Z_3}$$

(2)化简逻辑函数。

$$F = (A \oplus B) \oplus C = A \oplus B \oplus C$$

$$G = \overline{\overline{(A \oplus B)C}} + \overline{\overline{Z_3}} = (A \oplus B)C + AB = A\overline{B}C + \overline{A}BC + AB = AC + BC + AB$$

(3)列出真值表，见表 2-2-14。

表 2-2-14 例 2-2-14 真值表

输入			输出		输入			输出	
A	B	C	F	G	A	B	C	F	G
0	0	0	0	0	1	0	0	1	0
0	0	1	1	0	1	0	1	0	1
0	1	0	1	0	1	1	0	0	1
0	1	1	0	1	1	1	1	1	1

(4)逻辑功能分析。

从真值表中可以看出，输出的特点是：当输入信号中有两个或两个以上“1”时，输出 G 为“1”，其他为“0”；当输入信号中“1”的个数为奇数个时，输出 F 为“1”，其他为“0”。若认为 A 和 B 分别是被加数和加数，C 是低位的进位数，则 F 是按二进制数计算时本位的和，G 是向高位的进位数。故该电路是一个一位的全加器(若无低位的进位信号时为半加器)。

2.3.2 组合逻辑电路的设计

组合逻辑电路的设计是根据给出的实际要求,设计出能实现这一逻辑功能的最简逻辑电路。与分析过程大致相反。

组合逻辑电路设计的步骤是:

(1)根据设计要求列出真值表。

(2)由真值表写出逻辑函数的“与或”表达式(如所用门电路种类有所限制,需将逻辑函数表达式加以变换,以符合设计要求)。

(3)化简逻辑函数表达式。

(4)根据化简后的逻辑函数表达式,画出逻辑电路图。

【例2-2-15】 设计一个三人表决电路,按少数服从多数原则,以表决某一提案是否通过。如多数赞成,则提案通过,以指示灯点亮表示,反之则指示灯不亮。

解:(1)由设计要求可将参加表决的三人设为输入变量 A、B、C,且当某人赞成时设为“1”,不赞成设为“0”;指示灯亮为“1”,否则为“0”。由此可得真值表,见表2-2-15。

表2-2-15 例2-2-15真值表

输入			输出	输入			输出
A	B	C	F	A	B	C	F
0	0	0	0	1	0	0	0
0	0	1	0	1	0	1	1
0	1	0	0	1	1	0	1
0	1	1	1	1	1	1	1

(2)由真值表写出逻辑函数表达式。

$$F=\overline{A}BC+A\overline{B}C+AB\overline{C}+ABC$$

(3)化简逻辑表达式。

$$F=AB+AC+BC=AB+C(A+B)$$

(4)根据上式画出逻辑电路,如图2-2-24所示。如果该电路要求只用“与非”门实现,则要对逻辑函数进行变换,其“与非”表达式为

$$F=AB+AC+BC=\overline{\overline{AB+AC+BC}}=\overline{\overline{AB}\cdot\overline{AC}\cdot\overline{BC}}$$

由“与非”门组成的三人表决电路如图2-2-25所示。

2.3.3 中规模组合逻辑电路的应用

数字系统中经常使用的逻辑电路包括编码器、译码器、加法器、选择器、比较器等。这些逻辑电路进行了标准化设计,制成了中、小规模的集成电路产品。

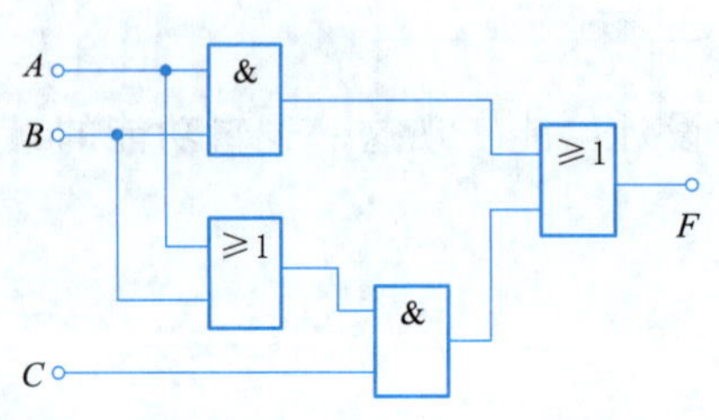

图 2-2-24　例 2-2-15 逻辑电路图

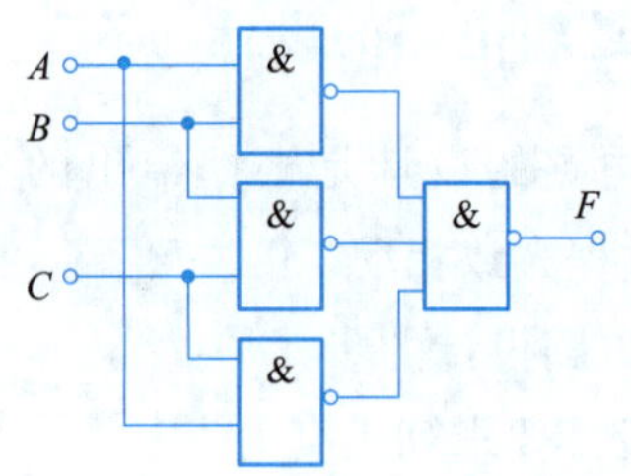

图 2-2-25　例 2-2-15“与非”门逻辑电路图

1. 编码器

编码是指将有特定意义的信息(数值、文字或符号等),编成相应的多位二进制代码。用来完成编码工作的电路,称为编码器。例如,计算机键盘就是由编码器组成,通过键盘输入进行编码,编码器将编码转换为机器可以识别的二进制代码,以实现对机器的控制。根据实际需要,编码器有普通编码器、优先编码器等。

1)普通编码器

普通编码器:每个时刻只有一个输入信号有效,若同时多个输入信号有效,将发生编码错误。三位二进制普通编码器图形符号如图 2-2-26 所示,三位二进制编码器的逻辑电路如图 2-2-27 所示,输入 $I_0 \sim I_7$ 高电平有效,输出三位二进制代码 $Y_2Y_1Y_0$。因此,该编码器又叫 8 线-3 线编码器,其功能表见表 2-2-16。

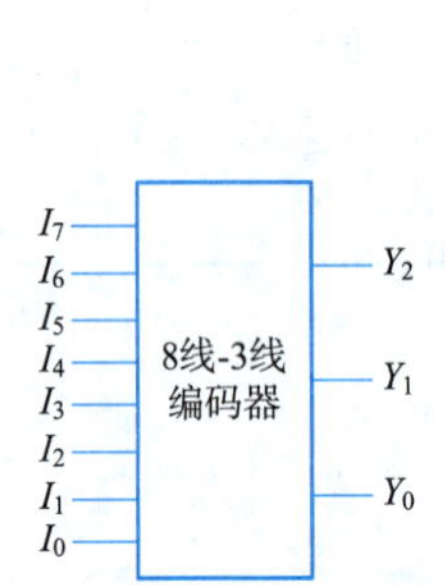

图 2-2-26　三位二进制编码器图形符号

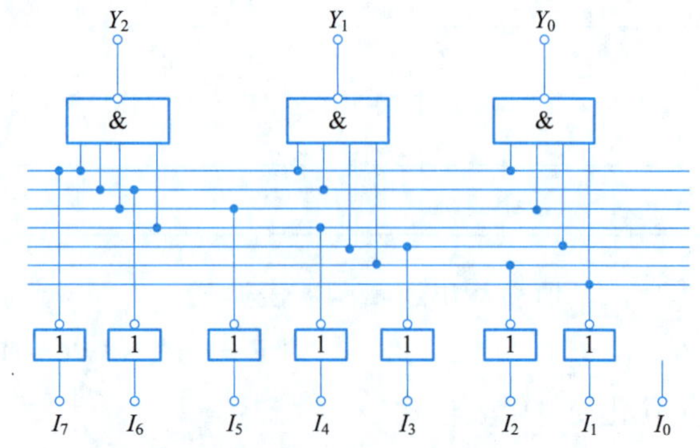

图 2-2-27　三位二进制编码器逻辑电路

表 2-2-16　三位二进制编码器功能表

输入								输出		
I_0	I_1	I_2	I_3	I_4	I_5	I_6	I_7	Y_2	Y_1	Y_0
1	0	0	0	0	0	0	0	0	0	0
0	1	0	0	0	0	0	0	0	0	1
0	0	1	0	0	0	0	0	0	1	0
0	0	0	1	0	0	0	0	0	1	1

续表

输入								输出		
I_0	I_1	I_2	I_3	I_4	I_5	I_6	I_7	Y_2	Y_1	Y_0
0	0	0	0	1	0	0	0	1	0	0
0	0	0	0	0	1	0	0	1	0	1
0	0	0	0	0	0	1	0	1	1	0
0	0	0	0	0	0	0	1	1	1	1

2)优先编码器

优先编码器:允许同时两个以上输入信号有效。但编码器设计之初已对所有输入信号进行优先级排序,当多个输入信号同时有效时,只对其中优先级最高的输入信号进行编码。74LS148 是一种常用优先编码器,其引脚功能如图 2-2-28 所示。图中,$\overline{I}_0 \sim \overline{I}_7$ 为输入端(低电平有效),$\overline{Y}_0 \sim \overline{Y}_2$ 为输出端,$\overline{S}$为片选端。当$\overline{S}=0$ 时,编码器接收输入信号正常工作;当$\overline{S}=1$ 时,编码器停止工作,且所有的输出端均输出高电平。其功能表见表 2-2-17。

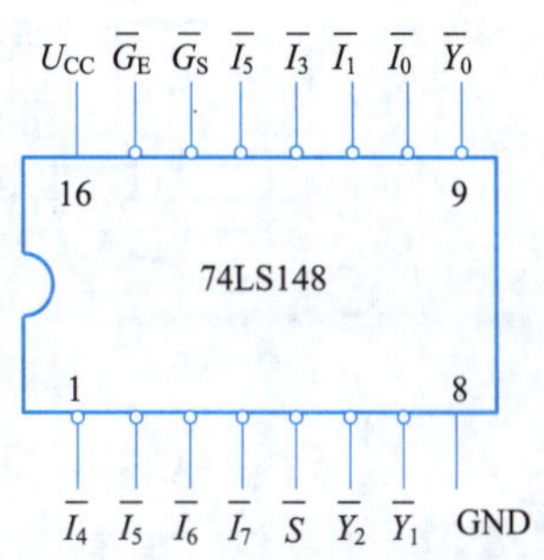

图 2-2-28　74LS148 管脚功能

表 2-2-17　74LS148 功能表

输入									输出				
$\overline{S}$	$\overline{I}_0$	$\overline{I}_1$	$\overline{I}_2$	$\overline{I}_3$	$\overline{I}_4$	$\overline{I}_5$	$\overline{I}_6$	$\overline{I}_7$	$\overline{Y}_2$	$\overline{Y}_1$	$\overline{Y}_0$	$\overline{G}_S$	$\overline{G}_E$
1	×	×	×	×	×	×	×	×	1	1	1	1	1
0	1	1	1	1	1	1	1	1	1	1	1	0	1
0	×	×	×	×	×	×	×	0	0	0	0	1	0
0	×	×	×	×	×	×	0	1	0	0	1	1	0
0	×	×	×	×	×	0	1	1	0	1	0	1	0
0	×	×	×	×	0	1	1	1	0	1	1	1	0
0	×	×	×	0	1	1	1	1	1	0	0	1	0
0	×	×	0	1	1	1	1	1	1	0	1	1	0
0	×	0	1	1	1	1	1	1	1	1	0	1	0
0	0	1	1	1	1	1	1	1	1	1	1	1	0

由表 2-2-17 不难看出,当$\overline{S}=0$ 时电路正常工作,允许输入端同时输入多个信号有效,即有编码信号输入。其中,$\overline{I}_7$ 的优先级最高,$\overline{I}_0$ 的优先级最低。当$\overline{I}_7=0$ 时,无论其他输入端是否有效,其输出端只输出$\overline{I}_7$ 的编码,即$\overline{Y}_2\ \overline{Y}_1\ \overline{Y}_0$ 输出为 000。当$\overline{I}_7=1$、$\overline{I}_6=0$ 时,无论其他输入端是否有效,只输出$\overline{I}_6$ 的编码,$\overline{Y}_2\ \overline{Y}_1\ \overline{Y}_0$ 输出为 001。其余的编码依次类推。

2. 译码器与译码显示电路

译码器又称解码器,译码是编码的相反过程。编码是将多位二进制代码赋予特定的含义,译码则将多位二进制代码按原意“翻译”出来。完成译码工作的逻辑电路,称为译码器。常见的二进制译码器有 2 线-4 线译码器、3 线-8 线译码器和有 4 线-16 线译码器等。

1)译码器

(1)二进制译码器。3 线-8 线译码器逻辑电路如图 2-2-29 所示，图中 $A_0 \sim A_2$ 为输入端，$\overline{Y}_0 \sim \overline{Y}_7$ 为输出端，G_1 为片选端。当 $G_1=0$ 或 $G_1=1$、$\overline{G}_{2A}=\overline{G}_{2B}=1$ 时，译码器停止工作，输出端全部为高电平(输出低电平)。当 $G_1=1$，$\overline{G}_{2A}=\overline{G}_{2B}=0$ 时，译码器开始译码。

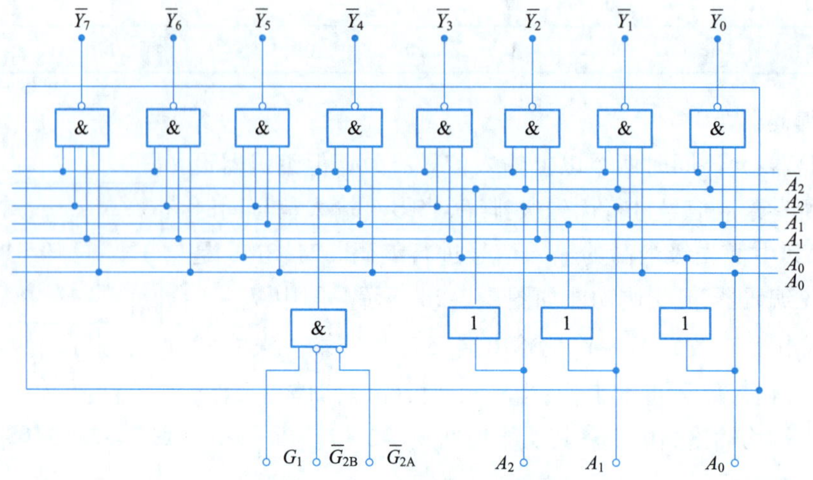

图 2-2-29　3 线-8 线译码器逻辑电路

译码器各输出引脚逻辑表达式如下：

$\overline{Y}_0=\overline{\overline{A}_2\overline{A}_1\overline{A}_0}=\overline{m_0}$　$\overline{Y}_1=\overline{\overline{A}_2\overline{A}_1A_0}=\overline{m_1}$　$\overline{Y}_2=\overline{\overline{A}_2A_1\overline{A}_0}=\overline{m_2}$　$\overline{Y}_3=\overline{\overline{A}_2A_1A_0}=\overline{m_3}$

$\overline{Y}_4=\overline{\overline{A}_2A_1A_0}=\overline{m_4}$　$\overline{Y}_5=\overline{A_2\overline{A}_1A_0}=\overline{m_5}$　$\overline{Y}_6=\overline{A_2A_1\overline{A}_0}=\overline{m_6}$　$\overline{Y}_7=\overline{A_2A_1A_0}=\overline{m_7}$

由上式可看出，$\overline{I}_0 \sim \overline{I}_7$同时也是 $A_2A_1A_0$ 这三个变量的最小项的译码输出，所以这种译码器也叫最小项译码器。

(2)74LS138 译码器。74LS138 引脚图和图形符号如图 2-2-30 所示。图中，A_2、A_1、A_0 为输入端，$\overline{Y}_7 \sim \overline{Y}_0$ 为输出端。G_1、$\overline{G}_{2A}$ 和 $\overline{G}_{2B}$ 为片选端，V_{CC} 为电源端、GND 为地端。其功能表见表 2-2-18。

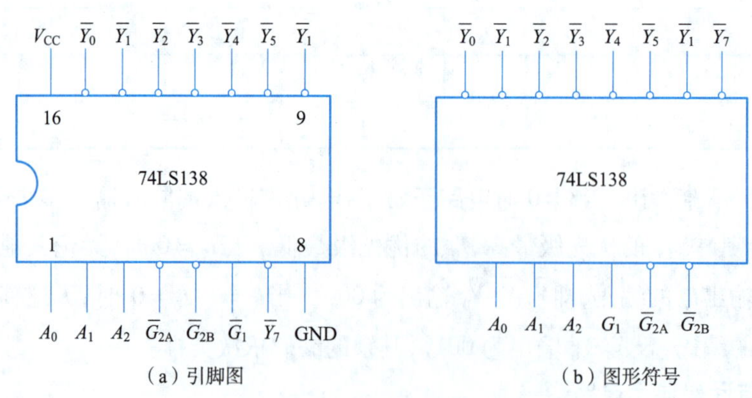

图 2-2-30　74LS138 引脚图和图形符号

表 2-2-18　74LS138 功能表

输入					输出							
G_1	$\overline{G}_{2A}+\overline{G}_{2B}$	A_2	A_1	A_0	$\overline{Y}_0$	$\overline{Y}_1$	$\overline{Y}_2$	$\overline{Y}_3$	$\overline{Y}_4$	$\overline{Y}_5$	$\overline{Y}_6$	$\overline{Y}_7$
0	×	×	×	×	1	1	1	1	1	1	1	1
×	1	×	×	×	1	1	1	1	1	1	1	1
1	0	0	0	0	1	1	1	1	1	1	1	1
1	0	0	0	1	0	1	1	1	1	1	1	1
1	0	0	1	0	1	0	0	1	1	1	1	1
1	0	0	1	1	1	1	1	0	1	1	1	1
1	0	1	0	0	1	1	1	1	0	1	1	1
1	0	1	0	1	1	1	1	1	1	0	1	1
1	0	1	1	0	1	1	1	1	1	1	0	1
1	0	1	1	1	1	1	1	1	1	1	1	0

利用片选作用还可将多片译码器连接起来以扩展其功能。两片 74LS138 构成的 4 线-16 线译码器如图 2-2-31 所示。

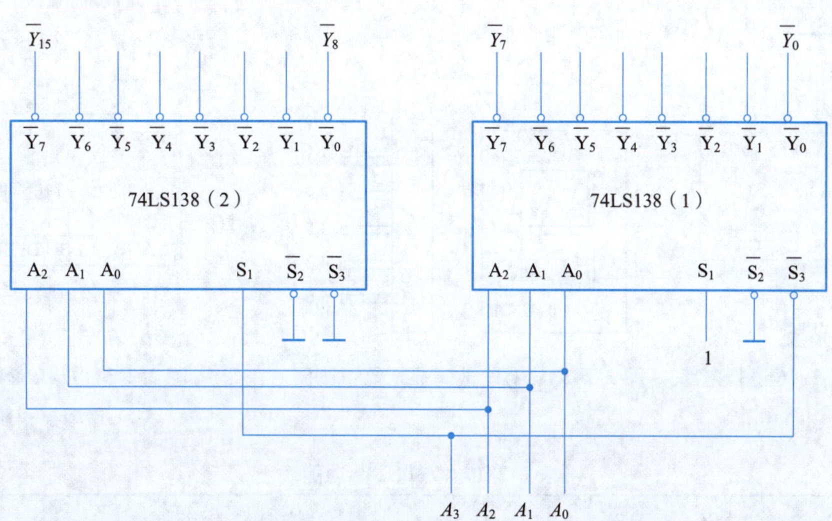

图 2-2-31　两片 74LS138 构成的 4 线-16 线译码器

74LS138 还可输出三变量或者二变量的逻辑函数。由译码器的工作原理可知，译码器每一个输出编码都与输入逻辑变量的一个最小项相对应，所以当将逻辑函数变换为最小项表达式时，只要从相应的输出端取输出信号，送入“与非”门的输入端，“与非”门的输出信号就是所求逻辑函数。

【例 2-2-16】　利用 74LS138 实现逻辑函数 $F=\overline{A}B+\overline{B}C+A\overline{C}$。

解：F 的最小项表达式为

$$F=\overline{A}B\overline{C}+\overline{A}BC+\overline{A}\,\overline{B}C+A\overline{B}C+A\overline{B}\,\overline{C}+AB\overline{C}$$

$$
\begin{aligned}
&= \overline{\overline{\overline{A}B\overline{C} + \overline{A}BC + \overline{A}\,\overline{B}C + A\overline{B}C + A\overline{B}\,\overline{C} + AB\overline{C}}} \\
&= \overline{\overline{\overline{A}B\overline{C}} \cdot \overline{\overline{A}BC} \cdot \overline{\overline{A}\,\overline{B}C} \cdot \overline{A\overline{B}C} \cdot \overline{A\overline{B}\,\overline{C}} \cdot \overline{AB\overline{C}}} \\
&= \sum m(1,2,3,4,5,6)
\end{aligned}
$$

逻辑电路如图 2-2-32 所示。

2)七段数码显示译码器

将多个发光二极管分段封装成半导体数码显示器，通常将十进制数封装成七段，故称为七段数码显示器，其引脚图如图 2-2-33 所示。

通过点亮不同封装段，以显示不同的十进制数码。例如，当 a、b、c、d、e、f、g 段全点亮时，显示数码 8；仅 b、c 段点亮时，显示数码 1 等。

驱动七段数码显示器的集成电路有 4 线-7 线译码/驱动器。

74LS249 4 线-7 线译码器引脚图如图 2-2-34 所示。图中，$A_3 \sim A_0$ 为输入端，$a \sim g$ 为输出端。$\overline{LT}$为试灯（各发光段）输入控制端，$\overline{BI}$为灭灯输入控制端，$\overline{BO}/\overline{BI}$为动态灭灯输入/输出控制端。当$\overline{LT}=1$ 时，根据输入的编码信号，输出驱动数码管相应封装段信号，点亮各段发光管，显示 0 ~ 9 十个数码。其功能表见表 2-2-19。

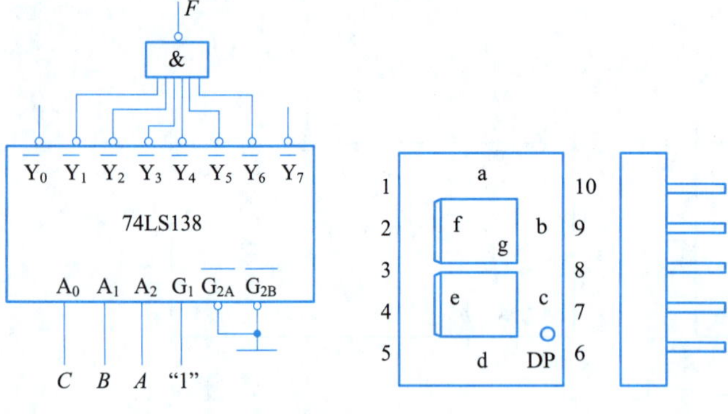

图 2-2-32　例 2-2-16 逻辑电路　　图 2-2-33　七段数码显示器引脚图

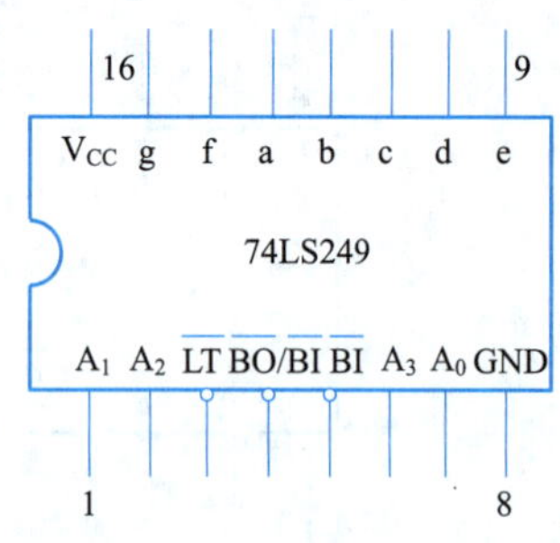

图 2-2-34　74LS249 4 线-7 线译码器引脚图

表 2-2-19　74LS249 功能表

输入							输出							显示
$\overline{LT}$	$\overline{BI}$	A_3	A_2	A_1	A_0	$\overline{BO}/\overline{BI}$	a	b	c	d	e	f	g	
1	×	0	0	0	0	1	1	1	1	1	1	1	0	0
1	×	0	0	0	1	1	0	1	1	0	0	0	0	1
1	×	0	0	1	0	1	1	1	0	1	1	0	1	2
1	×	0	0	1	1	1	1	1	1	1	0	0	1	3
1	×	0	1	0	0	1	0	1	1	0	0	1	1	4
1	×	0	1	0	1	1	1	0	1	1	0	1	1	5
1	×	0	1	1	0	1	1	0	1	1	1	1	1	6
1	×	0	1	1	1	1	1	1	1	0	0	0	0	7

续表

输入							输出							显示
$\overline{LT}$	$\overline{BI}$	A_3	A_2	A_1	A_0	$\overline{BO}/\overline{BI}$	a	b	c	d	e	f	g	
1	×	1	0	0	0	1	1	1	1	1	1	1	1	8
1	×	1	0	0	1	1	1	1	1	1	0	1	1	9
1	×	1	1	1	1	1	0	0	0	0	0	0	0	暗
0	×	×	×	×	×	1	1	1	1	1	1	1	1	8
×	×	×	×	×	×	1	0	0	0	0	0	0	0	暗
1	0	0	0	0	0	0	0	0	0	0	0	0	0	暗

根据半导体数码管中七段发光二极管公共端连接方式的不同，数码管有共阴极和共阳极两种接线方式，分别如图 2-2-35(a)、(b)所示。共阴极接法中，当对应管脚输出高电平时，该段发光；共阳极接法中，当对应管脚输出低电平时，该段发光。

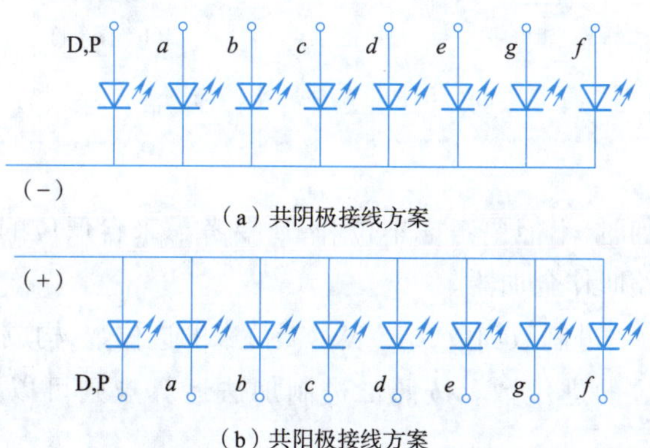

(a) 共阴极接线方案

(b) 共阳极接线方案

图 2-2-35　数码管两种连接方式

3. 加法器

两个二进制数之间的四则运算在数字电路中都是将其化为若干步加法运算进行的。因此，加法器是构成算术运算的基本单元。

1)半加器

将两个二进制数相加时，只计算本位和，不考虑来自低位的进位，这种运算称为半加。实现半加运算的电路叫作半加器。

设 A、B 为两个一位二进制数加数，构成两个输入变量。S 是相加的和，C_o 是向高位的进位。按照二进制加法运算规则可以列出半加器真值表，见表 2-2-20。由真值表可得 S、C_o 和 A、B 之间的逻辑关系为

$$S=\overline{A}B+A\overline{B}=A\oplus B\quad C_o=AB$$

表 2-2-20　半加器真值表

输入		输出	
A	B	S	C_o
0	0	0	0

续表

输入		输出	
A	B	S	C_o
0	1	1	0
1	0	1	0
1	1	0	1

因此,半加器由一个异或门和一个"与"门组成,其逻辑电路和图形符号如图 2-2-36(a)、(b)所示。

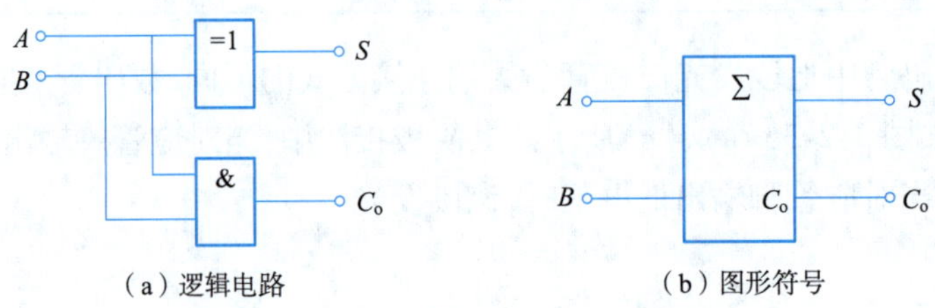

图 2-2-36　半加器的逻辑电路与图形符号

2)全加器

将两个二进制数相加时,不但要考虑本位和,还要考虑来自低位的进位,这种运算叫作全加。实现全加运算的电路叫作全加器。

设 A_i、B_i 为两个一位二进制数加数,C_{i-1} 表示低位来的进位数,构成三个输入变量。S_i 为相加后的本位和,C_i 为高位的进位数。按照二进制加法运算规则可以列出全加器真值表,见表 2-2-21。

表 2-2-21　全加器真值表

输入			输出		输入			输出	
A_i	B_i	C_{i-1}	S_i	C_i	A_i	B_i	C_{i-1}	S_i	C_i
0	0	0	0	0	1	0	0	1	0
0	0	1	1	0	1	0	1	0	1
0	1	0	1	0	1	1	0	0	1
0	1	1	0	1	1	1	1	1	1

由真值表可得 A_i、B_i、C_{i-1} 和 S_i、C_i 之间的逻辑关系为

$$S_i=\overline{A}_i\overline{B}_iC_{i-1}+\overline{A}_iB_i\overline{C}_{i-1}+A_i\overline{B}_i\overline{C}_{i-1}+A_iB_iC_{i-1}=(\overline{A}_iB_i+A_i\overline{B}_i)\overline{C}_{i-1}+(\overline{A}_i\overline{B}_i+A_iB_i)C_{i-1}$$

$$=(A_i\oplus B_i)\overline{C}_{i-1}+(\overline{A_i\oplus B_i})C_{i-1}=(A_i\oplus B_i)\oplus C_{i-1}$$

$$C_i=\overline{A}_iB_iC_{i-1}+A_i\overline{B}_iC_{i-1}+A_iB_i\overline{C}_{i-1}+A_iB_iC_{i-1}=(\overline{A}_iB_i+A_i\overline{B}_i)C_{i-1}+A_iB_i$$

$$=(A_i\oplus B_i)C_{i-1}+A_iB_i$$

一位全加器的逻辑电路与图形符号如图 2-2-37 所示。

将 n 个全加器按图 2-2-38 所示将低位全加器产生的进位 CO 直接连接到高位全加器的进位输入端 CI,最低位全加器的进位输入端 CI 直接接地,可以实现 n 位二进制数的加法运算。

$A_0 \sim A_n$、$B_0 \sim B_n$ 分别为 n 位加数，$S_0 \sim S_n$ 为 n 位和。

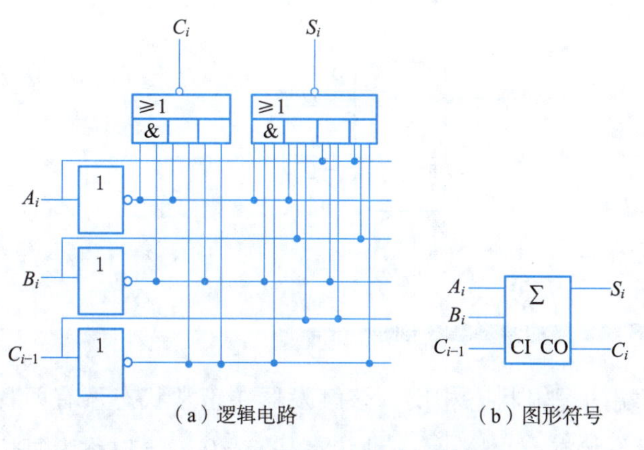

（a）逻辑电路　　（b）图形符号

图 2-2-37　一位全加器的逻辑电路与图形符号

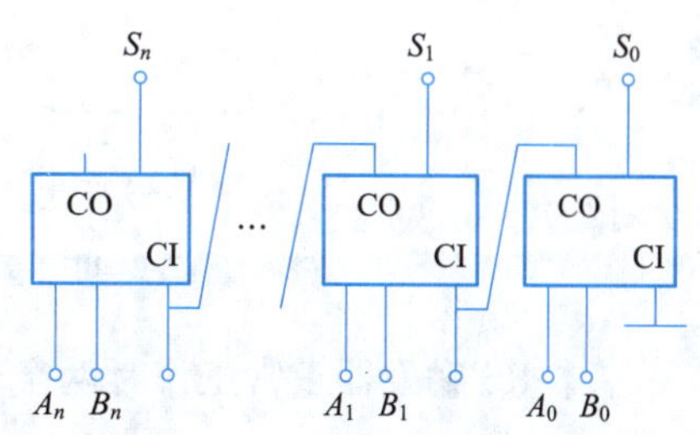

图 2-2-38　串行进位加法器

2.4　触发器及时序逻辑电路

时序逻辑电路由组合逻辑电路和存储电路组成。由于触发器具有记忆功能，因此其存储电路主要由触发器构成，如图 2-2-39 所示。

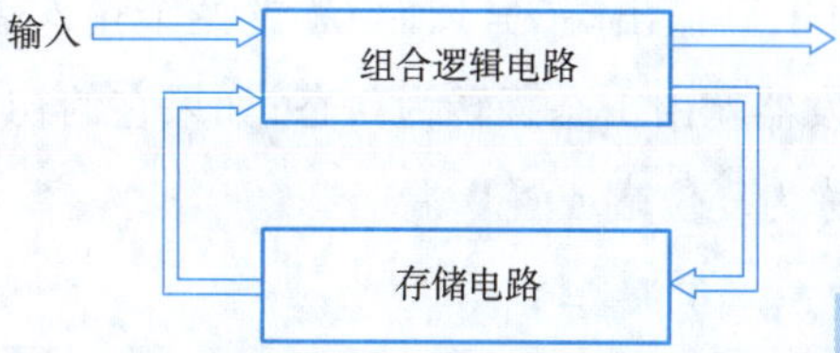

输入　组合逻辑电路　输出

存储电路

图 2-2-39　时序逻辑电路框图

视 频

触发器及时序逻辑电路

触发器按稳定工作状态可分为：双稳态触发器、单稳态触发器、无稳态触发器（又称多谐振荡器）等。

双稳态触发器按逻辑功能可分为：RS 触发器、JK 触发器、D 触发器、T 触发器和 T′触发器等。

双稳态触发器按结构可分为：基本 RS 触发器、同步 RS 触发器、主从型触发器和边沿型触发器等。

边沿型触发器按触发方式可分为：维持阻塞型触发器、上升沿触发型触发器、下降沿触发型触发器。

常用双稳态触发器具有以下特点：

（1）具有“0”和“1”两个稳定状态；

（2）在一定的外界输入信号作用下，触发器从一个稳定状态转到另一个稳定状态；

（3）在输入信号消失后，能够保持新的稳定状态。

所谓稳定状态，是指在没有外界信号作用时，触发器电路中电流和电压均维持恒定的数值。

触发器的逻辑功能可用真值表、函数表达式、时序图（输入、输出信号对应波形图）等方法来表示。

2.4.1　基本 RS 触发器

基本 RS 触发器的逻辑电路与图形符号如图 2-2-40 所示。把两个“与非”门交叉反馈连接即构成基本 RS 触发器。Q、$\overline{Q}$ 是触发器两个互补的输出端，$\overline{S}_D$、$\overline{R}_D$ 是触发器的两个输入端。“ -”表示低电平有效。

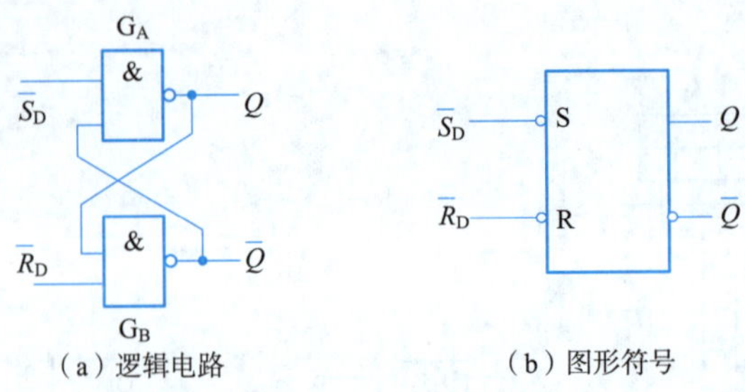

(a) 逻辑电路　　(b) 图形符号

图 2-2-40　基本 RS 触发器的逻辑电路与图形符号

基本 RS 触发器正常工作时两个输出端的逻辑状态相反。该触发器在正常状态下有两种稳定状态:一种状态是 $Q=1,\overline{Q}=0$,称为置位状态(1 态);另一种状态是 $Q=0,\overline{Q}=1$,称为复位状态(0 态)。下面分四种情况分析基本 RS 触发器的工作原理。

1. $\overline{S}_D=1,\overline{R}_D=0$

设触发器的初始状态为 1 态,即 $Q=1,\overline{Q}=0$。若$\overline{S}_D=1,\overline{R}_D=0$,此时“与非”门 G_B 有一个输入端为 0,其输出端$\overline{Q}=1$,而 G_A 的两个输入端全为 1,其输出端 $Q=0$。因此,在$\overline{R}_D$ 端加负脉冲后,触发器就由 1 态翻转为 0 态;如果它的初始状态为 0 态,触发器将仍保持 0 态不变。所以,$\overline{R}_D$ 端称为复位端或置 0 端。

2. $\overline{S}_D=0,\overline{R}_D=1$

设触发器的初始状态为 0 态,即 $Q=0,\overline{Q}=1$。若$\overline{S}_D=0,\overline{R}_D=1$,此时“与非”门 G_A 有一个输入端为 0,其输出端 $Q=1$,而 G_B 的两个输入端全为 1,其输出端$\overline{Q}=0$。因此,在$\overline{S}_D$ 端加负脉冲后,触发器就由 0 态翻转为 1 态。如果它的初始状态为 1 态,触发器将仍保持 1 态不变。所以,$\overline{S}_D$ 端称为置位端或置 1 端。

3. $\overline{S}_D=1,\overline{R}_D=1$

设触发器的初始状态为 0 态,即 $Q=0,\overline{Q}=1$。若$\overline{S}_D=1,\overline{R}_D=1$,此时“与非”门 G_B 有一个输入端为 0,其输出端$\overline{Q}=1$,此时“与非”门 G_A 两个输入端都为 1,因而保证 G_A 的输出端 $Q=0$,此时触发器能保持 0 态不变。触发器的初始状态为 1 态的情况与此类似,保持 1 态不变。

4. $\overline{S}_D=0,\overline{R}_D=0$

当$\overline{S}_D=0,\overline{R}_D=0$ 时,无论触发器初始状态是 0 态还是 1 态,两个输出端 Q 与$\overline{Q}$均等于 1,此时已不符合触发器的稳定工作条件,当两个输入端的输入状态同时发生改变时,由于门电路的差异性,触发器的最终状态将难以确定。因此,这种情况禁止出现。

基本 RS 触发器的工作波形如图 2-2-41 所示,其真值见如表 2-2-22。

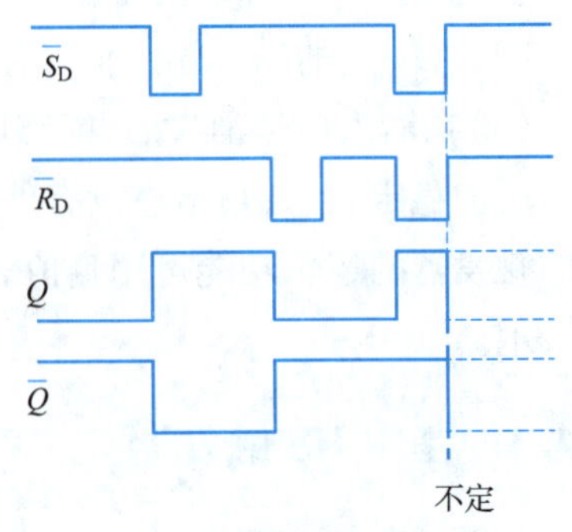

图 2-2-41　基本 RS 触发器的工作波形

表 2-2-22　基本 *RS* 触发器真值表

$\overline{S}_D$	$\overline{R}_D$	Q	$\overline{Q}$
1	0	0	1
0	1	1	0
1	1	保持	保持
0	0	不定	不定

2.4.2　可控 RS 触发器

可控 RS 触发器的逻辑电路和图形符号如图 2-2-42 所示。“与非”门 G_A 和 G_B 构成基本 RS 触发器，“与非”门 G_C 和 G_D 构成引导电路，$\overline{S}_D$ 为置位端，$\overline{R}_D$ 为复位端，R 和 S 为信号输入端。CP 为时钟脉冲输入端。时钟脉冲通过引导电路实现对触发器输入信号的控制，故称为可控 *RS* 触发器。当 $CP=0$ 时，与非门 G_C 和 G_D 锁止，输出均为 1，基本 RS 触发器保持原状态不变；当 $CP=1$ 时，触发器开始接收输入信号。

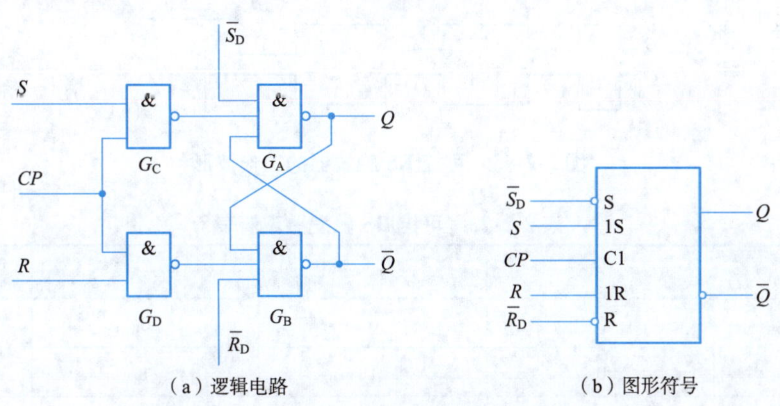

（a）逻辑电路　　（b）图形符号

图 2-2-42　可控 RS 触发器的逻辑电路和图形符号

置位端和复位端不受时钟脉冲 CP 控制，即直接控制基本 RS 触发器的输出置 0 或置 1。主要作用是在工作之初，预设触发器工作状态。无须使用时，令 $\overline{S}_D=\overline{R}_D=1$（高电平）。

触发器接收输入信号变化前后的状态分别称为现态和次态。现态是指触发器接收输入信号变化前的稳定状态，用 Q^n 表示；次态是指触发器接收输入信号后的稳定状态，用 Q^{n+1} 表示。

当时钟脉冲（正脉冲）来到之后，即 $CP=1$，触发器开始接收输入信号。

1. $S=1$，$R=0$

“与非”门 G_C 输出将变为 0，G_D 输出仍保持 1，G_C 将向 G_A 送置 1 的信号，触发器的输出状态将变为 1 态，即 $Q=1$。

2. $S=0$，$R=1$

“与非”门 G_D 输出将变为 0，G_C 输出仍保持 1，G_D 将向 G_B 送置 0 的信号，触发器的输出状态将变为 0 态，即 $Q=0$。

3. $S=0, R=0$

"与非"门 G_C 和 G_B 均输出 1，基本 RS 触发器保持原来的输出状态 $Q^{n+1}=Q^n$。

4. $S=1, R=1$

"与非"门 G_C 和 G_D 均输出 0，基本 RS 触发器两个输出端 $Q=\overline{Q}=1$。同基本 RS 触发器 $\overline{S}_D=0, \overline{R}_D=0$ 时的工作状态相同，当 R 和 S 同时从高电平变为低电平时，输出状态不定。

当时钟脉冲 CP 由 1 变为 0 后，输出端的状态 Q^{n+1}将保持时钟脉冲 $CP=1$ 时的状态。

可控 RS 触发器的工作波形如图 2-2-43 所示，其真值表见表 2-2-23。

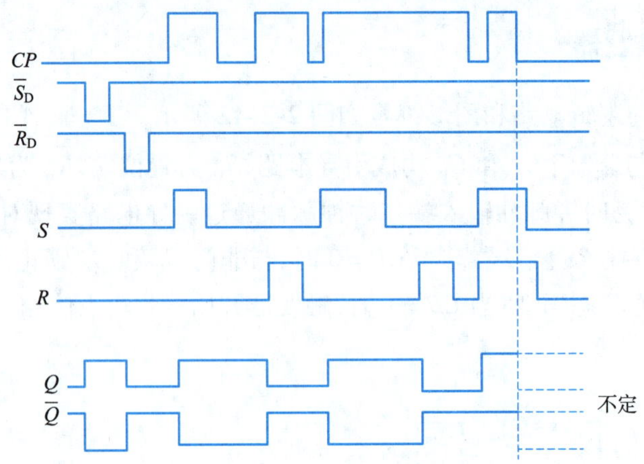

图 2-2-43　可控 RS 触发器的工作波形

表 2-2-23　可控 RS 触发器真值表

S	R	Q^n	Q^{n+1}	说明
0	0	0	0	保持
0	0	1	1	
0	1	0	0	置 0
0	1	1	0	
1	0	0	1	置 1
1	0	1	1	
1	1	0	×	不定
1	1	1	×	

如果将可控 RS 触发器的$\overline{Q}$端连到 S，Q 端连到 R，在时钟脉冲端 CP 加计数脉冲，如图 2-2-44 所示。这时，触发器具有计数的功能，每个计数脉冲输出状态翻转一次，翻转的次数等于脉冲的数目，所以可以用来构成计数器。

如现态为 0 态，即 $Q=0, \overline{Q}=1$，在计数脉冲（正脉冲）的作用下，将使触发器翻转为 1 态，即翻转到 $Q=1, \overline{Q}=0$。若触发脉冲能及时消失，则输出将保持 1 态，当下一个触发脉冲到来时，又会使触发器状态翻转到 0 态，循环往复。但如果触发脉冲不能及时消失，触发器将再次发生翻转，使触发器的翻转次数与触发器的脉冲个数不同，即在一个时钟脉冲期间，触发器的状态连续发生多次翻转，产生所谓“空翻”现象。因此，由可控 RS 触发器构成的计数器并不能作为实际的计数器使用。为避免空翻，计数器一般采用主从型触发器和维持阻塞型触发器构成。

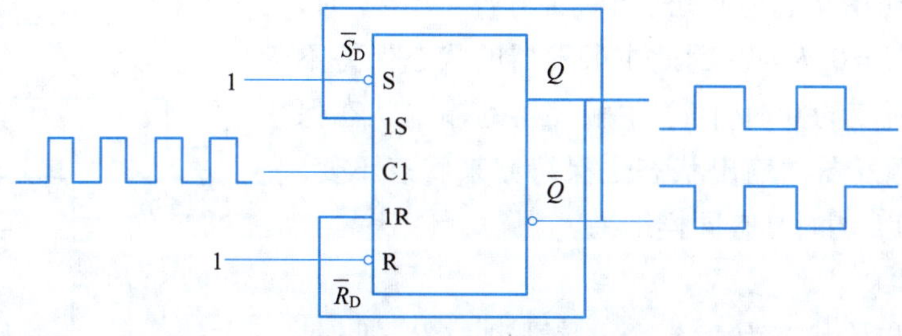

图 2-2-44 计数器逻辑图

2.4.3 JK 触发器

主从型 JK 触发器的逻辑电路和图形符号如图 2-2-45 所示。它由两个可控 RS 触发器组成，分别称为主触发器和从触发器。此外，还通过一个非门将两个触发器的时钟脉冲连接起来。这就是触发器的主从型结构。时钟脉冲的前沿使主触发器翻转，而时钟脉冲的后沿使从触发器翻转，主从之名由此而来。

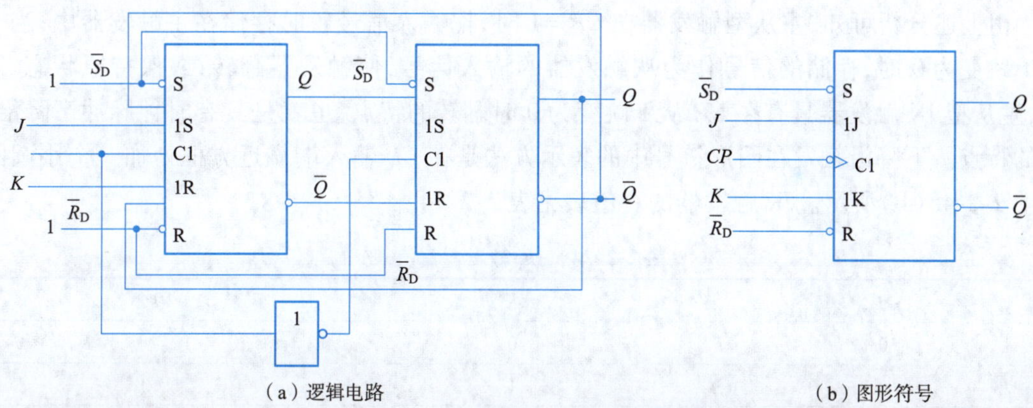

图 2-2-45 主从型 JK 触发器的逻辑电路和图形符号

这种触发器不会出现空翻现象，因为 $CP=1$ 期间，从触发器的状态不会改变；而等到 CP 跳变为 0 时，从触发器或翻转或保持原态，但主触发器的状态不会改变。

下面从输入的四种情况来分析主从 JK 触发器的逻辑功能。

1. $J=1, K=1$

设触发器的初始状态为 0 态，当 $CP=0$ 时，这时主触发器的 $S=\overline{Q}=1, R=Q=0$，当时钟脉冲到来后，即 $CP=1$ 时，由于主触发器的 $J=1, K=1, S=1, R=0$，故主触发器翻转为 1 态。当 CP 由 1 跳变为 0 时，由于这时从触发器的 $S=1, R=0$，从触发器翻转为 1 态。反之，设触发器的初始状态为 1 态，这时主触发器的 $S=0, R=1$，当 $CP=1$ 时，主触发器翻转为 0 态；当 CP 跳变为 0 时，从触发器也翻转为 0 态。

可见，JK 触发器在 $J=K=1$ 的情况下，一个时钟脉冲只翻转一次，具有计数功能。

主从型 JK 触发器在 $J=K=1$ 的情况下的输出波形如图 2-2-46 所示。

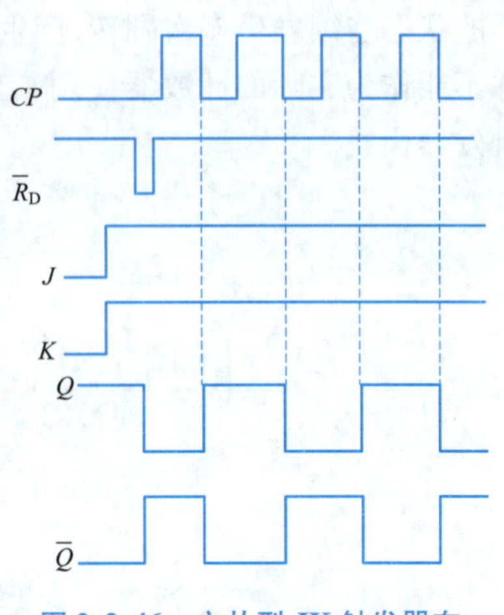

图 2-2-46 主从型 JK 触发器在 $J=K=1$ 时的输出波形

2. $J=0,K=0$

设触发器的初始状态为 0 态，当时钟脉冲 $CP=1$ 时，由于主触发器的 $J=0,K=0$，因此主触发器的状态保持不变。当 CP 由 1 跳变为 0 时，由于主触发器的输出状态保持不变，因此从触发器的输出状态也保持原来状态不变。同理，初始状态为 1 态时具有同样结果。

3. $J=1,K=0$

设触发器的初始状态为 0 态，当时钟脉冲 $CP=1$ 时，由于主触发器的 $J=1,K=0,S=1,R=0$，故主触发器翻转为 1 态。当 CP 由 1 跳变为 0 时，由于这时从触发器的 $S=1,R=0$，故从触发器也翻转为 1 态。如果初始状态为 1 态，主触发器由于 $S=0,R=1$，当 $CP=1$ 时保持原状态不变；从触发器由于 $S=1,R=0$，当 CP 负跳变时也保持 1 态不变。

4. $J=0,K=1$

分析原理同 $J=1,K=0$ 的情况，无论触发器原来处于什么状态，下一个状态一定是 0 态。

由上述分析可知，主从型触发器在 $CP=1$ 时，把输入信号暂时存储在主触发器中；当 CP 由 1 跳变为 0 时，存储的信号作为从触发器的输入信号，使触发器翻转，或保持原状态。此外，主从型 JK 触发器具有在 CP 从 1 跳变为 0 时翻转的特点，也就是具有时钟脉冲下降沿触发的特点。下降沿触发在图形符号中的表示方法是在 CP 输入端靠近方框处加一个小圆圈，如图 2-2-45(b)所示。JK 触发器的真值表见表 2-2-24。

表 2-2-24 JK 触发器真值表

J	K	Q^{n+1}
0	0	Q^n
0	1	0
1	0	1
1	1	$\overline{Q}^n$

2.4.4 D 触发器

维持阻塞型 D 触发器的图形符号如图 2-2-47 所示。其逻辑功能是：当 $D=0$ 时，在时钟脉冲 CP 上升沿到来后，使输出端的状态 $Q^{n+1}=0$；而当 $D=1$ 时，则在 CP 上升沿到来后，使输出端的状态变成 $Q^{n+1}=1$。可见，D 触发器的输出端状态仅取决于 CP 到达前 D 端的输入状态，而与触发器状态无关，即 $Q^{n+1}=D$。

当把 D 触发器的 D 输入端与 $\overline{Q}$ 输出端连在一起时，就构成了与 JK 触发器在 $J=1,K=1$ 时具有相同功能的计数器，如图 2-2-48 所示。但 D 触发器状态翻转在时钟脉冲的上升沿，故为上升沿触发。其工作波形如图 2-2-49 所示，真值表见表 2-2-25。

表 2-2-25 *D* 触发器真值表

D	Q^{n+1}
0	0
1	1

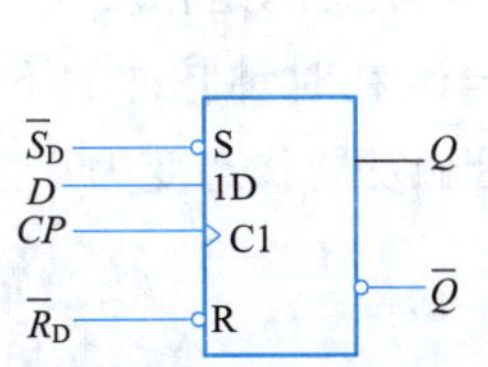

图 2-2-47 D 触发器的图形符号

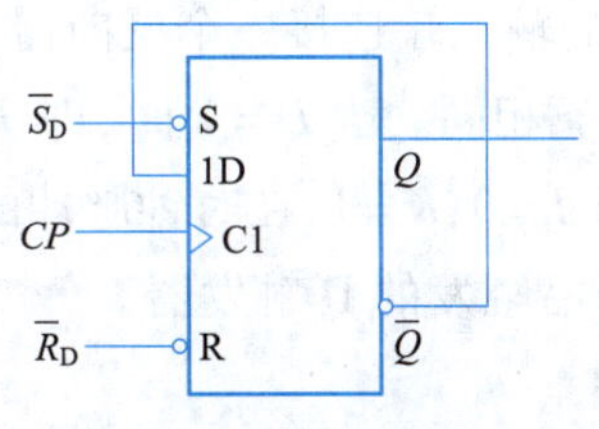

图 2-2-48 计数器

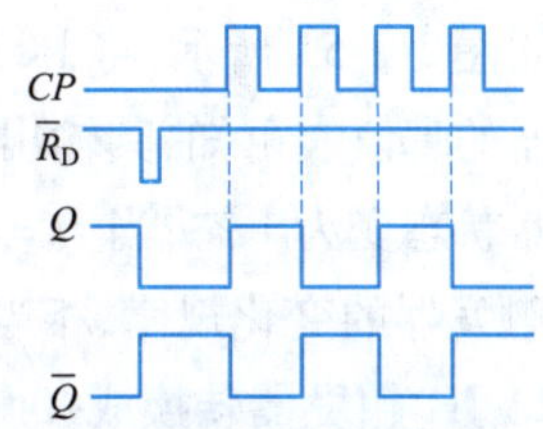

图 2-2-49 D 触发器的工作波形

2.4.5 T 触发器和 T′触发器

1. T 触发器

T 触发器的图形符号如图 2-2-50 所示。T 触发器是数字电路逻辑设计中经常使用的一种触发器，因为它可以由主从型 JK 触发器或维持阻塞型 D 触发器转换得到。故一般不生产这种产品。

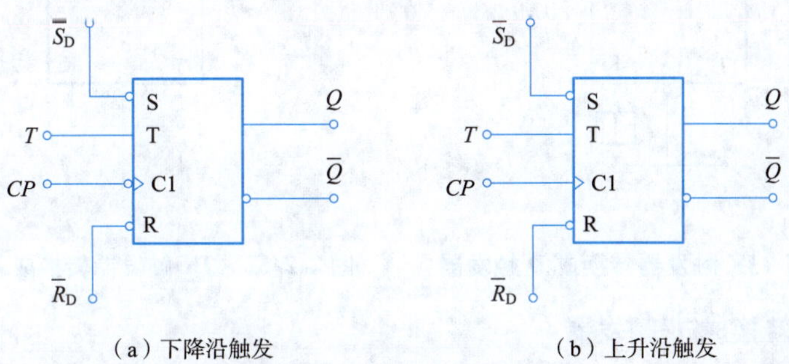

（a）下降沿触发　（b）上升沿触发

图 2-2-50 T 触发器的图形符号

T 触发器的逻辑功能是：当 $T=0$ 时，在时钟脉冲 CP 的作用下，其状态保持不变，即 $Q^{n+1}=Q^n$。当 $T=1$ 时，在时钟脉冲 CP 的作用下，其状态翻转，即 $Q^{n+1}=\overline{Q^n}$。所以，T 触发器又称为受控计数触发器。T 触发器的特性方程为

$$Q^{n+1}=T\overline{Q}^n+\overline{T}Q^n$$

T 触发器的真值表见表 2-2-26。

表 2-2-26 T 触发器的真值表

T	Q^{n+1}	功能说明
0	Q^n	保持
1	$\overline{Q}^n$	翻转

2. T′触发器

T′触发器的逻辑功能是每来一个时钟脉冲 CP，触发器的状态就改变（或翻转）一次，所以

T′触发器就是当 $T=1$ 时的 T 触发器，它也是一个计数触发器。其特性方程为

$$Q^{n+1}=\overline{Q}^n$$

2.4.6 触发器逻辑功能的转换

1. JK 触发器转换成 D 触发器

如图 2-2-51 所示，将 JK 触发器的输入端连接一个反向器，则 J、K 的状态总是相反，根据 JK 触发器的真值表可知，其输出状态与 J 相同。当 $D=1$ 时，即 $J=1,K=0$，在时钟脉冲的下降沿触发器状态变为 1 态；当 $D=0$ 时，即 $J=0,K=1$，在时钟脉冲的下降沿触发器状态变为 0 态，符合 D 触发器的变化规律，相当于下降沿触发的 D 触发器。

2. JK 触发器转换成 T 触发器

如图 2-2-52 所示，将 JK 触发器的输入端连在一起，称为 T 端。根据 JK 触发器的真值表可知，J、K 的状态始终相同，当输入 $T=1$ 时，即 $J=1,K=1$，这时每来一个脉冲，触发器输出状态就翻转一次；当输入 $T=0$ 时，即 $J=0,K=0$，触发器保持原来状态不变，符合 T 触发器的变化规律，相当于 T 触发器。

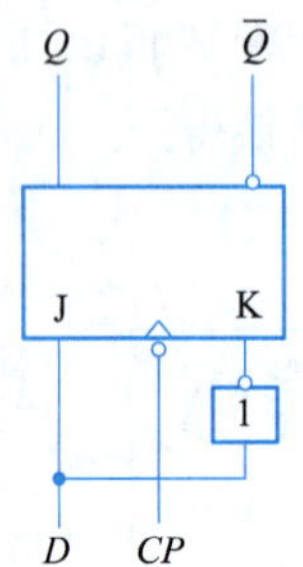

图 2-2-51　JK 触发器转换成 D 触发器

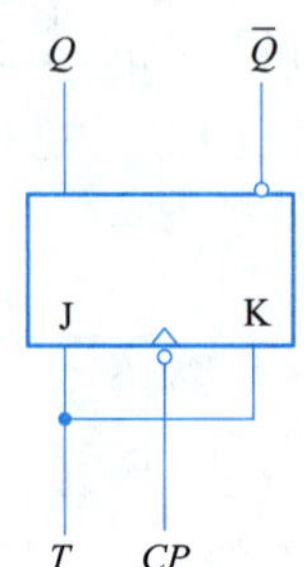

图 2-2-52　JK 触发器转换成 T 触发器

3. JK 触发器转换成 T′触发器

如图 2-2-53 所示，将 JK 触发器的输入端连在一起接高电平 1，相当于 $J=1,K=1$，这样每来一个时钟脉冲 CP，触发器的状态就翻转一次，构成具有翻转功能的 T′触发器。

4. D 触发器转换成 T′触发器

如图 2-2-54 所示，将 D 触发器的 D 端和 $\overline{Q}$ 相连，这样每来一个时钟脉冲 CP，触发器的状态就翻转一次，构成具有翻转功能的 T′触发器。D 触发器也可以转换为 JK 触发器和 T 触发器。

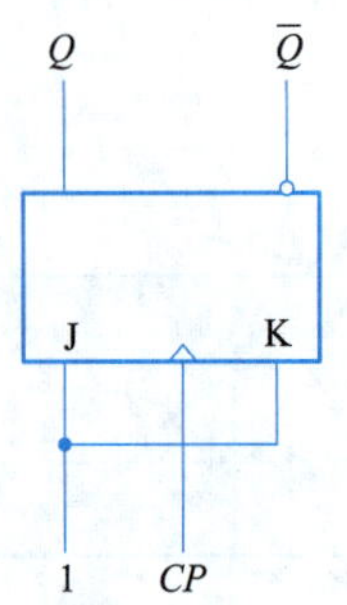

图 2-2-53　JK 触发器转换成 T′触发器

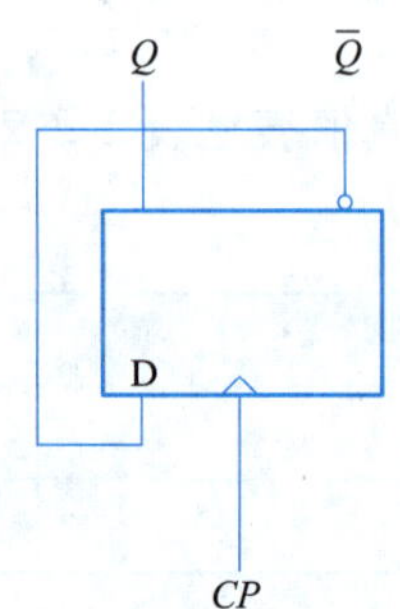

图 2-2-54　D 触发器转换成 T′触发器

2.4.7 寄存器

触发器具有时序逻辑的特征,由触发器可以构成各种时序逻辑电路,如寄存器、计数器等。

寄存器是存放数码、运算结果或指令的电路,任何类型的触发器均可以构成寄存器。一个触发器可存放一位二进制数或代码,n 个触发器可以存放 n 位二进制数或代码。

1. 数码寄存器

具有接收数码和清除原有数码功能的寄存器称为数码寄存器。由四个 D 触发器构成的四位数码寄存器,如图 2-2-55 所示。当清零端为 0 时,四个触发器 $FF_0 \sim FF_3$ 同时被置 0。寄存器工作时,清零端应为高电平 1。

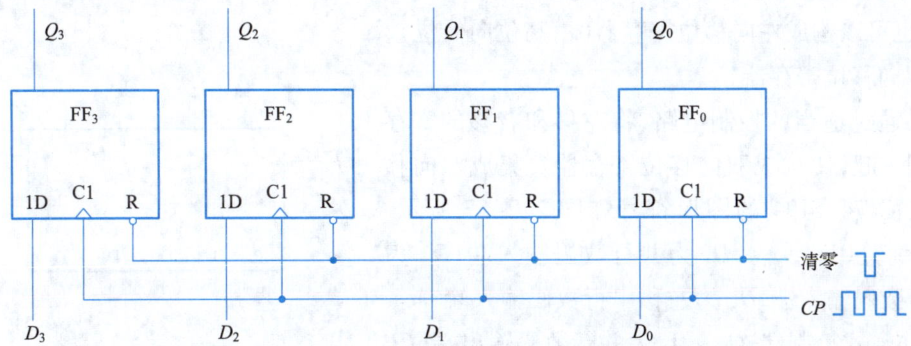

图 2-2-55 由四个 D 触发器构成的四位数码寄存器

将要输入的二进制数码,$D_2D_3D_1D_0$ 分别置于四个相应 D 触发器的数据输入端,当时钟脉冲 CP 上升沿到达时,每个触发器的状态立即与其输入端的数码一致,即 $Q_3Q_2Q_1Q_0 = D_3D_2D_1D_0$,保持在触发器的输出端,具有寄存功能。由于寄存器中触发器的状态改变是与时钟 CP 同步的,故称同步寄存器。

2. 移位寄存器

移位寄存器不仅具有存放数码的功能,而且还有移位的功能。移位寄存器分为单向移位寄存器和双向移位寄存器。

1)单向移位寄存器

由 D 触发器构成的单向右移位寄存器(由低位向高位),如图 2-2-56 所示。由第一个触发器接收数据,每个触发器的输出依次作为下一个触发器的输入。设输入数码为 1011,那么在移位脉冲作用下,输入数码移入触发器,寄存器中数码移动的情况见表 2-2-21。

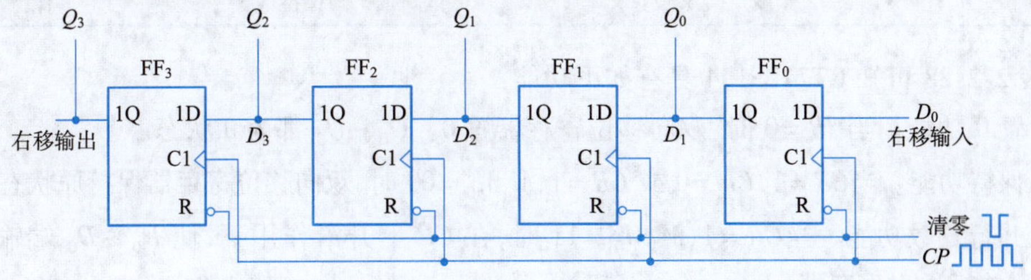

图 2-2-56 由 D 触发器构成的单向右移位寄存器

表 2-2-27　单向右移位寄存器的状态表

移位脉冲 CP	输入数据	移位寄存器中的数码			
		Q_0	Q_1	Q_2	Q_3
0		0	0	0	0
1	1	1	0	0	0
2	0	0	1	0	0
3	1	1	0	1	0
4	1	1	1	0	1

从表 2-2-27 中可以看出，当过来四个移位脉冲 CP 后，数码 1011 就由端 $Q_3Q_2Q_1Q_0$ 并行输出，如果想得到串行输出信号，则只需要再输入 4 个脉冲，这时 1011 便由 Q_3 端依次输出。同理，我们也可以构成左向移位寄存器（由高位向低位）。

2）双向移位寄存器

如果通过适当的控制电路，将左移和右移的寄存器结合到一起，便构成双向移位寄存器。集成双向移位寄存器 CT74LS194 的图形符号如图 2-2-57 所示。图中，$\overline{CR}$为置 0 端，$D_0 \sim D_3$ 为并行数码输入端，D_{SR} 为右移串行数码输入端，D_{SL}为左移串行数码输入端，M_1、M_0 为工作方式控制端，$Q_0 \sim Q_3$ 为并行数码输出端，CP 为移位脉冲输入端。双向移位寄存器 CT74LS194 的逻辑功能表见表 2-2-28。

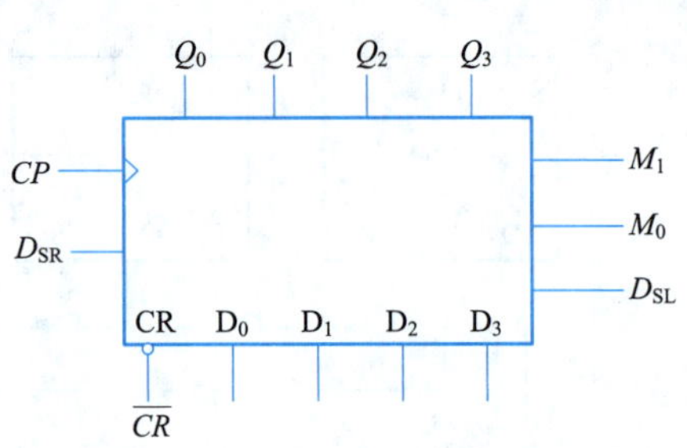

图 2-2-57　CT74LS194 图形符号

表 2-2-28　双向移位寄存器 CT74LS194 的逻辑功能表

输入										输出				说明
$\overline{CR}$	M_1	M_0	CP	D_{SL}	D_{SR}	D_0	D_1	D_2	D_3	Q_0	Q_1	Q_2	Q_3	
0	×	×	×	×	×	×	×	×	×	0	0	0	0	置零
1	×	×	0	×	×	×	×	×	×	保持				保持
1	1	1	↑	×	×	d_0	d_1	d_2	d_3	d_0	d_1	d_2	d_3	并行置数
1	0	1	↑	×	1	×	×	×	×		Q_0	Q_1	Q_2	右移输入 1
1	0	1	↑	×	0	×	×	×	×		Q_0	Q_1	Q_2	右移输入 0
1	1	0	↑	1	×	×	×	×	×	Q_1	Q_2	Q_3		左移输入 1
1	1	0	↑	0	×	×	×	×	×	Q_1	Q_2	Q_3		左移输入 0
1	0	0	×	×	×	×	×	×	×	保持				保持

由表 2-2-28 可知 CT74LS194 具有如下功能：

（1）置 0 功能。当$\overline{CR}=0$ 时，双向移位寄存器置 0。$Q_0 \sim Q_3$ 都为 0 状态。

（2）保持功能。当$\overline{CR}=1$，$CP=0$ 或 $CR=1$，$M_1M_0=00$ 时，双向移位寄存器保持原状态不变。

（3）并行置数功能。当$\overline{CR}=1$，$M_1M_0=11$ 时，在 CP 上升沿作用下，使 $D_0 \sim D_3$ 端输入的数码 $d_0 \sim d_3$ 并行送入寄存器。

(4)左移位送数功能。当$\overline{CR}=1$,$M_1M_0=10$时,在CP上升沿作用下,D_{SL}端的数码向左移位依次送入寄存器。

(5)右移位送数功能。当$\overline{CR}=1$,$M_1M_0=01$时,在CP上升沿作用下,D_{SR}端的数码向右移位依次送入寄存器。

2.4.8　二进制计数器

在数字电路中,计数器广泛用于分频,计时,定时,数字测量、运算和控制等电路,是数字系统中使用最广泛的时序部件。计数器按照脉冲的输入方式分类,可分为同步计数器和异步计数器;按照计数的规律分类,可分为加法计数器、减法计数器和可逆计数器;按照进位的数制分类,可分为二进制计数器、十进制计数器和其他任意进制计数器。

下面通过结构简单的异步二进制加法计数器来说明计数器的工作原理。异步二进制加法计数器,可以由主从型JK触发器或维持阻塞型D触发器组成,常用的都是集成计数器。由主从型JK触发器构成的四位二进制计数器如图2-2-58所示。其工作原理是,每来一个计数脉冲,最低位触发器就翻转一次,而高一位的触发器在低一位的触发器的Q输出端从1变为0时翻转。即以低一位的输出作为高一位的计数脉冲输入。由于是主从型JK触发器构成,因此是输入脉冲下降沿触发。

计数脉冲数与各触发器输出状态及十进制数之间的关系见表2-2-29。工作波形如图2-2-59所示。这种加法计数器所以称为异步加法计数器,是由于计数脉冲不是同时加到各位触发器的时钟脉冲CP端,而只是加到最低位触发器的时钟脉冲端,其他各位触发器则由相邻低位触发器输出来触发,即它们状态的变换有先有后是异步的。

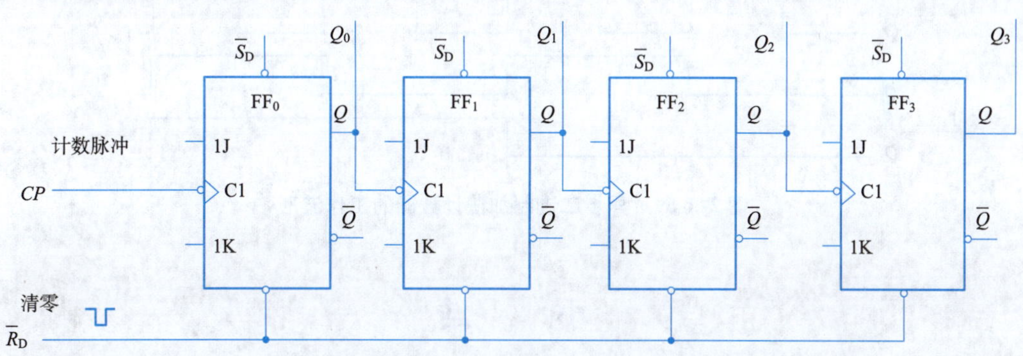

图2-2-58　由主从型JK触发器构成的四位二进制计数器

表2-2-29　计数脉冲数与触发器输出状态及十进制数之间的关系

计数脉冲数	二进制数				十进制数
	Q_3	Q_2	Q_1	Q_0	
0	0	0	0	0	0
1	0	0	0	1	1
2	0	0	1	0	2
3	0	0	1	1	3
4	0	1	0	0	4

续表

计数脉冲数	二进制数				十进制数
	Q_3	Q_2	Q_1	Q_0	
5	0	1	0	1	5
6	0	1	1	0	6
7	0	1	1	1	7
8	1	0	0	0	8
9	1	0	0	1	9
10	1	0	1	0	10
11	1	0	1	1	11
12	1	1	0	0	12
13	1	1	0	1	13
14	1	1	1	0	14
15	1	1	1	1	15
16	0	0	0	0	0

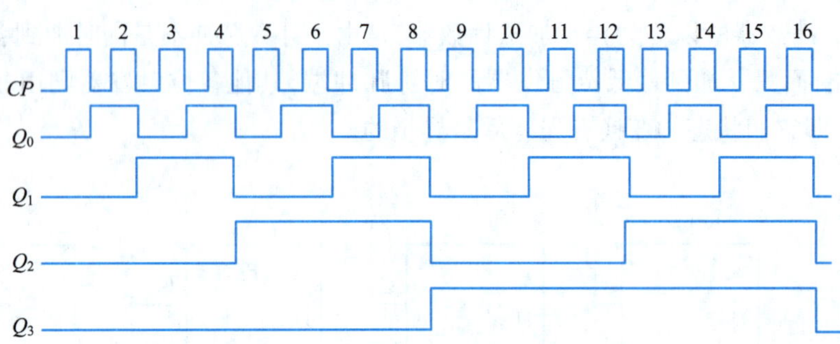

图 2-2-59　异步二进制加法计数器的工作波形

小　　结

1. 数制是人们对数量计数的一种统计规律，任何一种数制都包含基数、进位规则和位权三个特征。

2. 逻辑门是数字电路中最基本的单元电路。基本逻辑门电路有“与”门、“或”门、“非”门、“与非”门、“或非”门。

3. 描述逻辑电路输出和输入之间逻辑关系的方法包括：真值表、逻辑函数式、逻辑电路图和卡诺图，这些方法间可以任意地进行转换。利用逻辑代数的基本运算规则，可以对逻辑函数进行化简。当逻辑变量小于4时，使用卡诺图化简更加方便和有效。

4. 在数字电路中，二极管、三极管一般工作在开关状态，即工作于导通和截止两个对立的状态，输出的高低电平分别代表逻辑电平1和逻辑电平0。

5. 最简单的门电路是用二极管组成的“与”门、“或”门和三极管组成的“非”门电路，它们是集成逻辑门电路的基础。

6. 组合逻辑电路的特点：由基本的逻辑门电路组合而成，无记忆和反馈元件；任意时刻电路的输出状态只取决于该电路的输入状态，而与该时刻前的电路状态无关。

7. 组合逻辑电路的分析方法：根据逻辑图写出函数的逻辑表达式；用公式法或卡诺图法对所写出的逻辑式进行化简，得出最简的“与或”表达式；根据最简“与或”表达式列出真值表；依据真值表分析确定电路的逻辑功能。

8. 组合逻辑电路的设计方法：根据逻辑要求，列出真值表；由真值表写出逻辑表达式，然后化简成最简“与或”表达式，或由真值表画出卡诺图，用卡诺图化简成最简“与或”表达式；根据逻辑表达式画出逻辑图。

9. 常用的典型电路：加法器、编码器、译码显示器、集成多路器等，目前这些已经形成集成电路系列产品，因其具有使用方便、价格低廉、工作稳定可靠等优点，工程实际中已被广泛采用。

10. 触发器是具有记忆功能的基本单元电路，是各种时序电路的基础。应掌握它们的图形符号、真值表、逻辑功能。

11. 寄存器和计数器是常用的时序电路。寄存器包括数码寄存器和移位寄存器，n 个触发器可以构成 n 位寄存器。计数器可用来计算脉冲数目，有二进制计数器、十进制计数器和任意进制计数器，用于数字控制、测量和运算。

12. 时序电路分同步和异步两种工作方式。同步是指电路中的所有触发器在同一时钟控制下，触发器的翻转与该时钟保持一致。

习 题

一、填空题

1. 模拟信号的特点是在________和________上都是________变化的。

2. 数字信号的特点是在________和________上都是________变化的。

3. 数字电路主要研究________与________信号之间的对应________关系。

4. 用二进制数表示文字、符号等信息的过程称为________。

5. $(11011)_2=(\_\_\_\_\_\_\_\_)_{10}$，$(1110110)_2=(\_\_\_\_\_\_\_\_)_8$，$(21)_{10}=(\_\_\_\_\_\_\_\_)_2$。

6. $(101010)_2=(\_\_\_\_\_\_\_\_)_{10}$，$(74)_8=(\_\_\_\_\_\_\_\_)_2$，$(D7)_{16}=(\_\_\_\_\_\_\_\_)_2$。

7. 最基本的三种逻辑运算是________、________、________。

8. 逻辑等式三个规则分别是________、________、________。

9. 逻辑函数化简的方法主要有________化简法和________化简法。

10. 逻辑函数常用的表示方法有________、________和________。

11. 任何一个逻辑函数的________是唯一的，但是它的________可有不同的形式，逻辑函数的各种表示方法在本质上是__________的，可以互换。

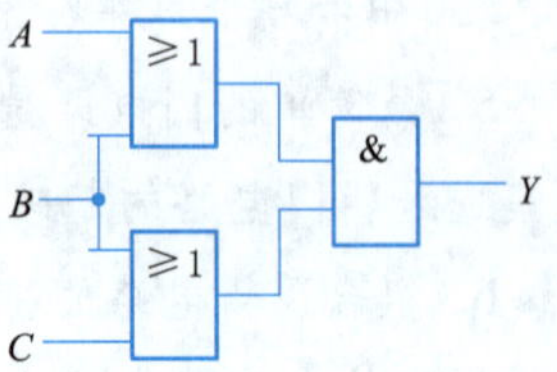

12. 写出图 1 逻辑图所表示的逻辑函数 $Y=$__________。

图 1

13. 三极管作为开关元件时工作在__________状态和__________状态。

14. “与”门电路和“或”门电路具有__________个输入端和__________个输出端。

15. 根据逻辑功能的不同特点，逻辑电路可分为两大类：__________和__________。

16. 只考虑__________，而不考虑__________的运算电路，称为半加器。

17. __________是编码的逆过程。

18. 触发器具有__________个稳定状态，在输入信号消失后，它能保持__________。

19. 在基本 RS 触发器暗中，输入端 R_D 或 $\overline{R}_D$ 能使触发器处于__________状态，输入端 S_D 或 $\overline{S}_D$ 能使触发器处于__________状态。

20. 同步 RS 触发器状态的改变是与__________信号同步的。

21. 在 CP 有效期间，若同步触发器的输入信号发生多次变化时，其输出状态也会相应产生多次变化，这种现象称为__________。

22. 同步 D 触发器的特性方程为__________。

23. 主从型 JK 触发器是一种能防止__________现象的触发器。

24. 在 CP 脉冲和输入信号作用下，JK 触发器能够具有__________、__________、__________和__________的逻辑功能。

25. 在 CP 脉冲有效期间，D 触发器的次态方程 $Q^{n+1}=$__________，JK 触发器的次态方程 $Q^{n+1}=$__________。

26. 对于 JK 触发器，当 CP 脉冲有效期间，若 $J=K=0$ 时，触发器状态__________；若 $J=\overline{K}$ 时，触发器__________或__________；若 $J=K=1$ 时，触发器状态__________。

27. 将 D 触发器的 D 端与 $\overline{Q}$ 端直接相连时，D 触发器可转换成__________触发器。

28. 时序逻辑电路任何时刻的输出信号不仅取决于__________，还取决于__________。

29. 用以存放二进制代码的电路称为__________。

30. 在触发脉冲作用下，单稳态触发器从__________转换到__________后，依靠自身电容的放电作用，又能回到__________。

二、选择题

1. 逻辑函数 $Y=\overline{ABC}+A\overline{B}C+ABC+A+B\overline{C}$ 的最简“与或”表达式是（　　）。

A. $Y=\overline{ABC}+A+B\overline{C}$　　B. $Y=A+B\overline{C}$

C. $Y=1+B\overline{C}$　　D. 1

2. 逻辑函数 $Y=\overline{ABC}+A\,\overline{B}C+ABC+A+B\,\overline{C}$ 的最简“与或”表达式是（　　）。

A. $Y=\overline{AB}+\overline{B}$　　B. $Y=1$

C. $Y=\overline{A}+\overline{B}$　　D. $Y=ABC+\overline{AB}+\overline{AC}$

3. 逻辑函数$Y(A,B,C,D)=\sum(m_0,m_1,m_2,m_3,m_4,m_6,m_8,m_9,m_{10},m_{11},m_{14})$最简“与或”表达式是(　　)。

A. $\overline{B}+C\overline{D}+\overline{AD}$　　B. $\overline{B}+C\overline{D}+\overline{ACD}$

C. $B+C\overline{D}+\overline{AD}$　　D. $B+C\overline{D}+\overline{AD}$

4. 下列说法正确的是(　　)。

A. 组合逻辑电路的输出不仅和该时刻的输入有关,还与电路原来的状态有关

B. 常用的组合逻辑电路有编码器、译码器、加法器、比较器、寄存器

C. 组合逻辑电路可能发生竞争冒险

D. 组合逻辑电路需要用状态方程来描述其逻辑功能

5. 函数$F=AB+BC$,使$F=1$的输入ABC组合为(　　)。

A. $ABC=000$　　B. $ABC=010$

C. $ABC=101$　　D. $ABC=110$

6. 已知某电路的真值表见表1,该电路的逻辑表达式为(　　)。

A. $Y=C$　　B. $Y=ABC$

C. $Y=AB+C$　　D. $Y=B\overline{C}+C$

表1

A	B	C	Y	A	B	C	Y
0	0	0	0	1	0	0	0
0	0	1	1	1	0	1	1
0	1	0	0	1	1	0	1
0	1	1	1	1	1	1	1

7. 在图2所示的数字电路中,稳态时三极管一般工作在(　　)状态。若$u_i=0$,则三极管VT(　　),此时$u_o=$(　　)。

A. 开关,截止,3.7 V

B. 放大,截止,5 V

C. 开关,饱和,0.3 V

D. 开关,截止,5 V

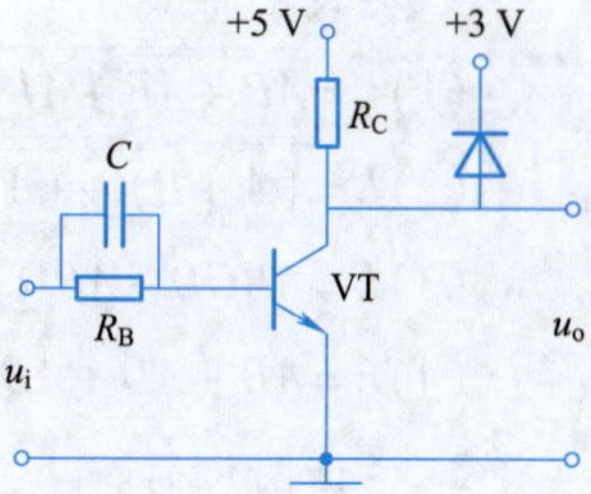

图2

8. 数字电路中的工作信号为(　　)。

A. 脉冲信号

B. 随时间连续变化的电信号

C. 直流信号

D. 模拟信号

9. 七段显示译码器,当译码器七个输出端状态是$abcdefg=0110011$,高电平有效时,输入一定为(　　)。

A. 0011　　B. 0110　　C. 0100　　D. 0101

10. 全加器的逻辑功能是(　　)。

A. 两个同位的二进制数相加

B. 两个二进制数相加

C. 两个同位的二进制数及来自低位的进位三者相加

D. 不带进位的两个二进制数相加

11. 对于触发器和组合逻辑电路,以下说法正确的是(　　)。

A. 两者都有记忆能力　　B. 两者都无记忆能力

C. 只有组合逻辑电路有记忆能力　　D. 只有触发器有记忆能力

12. CP 有效期间,同步 RS 触发器的特性方程是(　　)。

A. $Q^{n+1}=S+\overline{R}Q^{n}$　　B. $Q^{n+1}=S+\overline{R}Q^{n}(RS=0)$

C. $Q^{n+1}=\overline{S}+RQ^{n}$　　D. $Q^{n+1}=\overline{S}+RQ^{n}(RS=0)$

13. JK 触发器在 CP 脉冲作用下,若使 $Q^{n+1}=\overline{Q^{n}}$,则输入信号应为(　　)。

A. $J=K=1$　　B. $J=Q,K=\overline{Q}$　　C. $J=\overline{Q},K=Q$　　D. $J=K=0$

14. 寄存器在电路组成上的特点是(　　)。

A. 有 CP 输入端,无数码输入端　　B. 有 CP 输入端和数码输入端

C. 无 CP 输入端,有数码输入端　　D. 无 CP 输入端和数码输入端

15. 以下实现 $Q^{n+1}=\overline{Q^{n}}$ 的电路是(　　)。

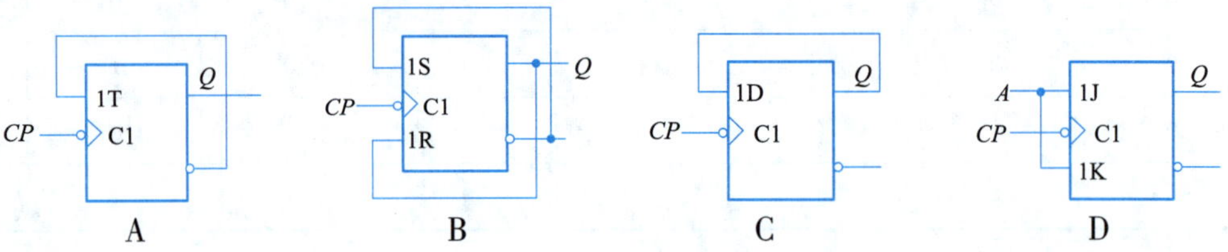

三、综合题

1. 公式化简。

(1) $L=\overline{AB+\overline{AB}+\overline{A}B+A\overline{B}}$

(2) $L=\overline{\overline{(\overline{A}+B)}+\overline{(A+B)}+\overline{(\overline{A}B)(A\overline{B})}}$

(3) $L=ABC\overline{D}+ABD+BC\overline{D}+ABCBD+B\overline{C}$

(4) $L=\overline{A}B+\overline{A}D+\overline{ABD}+ABCD$

2. 卡诺图化简。

(1) $Y(A,B,C,D)=\sum m(0,2,5,6,7,8,9,10,11,14,15)$

(2) $F(A,B,C,D)=\sum m(2.6,7,8,9,10,11,13,14,15)$

(3) $F(A,B,C,D)=\sum m(1,2,3,5,6,7,8,9,12,13)$

(4) $Y_1=A\overline{B}+A\overline{C}+B\overline{C}+\overline{B}C+\overline{A}C+\overline{A}B$

3. 组合电路如图 3 所示,分析该电路的逻辑功能,写出逻辑表达式并化简,画出真值表。

4. 试分析图 4 所示组合逻辑电路，列出真值表，写出输出端的逻辑函数表达式，并化简，说明电路的功能。

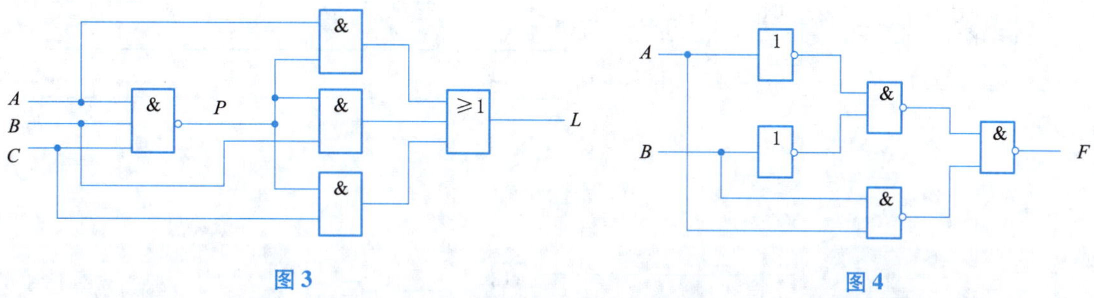

图 3　　　　图 4

5. 约翰和简妮夫妇有两个孩子乔和苏，全家外出吃饭要么去汉堡店，要么去炸鸡店。每次出去吃饭前，全家要表决以决定去哪家店。表决的规则是如果约翰和简妮都同意，或多数同意吃炸鸡，则他们去炸鸡店，否则就去汉堡店。试设计一组合逻辑电路实现上述表决电路。

6. 请用最少器件设计一个健身房照明灯的控制电路，该健身房有东门、南门、西门，在各个门旁装有一个开关，每个开关都能独立控制灯的亮暗，控制电路具有以下功能：

(1) 某一门开关接通，灯即亮，开关断，灯暗；

(2) 某一门开关接通，灯亮，接着接通另一门开关，则灯暗；

(3) 当三个门开关都接通时，灯亮。

7. 由“或非”门构成的基本 SR 锁存器如图 5 所示，已知输入端 S、R 的电压波形，试画出与之对应的 Q 和$\overline{Q}$的波形。

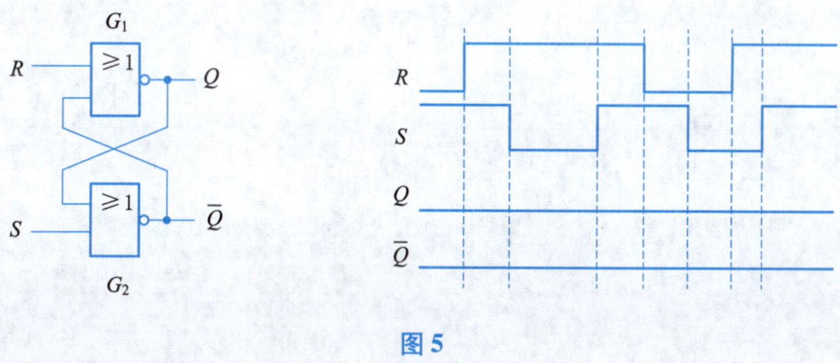

图 5

8. 由 JK 触发器和 D 触发器构成的电路如图 6(a) 所示，各输入端波形如图 6(b) 所示，当各个触发器的初态为 0 时，试画出 Q_0 和 Q_1 端的波形。

9. 分析图 7 所示电路，要求：

(1) 写出 JK 触发器的状态方程；

(2) 用 X、Y、Q^n 作变量，写出 P 和 Q^{n+1} 的函数表达式；

(3) 列出真值表，说明电路完成何种逻辑功能。

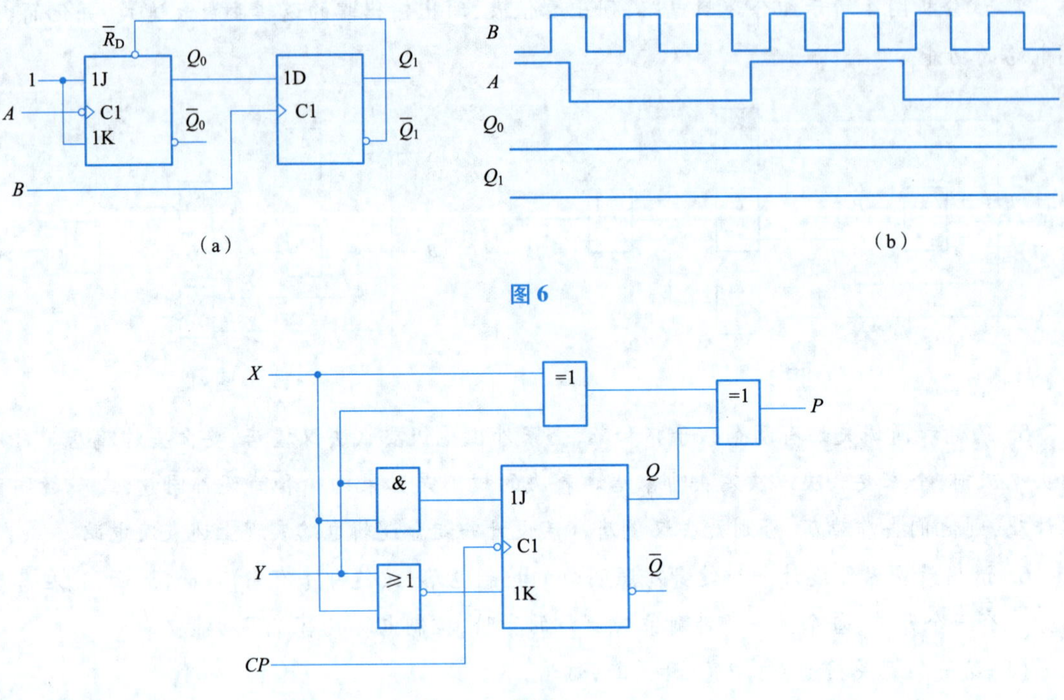

$\overline{R}_D$
1
A
B
1J
C1
1K
Q_0
$\overline{Q}_0$
1D
C1
Q_1
$\overline{Q}_1$
（a）
B
A
Q_0
Q_1
（b）
X
Y
CP
=1
=1
P
&
≥1
1J
C1
1K
Q
$\overline{Q}$

图 6

图 7

轨道交通设备篇

第1章 变压器

学习目标

1. 掌握变压器的电压变换、电流变换和阻抗变换作用。
2. 熟悉变压器的结构、工作原理。
3. 了解磁场的基本物理量，磁性材料的磁性能。

学习重点

1. 变压器的电压变换、电流变换和阻抗变换的作用及其应用。
2. 变压器的工作原理。

学习难点

1. 变压器的工作原理。
2. 变压器的电压变换、电流变换和阻抗变换。

变压器是电力输送、使用中必不可少的设备。在电力输送系统中，变压器通过大幅度提升电压、减小电流，从而降低大量电路消耗，实现远距离输电；在配电系统中，变压器可以灵活地调节电压以达到配电要求，因而广泛应用于工农业生产，以达到保护电器和发挥电器最佳效能的目的；在电子技术中，变压器经常用来进行电路间的耦合、信号变换和传递、稳压、隔离、阻抗匹配等。

视频

变压器

1.1 变压器概述

动画

三相油浸式变压器

1.1.1 功能及分类

变压器是根据电磁感应原理制成的一种静止电气设备，它的基本作用是变换交流电压，即把某一电压数值的交流电变为同频另一电压数值的交流电。在输电方面，为了节省输电导线的材料用量、减少线路上的电压降及功率损耗，通常利用变压器升高电压；在配电方面，为了用电安全，利用变压器降低电压。此外，变压器还可用于电流和阻抗变换。

变压器的种类很多，根据其用途不同可以分为：远距离输配电用电力变压器；机床控制用控制变压器；电气设备和仪器供电电源用电源变压器；焊接用焊接变压器；平滑调压用自耦变压器;测量仪表用互感器以及用于传递信号的耦合变压器等。常用的牵引变压器和干式变压器分别如图 3-1-1 和图 3-1-2 所示。

图 3-1-1　牵引变压器

图 3-1-2　干式变压器

1.1.2　结构及特点

无论何种变压器,其基本构造和工作原理完全相同,都由铁磁材料构成的铁芯和绕在铁芯上的线圈(亦称绕组)两部分组成。变压器常见的结构形式有两类:芯式变压器和壳式变压器。如图 3-1-3 所示,芯式变压器的特点是绕组包围铁芯,它的用铁量较少,构造简单,绕组的安装和绝缘处理比较容易,因此多用于容量较大的变压器中。壳式变压器如图 3-1-4 所示,其特点是铁芯包围绕组。这种变压器用铜量较少,多用于小容量的变压器。

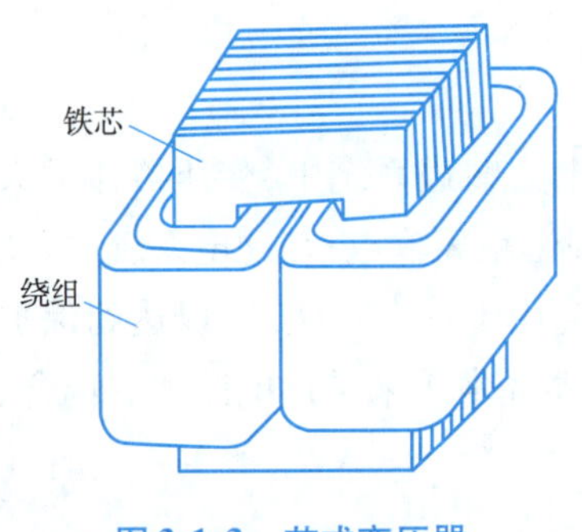

图 3-1-3　芯式变压器

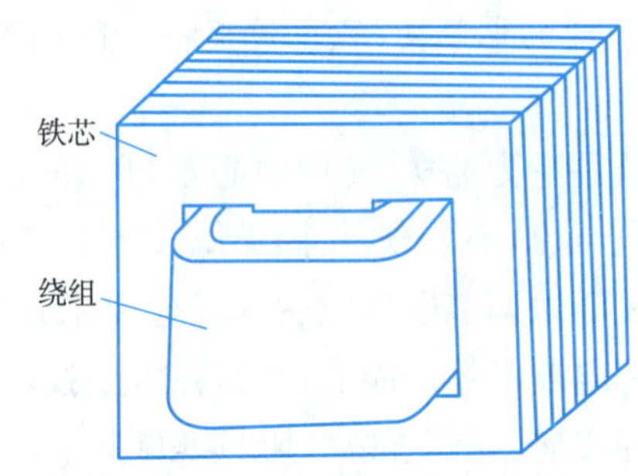

图 3-1-4　壳式变压器

铁芯是变压器的磁路部分,为了减少涡流损耗,铁芯通常使用厚度为 0. 35 mm 的硅钢片交叠而成,为了隔绝硅钢片相互之间的电气联系,每一硅钢片的两面都涂有绝缘清漆。

绕组是变压器的电路部分,用绝缘铜导线或铝导线绕制,绕制时多采用圆柱形。通常,电压高的绕组称为高压绕组,电压低的绕组称为低压绕组,低压绕组一般靠近铁芯放置,而高压绕组则置于外层。为了防止变压器内部短路,在绕组和绕组之间,绕组和铁芯之间,以及绕组的各层之间,都必须绝缘良好。

除了铁芯和绕组之外,变压器一般有外壳,用来保护绕组免受机械损伤,并起散热和屏蔽作用。较大容量的变压器还具有冷却系统、保护装置以及绝缘套管等。大容量变压器通常采用三相变压器。

1.2　变压器基本原理

变压器原理图中将一次绕组和二次绕组分别画在两边。与电源连接的一侧称为一次侧，一次绕组各量均用下标“1”表示，如 N_1，u_1，i_1 等；与负载连接的一侧称为二次侧，二次绕组各量均用下标“2”表示，如 N_2，u_2，i_2 等。下面以空载和负载两种情况来分析变压器的工作原理。

1.2.1　变压器空载运行及电压变换

变压器空载运行是指变压器的一次绕组两端加上交流电压，二次绕组不接负载的情况，如图 3-1-5 所示。

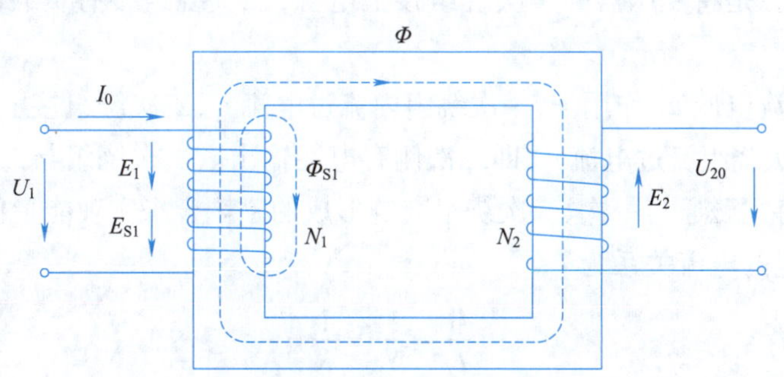

视频

油浸式变压器

图 3-1-5　变压器原理图

在外加正弦交流电压 u_1 作用下，一次绕组内有电流 i_0 流过。由于二次绕组开路，二次绕组内没有电流，故将此时一次绕组内的电流 i_0 称为空载电流。该电流通过匝数为 N_1 的一次绕组产生主磁通 Φ。主磁通穿过一次绕组和二次绕组，并在其中感应产生电动势 e_1 和 e_2。

根据电磁关系，电压有效值之比为

$$\frac{U_1}{U_{20}} \approx \frac{E_1}{E_2} = \frac{N_1}{N_2} = K$$

式中，U_{20} 为二次绕组的空载端电压；K 称为变压器的变比，亦即一次、二次绕组的匝数比。当 $K<1$ 时，为升压变压器；当 $K>1$ 时，为降压变压器。

必需指出，变压器空载时，若外加电压的有效值 U_1 一定，主磁通最大值 Φ_M 也基本不变，则有

$$\dot{U}_1 \approx -\dot{E}_1 = \mathrm{j}4.44 f N_1 \Phi_M$$

用有效值形式表示

$$U_1 \approx E_1 = 4.44 f N_1 \Phi_M$$

式中，当 f、N_1 为定值时，主磁通最大值 Φ_M 的大小只取决于外加电压。

如图 3-1-6 所示，变压器一次侧电压有效值 u_1 的大小，与是否接负载无关。若外加电压 u_1 不变，则主磁通最大值 Φ_M 也不变。这个关系对分析变压器的负载运行及电动机的工作原理都非常重要。

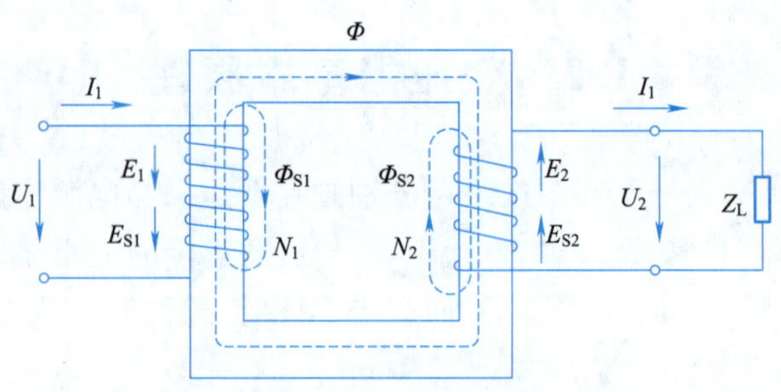

图 3-1-6　变压器负载运行

1.2.2　变压器负载运行及电流变换

变压器负载运行是将变压器的一次绕组接上电源,二次绕组接有负载的情况,如图 3-1-6 所示。

在外加正弦交流电压 u_1 作用下,一次绕组内流过电流 i_1,二次绕组接上负载 Z_L 后,在电动势 e_2 的作用下,二次绕组流过电流 i_2,即二次侧有电能输出。一次绕组与二次绕组之间没有直接的电气连接,只有主磁通与一次、二次绕组交链形成的磁耦合来实现能量传递。

一次、二次绕组的电流关系为

$$\frac{I_1}{I_2} \approx \frac{N_2}{N_1} = \frac{1}{K}$$

上式表明变压器一次、二次绕组的电流之比近似与它们的匝数成反比。注意:上式是在忽略空载电流的情况下获得的,若变压器在空载或轻载下运行则此式不成立。

1.2.3　阻抗变换

变压器除了具有变换电压和电流的作用外,还可进行阻抗变换,以实现“匹配”。

如图 3-1-7(a)所示,负载阻抗 Z_L 接在变压器二次侧,而图中虚线框部分可用一个等效阻抗 Z'代替,如图 3-1-7(b)所示。两者关系如下:

$$Z' = K^2 Z_L$$

式中,Z'为 Z_L 的等效阻抗。它表明在忽略漏磁阻抗影响下,只需调整匝数比,就可把负载阻抗变换为所需要的数值,且负载性质不变。通常称为阻抗匹配。

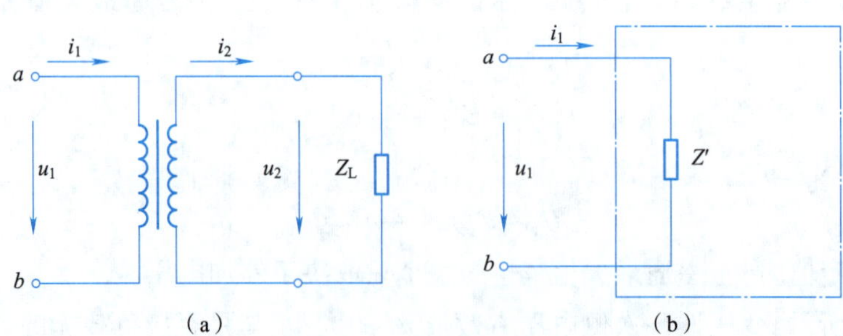

图 3-1-7　阻抗变换

【例 3-1-1】　有一信号源的电动势为 1.5 V,内阻抗为 300 Ω,负载阻抗为 75 Ω。欲使负载获得最大功率,必须在信号源和负载之间接一阻抗匹配变压器,使变压器的输入阻抗等于信号源的内阻抗,如图 3-1-8 所示。求变压器的变压比,一次、二次侧的电流各为多少?

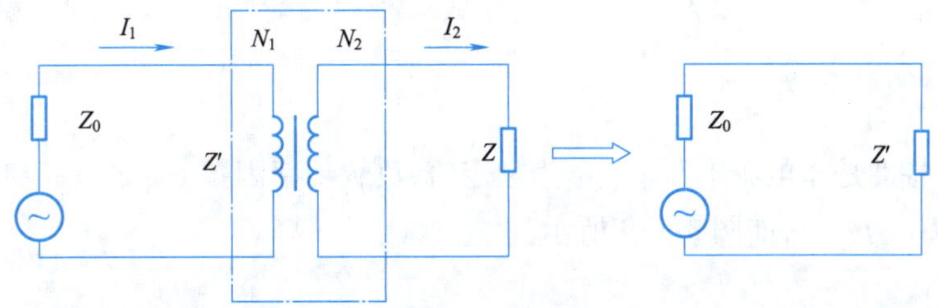

图 3-1-8　例 3-1-1 电路图

解:依题意:负载阻抗 $Z=75\ \Omega$,变压器的输入阻抗 $Z'=Z_0=300\ \Omega$。应用变压器的阻抗变换公式,可求得变比为

$$K=\frac{N_1}{N_2}=\sqrt{\frac{Z'}{Z}}=\sqrt{\frac{300}{75}}=2$$

因此,信号源和负载之间接一个变比为 2 的变压器就能达到阻抗匹配的目的。这时,变压器的一次侧电流为

$$I_1=\frac{U_S}{Z_0+Z'}=\frac{1.5}{300+300}\ \text{mA}=2.5\ \text{mA}$$

二次侧电流为

$$I_2=KI_1=2\times 2.5\ \text{mA}=5\ \text{mA}$$

1.3　变压器的外特性、功率和效率

1.3.1　变压器的额定值

变压器正常运行的状态和条件,称为变压器的额定工作情况,而表征变压器额定工作情况的电压、电流和功率等数值,称为变压器的额定值,一般标在变压器的铭牌上。

1. 额定容量 S_N

变压器的额定容量指额定视在功率,以 V · A(伏安)或 kV · A(千伏安)为单位。在单相变压器中,$S_N=U_{2N}I_{2N}$,在三相变压器中,$S_N=\sqrt{3}U_{2N}I_{2N}$。

2. 额定电压 U_{1N} 和 U_{2N}

额定电压 U_{1N} 是指一次绕组上的电源电压或输入电压,额定电压 U_{2N} 是指一次绕组加上额定电压时二次绕组的空载电压(U_{20})。三相变压器铭牌标示的额定电压 U_{1N} 和 U_{2N} 均为一次、二次绕组的线电压。

3. 额定电流 I_{1N} 和 I_{2N}

变压器的额定电流 I_{1N} 和 I_{2N} 是根据绝缘材料所允许的温度而规定的一次、二次绕组中允许长期通过的最大电流值。在三相变压器中,I_{1N} 和 I_{2N} 均为一次、二次绕组的线电流。

变压器的额定值取决于变压器的构造和所用的材料。使用变压器时不能超过其额定值。

此外,工作温度不能过高,一次、二次绕组必须分清,并防止变压器绕组短路,以免烧毁变压器。

1.3.2 变压器的外特性

变压器的外特性是指电源电压 U_1、f_1 为额定值,负载功率因数 $\cos\varphi_2$ 一定时,U_2 随 I_2 变化的关系曲线,即 $U_2=f(I_2)$,如图 3-1-9 所示。

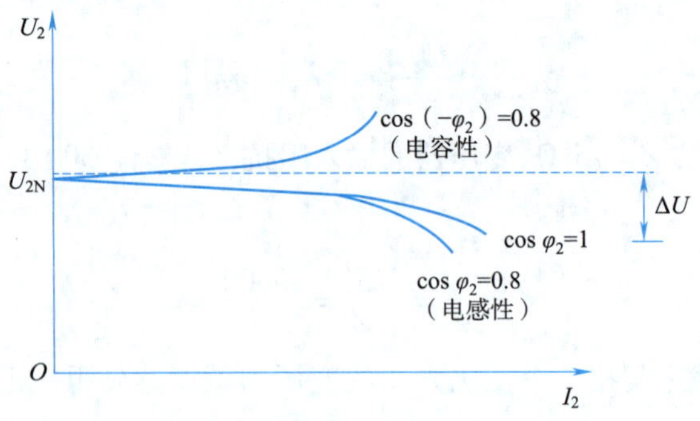

图 3-1-9 变压器的外特性

从外特性曲线中可清楚地看出,负载变化所引起的变压器二次侧电压 U_2 的变化程度既与一次、二次绕组的漏磁阻抗有关,又与负载的大小及性质有关。对于电阻性和电感性负载而言,U_2 随负载电流 I_2 的增加而下降,其下降程度还与负载的功率因数有关。对电容性负载来说,U_2 可能高于 U_{2N},外特性曲线是上翘的。

变压器二次侧电压 U_2 随 I_2 变化的程度用电压变化率 ΔU 表示,即

$$\Delta U=\frac{U_{20}-U_2}{U_{20}}\times 100\%$$

在一般变压器中,由于其绕组电阻和漏磁感抗均很小,电压变化率不大,为 2%~5%。

变压器的电压变化率表征了电网电压的稳定性,一定程度上反映了变压器的供电质量,是变压器的主要性能指标之一。为了改善电压稳定性,对电感性负载,可在负载两端并联适当容量的电容器,以提高功率因数和减小电压变化率。

1.3.3 变压器的功率

变压器一次绕组的输入功率为

$$P_1=U_1I_1\cos\varphi_1$$

式中,φ_1 为一次绕组电压与电流的相位差。

变压器二次绕组的输出功率为

$$P_2=U_2I_2\cos\varphi_2$$

式中,φ_2 为二次绕组电压与电流的相位差。

输入功率与输出功率的差就是变压器的功率损耗,即

$$\Delta P = P_1 - P_2$$

变压器的功率损耗，包括铁损 ΔP_{Fe}（铁芯的磁滞损耗和涡流损耗）和铜损 ΔP_{Cu}（线圈导线电阻的损耗），即

$$\Delta P = \Delta P_{Fe} + \Delta P_{Cu}$$

铁损和铜损可以用实验方法测量或计算求出，铜损（$I_1^2 r_1 + I_2^2 r_2$）与负载大小有关，是可变损耗；而铁损与负载大小无关，当外加电压和频率确定后，一般是常数。

1.3.4 变压器的效率

变压器的效率等于变压器输出功率与输入功率之比的百分值，即

$$\eta = \frac{P_2}{P_1} \times 100\% = \frac{P_2}{P_2 + \Delta P_{Fe} + \Delta P_{Cu}} \times 100\%$$

变压器的效率较高，大容量变压器在额定负载时效率可达 98%~99%，小型电源变压器的效率为 70%~80%。

变压器的效率还与负载有关，轻载时效率较低，因此应合理选用变压器的容量，避免长期轻载或空载运行。

【例 3-1-2】 有一额定容量为 2 kV · A、电压为 380/110 V 的单相变压器。试：

（1）求一次侧、二次侧的额定电流；

（2）若负载为 110 V、25 W、$\cos\varphi_2 = 0.8$ 的小型单相电动机，问满载运行时可接入多少这样的电动机？

解：（1）一次侧、二次侧的额定电流为

$$I_{1N} = \frac{S_N}{U_{1N}} = \frac{2\,000}{380}\ \text{A} = 5.26\ \text{A}$$

$$I_{2N} = \frac{S_N}{U_{2N}} = \frac{2\,000}{110}\ \text{A} = 18.18\ \text{A}$$

（2）每台小电动机的额定电流为

$$I = \frac{P}{U\cos\varphi_2} = \frac{25}{110 \times 0.8}\ \text{A} = 0.28\ \text{A}$$

故可接

$$\frac{18.18}{0.28} = 65（台）$$

素养教育

逐电追风

1954 年，我国拥有了自行设计施工的第一条 220 kV 高压输电线路，但这在当时落后世界大概 30 年之久。如今，从高压到超高压，从超高压到特高压，我国的远距离特高压输电技术突飞猛进。特别是 2016 年 1 月 11 日，淮东—皖南（新疆昌吉—安徽宣城）±1 100 kV 特高压直流输电工程开工建设(2018 年建成)。这是当时世界上电压等级最高、输送容量最大、输送距离最远、技术水平最先进的特高压输电工程。

特高压输电具有明显的经济效益。据估计,1 条 1 150 kV 输电线路的输电能力可代替 5 ~6 条 500 kV 线路,或 3 条 750 kV 线路;可减少铁塔用材 1/3,节约导线 1/2,节省包括变电所在内的电网造价 10% ~15% 。1 150 kV 特高压线路走廊约为同等输送能力的 500 kV 线路所需走廊的 1/4,这对于人口稠密、土地宝贵或建设走廊困难的国家和地区会带来重大的经济和社会效益。

国际电工委员会主席克劳斯·乌赫勒就曾指出:“和中国一样,世界上许多国家都存在能源资源分布不均的情况,如德国就需要通过特高压把风电从北部送到南部。同时,特高压能够减少长距离输电的损耗,在世界上其他地区也有着广泛的应用前景。中国的特高压输电技术在世界上处于领先水平,作为国际标准电压,中国的特高压交流电压标准将向世界推广。”

小　结

1. 变压器是根据电磁感应原理而制成的一种静止电气设备,主要由铁芯和绕在其上的一次、二次绕组构成。变压器按其一次、二次绕组的匝数比,可以变换电压、电流和阻抗,常用的公式为

$$\frac{U_1}{U_2}=\frac{N_1}{N_2}=K \quad \frac{I_1}{I_2}=\frac{N_2}{N_1}=\frac{1}{K} \quad |Z'|=K^2|Z|$$

2. 交流铁芯线圈的主磁通最大值 $\Phi=U/(4.44fN)$,与电压 U 成正比,励磁电流与磁路状况(尺寸、材料、空气隙等)有关。

3. 变压器的额定值主要有额定电压、额定电流、额定容量和额定频率等。

4. 变压器的外特性是指电源电压 U_1、f_1 为额定值,负载功率因数 $\cos\varphi_2$ 一定时,U_2 随 I_2 变化的关系曲线。

习　题

一、填空题

1. 变压器是根据________原理制成的一种静止电气设备。

2. 变压器的基本作用是变换________,即把某一电压数值的交流电变为________另一电压数值的交流电。

3. 变压器由铁磁材料构成的________和绕在铁芯上的________两部分组成。

4. ________是变压器的磁路部分,为了减少涡流损耗,通常使用厚度为________mm 的硅钢片交叠而成。

5. ________是变压器的电路部分,用绝缘铜导线或铝导线绕制。

6. 变压器的额定值取决于变压器的________和________。

7. 变压器的电压________表征了电网电压的稳定性。

8. 变压器的外特性是指电源电压 U_1、f_1 为________值,________一定时,U_2 随 I_2 变化的关系曲线。

二、判断题

1. 在输电方面，为了节省输电导线的材料用量、减少线路上的电压降及功率损耗，通常利用变压器升高电压。（　　）

2. 在配电方面，为了用电安全，利用变压器降低电压。（　　）

3. 变压器一般有外壳，用来保护绕组免受机械损伤，没有散热和屏蔽作用。（　　）

4. 为了防止变压器外部短路，在绕组和绕组之间，绕组和铁芯之间，以及每绕组的各层之间，都必须绝缘良好。（　　）

5. 使用变压器时可以超过其额定值。（　　）

6. 为了改善电压稳定性，对电感性负载，可在负载两端并联适当容量的电容器，以提高功率因数和减小电压变化率。（　　）

三、计算题

1. 一铁芯线圈加上频率 50 Hz 的正弦交流电压上，铁芯中交变磁通最大值 $\Phi_M = 2.5 \times 10^{-3}$ Wb，为使线圈得到有效值为 100 V 的电动势，线圈的匝数应是多少？

2. 已知某单相变压器的一次绕组电压为 3 kV，二次绕组电压为 220 V，负载是一台 200 V，25 kW 的电炉，试求一次绕组、二次绕组的电流各为多少？

3. 一台单相变压器的额定容量 $S_N = 50$ kV · A，额定电压为 10 kV/230 V，满载时二次电压为 220 V，则其额定电流 I_{1N} 和 I_{2N} 各是多少？

4. 把电阻 $R = 8\ \Omega$ 的扬声器接于输出变压器的二次绕组两端，设变压器的变比为 5。请完成：

(1) 试求扬声器折合到一次绕组的等效电阻。

(2) 如果变压器的一次绕组接上 $U_s = 10$ V，内阻 $R_o = 250\ \Omega$ 的信号源，求输出到扬声器的功率。

(3) 若不经过变压器，直接把扬声器接到 $U_s = 10$ V，内阻 $R_i = 250\ \Omega$ 的信号源上，求输送到扬声器上的功率。

5. 某机修车间的单相行灯变压器，一次绕组额定电压为 220 V，额定电流为 4.55 A，二次绕组额定电压为 36 V，则二次绕组可接 36 V，60 W 的白炽灯多少盏？

6. 有一领定容量为 $S_N = 2$ kV · A 的单相变压器，一次绕组额定电压 $U_{1N} = 380$ V，匝数 $N_1 = 1\ 140$ 匝，二次绕组匝数 $N_2 = 108$ 匝，求：

(1) 该变压器二次绕组的额定电压 U_{2N} 及一次、二次绕组的额定电流 I_{1N}、I_{2N} 各是多少？

(2) 若在二次绕组接入一个电阻负载，消耗功率为 800 W，则一次、二次绕组的电流 I_1、I_2 各是多少？

7. 某三相变压器，一次绕组每相匝数 $N_1 = 2\ 080$ 匝，二次绕组每相匝数 $N_2 = 80$ 匝，如果二次绕组端加线电压 $U_2 = 6$ kV。求：

(1) 在Y－Y连接时，二次绕组端的线电压和相电压；

(2) 在Y－△连接时，二次绕组端的线电压和相电压。

第2章 高低压电器

学习目标

1. 掌握高压断路器、熔断器、隔离开关、负荷开关,低压断路器、熔断器、按钮、接触器、继电器、热继电器的结构和用途。

2. 掌握高压断路器、熔断器、隔离开关、负荷开关,低压断路器、熔断器、按钮、接触器、继电器、热继电器的表示方式。

3. 了解高压断路器、熔断器、隔离开关、负荷开关,低压断路器、熔断器、按钮、接触器、继电器、热继电器的主要技术参数。

4. 掌握高压断路器、熔断器、隔离开关、负荷开关,低压断路器、熔断器、按钮、接触器、继电器、热继电器的选择与常见故障的处理方法。

学习重点

1. 各种高低压电器的基本结构及工作过程。
2. 各种高低压电器的表示方式。
3. 各种高低压电器的选择与常见故障的处理方法。

学习难点

1. 高低压电器操作机构的工作原理、工作过程。
2. 高低压电器常见故障的处理方法。

电器主要指用于对电路进行接通、分断,对电路参数进行变换,以实现对电路或用电设备的控制、调节、切换、检测和保护等作用的电工装置、设备和元件。

视频

常用高压电器

2.1 常用高压电器

2.1.1 高压断路器

1. 高压断路器结构和用途

高压断路器是电力系统的重要设备之一,是一次电力系统中起控制和保护电路作用的关键设备,具有开断负荷电流和短路电流的能力。

高压断路器的基本结构如图 3-2-1 所示。其核心是开断元件,开关设备的控制、保护及安全隔离等都由开断元件完成。其他组成部分用于配合开断元件完成上述任务。

开断元件
支持绝缘件
传动元件
操动机构
基　座

图 3-2-1　高压断路器的基本结构

(1)开断元件:包括主灭弧室、主触头系统、主导电回路辅助灭弧室、辅助触头系统、并联电阻等,主要作用是分合电力线路、隔离电源。

(2)支持绝缘件:由瓷柱、瓷套管、绝缘管等构成的支柱本体,主要作用是保证开断元件有可靠的对地绝缘,承受开断元件的操作力和各种外力。

(3)传动元件:由各种连杆、齿轮、拐臂、液压管道、压缩空气管道等组成,主要作用是将操作命令传递给开断元件的触头和其他部分。

(4)操动机构:有弹簧、液压、电磁、气动及手动机构等几种形式,主要作用是为开断元件分合闸操作提供能量,并实现各种规定的操作。

(5)基座:是开关本体的底架、底座,主要作用是将开断元件、支持绝缘、传动元件、操动机构等固定为一体,并使其固定在基础上。

动 画

高压真空断路器

2. 高压断路器的表示方式

高压断路器的型号表示具有一定要求,一般包括断路器的类型、安装地点、设计序号、额定电压、其他标志、额定电流及额定开断电流等,型号标志组成及其含义如下:

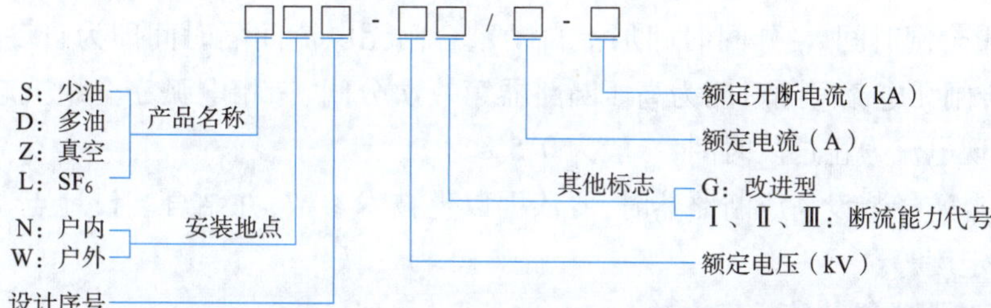

其他标志中,Ⅰ型表示断流容量为 300 MV·A,Ⅱ型表示断流容量为 500 MV·A,Ⅲ型表示断流容量为 750 MV·A。

例如,SN10-10I 表示:少油、户内、设计序号为 10、额定电压为 10 kV、Ⅰ型的断路器,其结构及实物图分别如图 3-2-2、图 3-2-3 所示。SF_6 断路器如图 3-2-4 所示。

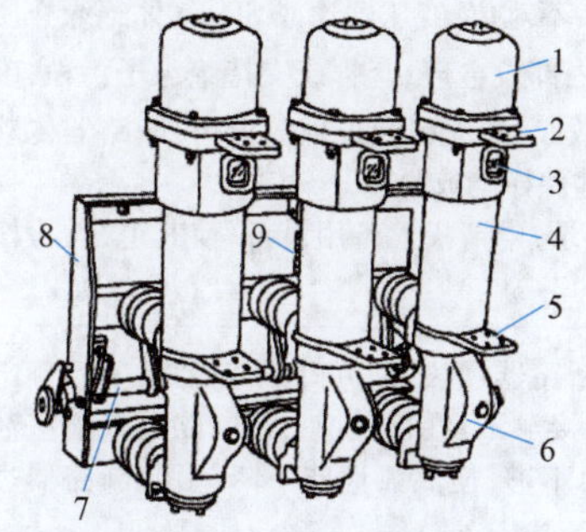

图 3-2-2　SN10-10I 少油断路器结构

1—铝帽;2—上接线端子;3—油标;4—绝缘筒;5—下接线端子;6—基座;7—主轴;8—框架;9—分闸弹簧。

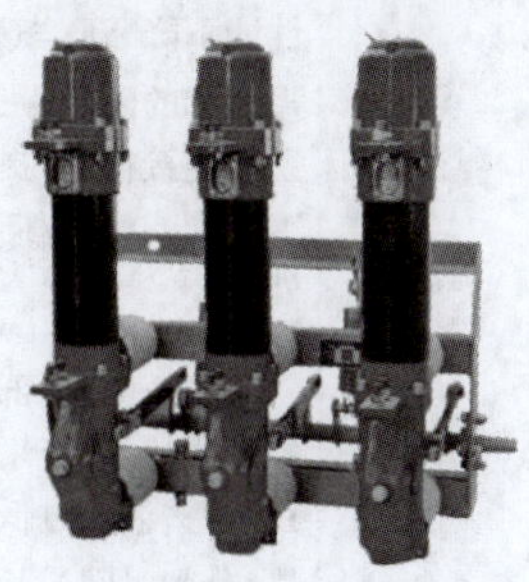

图 3-2-3　SN10-10I 少油断路器实物图

图 3-2-4　SF_6 断路器

3. 高压断路器的主要技术参数

高压断路器的特性和工作性能用技术参数来表示,主要的技术参数如下。

(1)额定电压 U_N:高压断路器能正常长期工作的电压,一般指线电压。U_N 的大小决定了断路器的绝缘水平、尺寸、灭弧条件。考虑到安装地点不同和电力系统调压的要求,对高压断路器还规定了与每级额定电压对应的最高工作电压。例如,220 kV 以下的电气设备最高工作电压是额定电压的 1.15 倍;330 kV 的电气设备最高工作电压为额定电压的 1.1 倍。

(2)额定电流 I_N:高压断路器的触头结构和导电部分在规定环境温度下允许长期通过的工作电流。I_N决定了导体截面和结构。

(3)额定开断电流 I_{Nk}(额定断流量):高压断路器在额定电压下能可靠断开的最大短路电流。它代表高压断路器的开断能力。

(4)极限通过电流 I_{Nes}:高压断路器在闭合状态时允许通过的短路电流最大瞬时值称为极限通过电流或动稳定电流。它表明了高压断路器承受短路电流电动力效应的能力。

(5)分闸时间 t_0:从操动机构分闸线圈接通分闸脉冲起,到三相电弧完全熄灭时的一段时间。它等于高压断路器的固有分闸时间和燃(熄)弧时间之和。固有分闸时间是指分闸线圈通电开始至触头刚刚分离这段时间,是操动机构动作时间。从触头刚分离开始至三相电弧完全熄灭为止这段时间称为燃(熄)弧时间。它表明高压断路器的灭弧能力。

(6)合闸时间 t_1:在额定操作电压或压力下,从高压断路器合闸线圈通电开始至主触头刚接触为止的这段时间,一般小于 0.3 s。

(7)自动重合闸时间 t_3:分闸时间加上自动重合闸无电流间隔时间即为自动重合闸时间。其中,自动重合闸无电流间隔时间为高压断路器第一次分闸、三相电弧完全熄灭起至重合闸成功线路重新出现电流为止这段时间,一般为 0.5 s。

在不同场合选择装设高压断路器时,要依据以上技术参数,并结合装设地点、操动方式、动稳定性和热稳定度等。

4. 高压断路器常见故障处理方法

高压断路器常见的故障及处理方法见表 3-2-1。

表 3-2-1　高压断路器常见的故障及处理方法

序号	常见故障	故障原因及处理方法
1	运行中出现异响	故障原因:断路器触头损坏,触头不对位;变压器油或 SF_6 气体绝缘介质性能下降,SF_6 气体压力不足引起内部放电声;套管或支持绝缘子污秽、破损引起的闪络声;线夹松动,引线散股、断股引起外部放电声;断路器传动系统连接松动,提升杆损坏,部分零件松动或脱落 处理方法:应向调度汇报做好记录,申请投入备用设备,使其退出,检修处理
2	运行中出现严重过热	故障原因:内部持续放电,导致断路器过热;过负荷,断路器达不到额定容量,泄漏电流增大及触头长时间接触不良引起过热;油断路器灭弧室油路堵塞,油面过低或 SF_6 气体压力不够,使灭弧性能下降,引起断路器过热;分闸时间过长(超过规定值) 处理方法:应向调度汇报做好记录,申请投入备用设备,使其退出,检修处理

续表

序号	常见故障	故障原因及处理方法
3	油断路器渗油、漏油,油位下降,SF_6断路器气压过低(漏气),密度继电器发出补气压力信号和闭锁压力信号	故障原因:套管与法兰连接处螺栓松动,密封件损伤老化失去弹性等 处理方法:油断路器渗、漏油,致使缺油时,应向调度汇报做好记录,申请投入备用设备,使其退出,检修处理;若断路器暂时不能退出时,应先断开其操作电源,令其不能分断短路电流;SF_6气体断路器漏气,气压过低时,可用检漏仪检漏
4	真空断路器未合闸一端带电时,真空灭弧室内出现红色或乳白色光辉	故障原因:由于焊缝慢性漏气,内部零件放气,波纹管渗漏等原因造成真空灭弧室漏气,真空度下降;真空灭弧室连续使用或存放10年以上 处理方法:应向调度汇报做好记录,申请投入备用设备,使其退出,检修处理
5	真空灭弧室内零件氧化失去铜的光泽	故障原因:真空灭弧室连续使用或存放时间过长 处理方法:向调度汇报,申请更换真空灭弧室;对4、5项可采取工频耐压试验,检查其真空度;工频85 kV耐压试验1 min无闪络、无击穿为良好
6	灭弧室玻璃外壳内表面有大块金属沉淀物,玻璃壳有伤痕或裂纹	
7	绝缘套管闪络	故障原因:套管表面严重脏污,有裂纹 处理方法:向调度汇报,申请退出,进行清扫,有裂纹或破损时用环氧树脂修补,试验不合格时更换
8	拒动、误动	故障原因:断路器本体传动系统调整不当,导致分合闸后各轴不能恢复原位;传动轴窜动,传动轴内、外拐臂夹角变小,合闸时限位止钉卡死;传动轴连接销钉折断、脱落,操动机构故障;断路器二次回路故障(拒动);断路器二次保护回路故障(误动) 处理:应向调度汇报做好记录,申请投入备用设备,使其退出,检修处理

2.1.2 高压隔离开关

动画 高压隔离开关

1. 高压隔离开关的结构和用途

高压隔离开关又叫刀闸,是一种没有专门灭弧装置的开关设备,不能用来开断负荷电流和短路电流,而只能用于不会引起强大电弧的切换操作,如用作电压互感器、避雷器、变压器及计量柜等设备的高压控制电器,通常与高压断路器配合使用,用于停电的可靠性保障等。

高压隔离开关主要由开断元件、操动机构、传动装置、支持绝缘、本体底座组成,如图3-2-5所示。

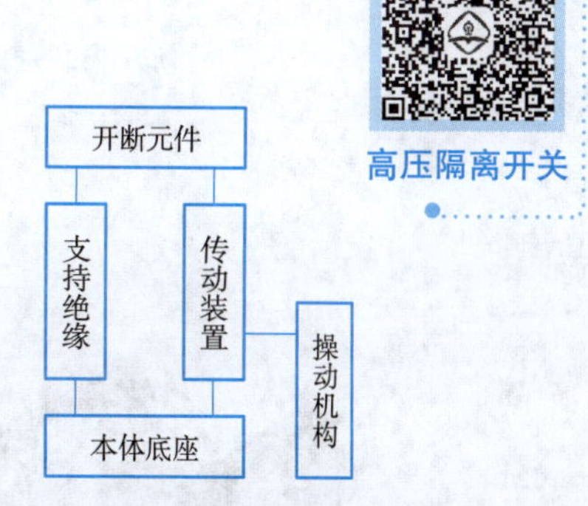

图3-2-5 高压隔离开关的基本结构

(1)开断元件:包括触头、闸刀、接线座,主要起传导电路中的电流,关合和开断电路的作用。

(2)操动机构:通过手动、电动、气动、液压向高压隔离开关的动作提供能源。

(3)传动装置:由拐臂、连杆、轴齿或操作绝缘子组成,用于接受操动机构的力矩,将命令传递给触头,以完成隔离开关的分、合闸动作。

(4)支持绝缘:主要包括支持绝缘子和操作绝缘子,实现带电部分和接地部分的绝缘。

(5)本体底座:将开断元件、支持绝缘、传动装置、操动机构等固定为一体,并使其固定在基础上。

2. 高压隔离开关的表示方式

高压隔离开关的型号标志组成及其含义如下：

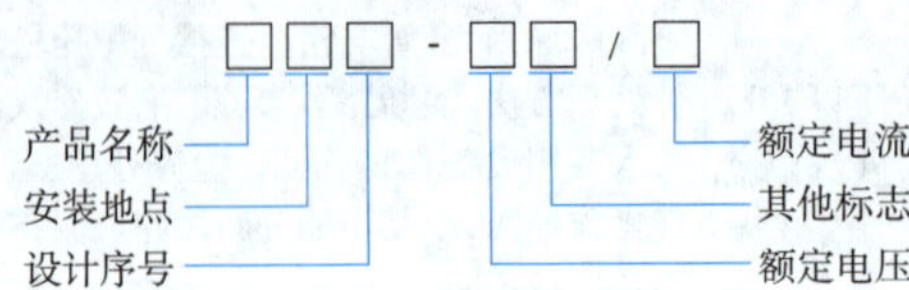

产品名称：G，表示高压隔离开关。

安装地点：N，表示室内；W，表示室外。

其他标志：G，表示改进型；D，表示带有接地刀闸；K，表示快速分闸；M，表示慢速分闸型；T，表示统一设计产品。

例如：GN2-35T 表示设计序号为 2 的室内隔离开关、额定电压 35 kV 的统一设计产品，其结构及实物图分别如图 3-2-6 和图 3-2-7 所示。户外高压交流隔离开关如图 3-2-8 所示。

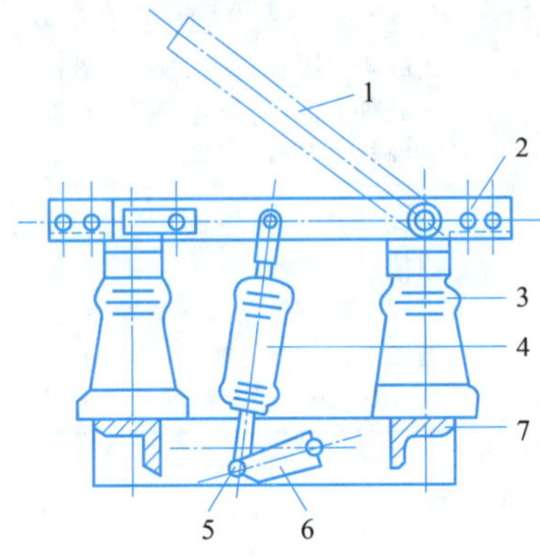

图 3-2-6 GN2-35T 高压隔离开关结构

1—动刀片；2—接线板；3—支柱瓷瓶；4—操作绝缘子；5—转动主轴；6—拐臂；7—底架

图 3-2-7 GN2-35T 高压隔离开关实物图

图 3-2-8 户外高压交流隔离开关

3. 高压隔离开关的主要技术参数

（1）额定电压 U_N：高压隔离开关长时间运行能承受的工作电压，单位千伏（kV）。它决定了隔离开关的绝缘水平、尺寸。

(2)额定电流 I_N:高压隔离开关的触头结构和导电部分在规定环境温度下允许长期通过的最大工作电流,其相应的发热温度不会超过国家标准,单位安[培](A)。它决定了隔离开关的截面、结构。

(3)动稳定电流(极限通过电流)I_{dw}:高压隔离开关闭合状态时,在冲击短路电流作用下,承受电动力的能力。它决定了高压隔离开关的机械强度。

(4)热稳定电流 I_{fw}:高压隔离开关闭合状态时,承受短路电流热效应的能力。单位千安(kA)。它决定了隔离开关承受短路电流的热稳定能力。

高压隔离开关选型时,应结合以上主要技术参数进行选择,如额定电压应大于或等于回路标称电压的1.2/1.1倍;额定电流标准值应大于最大负载电流的150%。

4. 高压隔离开关常见故障处理方法

高压隔离开关常见的故障及处理方法见表3-2-2。

表3-2-2　高压隔离开关常见的故障及处理方法

序号	故障现象	故障原因及处理方法
1	接触部分过热	故障原因:导流部分的压紧零件松动,导致接触压力下降;闸刀未合到位,造成接触面偏小;触头表面氧化或烧伤,引起接地电阻增大;超负荷运行 处理方法:向调度汇报,做好记录,加强监视;发热剧烈时,申请退出运行,派人按工艺检修,紧固螺栓,调整接触面接触压力
2	拒合、拒分及分、合不到位	故障原因:操动机构故障;传动装置卡滞调整不到位,造成拒动;分合闸止钉间隙调整不到位,造成分、合闸不到位;刀口油泥过多,刀口熔焊,可造成拒分;传动装置轴销脱落 处理方法:向调度汇报,做好记录,申请退出,派人检修
3	支持瓷瓶损坏、瓷釉脱落、裂纹、有放电痕迹	故障原因:支持瓷瓶表面严重脏污,瓷釉脱落,有裂纹 处理方法:向调度汇报,做好记录,申请退出,检修,清扫脏物;用环氧树脂修补,试验不合格时更换
4	误动作	故障原因:值班人员违章操作 处理方法:带负荷分隔离开关,当触头刚刚分离已发现时,应立即合上,若闸刀已全部拉开,则不准再重新合上;带负荷合隔离开关时,将有弧光产生,应迅速将闸刀合闸到位,绝不允许将闸刀重新拉开

2.1.3　高压熔断器

1. 高压熔断器的结构和用途

高压熔断器是最早使用的一种比较简单的保护电器,故障或过负荷时能够自动切断电路,保护设备。它安装在被保护设备或线路的电源侧,串接在电路中使用,主要用于线路及电力变压器等电气设备的短路及过载保护,广泛使用在60 kV及以下电压等级的小容量电气装置中,与负荷开关、断路器等其他开关电器配合使用,用来保护电力线路、变压器以及电容器组。高压熔断器由熔体、熔管、底座组成,如图3-2-9所示。

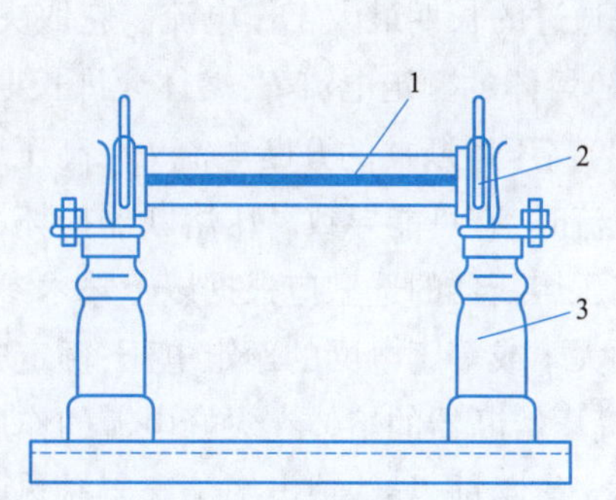

图3-2-9　高压熔断器的基本结构

1—熔体;2—熔管;3—底座。

(1)熔体:正常工作时起导通电路的作用,在故障情况下首先熔化,从而切断电路实现对其他设备的保护。

(2)熔管:用于放置熔体,限制熔体电弧的燃烧范围,并可灭弧。

(3)底座:固定熔管和外接引出线。

2. 高压熔断器的表示方式

高压熔断器的型号标志组成及其含义如下:

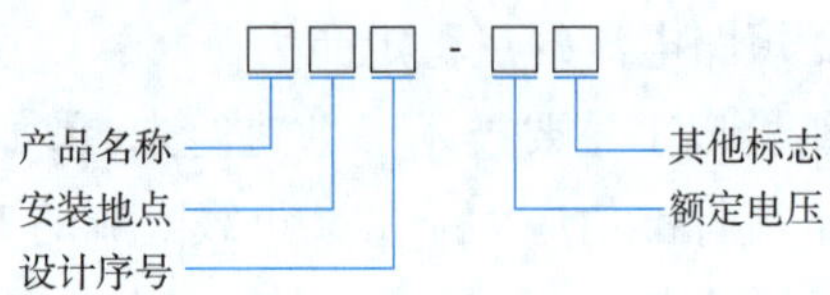

产品名称:R,表示高压熔断器。

安装地点:N,表示室内;W,表示室外。

其他标志:T,表示带热脱扣器;Z,表示带自动重合闸。

例如,RN1-10 型熔断器表示 10 kV 室内熔断器,设计序号为 1,其结构及实物图分别如图 3-2-10 和图 3-2-11 所示。

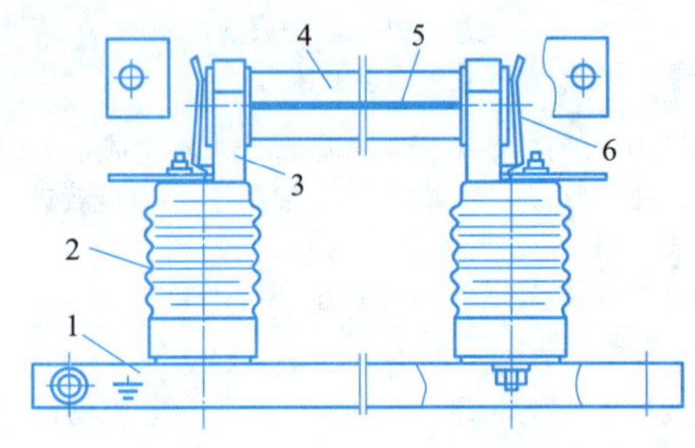

图 3-2-10　RN1-10 型熔断器结构

1—底架;2—支柱绝缘子;3—接触座;4—熔管;5—熔丝;6—触点。

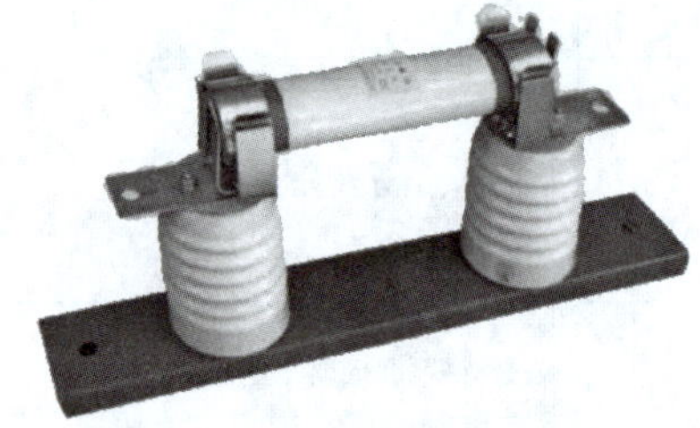

图 3-2-11　RN1-10 型熔断器实物图

3. 高压熔断器的主要技术参数

(1)额定电压 U_N:高压熔断器能够长期耐受的工作电压,其值一般等于或大于电气设备的额定电压。它既是绝缘所允许的电压等级,又是高压熔断器允许的灭弧电压等级。

(2)额定电流 I_N:指一般环境温度(不超过 40 ℃)下高压熔断器壳体的载流部分和接触部分允许通过的长期最大工作电流。它取决于高压熔断器各部分长期工作时的容许温升。

(3)熔体的额定电流 I_e:熔体允许长期通过而不致发生熔断的最大有效电流。

(4)高压熔断器的开断电流 I_{Nk}:高压熔断器所能开断的最大短路电流。若被开断的电流大于此电流时,有可能导致高压熔断器损坏,或由于电弧不能熄灭而引起相间短路。

高压熔断器的选型应根据以上技术参数合理选择,例如:对于一般的高压熔断器,其额定电压必须大于或等于电网的额定电压;额定电流应大于或等于所装熔体的额定电流;在电动机启动时,高压熔断器的熔体在尖峰电流的作用下不应熔断;应保证线路在过载或短路时,高压熔断器熔体未熔断前,导线或电缆不至于过热而损坏。

4. 高压熔断器常见故障处理方法

高压熔断器常见故障及处理方法见表 3-2-3。

表 3-2-3　熔断器常见故障及处理方法

故障现象	故障原因及处理方法
电路接通瞬间,熔体熔断	故障原因:熔体电流等级选择过小 处理方法:更换熔体 故障原因:负载侧短路或接地 处理方法:排除负载故障 故障原因:熔体安装时受机械损伤 处理方法:更换熔体
熔体未见熔断,但电路不通	故障原因:熔体或接线座接触不良 处理方法:重新连接

2.1.4　高压负荷开关

动画

高压负荷开关

1. 高压负荷开关的结构和用途

高压负荷开关是一种功能介于高压断路器和高压隔离开关之间的开关电器,能通断一定的负荷电流,但不能断开短路电流,通常与高压熔断器串联使用,借助高压熔断器来进行短路保护、隔离高压电源,保证其他电气设备和线路的安全及检修人员的人身安全。室内、室外高压负荷开关实物图分别如图 3-2-12 和图 3-2-13 所示。

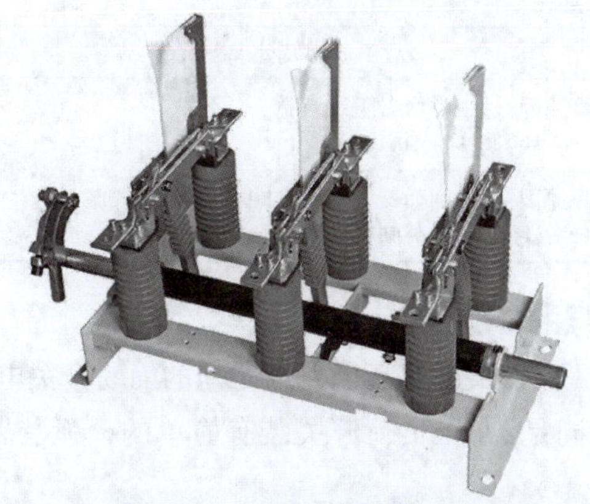

图 3-2-12　室内高压负荷开关

图 3-2-13　室外高压负荷开关

2. 高压负荷开关的表示方式

高压负荷开关的型号标志组成及其含义如下:

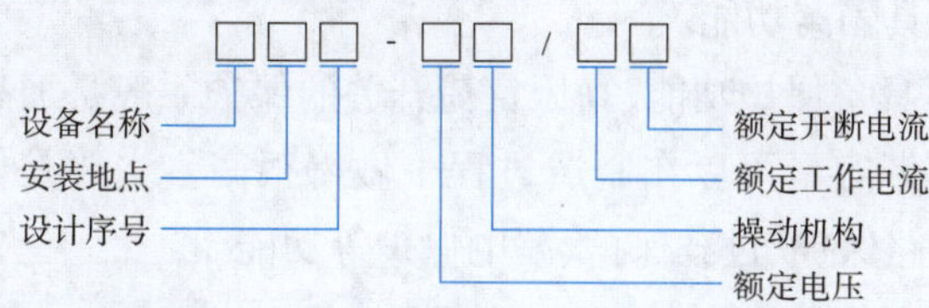

设备名称:F,表示高压熔断器。

安装地点:N,表示室内;W,表示室外。

额定电压:单位 kV。

操动机构:有 D,表示电动;无 D,表示手动。

额定工作电流:单位 A。

额定开断电流:单位 kA。

3. 高压负荷开关的主要技术参数

(1)额定电压 U_N:高压负荷开关长时间正常工作时的电压。

(2)额定电流 I_N:高压负荷开关在额定环境条件(温度、湿度、海拔、安装条件等)下可以长期连续工作的电流。

(3)开断电流 I_{Nk}:指高压负荷开关在额定电压下能可靠断开的最大电流。它表明高压负荷开关的开断能力。

(4)极限电流:高压负荷开关在闭合状态时允许通过的短路电流最大瞬时值,也称动稳定电流。它表明高压负荷开关承受短路电流电动力效应的能力。

(5)热稳定电流:高压负荷开关在规定时间内允许通过的最大电流。它表明高压负荷开关承受短路电流热效应的能力。

高压负荷开关的选择与高压断路器的选择基本相同,必须满足额定电压、额定电流、开断电流、极限电流及热稳定电流五个条件。

4. 高压负荷开关常见故障处理方法

高压负荷开关常见故障及处理方法见表 3-2-4。

表 3-2-4　高压负荷开关常见故障及处理方法

故障现象	故障原因及处理方法
开关合闸不到位	故障原因:过中弹簧卡阻或松脱 处理方法:调整过中弹簧
开关分闸不到位	故障原因:①分闸弹簧松动;②过中弹簧卡阻 处理方法:①调紧分闸弹簧;②调整过中弹簧

5. 高压负荷开关、高压隔离开关和高压断路器的区别

(1)高压负荷开关是一种灭弧能力介于高压隔离开关和高压断路器之间的简易开关电器。

(2)高压负荷开关与高压隔离开关的主要不同是:高压负荷开关装有简单的灭弧装置,可以接通和断开电路中的负荷电流。

(3)高压负荷开关可以带负荷分断,有灭弧功能,但它的开断容量有限,灭弧能力远不如高压断路器,不能切断短路电流。

(4)高压负荷开关和高压隔离开关都可以形成明显断开点,大部分高压断路器不具隔离功能,也有少数高压断路器具隔离功能。

(5)高压隔离开关不具备保护功能,高压负荷开关的保护一般是加高压熔断器保护。

(6)高压断路器的开断容量可以在制造过程中做得很高。主要是依靠电流互感器配合二次设备来保护,可具有短路保护、过载保护、漏电保护等功能。

素养教育

劳模钱建华

钱建华,男,汉族,1968 年 5 月生,中共党员,国家电网青海省电力公司检修公司职工。

钱建华扎根高原30多年，带领团队解决百余项电网技术难题，是电网安全运维的安全前哨和技术尖兵，牵头创立"钱建华职工创新工作室"，先后完成创新项目400余项，为保障青海电网长周期安全稳定运行作出重要贡献。

他爱岗敬业，技术精湛。变电站的开关并不仅仅是一副刀闸，而是包括高压断路器、高压隔离开关、高压熔断器等的一整套大型高精设备。面对电网技术飞速发展的情况，尤其在高海拔特殊环境下，没有经验可借鉴、没有规范可参照，钱建华主动学习新知识、研究新设备，苦心钻研掌握新技能、攻克新课题。在西宁750 kV变电站的一次检修中，开关刀闸无法分离，情况紧急，钱建华顶着寒风爬上设备构架，踮着脚、弓着腰，整个身体俯在冰凉彻骨的金属设备上。经过半个多小时的作业，故障终于被排除，而他的腿脚却被冻得僵硬、不能行走，最后还是同事们把他从构架上抬了下来。遇上重大工程验收检修，他经常连续一两个月甚至半年时间，吃住在变电站。他在30多年的检修生涯中，参加了青海上百座变电站以及青藏联网、青新二通道联网、玉树联网、果洛联网、青豫特高压等重大工程验收投运，完成上万台开关的检修、数千次设备抢修及应急处理。同事们都说："只要有钱师傅在，就没有解决不了的难题。"他勇于创新，成果丰硕，在他的言传身教下，诞生出一大批践行工匠精神的国网技术中坚力量。钱建华荣获全国劳动模范、中央企业先进职工等称号，被授予全国五一劳动奖章。

2.2 常用低压电器

2.2.1 低压熔断器

1. 低压熔断器的结构和用途

低压熔断器是指当电流超过规定值时，以本身产生的热量使熔体熔断，断开电路的一种电器。低压熔断器广泛应用于低压配电系统和控制系统以及用电设备中，作为短路和过电流的保护器，是应用最普遍的保护器件之一。图3-2-14为有填料封闭管式低压熔断器。

视频

常用低压电器

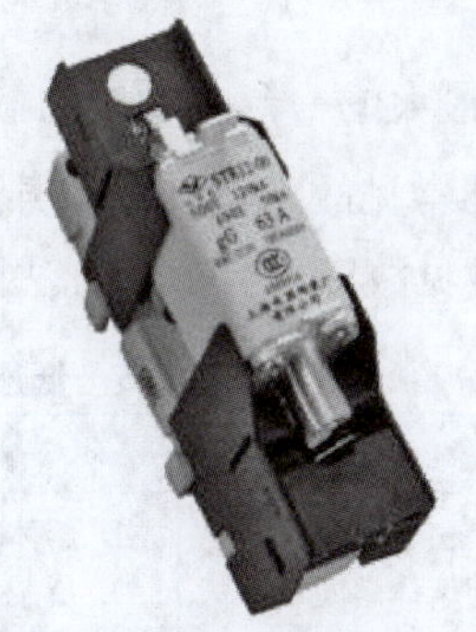

图3-2-14 有填料封闭管式低压熔断器

2. 低压熔断器的表示方式

1）型号

低压熔断器的型号标志组成及其含义如下：

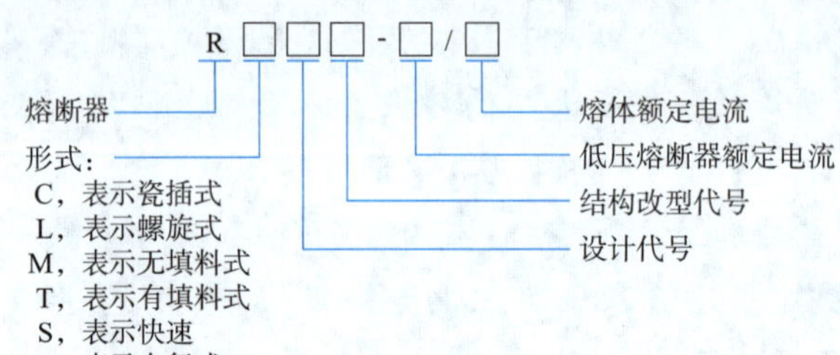

2）电气符号

低压熔断器的图形、文字符号如图 3-2-15 所示。

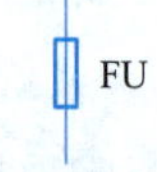

图 3-2-15　低压熔断器图形、文字符号

3. 低压熔断器的主要技术参数

（1）额定电压：低压熔断器长期工作时和熔断后所能承受的电压。

（2）额定电流：低压熔断器在长期工作制下，温升不超过极限允许温升所能承载的电流值，习惯上，把熔体支持件的额定电流称为低压熔断器额定电流。

（3）极限分断能力：低压熔断器在规定条件下，能可靠分段的最大短路电流。

4. 低压熔断器的选择与常见故障的处理方法

1）低压熔断器的选择

额定电压：大于或等于实际电路的工作电压。

额定电流：大于或等于所装熔体的额定电流。

（1）电阻性负载。

$$I_{fN} \geqslant I$$

式中，I_{fN} 为熔体的额定电流；I 为电路的工作电流。

（2）单台异步电动机。

$$I_{fN} \geqslant (1.5 \sim 2.5) I_N$$

式中，I_N 为电动机的额定电流。

（3）多台异步电动机。

$$I_{fN} \geqslant (1.5 \sim 2.5) I_{Nmax} + \sum I_N$$

式中，I_{Nmax} 为容量最大的一台电动机的额定电流；$\sum I_N$ 为其余电动机额定电流的总和。

2）低压熔断器常见故障及其处理方法

低压熔断器常见故障及其处理方法见表 3-2-5。

表 3-2-5　低压熔断器常见故障及其处理方法

故障现象	故障原因	处理方法
电路接通瞬间熔体熔断	1. 熔体额定电流选择过小 2. 负载侧短路或接地 3. 熔体安装时受机械损伤	1. 更换合适熔体 2. 排查故障 3. 更换熔体
熔丝未熔断但电路不通	熔体或接线端接触不良	重新连接

动画

低压断路器

2.2.2　低压断路器

1. 低压断路器的结构和用途

低压断路器是一种不仅可以接通和分断正常负荷电流和过负荷电流，还可以接通和分断短路电流的开关电器。低压断路器在电路中除起控制作用外，还具有一定的保护功能，如过负荷、短路、欠电压和漏电保护等。图 3-2-16 为塑壳低压断路器。

低压断路器的结构如图 3-2-17 所示，主要由触头系统、灭弧系统、脱扣器和操作机构等组成。

图 3-2-16　塑壳低压断路器

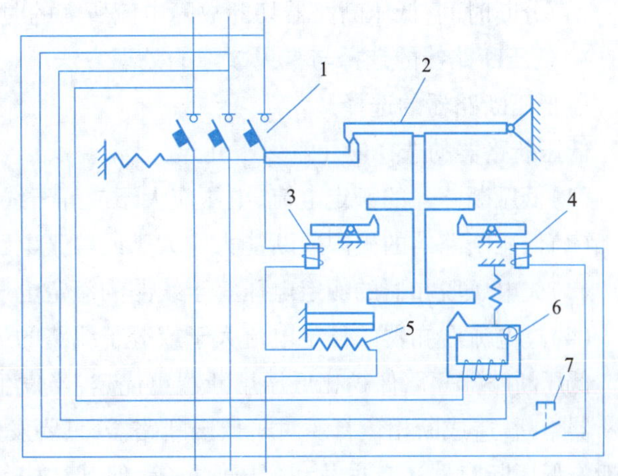

图 3-2-17　低压断路器结构

1—主触头；2—锁扣；3—过电流脱扣器；4—分励脱扣器；5—热脱扣器；6—欠电压脱扣器；7—按钮。

图 3-2-17 所示低压断路器处于闭合状态，3 个主触点通过传动杆与锁钩保持闭合。低压断路器的自动分断是由过流脱扣器、欠电压脱扣器、分励脱扣器和热脱扣器顶开锁钩完成的。正常工作中，各脱扣器均不动作，而当电路发生短路、欠电压或过载故障时，分别通过各自的脱扣器使锁钩被杠杆顶开，实现保护作用。

2. 低压断路器的表示方式

1）型号

低压断路器的型号标志组成及其含义如下：

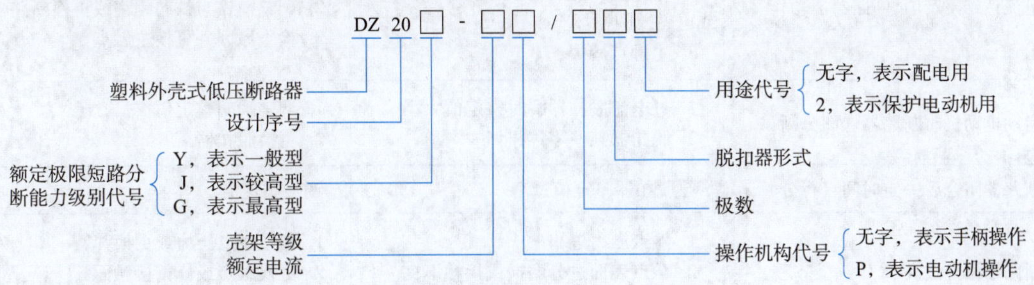

2）电气符号

低压断路器的图形、文字符号如图 3-2-18 所示。

3. 低压断路器的主要技术参数

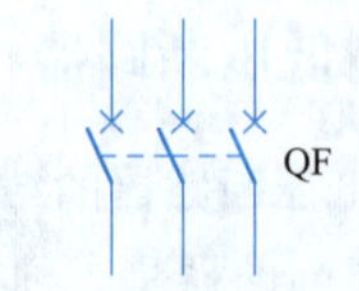

图 3-2-18　低压断路器图形、文字符号

(1)额定电压:低压断路器的额定工作电压是指与通断能力及使用类别相关的电压值。

(2)额定电流:低压断路器额定电流就是额定持续电流,也就是脱扣器能长期通过的电流。

(3)通断能力:低压断路器在规定的电压、频率以及规定的线路参数(交流电路为功率因数,直流电路为时间常数)下,能够分断的最大短路电流值。

(4)分断时间:低压断路器切断故障电流所需的时间。

4. 低压断路器的选择与常见故障的处理方法

1)低压断路器的选择

低压断路器的选择应注意以下几点:

(1)低压断路器的额定电流、电压应大于或等于线路、设备的正常工作电压、电流。

(2)低压断路器的极限通断能力应大于或等于电路最大短路电流。

(3)欠电压脱扣器的额定电压等于线路的额定电压。

(4)过电流脱扣器的额定电流大于或等于线路的最大负载电流。

低压断路器短路保护比低压熔断器更优越,当发生三相电路短路时,通常只有一相的低压熔断器熔断,造成断相运行。对于低压断路器,只要发生短路故障断路器都会跳闸,将三相同时切断。低压断路器还有过载和欠压保护等,但其结构复杂、操作频率低、价格较高,因此适用于要求较高的场合。

2)低压断路器常见故障及其处理方法

低压断路器常见故障及其处理方法见表 3-2-6。

表 3-2-6　低压断路器常见故障及其处理方法

故障现象	故障原因	处理方法
不能合闸	1. 欠电压脱扣器无电压或线圈损坏 2. 储能弹簧变形 3. 反作用弹簧力过大 4. 操作结构不能复位再扣	1. 检查施加电压或调换线圈 2. 调换储能弹簧 3. 重新调整 4. 调整再扣接触面至规定值
电流达到整定值,断路器不动作	1. 热脱扣器双金属片损坏 2. 电磁脱扣器的衔铁与铁芯距离太大或电磁线圈损坏 3. 主触点熔焊	1. 更换双金属片 2. 调整衔铁与铁芯距离或更换断路器 3. 检查原因并更换主触点
启动电动机时断路器立即分断	1. 过电流脱扣器瞬时整定值太小 2. 脱扣器某些零件损坏	1. 调整瞬间整定值 2. 更换脱扣器
断路器闭合后一定时间自行分断	热脱扣器整定值过小	调整整定值
断路器温升过高	1. 触点压力过小 2. 触点表面过分磨损或接触不良 3. 两个导电零件连接螺钉松动	1. 调整触点压力或更换弹簧 2. 更换触点或修整接触面 3. 重新拧紧

2.2.3　按钮

按钮是用来短时接通或者分断小电流电路的控制电器；是发出控制指令或者控制信号的电器开关；是一种手动且一般可以自动复位的主令电器，用于对电磁起动器、接触器、继电器及其他电气线路发出控制信号，在低压控制电路中得到广泛应用。图 3-2-19 为 LA38 系列按钮。

1. 按钮的结构和用途

按钮一般采用积木式结构，由按钮帽、复位弹簧、桥式触点和外壳等组成，通常做成复合式，有一对常闭触点和常开触点，触点额定电流在 5 A 以下，某些产品可通过多个元件的串联增加触点对数。在外力作用下，常闭触点先断开，然后常开触点闭合；复位时，常开触点先断开，然后常闭触点闭合。

图 3-2-19　LA38 系列按钮

图 3-2-20　按钮结构示意图

1、2—动断触点；3、4—动合触点；5—桥式触点；6—复位弹簧；7—按钮帽。

按用途和结构的不同，按钮分为启动按钮、停止按钮和复合按钮等。

按使用场合、作用不同，通常将按钮帽做成红、绿、黑、黄、蓝、白等颜色。GB 5226.1—2019 对按钮帽颜色作了如下规定：

(1)红色表示“急停”按钮；

(2)黑、灰或白色表示“停止”按钮；

(3)白、灰、黑或绿色表示“起动”按钮；

(4)黄色表示“异常条件”按钮；

(5)白、灰或黑色表示“点动”按钮；

(6)蓝、白、灰或黑色表示“复位”按钮。

紧急式按钮装有突出的、较大面积并带有标志色为红色的蘑菇形按钮帽，以便于紧急操作。该按钮按动后将自锁为按动后的工作状态。

旋钮式按钮装有可扳动的手柄式或钥匙式并可单一方向或可逆向旋转的按钮帽。该按钮可实现诸如顺序或互逆式往复控制。

指示灯式按钮则是在可透明的按钮帽的内部装有指示灯，用作按动该按钮后的工作状态以及控制信号是否发出或者接收状态的指示。

钥匙式按钮则是依据重要或者安全的要求，在按钮帽上装有必须用特制钥匙方可打开或者接通的装置的按钮。

2. 按钮的表示方式

1)型号

按钮型号标志组成及其含义如下：

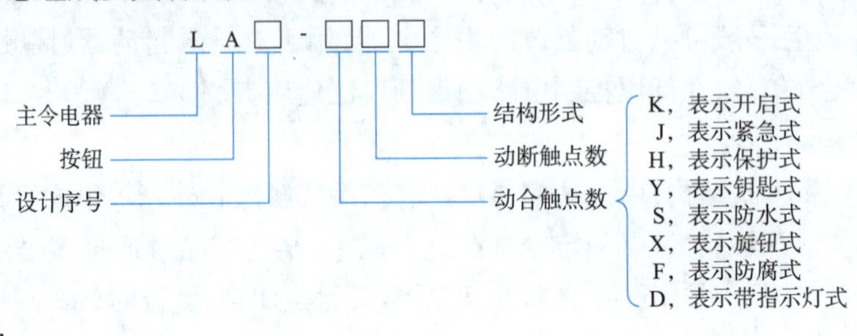

2)电气符号

按钮的图形、文字符号如图3-2-21所示。

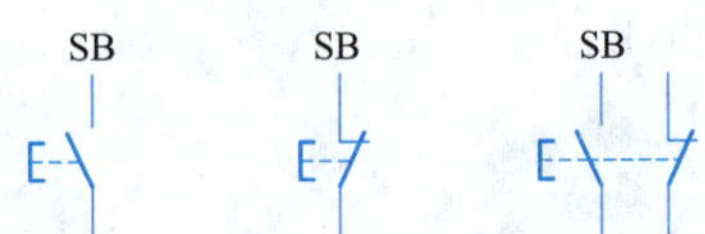

(a)动合按钮 (b)动断按钮 (c)复合按钮

图3-2-21 按钮图形、文字符号

3. 按钮的主要技术参数

(1)额定绝缘电压:在规定条件下,用来度量按钮及其部件的不同电位部分的绝缘强度,电气间隙和爬电距离的标准电压值。

(2)额定工作电压:在规定条件下,按钮正常工作的电压值。

(3)额定工作电流:在规定条件下,按钮正常工作的电流值。

4. 按钮的选择与常见故障的处理办法

1)按钮的选择

按钮主要根据使用场合、用途、控制需要及工作状况等进行选择。

(1)根据使用的场合和具体用途选择按钮的种类,如开启式、防水式、防腐式等。

(2)根据控制线路的需要选择按钮的数量,如单钮、双钮、三钮、多钮等。

(3)根据工作状态指示和工作情况要求,选择按钮的颜色。

2)按钮常见故障及其处理办法

按钮的常见故障及其处理方法见表3-2-7。

表3-2-7 按钮的常见故障及其处理方法

故障现象	故障原因	处理方法
触点接触不良	1. 触点烧损 2. 触点表面有尘垢 3. 触点弹簧失效	1. 修理触点或更换按钮 2. 清洁触点表面 3. 重绕弹簧或更换按钮
触点间短路	1. 塑料受热变形,导致接线螺钉短路 2. 杂物或油污在触点间形成通路	1. 更换按钮,并查明发热原因,如发光器件发热等,可降低电压 2. 清洁按钮内部

动画

低压接触器

2.2.4 低压接触器

1. 低压接触器的结构和用途

低压接触器是用于远距离频繁地接通和切断交直流主电路及大容量控制电路的一种自动控制电器。其主要控制对象是电动机,可与热继电器或其他适当的保护装置组合，保护电动机可能发生的过载和断相，也可以用于控制其他电力负载，如电热器、电照明、电焊机与电容器组等。低压接触器具有操作频率高、使用寿命长、工作可靠、性能稳定、维护方便等优点，同时还具有欠电压保护功能。因此，在电力拖动和自动控制系统中，低压接触器是运用最广泛的控制电器之一。

按被控制电流的类型，低压接触器可分为交流接触器和直流接触器两大类。图 3-2-22 为常用低压接触器。

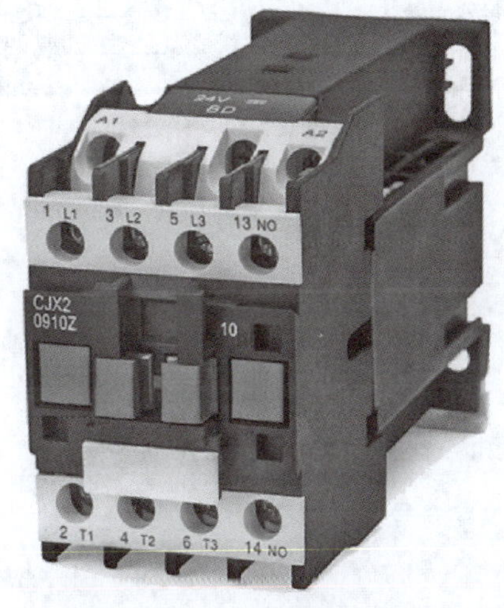

（a）CJX2系列直流接触器

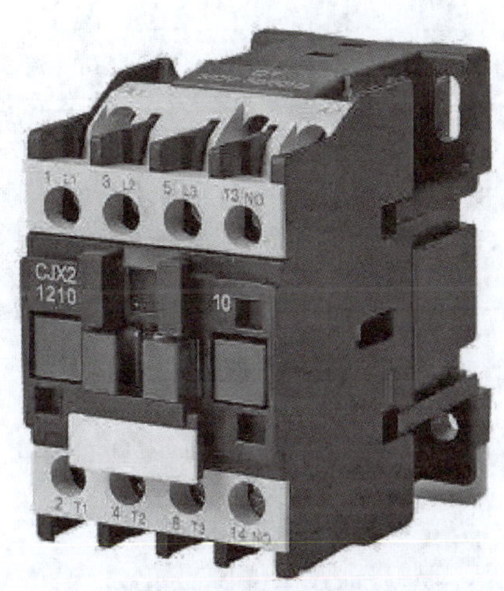

（b）CJX2系列交流接触器

图 3-2-22　常用低压接触器

图 3-2-23 为交流接触器的结构，它由电磁系统、触点系统、灭弧状置和其他部件组成。

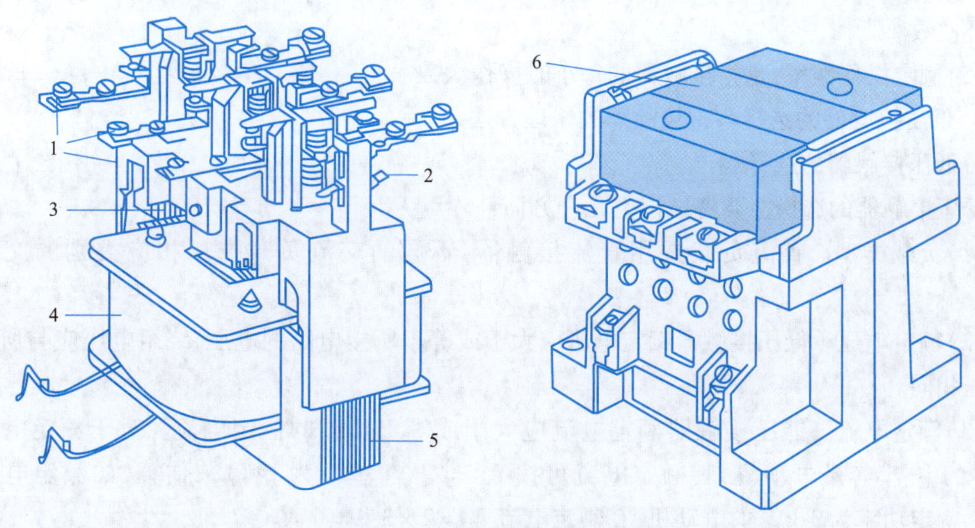

图 3-2-23　交流接触器结构

1—主触点；2—辅助触点；3—动铁芯；4—线圈 5—静铁芯；6—灭弧罩。

当给交流接触器的线圈通入交流电时，通常交流电压大于额定电压值的 85%，在铁芯上会产生电磁吸力，克服弹簧的反作用力，将衔铁吸合，衔铁带动主、辅触头同时动作，常闭断开，常开闭合。当电磁线圈电压下降到一定数值时，铁芯上的电磁吸力小于弹簧的拉力，衔铁在弹簧的作用下复位，各触点也随之回到原始状态，此功能即失压保护。

2. 低压接触器的表示方式

1）型号

低压接触器的标志组成及其含义如下：

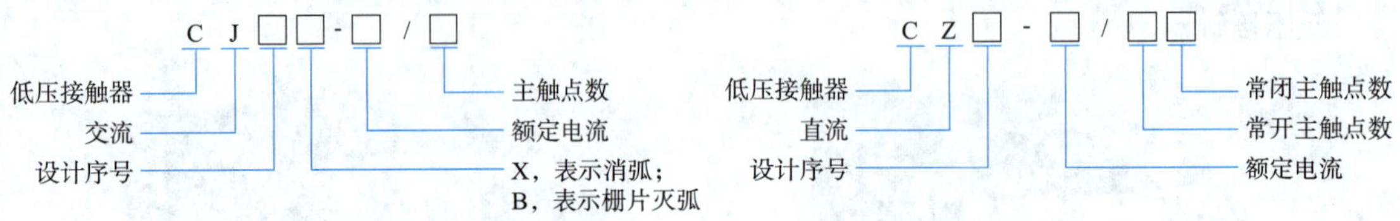

2）电气符号

交、直流接触器的图形、文字符号如图 3-2-24 所示。

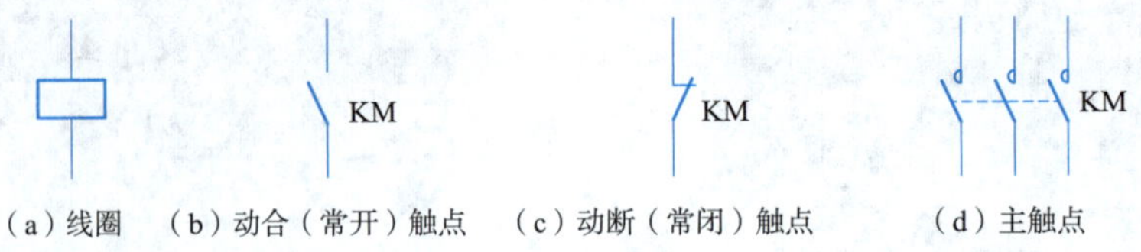

图 3-2-24　接触器图形、文字符号

3. 低压接触器的主要技术参数

（1）额定电压：是指主触点额定工作条件下的电压值。

（2）额定电流：是指主触点额定工作条件下的电流值。

（3）电气寿命：是指在不同使用条件下无须修理或更换零件的负载操作次数。

（4）机械寿命：是指在需要正常维修或更换机械零件前，包括更换触点，所能承受的无载操作循环次数。

（5）额定操作频率：是指接触器的每小时操作次数。

4. 低压接触器的选择与常见故障的修理方法

1）低压接触器的选择

低压接触器的选择主要考虑以下几个方面：

（1）负载类型。直流负载选用直流接触器，不同的交流负载选用相应类别的交流接触器。

（2）额定电压。低压接触器额定电压应大于或等于所接电路的电压，绕组电压应与所接电路电压相同。

（3）额定电流。低压接触器额定电流应大于或等于负载的额定电流。对于额定电压为 380 V 的中、小容量电动机，其额定电流可按 $I_{额}=2P_{额}$（单位为 kW）来估算，如额定电压为 380 V、额定功率为 3 kW 的电动机，其额定电流 $I_{额}=2\times3\ \text{A}=6\ \text{A}$。

（4）触点数量。要注意主触点和辅助触点数应符合电路的需要。

2）低压接触器常见故障及其修理方法

低压接触器常见故障及其处理方法见表 3-2-8。

表3-2-8　低压接触器常见故障及其处理方法

故障现象	故障原因	处理方法
接触器不动或动作不可靠	1. 电源电压过低或波动过大 2. 操作回路电源容量不足或发生断线、接线错误及控制触点接触不良 3. 控制电源电压与线圈电压不符 4. 产品本身受损(如线圈断线或烧毁,机械可动部分被卡死,转轴歪斜等) 5. 触点弹簧压力与超程过大 6. 电源离接触器太远,连接导线太细	1. 调节电源电压 2. 增加电源容量,纠正、修理控制触点 3. 更换线圈 4. 更换线圈,排除卡住故障 5. 按要求调整触点参数 6. 更换较粗的连接导线
线圈断电,接触器不释放或释放缓慢	1. 触点弹簧压力过大 2. 触点熔焊 3. 机械可动部分被卡死,转轴歪斜 4. 反力弹簧损坏 5. 铁芯极面有油污或灰尘 6. E型铁芯使用时间太长,去磁气隙消失,剩磁增大,使铁芯不释放	1. 调整触点参数 2. 排除熔焊故障,修理或更换触点 3. 排除卡死故障,修理受损零件 4. 更换反力弹簧 5. 清理铁芯极面 6. 更换铁芯
线圈过热或烧损	1. 电源电压过高或过低 2. 线圈技术参数(如额定电压、频率、负载因数及适用工作制等)与实际使用条件不符 3. 操作频率过高 4. 线圈制造不良或由于机械损伤、绝缘损坏等 5. 使用环境条件特殊:如空气潮湿,含有腐蚀性气体或环境温度过高 6. 运动部分卡住 7. 交流铁芯极面不平或去磁气隙过大 8. 交流接触器派生直流操作的双线圈,因常闭联锁触点熔焊不释放,而使线圈过热	1. 调整电源电压 2. 调换线圈或接触器 3. 选择其他合适的接触器 4. 更换线圈,排除引起线圈机械损伤的故障 5. 采用特殊设计的线圈 6. 排除卡住现象 7. 清除铁芯极面或更换铁芯 8. 调整联锁触点参数及更换烧坏线圈
电磁铁(交流)噪声大	1. 电源电压过低 2. 触点弹簧压力过大 3. 磁系统歪斜或机械上卡住,使铁芯不能吸平 4. 极面生锈或因异物(如油垢、尘埃)黏附铁芯极面 5. 短路环断裂 6. 铁芯极面磨损过度而不平	1. 提高操作回路电压 2. 调整触点弹簧压力 3. 排除机械卡住故障 4. 清理铁芯极面 5. 调换铁芯或短路环 6. 更换铁芯
触点熔焊	1. 操作频率过高或产品超负荷使用 2. 负载侧短路 3. 触点弹簧压力过小 4. 触点表面有金属颗粒突起或有异物 5. 操作回路电压过低或机械上卡住,致使吸合过程中有停滞现象,触点停顿在刚接触的位置上	1. 调换合适的接触器 2. 排除短路故障,更换触点 3. 调整触点弹簧压力 4. 清理触点表面 5. 提高操作电源电压,排除机械卡住故障,使接触器吸合可靠
八小时工作制下触点过热或灼伤	1. 触点弹簧压力过小 2. 触点上有油污,或表面高低不平,金属颗粒突出 3. 环境温度过高或使用在密闭的控制箱中	1. 调高触点弹簧压力 2. 清理触点表面 3. 接触器降容使用
短时内触点过度磨损	1. 接触器选用欠妥,在以下场合时,容量不足: (1)反接制动 (2)有较多密接操作 (3)操作频率过高 2. 三相触点不同时接触 3. 负载侧短路 4. 接触器不能可靠吸合	1. 接触器降容使用或改用适合繁重任务的接触器 2. 调整至触点同时接触 3. 排除短路故障,更换触点 4. 见动作不可靠处理办法

续表

故障现象	故障原因	处理方法
相间短路	1. 可逆转换的接触器联锁不可靠，由于误动作，致使两台接触器同时投入运行而造成相间短路，或因接触器动作过快，转换时间短，在转换过程中发生电弧短路 2. 尘埃堆积或粘有水气、油垢、使绝缘变坏 3. 产品零部件损坏（如灭弧罩碎裂）	1. 检查电气联锁与机械联锁；在控制线路上加中间环节延长可逆转换时间 2. 经常清理，保持清洁 3. 更换损坏零部件

动画

电磁式继电器

2.2.5　电磁继电器

继电器是一种电子控制器件，通常应用于自动控制电路中，它实际上是用较小的电流控制较大电流的一种“自动开关”，在电路中起自动调节、安全保护、转换电路等作用。

按继电器的工作原理或结构特征分类如下：

(1)电磁继电器：利用输入电路内电流在电磁铁铁芯与衔铁间产生的吸力作用而工作的一种继电器。

(2)固体继电器：指电子元件履行其功能而无机械运动构件的，输入和输出隔离的一种继电器。

(3)温度继电器：当外界温度达到给定值时而动作的继电器。

(4)舌簧继电器：利用密封在管内，具有触电簧片和衔铁磁路双重作用的舌簧动作来开、闭或转换线路的继电器。

(5)时间继电器：当加上或除去输入信号时，输出部分需延时或限时到规定时间才闭合或断开其被控线路的继电器。

(6)高频继电器：用于切换高频、射频线路而具有最小损耗的继电器。

(7)极化继电器：有极化磁场与控制电流通过控制线圈所产生的磁场综合作用而动作的继电器。极化继电器的动作方向取决于控制线圈中流过的电流方向。

(8)其他类型的继电器：如光继电器、声继电器、热继电器、仪表式继电器、霍尔效应继电器、差动继电器等。

1. 电磁继电器的结构和用途

在控制电路中用的继电器大多数是电磁继电器。电磁继电器具有结构简单，价格低廉，使用维护方便，触点容量小（一般在 5 A 以下），触点数量多且无主辅之分，无灭弧装置，体积小，动作迅速、准确，控制灵敏、可靠等特点，广泛地应用于低压控制系统中。常用的电磁继电器有电流继电器、电压继电器、中间继电器以及各种小型通用继电器等。电磁继电器的结构及工作原理与低压接触器基本相同。常用电磁继电器如图 3-2-25 所示。

（a）电流继电器

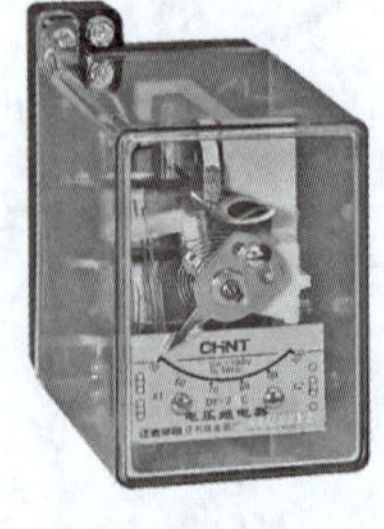

（b）电压继电器

（c）中间继电器

图 3-2-25　电磁继电器

电磁继电器的典型结构如图 3-2-26 所示，它由电磁机构和触点系统组成。

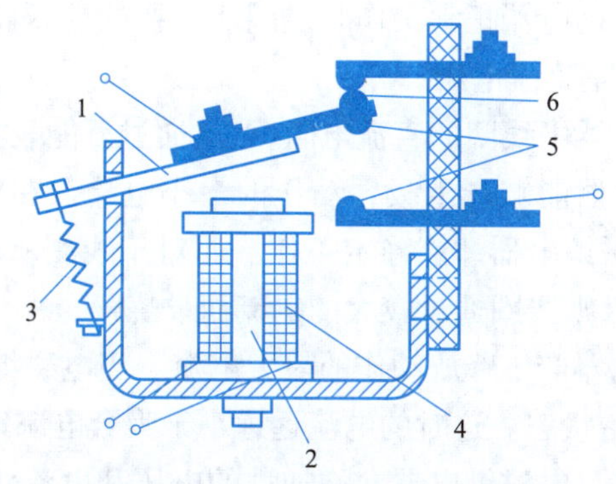

图 3-2-26　电磁继电器的典型结构

1—衔铁；2—铁芯；3—弹簧；4—控制线圈；5—常开触点；6—常闭触点。

2. 电磁继电器的表示方式

1）型号

电磁继电器的标志组成及其含义如下：

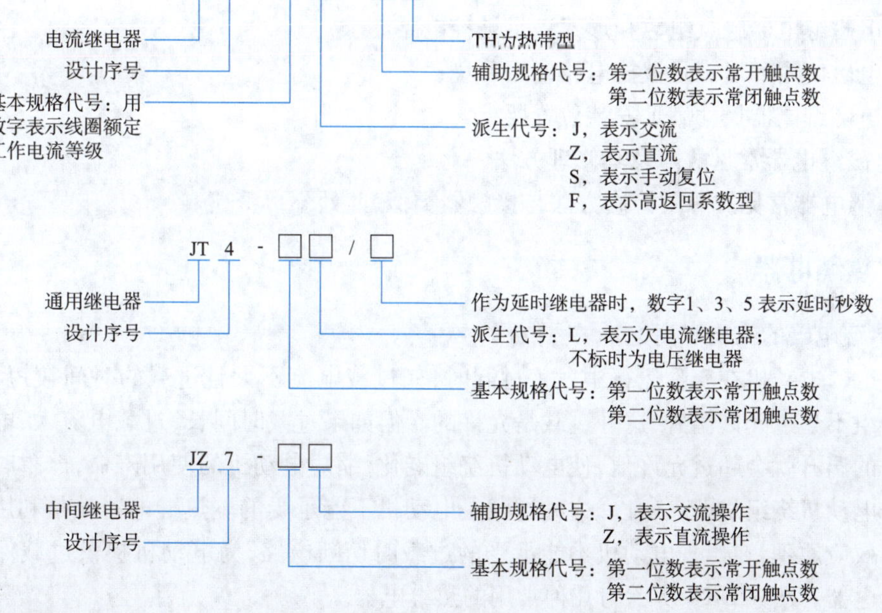

2）电气符号

电磁继电器的图形、文字符号如图 3-2-27 所示。电流继电器的文字符号为 KI，电压继电器的文字符号为 KV，中间继电器的文字符号为 KA。

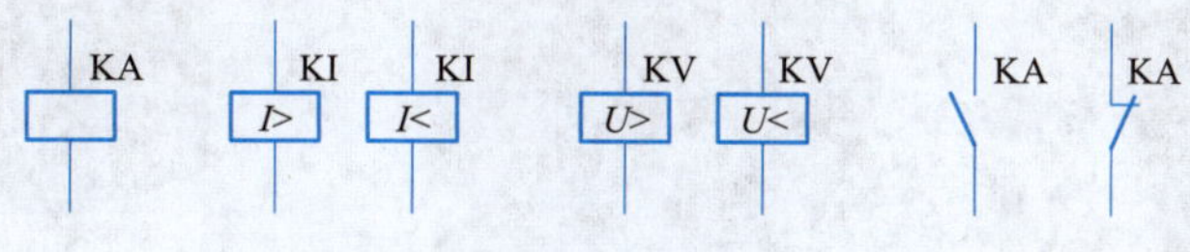

图 3-2-27　电磁继电器图形、文字符号

3. 电磁继电器的主要技术参数

(1)额定工作电压:电磁继电器正常工作时线圈所需要的电压。根据电磁继电器的型号不同,可以是交流电压,也可以是直流电压。

(2)直流电阻:电磁继电器中线圈的直流电阻,可以通过万能表测量。

(3)吸合电流:电磁继电器能够产生吸合动作的最小电流。在正常使用时,给定的电流必须略大于吸合电流,这样电磁继电器才能稳定工作。而对于线圈所加的工作电压,一般不要超过额定工作电压的1.5倍,否则线圈通过较大的电流而被烧毁。

(4)释放电流:电磁继电器产生释放动作的最大电流。当电磁继电器吸合状态的电流减小到一定值时,就会恢复到初始状态。这时的电流远远小于吸合电流。

(5)触点切换电压和电流:电磁继电器允许加载的电压和电流。它决定了能被电磁继电器控制的电压和电流的大小,使用时不应超过此值,否则电磁继电器触点将损坏。

4. 电磁继电器的选择与常见故障的修理方法

1)电磁继电器的选择

电磁继电器的选择主要考虑以下几个方面:

(1)电磁继电器额定电压应接近所接电源电压;

(2)电磁继电器触点负荷应大于工作电路的电压和电流;

(3)电磁继电器触点组数和形式满足被控电路需求;

(4)电磁使用环境满足被控电路使用环境;

(5)电磁继电器尺寸满足安装位置要求。

2)电磁继电器常见故障及其修理方法

电磁继电器常见故障及检修方法与接触器类似,此处不再赘述。

2.2.6 热继电器

1. 热继电器的结构和用途

动 画

热继电器

电动机在实际运行中发生过载时,如过载电流不大且过载的时间较短,电动机绕组不超过允许温升,这种过载是允许的。但如果过载时间长,过载电流大,电动机绕组的温升就会超过允许值,使电动机绕组老化,缩短电动机的使用寿命,严重时甚至会使电动机绕组烧毁。所以,这种过载是电动机不能承受的。热继电器就是利用电流的热效应原理,在出现电动机不能承受的过载时切断电路,为电动机提供过载保护的保护电器。图3-2-28所示为几种常用的热继电器。

(a)TH系列继电器

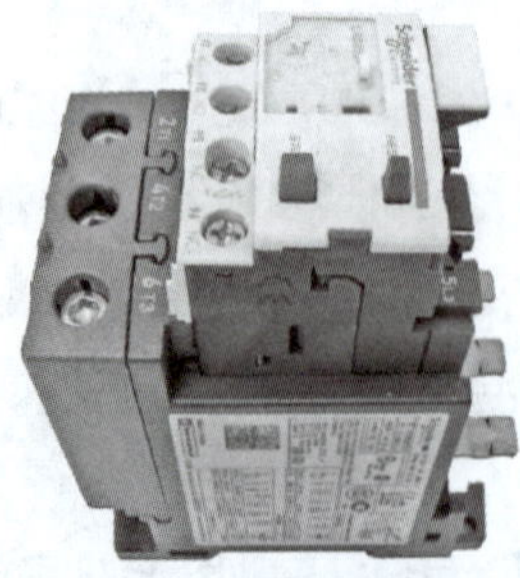

(b)LR系列继电器

(c)JR36系列热继电器

图3-2-28 常用的热继电器

热继电器具有反时限保护特性，即过载电流大，动作时间短；过载电流小，动作时间长。当电动机的工作电流为额定电流时，热继电器应长期不动作。其保护特性见表 3-2-9。

表 3-2-9　热继电器的保护特性

项号	整定电流倍数	动作时间	试验条件
1	1.05	>2 h	冷态
2	1.2	<2 h	热态
3	1.6	<2 min	热态
4	6	>5 s	冷态

热继电器由热元器件、触点系统、动作机构、复位按钮、整定电流装置和温升补偿元器件等组成，如图 3-2-29 所示。

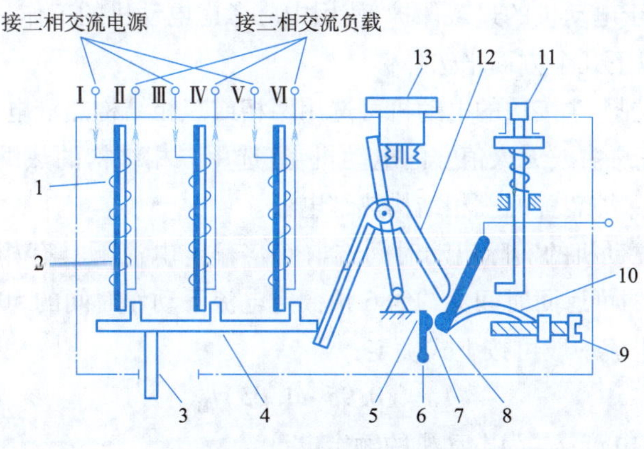

图 3-2-29　热继电器结构

1—电热丝；2—双金属片；3—测试杆；4—导板；5—静触片；6—动触片；
7—常闭触点；8—动触片；9—螺钉；10—弹簧；11—复位按钮；12—推杆；13—整定旋钮

热元器件由双金属片及围绕其外面的电热丝组成。双金属片是由两种热膨胀系数不同的金属用机械碾压而成。发热元件应串接于电动机定子绕组电路中，当电动机正常运行时，热元器件产生的热量虽能使双金属片产生弯曲变形，但还不足以使继电器的触点动作。当电动机严重过载时，工作电流增大，发热元件产生的热量也增多，温度升高，使双金属片弯曲位移增大，并推动导板使继电器触点动作，从而切断电动机控制电路，达到过载保护的目的。

2. 热继电器的表示方式

1）型号

热继电器的型号标志组成及其含义如下：

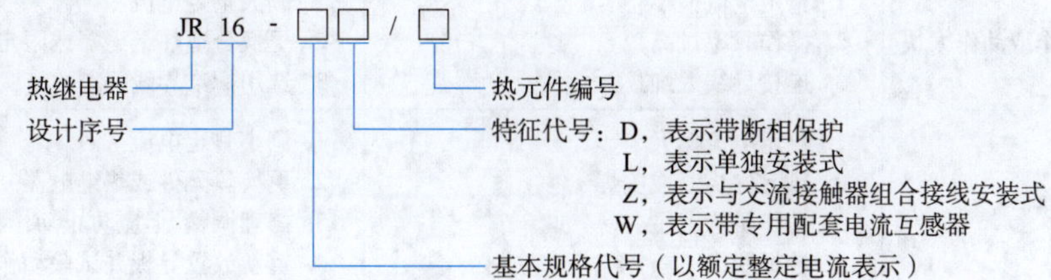

2)电气符号

热继电器的图形、文字符号如图 3-2-30 所示。

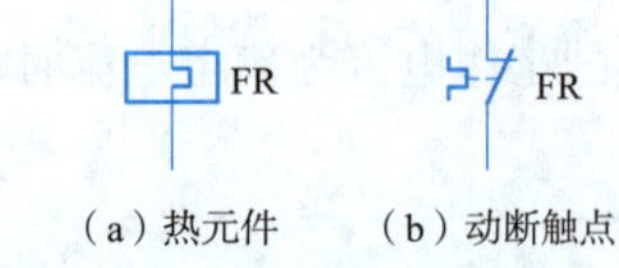

图 3-2-30 热继电器图形、文字符号

3. 热继电器的主要技术参数

(1)额定电压:热继电器能够正常工作的最高的电压值,一般为交流 220 V、380 V、600 V。

(2)额定电流:主要是指热元件允许通过的电流限值。

(3)额定频率:一般而言,按照 45~62 Hz 设计。

(4)整定电流范围:范围由热继电器本身的特性来决定,描述的是在一定的电流条件下热继电器的动作时间和电流的平方成反比。

4. 热继电器的选择与常见故障的处理方法

1)热继电器的选择

热继电器主要用于电动机的过载保护,使用中应考虑电动机的工作环境、启动情况、负载性质等因素,具体应按以下几个方面来选择:

(1)结构形式的选择:Y接法的电动机可选用两相或三相结构热继电器,但对于三相电压的均衡性较差,工作环境恶劣或无人值守的电动机,宜选用三相结构的热继电器。对于△接法的电动机应选用带断相保护装置的三相结构热继电器。

(2)根据被保护电动机的实际启动时间选取 6 倍额定电流下具有相应可返回时间的热继电器。一般热继电器的可返回时间大约为 6 倍额定电流下动作时间的 50%~70%。

(3)热元件额定电流一般可按下式确定:

$$I_N=(0.95\sim1.05)I_{MN}$$

式中,I_N为热元件额定电流;I_{MN}为电动机的额定电流。

对于工作环境恶劣、启动频繁的电动机,则按下式确定:

$$I_N=(1.15\sim1.5)I_{MN}$$

热元件选好后,还需用电动机的额定电流来调整它的整定值。

(4)对于重复短时工作的电动机(如起重机电动机),由于电动机不断重复升温,热继电器双金属片的温升跟不上电动机绕组的温升,电动机将得不到可靠的过载保护。因此,不宜选用双金属片热继电器,而应选用过电流继电器或能反映绕组实际温度的温度继电器来进行保护。

2)热继电器的常见故障及其处理方法

热继电器的常见故障及其处理方法,见表 3-2-10。

表 3-2-10 热继电器的常见故障及其处理方法

故障现象	故障原因	处理方法
热继电器误动作或动作太快	1. 整定电流偏小 2. 操作频率过高 3. 连接导线太细	1. 调大整定电流 2. 更换合适热继电器或限定操作频率 3. 选用标准导线
热继电器不动作	1. 整定电流偏大 2. 热元件烧断或脱焊 3. 动作机构卡主 4. 导板脱出	1. 调小整定电流 2. 更换热元件或热继电器 3. 修理调整,但应防止动作特性变化 4. 重新放置导板并试验动作灵活性

续表

故障现象	故障原因	处理方法
热元件烧断	1. 负载侧电流过大 2. 机构有故障,使继电器不能动作 3. 操作频率过高	1. 排除故障调换热继电器 2. 更换热继电器 3. 更换合适热继电器或限定操作频率
主电路不通	1. 热元件烧断 2. 进出线脱焊 3. 接线螺钉未旋紧	1. 更换热元件或热继电器 2. 重新焊好 3. 旋紧接线螺钉
控制电路不通	1. 调整旋钮或螺钉在不合适的位置上,将触点顶开 2. 热继电器触点接触不良或弹性消失 3. 手动复位的热继电器动作后,未手动复位	1. 重新调整 2. 检修触点,必要时更换热继电器 3. 手动复位

小　结

1. 高压断路器。高压断路器是最主要的开关设备,不但用于正常的主电路开合控制操作,也用于开断短路电流,快速切除故障。常用高压断路器主要有油断路器、SF_6 断路器、真空断路器、压缩空气断路器、磁吹断路器等。

2. 高压熔断器。高压熔断器保护是高压电路中最简单的一种过电流保护方式。高压熔断器主要用于高压线路、电力变压器和电压互感器的短路或过载保护。

3. 高压隔离开关。高压隔离开关主要用于隔离电源,分闸后断口非常明显,而且断口在各种过电压之下都不会击穿,具有足够的绝缘能力,从而保证检修的安全。高压隔离开关可以用于通断小电流电路。高压隔离开关的操作原则是不带负荷操作。

4. 高压负荷开关。高压负荷开关是介于高压断路器和高压隔离开关之间的一种开关设备。高压负荷开关的主要作用是通断正常的负荷电流,也可以切断一定的过载电流,断开后有明显的断口,可隔离电源。

5. 低压熔断器。低压熔断器主要用于低压配电系统的短路或过载保护。低压熔断器是串联连接在被保护电路中的,当电路短路时,电流很大,熔体急剧升温,立即熔断,所以低压熔断器可用于短路保护。由于熔体在用电设备过载时所通过的过载电流能积累热量,当用电设备连续过载一定时间后,熔体积累的热量也能使其熔断,所以低压熔断器也可作过载保护。

6. 低压断路器。低压断路器又称自动空气开关,在电气线路中起接通、分断和承载额定工作电流的作用,并能在线路和电动机发生过载、短路、欠电压的情况下进行可靠的保护。它的功能相当于刀开关、过电流继电器、欠电压继电器、热继电器及漏电保护器等电器部分或全部的功能总和,是低压配电网中一种重要的保护电器。

7. 按钮。按钮是一种手动且可以自动复位的主令电器,其结构简单,控制方便,在低压控制电路中得到广泛应用。

8. 接触器。接触器是用于远距离频繁地接通和切断交直流主电路及大容量控制电路的一种自动控制电器。其主要控制对象是电动机,也可以用于控制其他电力负载、电热器、电照明、电焊机与电容器组等。

9. 电磁继电器。电磁继电器是根据某种输入信号的变化,接通或断开控制电路,实现自动控制和保护电力装置的自动电器。

10. 热继电器。热继电器利用电流的热效应原理实现电动机的过载保护,具有反时限保护特性,即过载电流大,动作时间短;过载电流小,动作时间长。当电动机的工作电流为额定电流时,热继电器应长期不动作。

习　题

一、填空题

1. 绝缘油在少油断路器中的主要作用是__________和__________。

2. 高压断路器之所以能灭弧,主要是因为它具有__________。

3. 高压熔断器按使用地点分__________和__________。

4. 高压熔断器由金属熔体__________、__________、灭弧装置__________、绝缘底座组成。

5. 高压负荷开关作用包括__________作用和__________作用。

6. 熔断器的选择主要包括__________、__________、__________和__________等的确定。

7. 分断时间是指断路器切断故障__________所需的时间。

8. 低压接触器分为__________接触器和__________接触器两大类。

9. 热继电器是利用电流的__________原理实现电动机的过载保护,具有反时限保护特性。

10. 电磁继电器是根据某种输入信号的变化,接通或断开控制电路,实现__________和保护__________的自动电器。

11. __________是一种手动且可以自动复位的主令电器。

二、判断题

1. 纯净的 SF_6 气体是有毒的。（　　）

2. 真空灭弧室的金属波纹管的作用是屏蔽。（　　）

3. 真空断路器的灭弧介质是空气。（　　）

4. 设备的额定电压是指工作电压。（　　）

5. 只重视断路器的灭弧及绝缘等电气性能是不够的,在运行断路器的机械性能也很重要。（　　）

6. 负荷开关是一种灭弧能力介于隔离开关和断路器之间的简易开关电器。（　　）

7. 负荷开关与隔离开关的主要不同是负荷开关装有简单的灭弧装置,可以接通和断开电路中的负荷电流。（　　）

8. 排出的 SF_6 废气可以直接排放到大气中。（　　）

9. 低压熔断器的作用包括短路保护作用和过电压保护作用。（　　）

10. 低压断路器过电流脱扣器的额定电流大于或等于线路的最大负载电流。（　　）

11. 接触器铭牌上的额定电压是指辅助触点的额定电压。（　　）

12. 接触器是用于近距离频繁地接通和切断交直流主电路及大容量控制电路的一种自动控制电器。　　(　　)

三、简答题

1. 设备型号为LW6-220/2500-40,简单写出该设备型号每一个字母和数字所代表的意义。
2. 隔离开关是如何分类的。
3. 隔离开关为什么不能用来接通或切断负载电流或短路电流?
4. 电动操作低压断路器不能闭合的原因是什么?
5. 电磁式继电器与接触器的主要区别是什么?
6. 热继电器的作用是什么?

第3章
互感器

学习目标

1. 掌握交流、直流互感器的作用。
2. 掌握交流、直流互感器的工作原理。

学习重点

1. 互感器的作用。
2. 互感器工作原理及注意事项。

学习难点

1. 交流互感器的工作原理。
2. 直流互感器的工作原理。

互感器又称为仪用变压器,是电流互感器和电压互感器的统称。能将高电压变成低电压、大电流变成小电流,用于量测或保护系统。其功能主要是将高电压或大电流按比例变换成标准低电压或标准小电流,以便实现测量仪表、保护设备及自动控制设备的标准化、小型化。同时,互感器还可用来隔开高电压系统,以保证人身和设备的安全。

视频

互感器

3.1 交流互感器

3.1.1 交流电流互感器

交流电流互感器类似于一个升压变压器,利用变压器变电流的原理制成,是用来扩大测量交流电流的量程,并使测量仪表与高压电路隔开,以确保人身及设备安全的一种电器。交流电流互感器如图3-3-1所示,它的一次绕组用粗线绕成,通常只有一匝或几匝,与被测量的负载串联,通过一次绕组的电流 I_1 与负载电流相等;它的二次绕组匝数较多,导线较细,与测量仪表(如电流表、功率表和电度表中的电流线圈、继电器的电流线圈)连接,流过电流 I_2。因为电流线圈负载阻抗很小,二次侧电流很大,所以交流电流互感器的二次侧相当于短路。交流电流互感器一次、二次线圈中的电流关系和普通变压器一样,这时有:

$$I_1 = \frac{N_2}{N_1}I_2 = K_iI_2$$

式中,K_i 为交流电流互感器的变流比,也称为变换系数。

由上式可知,$N_2 \gg N_1$ 时,K_i 很大,$I_2 \ll I_1$,故利用交流电流互感器可用小量程的电流表来测量大电流。若互感器与电流表固定连接,则可直接将对应的 I_1 值标于电流表的刻度盘上,直接读出被测大电流的数值。交流电流互感器二次绕组的额定电流通常都规定为 5 A 或 1 A,在不同电流等级的电路中所用的交流电流互感器的变流比是不同的,如 30/5、50/5、100/5 等。图 3-3-1、图 3-3-2 分别为室内交流电流互感器、室外交流电流互感器。

(a)实物

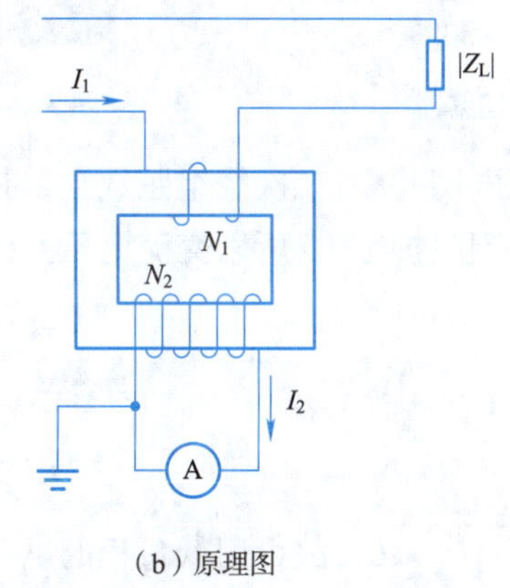

(b)原理图

图 3-3-1　室内交流电流互感器

图 3-3-2　室外交流电流互感器

使用交流电流互感器时须注意以下几点:

(1)铁芯和二次绕组的一端必须可靠接地,以防止绕组绝缘损坏时,高压侧电压传到低压侧而发生触电和损坏设备。

(2)二次侧不允许开路。因为一次绕组是与负载串联的,其电流 I_1 的大小,取决于供电线路上负载大小而不决定于二次侧电流 I_2,这点与普通变压器是不同的。其一次磁通势虽然很大,但基本上被二次磁通势所平衡,只剩下很小一部分励磁磁通势用以建立磁通,故正常运行时,二次侧电动势并不高。运行中二次侧一旦开路($I_2=0$),则用以平衡一次磁通势的二次磁通势随之消失,而一次磁通势大小未变,故它将全部用来建立铁芯磁通,使铁芯磁通剧增,会在二次线圈感应出很高的电动势,把绕组绝缘击穿,危及设备及人身安全。同时,由于磁通剧增,磁路过饱和,铁损大大增加,导致铁芯严重发热而烧毁绕组。为此,交流电流互感器在运行时,二次线圈严禁开路,同时二次电路也不允许接熔断器和开关,当必须从运行中的交流电流互感器二次侧电路中拆除电流表等仪器时,必须先将互感器二次线圈可靠地短接。

(3)二次侧回路中所接的负载阻抗值不宜过大,否则将影响测量准确度。

3.1.2　交流电压互感器

交流电压互感器实质上是一台小容量的降压变压器。图 3-3-3、图 3-3-4 分别为室内交流电压互感器、室外交流电压互感器。

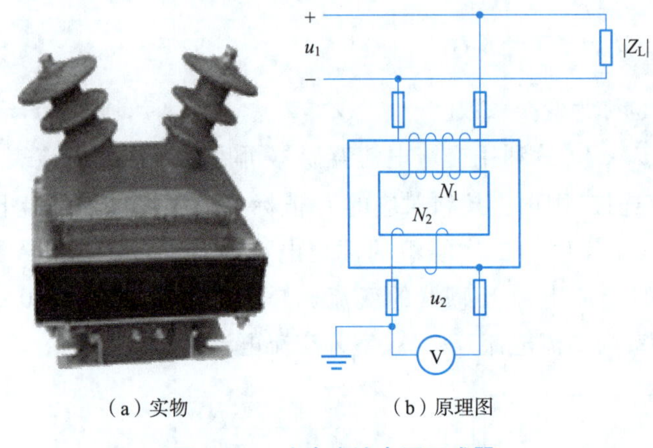

（a）实物　　（b）原理图

图 3-3-3　室内交流电压互感器

图 3-3-4　室外交流电压互感器

其一次绕组匝数多，与被测的高压电网并联；二次绕组匝数少，与电压表或功率表的电压线圈连接，因为电压表或功率表的电感线圈阻抗很大，所以交流电压互感器二次侧电流很小，近似于变压器的空载运行，于是有

$$U_1 = \frac{N_1}{N_2}U_2 = K_u U_2$$

式中，K_u 为交流电压互感器的变压比。

由上式可知，当 $N_1 \gg N_2$ 时，K_u 很大，$U_2 \ll U_1$，故可用低量程的电压表去测量高电压。

通常，交流电压互感器不论其额定电压是多少，其二次侧额定电压皆为 100 V 或 $100\sqrt{3}$ V，可采用统一的 100 V 标准电压表。因此，在不同电压等级的电路中所用的电压互感器，其变压比是不同的，如 6 000/100，10 000/100 等。若互感器与电压表固定连接，则可将对应的 U_1 值标于电表刻度盘上，这样就可不必经过中间运算而直接从电压表上读出高压线路的电压值。

使用交流电压互感器时须注意以下几点：

（1）铁芯和二次绕组的一端必须可靠接地，以防止一次绕组绝缘损坏时，铁芯和二次绕组带高电压而发生触电和损坏设备。

（2）二次侧不允许短路，否则将产生很大的短路电流，把互感器烧坏。为此，须在一、二次侧回路串接熔断器进行保护。

（3）电压互感器的额定容量有限，二次侧不宜接过多的仪表，否则会影响准确度。电压互感器也可以接成三相使用。

3.2　直流互感器

直流互感器由于一、二次绕组具有电气隔离，二次输出功率大，测量的准确度较好，电路简单，使用维护及制造简便，因此在直流输配电系统中得到了广泛应用。

3.2.1　直流电流互感器

1. 基本原理

直流电流互感器的基本工作原理和磁放大器一样。被测的直流电流通过互感器的一次绕组使铁芯偏于单向磁化。在铁芯直流偏磁之后，它在工作点处微分磁导率（也称动态或增量磁导率）随之发生变化。直流电流越大，磁导率越小，因而绕在同一铁芯上的交流线圈感抗也变小，若交流线圈加有交流恒压电源，显然其中的电流将增大。该交流经整流后可得到直流输出，此输出和被测的直流电流基本成正比。

直流电流互感器的基本原理如图 3-3-5 所示。在辅助线圈 W_2 上施加恒定的交流电压辅助电源 U_2，其中流通的交流电流为 I_2，当被测直流 I_1 通过线圈 W_1 时，I_2 将随着 I_1 的变化而变化。

图 3-3-5　直流电流互感器的基本原理

2. 基本电路

图 3-3-5 所示的直流电流互感器是不能使用的。这是因为：

（1）输入为零时有输出，亦即：I_1 等于零时交流电流 I_2 不等于零。

（2）交流回路产生的磁通势对一次直流回路要产生影响。为了克服这些缺点，采用图 3-3-6（a）所示的结构，并以图 3-3-6（b）中的理想电流波形来讨论其工作过程。

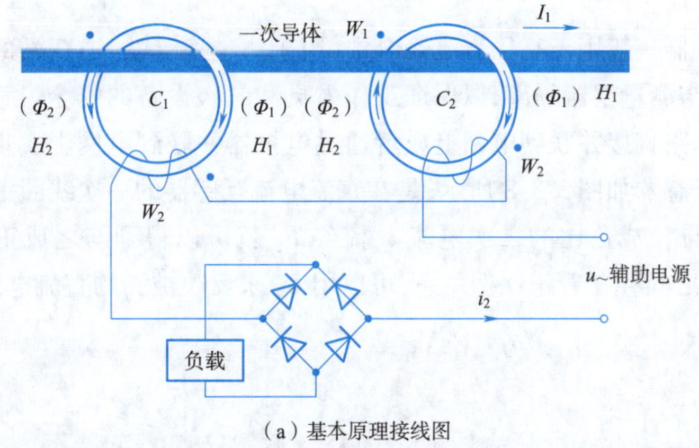

（a）基本原理接线图

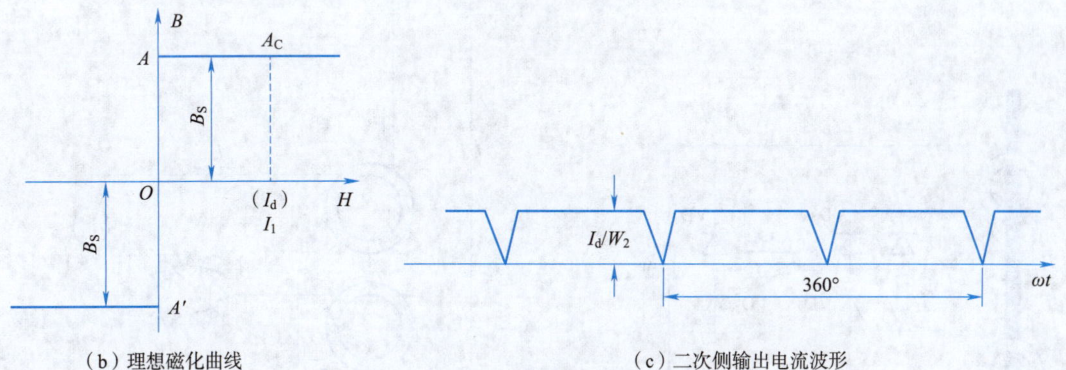

（b）理想磁化曲线　　（c）二次侧输出电流波形

图 3-3-6　直流电流互感器

如图 3-3-6 所示，在两个相同的铁芯 C_1 和 C_2 上绕有匝数相等的线圈。一般情况下，额定直流电流较大，一次电路往往只是一支铜棒穿过两个磁心的内孔，被测的直流电流 I_1 通过这一导体，在两个铁芯中产生磁动势 H_1，两个匝数相等（W_2）的二次线圈极性相反地串联，并施加恒压的辅助电源 $u_{\sim}$，交流电流 i_2 在铁芯 C_1 和 C_2 中产生磁动势 H_2。

当 H_2 为正半波时，铁芯 C_2 中 H_1 与 H_2 同方向，随着 H_2 增大，工作点向右移动，铁芯饱和，磁通没有变化，因而在 W_2 中不产生感应电势。也可以说：这时铁芯 C_2 绕组 W_2 的电感为零，对 i_2 没有影响。而在铁芯 C_1 中，H_1 与 H_2 方向相反，当 $H_2 < H_1$ 时，工作点向左平移，在 W_2 中也产生不感应电势；所以决定 i_2 大小的是二次回路中的电阻。当 $H_2 = H_1$ 时，工作点向左平移到 A 点后，H_2 继续增大，工作点将沿 $A—A'$ 直线下降，相当于这时绕组 W_2 的电感为无穷大，因而保持 i_2 不变，即 $i_2W_2 = I_1\ W_1(W_1 = 1)$，显然 i_2 与 I_1 成正比变化。$u_{\sim}$ 在正半波下降快到零时，i_2 迅速下降到零，工作点回到 A。当 H_2 为负半波时，C_1 和 C_2 的工作过程和上述情况正好相反。

因此，在二次回路中交流恒压辅助电源 $u_{\sim}$ 作用下，二次回路中正、负半波均为接近于矩形的正梯形。经过整流后可以得到一连串正梯形连接起来的直流电流输出，两个梯形之间有一个微小的三角形缺口，这个缺口对准确度有一定的影响。图 3-3-6 所示为无反馈式直流电流互感器接线图，在准确度和响应速度上都存在缺陷，目前，使用的直流电流互感器的接线方式如图 3-3-7 所示。

3.2.2　直流电压互感器

直流电压互感器一般用于高压直流输电中，用于测量换流站、逆变站的极线和中性线的直流电压，实现高压与测量仪器隔离，以保证工作人员和二次设备的安全。直流电压互感器是通过将自换相桥式电路直接并联到电网上或者通过电抗器并联到电网上实现直流电压测量。磁放大型直流电压互感器如图 3-3-8 所示，是在直流电流互感器的一次线圈中通过和直流电压 U_d 成正比的电流 i_1，与 i_1 成正比的二次电流 i_2 流经 R_2 就可以得到与之成正比的直流电压信号 U_2，因而 U_2 与 U_d 之间存在着正比例关系，可以用 U_2 来反映被测的直流电压 U_d 的大小。

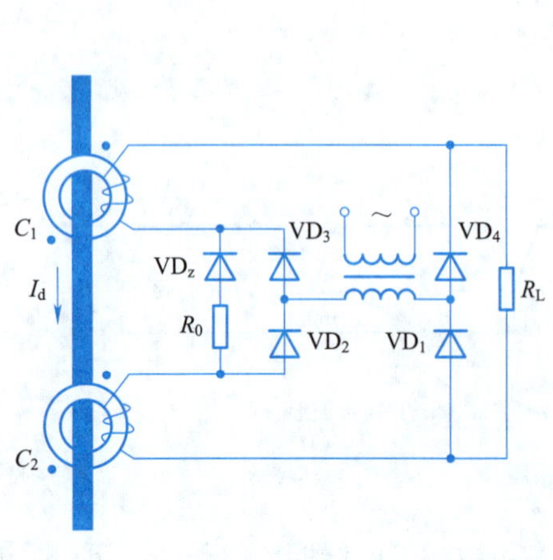

图 3-3-7　无反馈式直流电流互感器接线图

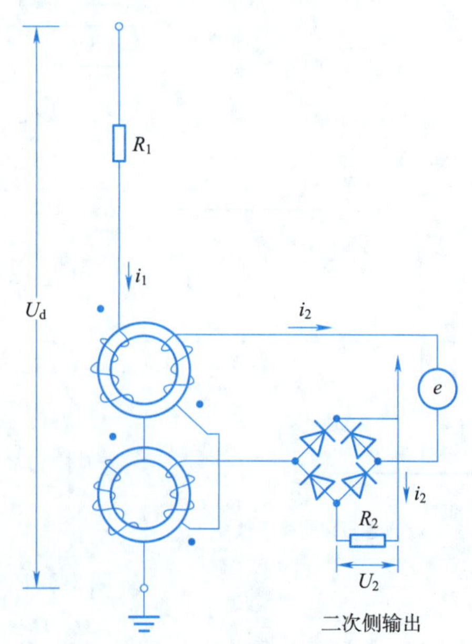

图 3-3-8　采用磁放大器原理的直流电压互感器

小 结

1. 交流电流互感器。交流电流互感器类似于一个升压变压器，利用变压器变电流的原理制成，是用来扩大测量交流电流的量程，并使测量仪表与高压电路隔开，以确保人身及设备安全的一种电器。

2. 交流电压互感器。交流电压互感器实质上是一台小容量的降压变压器。其一次绕组匝数多，与被测的高压电网并联；二次绕组匝数少，与电压表或功率表的电压线圈连接，因为电压表或功率表的电感线圈阻抗很大，所以电压互感器二次侧电流很小，近似于变压器的空载运行。

3. 直流电流互感器。直流电流互感器的基本工作原理和磁放大器一样。被测的直流电流通过互感器的一次绕组使铁芯偏于单向磁化。在铁芯直流偏磁之后，它在工作点处微分磁导率（也称动态或增量磁导率）随之发生变化。直流电流越大，磁导率越小，因而绕在同一铁芯上的交流线圈感抗也变小，若交流线圈加有交流恒压电源，显然其中的电流将增大。该交流经整流后可得到直流输出，此输出和被测的直流电流基本成正比。

4. 直流电压互感器。直流电压互感器是在直流电流互感器的一次线圈中通过和直流电压U_d成正比的电流i_1，与i_1成正比的二次电流i_2流经R_2就可以得到与之成正比的直流电压信号U_2，因而U_2与U_d之间存在着正比例关系，可以用U_2来反映被测的直流电压U_d的大小。

习 题

一、填空题

1. 电流互感器铁芯和二次绕组的一端必须__________，以防止绕组绝缘损坏时，高压侧电压传到低压侧，而发生触电和损坏设备。

2. 电流互感器二次侧不允许__________。

3. 电压互感器实质上是一台小容量的__________变压器。

4. 电压互感器二次侧电流很小，近似于变压器的__________运行。

5. 直流电流互感器工作的基本原理和__________一样。

6. 电流互感器的二次侧相当于__________。

二、判断题

1. 电流互感器的二次侧相当于开路。（ ）

2. 电流互感器可用小量程的电流表来测量大电流。（ ）

3. 电压互感器二次侧接过多的仪表不会影响准确度。（ ）

4. 电压互感器不可以接成三相使用。（ ）

5. 电流互感器二次绕组的额定电流通常都规定为5 A或1 A。（ ）

三、简答题

1. 交流电压互感器的使用注意事项有哪些？

2. 直流电压、电流互感器的工作原理是什么？

第4章

无功补偿设备

学习目标

1. 掌握电容器、电抗器、静止无功发生器SVG的作用。
2. 了解电容器、电抗器、静止无功发生器SVG的主要技术参数。
3. 掌握电容器、电抗器、静止无功发生器SVG检修维护方法。

学习重点

1. 并联电容器的作用及检查维护。
2. 并联电抗器的作用及检查维护。
3. 静止无功发生器SVG的原理及作用。

学习难点

1. 并联电容器的作用及检查维护。
2. 并联电抗器的作用及检查维护。

视频

无功补偿设备

无功补偿,全称无功功率补偿,是一种在电力供电系统中起提高电网功率因数、降低供电变压器及输送线路的损耗、提高供电效率、改善供电环境的技术。所以,无功功率补偿装置在电力供电系统中不可缺少。合理地选择补偿装置,可以减少电网损耗,使电网质量提高。反之,如果选择或使用不当,可能造成供电系统电压波动,谐波增大等诸多影响。

4.1 电力电容器

4.1.1 电力电容器概述

电力电容器主要用于电力系统和电工设备。任意两块金属导体,中间用绝缘介质隔开,就可以构成一个电容器。电容器电容的大小,由其几何尺寸和两极板间绝缘介质的特性来决定。当电容器在交流系统使用时,常以其无功功率表示电容的容量,单位为乏(var)或千乏(kvar)。

4.1.2　电力电容器的分类

1. 按熔丝的安装类型分类

电力电容器按熔丝的安装类型分类可分为内熔丝电容器、外熔丝电容器、无熔丝电容器。

2. 按芯子的安装形式分类

电力电容器按芯子的安装形式分类可分为单元式电容器、集合式电容器、箱式电容器。

3. 按单元的安装形式分类

电力电容器按单元的安装形式分类可分为立式电容器单元、卧式电容器单元。

4. 按单元的相数分类

电力电容器按单元的相数分类可分为单相电容器单元、三相电容器单元等。

4.1.3　电力电容器的主要参数

1. 额定电压

额定电压也称电容器的耐压值，是指电容器在规定的温度范围内，连续正常工作时所能承受的最高电压。该额定电压值通常标注在电容器上。在实际应用时，电容器的工作电压应低于电容器上标注的额定电压值，否则会造成电容器因过压击穿损坏。

2. 漏电流

电容器的介质材料不是绝对绝缘体，在一定的工作温度及电压条件下，也会有电流通过，此电流即为漏电流。一般电解电容器的漏电流略大一些，而其他类型电容器的漏电流较小。

3. 击穿电压

加在电容器两极板上的电压不能超过某一个限度，超过这个限度，电介质将被击穿，这个电压称为击穿电压。

4. 温度系数

温度系数是指在一定温度范围内，温度每变化 1 ℃时，电容器容量的相对变化值。温度系数值越小，电容器的性能越好。

5. 频率特性

频率特性是指电容器对各种不同高低的频率所表现出的性能（电容量等电参数随着电路工作频率的变化而变化的特性）。不同介质材料的电容器，其最高工作频率也不同，例如，容量较大的电容器（如电解电容器）只能在低频电路中正常工作，高频电路中只能使用容量较小的高频瓷介电容器或云母电容器等。

4.1.4　并联电容器的作用

电力电容器分为串联电容器和并联电容器，它们都能改善电力系统的电压质量和提高输电线路的输电能力，是电力系统的重要设备。

并联电容器主要用于补偿电力系统感性负荷的无功功率，以提高功率因数，改善电压质量，降低线路损耗。单相并联电容器主要由芯子、外壳和出线结构等几部分组成。用金属箔（作为极板）与绝缘纸或塑料薄膜叠起来一起卷绕，由若干元件、绝缘件和紧固件经过压装而构成电容芯子，并浸渍绝缘油。电容极板的引线经串、并联后引至出线瓷套管下端的出线连接片。电容器的金属外壳内充以绝缘油。并联电容器如图 3-4-1 所示,高压电容补偿柜如图 3-4-2 所示。

图 3-4-1　并联电容器

图 3-4-2　高压电容补偿柜

4.1.5　并联电容器的检查维护

(1)初次投运期间,主要观察各相电流是否正常,有无不稳定现象。电容器运行电压和运行电流不应超过厂家的规定,三相电流表指示应平衡。

(2)应检查电容器外壳有无膨胀(鼓肚现象),箱体有无锈蚀、油漆脱漆起壳现象;电容器油箱是否渗油、漏油。

(3)观察放电指示灯,以鉴别放电回路电阻是否完好。

(4)装置有无异常的振动、声响和放电声。

(5)检查各台电容器上套管(或支持绝缘子)有无裂纹及放电闪络痕迹,有无破损现象,外观是否清洁。

(6)检查各连接点有无烘黑、变色、烤红、冒水汽等过热现象;连接引线线夹有无松动、脱落、断线、扭曲等损伤;螺栓、螺母连接应紧固,无松脱现象;电容器外壳接地是否良好。

(7)对电容器回路附属设备(放电线圈、避雷器等)检查,按相应类型设备的检查维护项目进行。

(8)环境温度不应超过 40 ℃。运行中电容器芯子最热点温度不超过 60 ℃,电容器外壳温度不得超过 55 ℃。电容器组较长时间运行后,需用红外测温仪测量每台电容器外壳与接头处的温度。

(9)电容器组电流值应在规定范围内(当每投入一组电容器时,原运行电容器组的电流变化幅值不应大于电容器组额定电流的 5%)。

(10)运行中的任何一个电容出现电解质泄漏、安全阀冒出或电容主体发生膨胀时,应立即进行处理。

(11)检查紧固件、连接件是否松动,导电零件或零部件有无生锈、腐蚀的痕迹,还要观察绝缘表面有无爬电痕迹和碳化现象,必要时应采取相应的措施进行处理。

4.2　电抗器

4.2.1　电抗器概述

电抗器也叫电感器，一个导体通电时就会在其所占据的一定空间范围产生磁场，因此所有能载流的电导体都有一般意义上的电感性。然而，对长直导体通电的电感较小，所产生的磁场不强，因此实际的电抗器是导线绕成螺线管形式，又称空心电抗器；有时为了让这只螺线管具有更大的电感，便在螺线管中插入铁芯，称铁芯电抗器。

4.2.2　电抗器的分类

1. 按结构及冷却介质分类

电抗器按结构及冷却介质分类分为空心式、铁芯式、干式、油浸式等，例如：干式空心电抗器、干式铁芯电抗器、油浸铁芯电抗器、油浸空心电抗器等。

2. 按接法分类

电抗器按接法分类分为并联电抗器和串联电抗器。串联电抗器通常起限流作用，并联电抗器经常用于无功补偿。

3. 按功能分类

电抗器按功能分类分为限流电抗器和补偿电抗器。

4. 按具体用途分类

电抗器按具体用途分类分为限流电抗器、滤波电抗器、平波电抗器、功率因数补偿电抗器、串联电抗器、接地电抗器、消弧线圈、饱和电抗器、自饱和电抗器、可变电抗器（可调电抗器、可控电抗器）、串联谐振电抗器、并联谐振电抗器等。

4.2.3　电抗器的主要参数

（1）额定频率：50 Hz。

（2）相数：单相或三相。

（3）系统额定电压：6 kV、10 kV、35 kV。

（4）额定电抗率，建议优先从以下数值中选取：

① 0.1%、0.3%、0.5%、1% 主要用于限制合闸涌流；

② 4.5%、5%、6% 用于限制合闸涌流和抑制 5 次及以上谐波；

③ 12%、13% 用于限制合闸涌流和抑制 3 次及以上谐波。

（5）额定端电压：电抗器的额定端电压为配套电容器组额定电压的 K 倍（K 为电抗率）。

（6）额定容量：三相电抗器的额定容量为配套电容器组额定容量的 K 倍（K 为电抗率）。

4.2.4　并联电抗器的作用

220 kV、110 kV、35 kV、10 kV 电网中的并联电抗器是用来吸收电缆线路的充电容性无功的，可以通过调整并联电抗器的数量来调整运行电压。超高压并联电抗器有改善电力系统无功功率有关运行状况的多种功能。

并联电抗器无功功率补偿装置常用于补偿系统电容,使系统达到无功平衡;削弱电容效应,限制系统的工频电压升高及操作过电压。它通过向超高压、大容量的电网提供可阶梯调节的感性无功功率,补偿电网的剩余容性充电无功功率控制无功功率潮流,保证电网电压稳定在允许范围内。

实践证明,对于一些电压偏高的电网,安装一定数量的并联电抗器是吸收系统无功功率,降低电压的有效措施,特别是限制由于线路开路或轻载负荷所引起的电压升高。在一定的运行工况中,在超高压输电线路装设并联电抗器以吸收输电线路电容所产生的无功功率,称为并联电抗器补偿。并联电抗器如图 3-4-3 所示。

图 3-4-3　并联电抗器

并联电抗器的不足之处是容量固定,当线路传输功率接近自然功率时,会使线路电压过分降低,且造成附加有功损耗,但若将其切除,则线路在某些情况下又可能因失去补偿而产生不允许的过电压。改进方法是采用可控电抗器,它借助控制回路直流的励磁改变铁芯的饱和度,从而达到平滑调节无功输出的目的。

4.2.5　并联电抗器的检查维护

(1)初次投运期间的维护工作,应检查和清洁装置各个部位的连接件,启动柜输入/输出连接、功率柜电源输入/输出连接。

(2)室内应保持清洁,避免灰尘积累,检查时,如发现有过多的灰尘聚集应清除,以保证空气流通,防止绝缘击穿,特别注意清洁磁控电抗器的绝缘子、绝缘垫块等,并使用干燥的压缩空气吹净通风气道中的灰尘。

(3)当室内温度高于 38 ℃时,应做降温处理,如加强室内外通风,开启空调,打开功率柜柜门等;当室内温度低于 2 ℃时,应停止功率柜风机,待室温高于 20 ℃时再重新开启。

(4)注意电抗器的温度无异常变化。

(5)检查紧固件、连接件是否松动,电抗器接地是否良好,导电零件或零部件有无生锈、腐蚀的痕迹,还要观察绝缘表面有无放电痕迹和碳化现象,必要时应采取相应的措施进行处理。

(6)检查电抗器的噪声、振动有无异常。如果装置内发出异常声响，排风口处没有出风或风量比平时偏小，则应立即停机更换风扇，当装置出现异味(特别是臭味)时，应立即停止运行进行处理。

(7)检查温控装置运行是否良好，超温自动排风装置及超温报警回路是否正常。

素养教育

中国能建北京设备公司研制 ±1 100 kV 干式空心平波电抗器成功应用

国家重点研发计划项目“±1 100 kV 直流输电关键技术研究与示范”通过项目总体验收。其中，中国能建北京设备公司参与负责项目子课题“±1 100 kV 直流输电工程电磁环境特性与平波电抗器关键技术研究”，自主研制 ±1 100 kV 干式平波电抗器(见图3-4-4)，并成功应用于昌吉—古泉特高压直流输电工程。

图3-4-4　±1 100 kV 干式平波电抗器

±1 100 kV 平波电抗器是目前世界上电压等级最高、容量最大、体积最大、质量最大的干式平波电抗器，安装高度垂直距离 15 m，安装质量 105 t。产品研制过程中，北京设备公司针对产品表面电场强度、热点温升、抗震性能、室内散热等技术指标和产品环境适应性要求，全力加强技术攻关，并针对支撑体系主要组部件结构、起晕场强判断、各包封层电流分布、“损耗-结构”平衡点等技术难点进行了深入研究，最终取得了一系列尖端技术研究成果并成功应用，在确保高电压、大容量特高压电抗器产品整体电场均匀、降低导线谐波损耗等方面取得了突出的创新性成果。

±1 100 kV 平波电抗器的研制成功，促进了我国特高压输变电重大装备的国产化发展，大幅提升了我国在全球特高压直流输电工程主设备研发方面的国际竞争力。

4.3　静止无功发生器

视频

SVG

4.3.1　静止无功发生器概述

静止无功发生器(Static Var Generator，SVG)，又称高压动态无功补偿发生装置或静止同步补偿器，是指由自动换相的电力半导体桥式变流器通过电抗器并联(或直接并联)在电网上，适当调节桥式变流电路交流侧输出电压的相位和幅值或者直接控制其交流侧电流，使该电路吸收或者发出满足要求的无功电流，来实现动态无功补偿的装置。相对于传统的调相机、电容器、电抗器、以晶闸管控制电抗器(Thyristor Controlled Reactor，TCR)为主要代表的传统静止无功补偿器(Static Var Compensator，SVC)等方式，SVG 目前在无功功率控制领域内有着无可比拟的优势。

4.3.2 静止无功发生器的原理

SVG 采用可关断电力电子器件组成自换相桥式电路，通过电抗器并联在电网上，适当地调节桥式电路交流侧输出电压的幅值和相位，或者直接控制其交流侧电流，迅速吸收或者发出所需的无功功率，实现快速动态调节无功的目的。SVG 成套装置如图 3-4-5 所示。

图 3-4-5 SVG 成套装置

4.3.3 静止无功发生器的类型

根据直流侧储能元件的不同，SVG 分为电压型桥式电路和电流型桥式电路两种类型。其电路基本结构如图 3-4-6（a）和图 3-4-6（b）所示，分别采用电容和电感两种不同的储能元件。

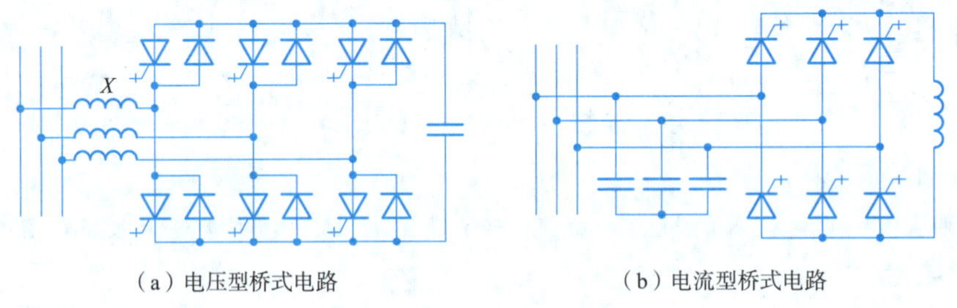

（a）电压型桥式电路　　（b）电流型桥式电路

图 3-4-6 SVG 电路基本结构

对电压型桥式电路，还需再串联上电抗器才能并入电网；对电流型桥式电路，还需在交流侧并联上吸收换相过电压的电容器。由于运行效率的原因，迄今投入使用的 SVG 大都采用电压型桥式电路，因此目前 SVG 往往专指采用自换相的电压型桥式电路作动态无功补偿的装置。

4.3.4 静止无功发生器的作用

凡是安装低压变压器及大型用电设备的场所都应该配备无功补偿装置（这是原国家电力部的规定），特别是那些功率因数较低的工矿、企业、居民区必须安装。大型异步电动机、变压器、电焊机、冲床、车床群、冶炼、轧钢、大型交换机、电灌设备、电力机车等尤其需要。居民区除白炽灯照明外，空调、冷冻机等也都是无功功率不可忽视的耗用对象。无功补偿技术是一种很传统的电力技术，它代表了一个国家电力水平的高低，无功补偿通俗地讲就是将低压变压器传输过来的无用功转变为有用功。

农村用电状况比较恶劣，多数地区供电不足，电压波动很大，功率因数较低，加装补偿设备是改善供电状况、提高电能利用率的有效措施。

冶金行业：主要是存在于生产流水线上的轧机。

石油行业：主要是频繁快速启动的绞车用电动机、抽油机用提升机、转盘等。

轨道交通：大量使用电缆长距离传输，以及因需求特性存在严重的三相不平衡状态。

汽车制造业：大量使用电焊机或激光焊接机，在焊接的短时间间隔后紧随着是空载运行，并会产生两个电压阶梯。

SVG 的主要作用可概括为以下几点：

(1)减少线路损耗 50% 以上。线路损耗中主要是无功分量引起的损耗，若无功线损降低 50%～60%，一年便可节电 500 亿度左右，相当于半个三峡工程的发电量。这种不消耗一次能源，便可增大发电量的工程可以称为绿色工程，投资小、见效快。

(2)避免罚款。我国原电力部及物价局规定，功率因数为 0.94 时，减少电费 1.1%，功率因数为 0.6 时增加电费 15%。例如，一个 315 kV · A 的变压器，功率因数从 0.6 提高到 0.94 以上，年度奖罚相差 3 万～4 万元。

(3)便于实现扩容。进行无功补偿后，便可提高用电承载率，变压器可满负荷运行。

(4)改善电能质量，延长电器寿命，提高产品质量。

4.3.5　静止无功发生器的特点

与传统的以 TCR 为代表的 SVC 相比，SVG 的调节速度更快，运行范围宽，而且在采取多重化等措施后可大大减少补偿电流中谐波的含量。更重要的是，SVG 使用电抗器和电容器的规模远比 SVC 小，这将大大缩小装置的体积和成本。SVG 由于具有如此优越的性能，今后将得到更加广泛的应用。其特点主要有以下几个方面：

1. 补偿方式

国内的无功补偿装置基本上是采用电容器进行无功补偿，补偿后的功率因数一般为 0.8～0.9。SVG 采用的是电源模块进行无功补偿，补偿后的功率因数一般在 0.98 以上，这是目前国际上最先进的电力技术。

2. 补偿时间

SVG 在 5～20 μs 的时间就可以完成一次补偿。无功补偿需要在瞬时完成。

3. 有级、无级

国内的无功补偿装置基本上采用的是 3～10 级的有级补偿，每增减一级就是几十千乏的差距，不能实现精确的补偿。SVG 可以从 0.1 kvar 开始进行无级补偿，完全实现了精确补偿。

4. 谐波滤除

国内的无功补偿装置因为采用的是电容式，电容本身会放大谐波，所以根本不能滤除谐波。SVG 不产生谐波更不会放大谐波，并且可以滤除 50% 以上的谐波。

5. 使用寿命

SVG 使用寿命在十年以上，自身损耗极小且基本上不要维护。

小　结

1. 电力电容器:主要用于电力系统和电工设备。任意两块金属导体,中间用绝缘介质隔开,就可以构成一个电容器。电容器电容的大小,由其几何尺寸和两极板间绝缘介质的特性来决定。当电容器在交流系统使用时,常以其无功功率表示电容的容量,单位为乏(var)或千乏(kvar)。

2. 电抗器:也叫电感器,一个导体通电时就会在其所占据的一定空间范围产生磁场,因此所有能载流的电导体都有一般意义上的电感性。然而,对长直导体通电的电感较小,所产生的磁场不强,因此实际的电抗器是导线绕成螺线管形式,又称空心电抗器;有时为了让这只螺线管具有更大的电感,便在螺线管中插入铁芯,称铁芯电抗器。

3. 静止无功发生器:是指由自动换相的电力半导体桥式变流器通过电抗器并联(或直接并联)在电网上,适当调节桥式变流电路交流侧输出电压的相位和幅值或者直接控制其交流侧电流,使该电路吸收或者发出满足要求的无功电流 ,来实现动态无功补偿的装置。

习　题

一、填空题

1. 功率因数是有功功率与__________的比值。
2. 电力电容器分为__________和并联电容器
3. 电抗器按结构及冷却介质分为空心式、铁芯式、__________、油浸式等。
4. 静止无功补偿器简称__________。
5. SVG 采用可关断电力电子器件组成自换相桥式电路,经过电抗器__________在电网上。

二、判断题

1. 无功补偿的主要作用是提高功率因数以减少设备容量和功率损耗、稳定电压和提高供电质量。（　　）
2. 串联电抗器通常起限流作用,并联电抗器经常用于无功补偿。（　　）
3. SVC 被用于电压控制或提高系统的阻尼和稳定性等。（　　）
4. SVG 分为采用电压型桥式电路和电流型桥式电路两种类型。（　　）
5. SVG 的作用有改善电能质量,延长电器寿命,提高产品质量。（　　）

三、简答题

1. 简述静止无功补偿器的特点。
2. 简述静止无功发生器的特点。

第5章
防雷设备

学习目标

1. 掌握雷电的分类、雷电的危害和主要参数。
2. 掌握避雷针的组成结构、工作原理及保护范围。
3. 掌握避雷线的组成结构、工作原理及保护范围。
4. 掌握避雷器的工作原理、结构类型及维修更换。

学习重点

1. 雷电的主要参数。
2. 避雷针的组成结构、工作原理及保护范围。
3. 避雷线的组成结构、工作原理及保护范围。
4. 避雷器的工作原理、结构类型及维修更换。

学习难点

1. 避雷针的工作原理及保护范围。
2. 避雷线的工作原理及保护范围。
3. 避雷器的工作原理及结构类型。

防雷是指通过现代电学以及其他技术来防止设备被雷击中。防雷设备主要有避雷针、避雷线和避雷器。

视频

防雷设备

5.1 认识雷电

5.1.1 雷电的概念

雷电是大气中集声、光、电、热于一体,极为壮观的自然现象。它对人类的生产、生活都有着重大影响。在某种天气和地质条件下,潮湿的热气流进入大气层冷凝而形成雷云,带电荷的雷云中,由于电荷极性不同产生电位差,进而出现雷闪放电现象,这就是雷电。大多数的雷电发生在雷云之间,不危险;少数的雷电发生在雷云和大地之间,虽然只占少数,但很危险。对地放电的雷云底部实测75%~90%带负电荷,它在地面上会感应出大量的正电荷,这样,雷云和大地之间就形成了强大的电场。示意图如图 3-5-1 所示。

雷云对地放电的实质是雷云电荷向大地的突然释放。被击物体的电位取决于雷电流和被击物体阻抗的乘积。

在带有大量不同极性或不同数量电荷的雷云之间,或者雷云和大地之间形成了强大的电场,其电位差可达数兆伏甚至数十兆伏。随着雷云的发展和运动,一旦空间电场强度超过了大气游离放电的临界电场强度(大气中约 30 kV/cm,有水滴存在时约 10 kV/cm)时,就会发生雷云间或雷云对大地的火花放电;放出几十乃至几百安的电流,产生强烈的光和热,使空气急剧膨胀振动,发生霹雳轰鸣,这就是闪电伴随雷鸣。

图 3-5-1　雷云对地放电示意图

5.1.2　雷电的分类

1. 按雷电发生时闪电形状

按照雷电发生时闪电形状可分为:线状闪电、片状闪电、带状闪电、联珠状闪电、球状闪电,如图 3-5-2 所示。

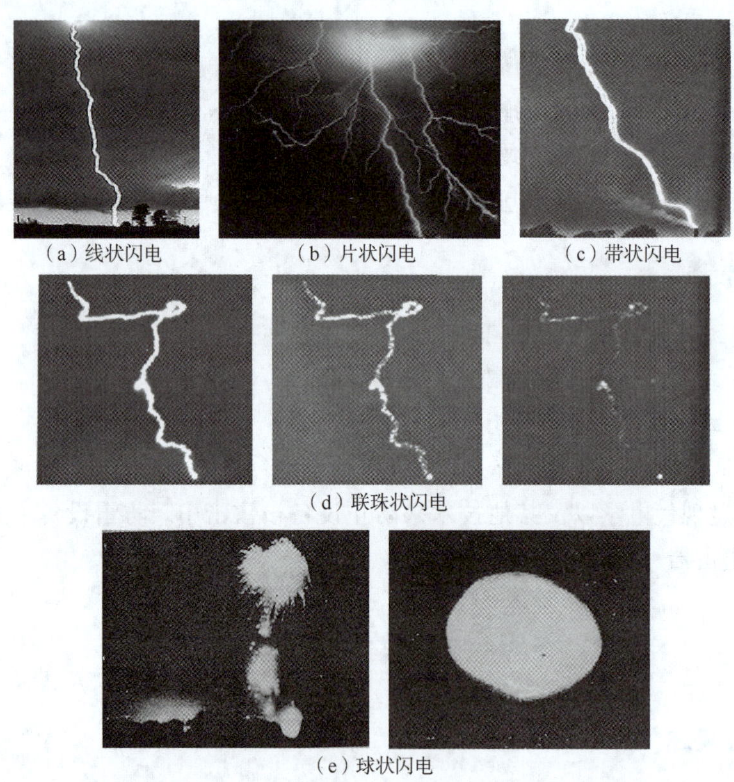
(a) 线状闪电　(b) 片状闪电　(c) 带状闪电

(d) 联珠状闪电

(e) 球状闪电

图 3-5-2　闪电的形状

2. 按雷电发生时闪电空间位置

按闪电的空间位置分为:云空闪、云际闪、云内山、云地闪。如图 3-5-3 所示。

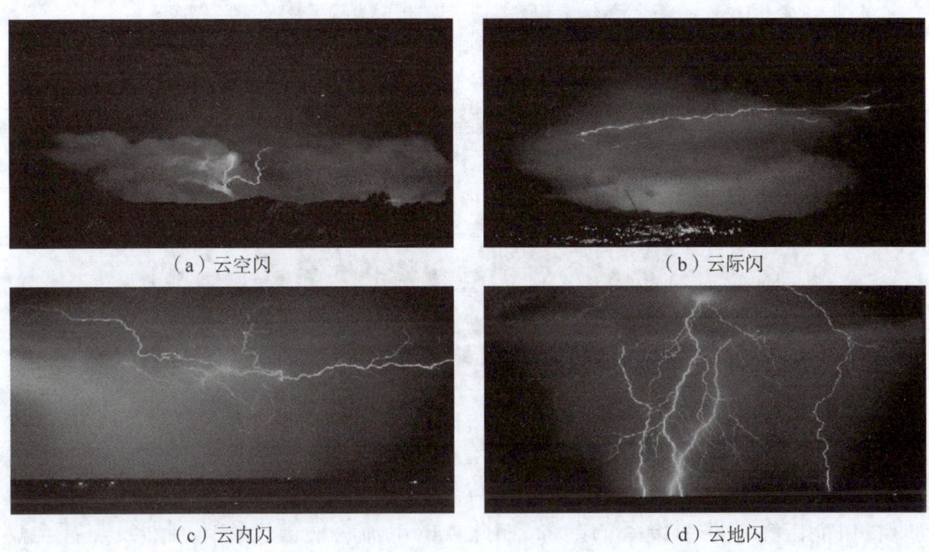

（a）云空闪　（b）云际闪　（c）云内闪　（d）云地闪

图 3-5-3　闪电的空间位置

5.1.3　雷电的危害

雷电能够促使无机物合成为氨基酸等有机物质进而孕育地球生命，在生命起源中占有相当重要的地位；但在现代生活中，雷电也给人类各行各业带来了巨大的危害。雷电产生的高温、猛烈的冲击波以及强烈的电磁辐射等物理效应，使其能在瞬间产生巨大的破坏作用，常常会击毁建筑物、供配电系统、通信设备，引起森林火灾，造成计算机信息系统中断，仓储、炼油厂、油田等燃烧甚至爆炸，危害人民财产和人身安全，对航空航天等运载工具也威胁很大，如图 3-5-4 所示。

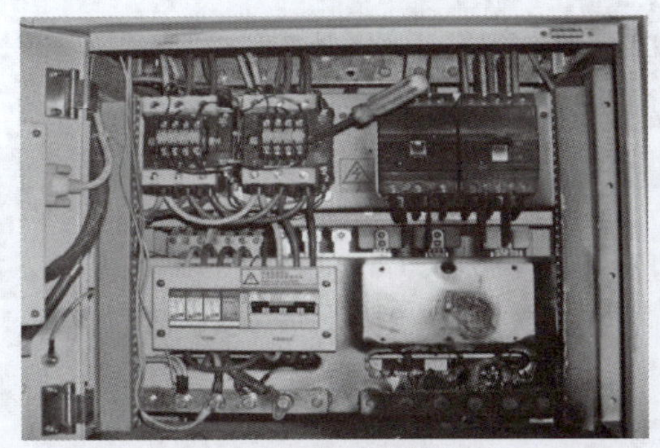

（a）雷电对电路的危害

（b）雷电对企业的危害

图 3-5-4　雷电的危害

雷电是一种气体放电现象，由其引起的过电压，叫作雷电过电压、大气过电压或外部过电压。雷电过电压对人类的生产、生活造成的巨大危害，主要是雷击电力系统或雷电感应所引起的，因此雷电过电压可以分为直击雷过电压和感应雷过电压两种基本形式。

直击雷过电压：指雷云直接对线路或电气设备放电时，雷电流在被击物阻抗（包括接地电阻）上产生的电压降。雷击建筑物示意图如图 3-5-5 所示。

图 3-5-5　雷击建筑物示意图

直击雷过电压危害:由于雷电流高达数万乃至数十万安,直击雷过电压可达数千千伏。如此高的电压将可能击穿线路或设备的绝缘,如此大的电流将使被击物体剧烈发热甚至燃烧。因此,必须采取有效的防护措施。

感应雷过电压:是雷击线路、设备等附近的地面,由于电磁场的剧烈变化,而在线路、设备上感应产生的过电压。电磁感应与耦合示意图如图 3-5-6 所示。

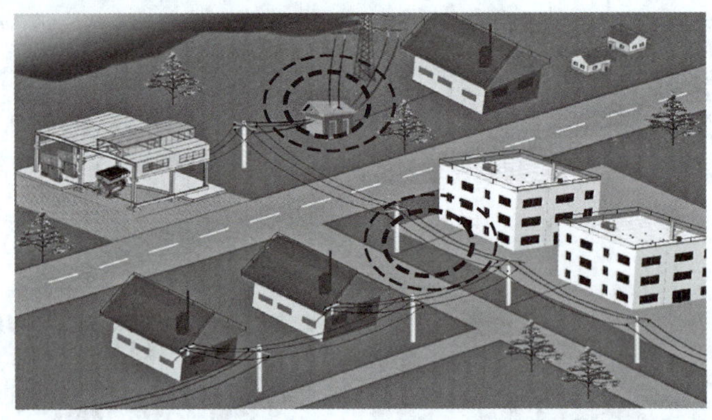

图 3-5-6　电磁感应与耦合示意图

感应雷过电压的危害:感应雷过电压的幅值一般不超过 500 kV,这对于 35 kV 及以下电压等级的设备绝缘是危险的,应采取防护措施;而对于 110 kV 及以上电压等级的设备绝缘,由于其冲击耐压水平通常已高于此值,因此无危险。

5.1.4　雷电流的极性

雷电流的极性是指自雷云下行到大地的电荷的极性。雷电流的极性有正有负,根据实测结果,负极性约占 85% ,其余为正极性,个别的雷电流还是振荡的,雷电流的极性示意图如图 3-5-7 所示。由于负极性占大多数,并且负极性雷电波衰减较小,对电气设备的绝缘危害较大,因此在防雷计算中雷电流都按负极性考虑。

图 3-5-7　雷电流的极性示意图

5.2 主要防雷设备

防雷设备主要有避雷针、避雷线和避雷器。其中,避雷针、避雷线用于防止雷电直接击中被保护物,称为直击雷保护装置。

5.2.1 避雷针

避雷针一般适用于保护集中的物体,如建筑物、构筑物、露天的电力设施、发电厂、变电所等。牵引变电所避雷针如图 3-5-8 所示。

1. 避雷针的结构

避雷针由接闪器(针头)、接地引下线和接地体三部分组成,其结构如图 3-5-9 所示。

接闪器:由直径为 10 ~ 20 mm,长为 1 ~ 2 m 的镀锌或镀镍钢棒制成。

接地引下线:由直径为 6 mm 的圆钢或厚度不小于 4 mm、宽不小于 20 mm 的扁钢制成。也可以利用钢筋或铁塔本身作为接地引下线。

接地体:可用几根 2.5 m 长的角钢或者钢管打入地中构成。

注意:以上各部分之间应可靠连接(可采用烧焊、线夹或螺栓进行连接)。

2. 避雷针的工作原理

避雷针和避雷线的工作原理相似,由于避雷针或避雷线的接闪器比被保护物高出许多,又和大地有良好的连接,雷云与尖端之间的电场最强,因此,雷击总是被引向避雷针或避雷线,雷电流经接地引下线和接地装置泄入大地,从而避免被保护物遭受雷击。

因此,避雷针实为"引雷"针,避雷线实为"引雷"线。避雷针引雷示意图如图 3-5-10 所示。

图 3-5-8 牵引变电所避雷针

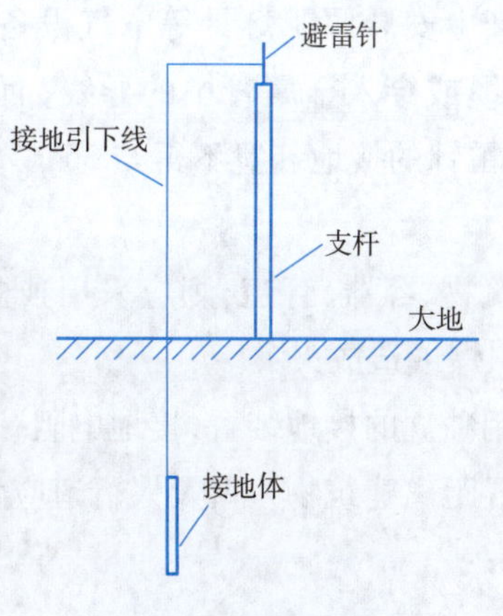

图 3-5-9 避雷针结构

图 3-5-10 避雷针引雷示意图

3. 避雷针的保护范围

单支避雷针的保护范围如图 3-5-11 所示。它由一个圆锥体和一个圆台体组成:设针高为 h,从针的顶点向下作与针成 45°的斜线,该斜线绕避雷针旋转一周而成的圆锥体内,为上半保护区;将避雷针在地面上的投影作为原点,在地面上距原点 1.5 h 处向针的 0.75 h 处作连线,与上述 45°斜线相交,交点以下的斜线以针为轴旋转一周而成的圆台体内,为下半保护区。

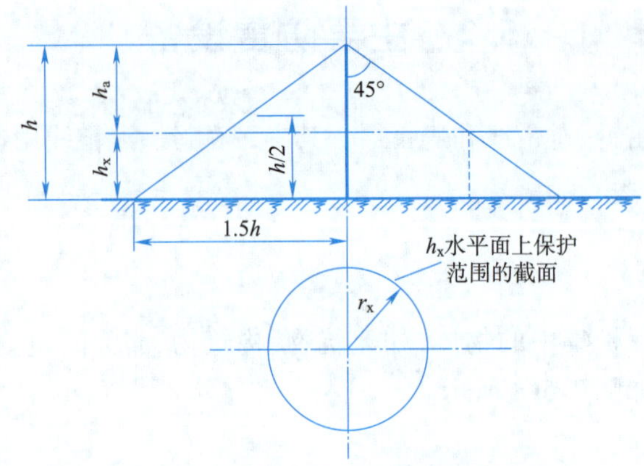

图 3-5-11　单支避雷针的保护范围

4. 避雷针的安装要求

避雷针的安装位置应满足防止“反击”的要求。所谓反击是指雷击避雷针时,变化率和幅值都很大的雷电流通过避雷针使之产生高电位,从而在避雷针与被保护设备之间发生的放电现象。

防止反击的安装要求有以下几点:

(1)避雷针与被保护设备之间的空气距离不小于 5 m;

(2)避雷针接地装置与被保护电气设备接地网间地中的距离不小于 3 m;

(3)不允许在 35 kV 及其以下电压等级的配电装置的构架上装设避雷针;

(4)更不可在避雷针或避雷针的构架上架设线路或无线电天线;

(5)必须在避雷针的构架上安装照明灯具等电气设备时,其电源线的设置必须满足:直接埋入地下的带金属外皮的电缆或穿入金属管中的导线,而且埋入地中的长度应在 10 m 以上。若埋地长度不足 10 m 时,避雷针的接地装置不得与 35 kV 及其以下电压等级的配电装置的接地网相连接。

(6)对有爆炸危险的建筑物、容器、管道,则应采用独立避雷针保护,避雷针应离开这些被保护物 5 m 以上,以免反击引爆或造成火灾。

(7)避雷针应尽可能采用独立的接地装置,接地电阻一般不得大于 10 Ω。

(8)防直击雷的接地装置距离建筑物入口及人行道应大于 3 m。

5.2.2　避雷线

避雷线主要适用于保护狭长的物体,如架空电力线路,也可以用于保护发电厂、变电所。避雷线示意图如图 3-5-12 所示。

1. 避雷线的结构

避雷线(架空地线)也是由三部分组成:悬挂在空中的导线(接闪器),接地引下线,接地体。用作接闪器的导线一般采用截面积不小于 35 mm^2 的镀锌钢绞线。对接地引下线和接地体的要求与避雷针相同。

2. 避雷线的工作原理

避雷线的工作原理和避雷针相同，它是架设在线路上方的金属导线，并接地良好，因此又称它为架空地线，它能有效地将雷电压引入大地。

当雷击线缆时，可能击中线缆，也可能击中电杆。当雷击线缆时，在线缆上将产生远高于线路电压的过电压。而避雷线可以将雷电引到自身，并通过电杆上的金属部分和埋设在地下的接地装置，使雷电流导入大地，有效地保护线缆。

3. 避雷线的保护范围

单根避雷线的保护范围如图 3-5-13 所示。由避雷线两侧分别向下作与避雷线的铅垂面成 25°的斜面，构成保护范围的上部；斜面在避雷线悬挂高度 h 的一半 $h/2$ 处向外偏折，与地面上离避雷线水平距离为 h 的直线相连的斜面，构成保护范围的下部。

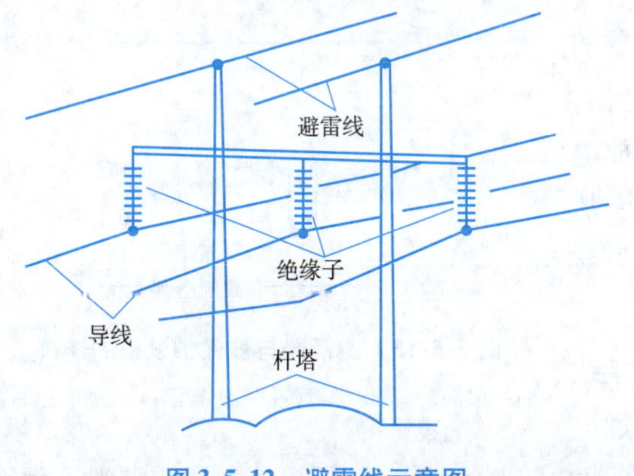

图 3-5-12　避雷线示意图

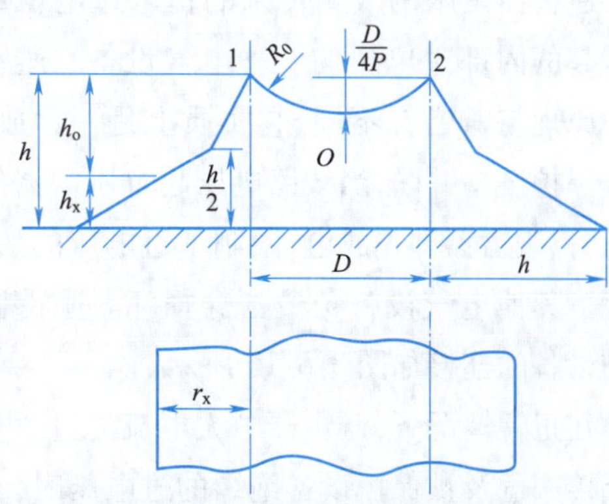

图 3-5-13　单极避雷线的保护范围

在实际工程中，常用保护角表示避雷线对输电线的保护程度。保护角是指避雷线的铅垂面与避雷线和外侧输电线所构成的斜面间的夹角。保护角越小，导线就越处于避雷线保护范围以内，保护也就越可靠。避雷线的保护角如图 3-5-14 所示。

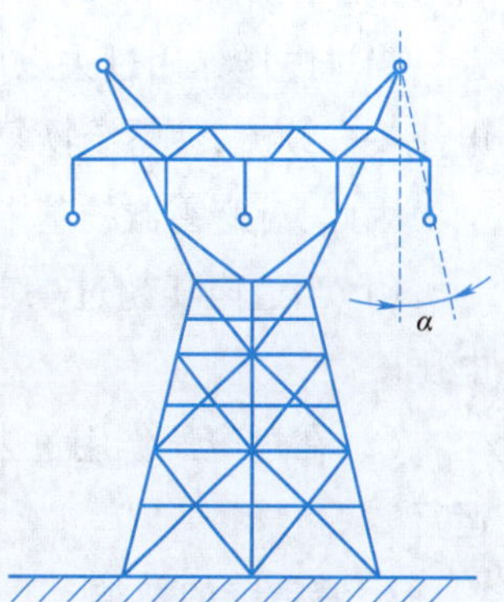

图 3-5-14　避雷线的保护角

一般，110 ~ 220 kV 的高压线路，保护角取 20° ~ 30°，220 ~ 330 kV 的高压线路，保护角约为 20°，500 kV 及以上的高压线路，保护角应小于等于 15°，山区宜采用较小保护角，35 kV 及以下的高压线路一般不装设避雷线。

那么，保护范围内的被保护物就绝对不会遭受雷击吗？答案当然是否定的，要保证被保护物绝对不受雷击是不可能的，一般，在保护范围以内，受雷击的可能性只有 1‰左右，发电厂、变电站一般会采用多针联合进行保护。

4. 避雷线的安装

在易于遭受雷击的地点以及修复比较困难的通信电杆上，安装避雷线能够起到较好的雷电防护作用。避雷线一般都是铁线制成的，通过卡钉固定在电杆上，避雷线的下部埋在土壤中。这样，就可以保护电杆免受雷击了。

但对于电杆之间的线缆,避雷线如何保护呢?我们还需要安装架空地线。架空地线的安装需要高出电杆顶端一定的高度,用镀锌的铁线架设,并在每根电杆上焊接一条接地引线,沿着电杆接地,避雷线对感应雷也会起到一定的屏蔽作用。

5.2.3 避雷器

变电所采用避雷针保护后,能防止变电所内电气设备受雷击,但与之相连的输电线一旦遭受雷击,雷电波(过电压)将沿线路传入变电所,同样危及电气设备的绝缘,这就不是避雷针所能解决的问题了。为了保护变电所内的电气设备免受雷电过电压的危害,通常采用避雷器。

1. 避雷器的工作原理

避雷器是限制线路传来的雷电过电压或由操作引起的内部过电压的一种电气设备。避雷器的保护原理与避雷针不同,它实质上是一种放电器,与被保护设备并联,当线路电压超过避雷器的放电电压时,避雷器即先放电,限制了过电压的发展,从而保护其他电气设备免遭击穿损坏。避雷器与被保护设备的连接如图 3-5-15 所示。

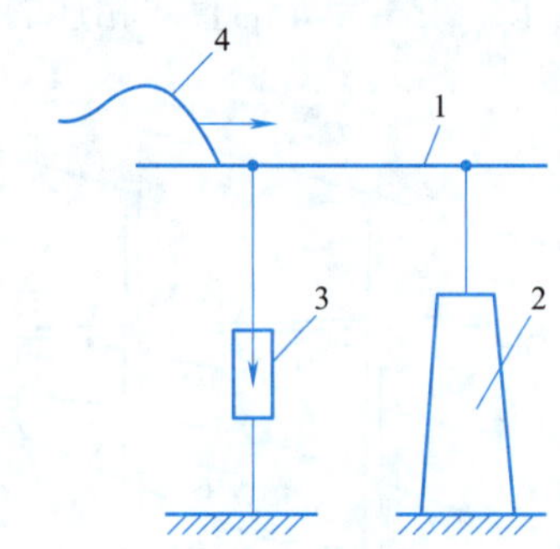

图 3-5-15　避雷器与被保护设备的连接

1—线路;2—被保护设备;3—避雷器;4—过电压波。

在正常情况下,避雷器中无电流流过。一旦线路上传来危及被保护设备绝缘的过电压时,在过电压作用下避雷器立即击穿动作,使导线直接或通过电阻与大地相连,雷电流经避雷器泄入大地,将过电压限制在一定的水平。

当过电压作用过去以后,避雷器又能自动切断工作电压作用下通过避雷器泄入大地的工频电流——续流,使系统恢复正常运行。

因此,对避雷器的基本要求是:

(1)当过电压超过一定值时,避雷器应动作(放电),将导线直接或经电阻接地,以限制过电压。

(2)在过电压作用过去后,能够迅速截断或避免工频续流所产生的电弧,使系统恢复正常运行。

2. 避雷器的种类

避雷器的种类主要有:保护间隙、管型避雷器、阀型避雷器、氧化锌避雷器等,其保护性能也依照这个顺序,越来越优越。下面我们将对这 4 种避雷器分别进行介绍。

1)保护间隙

保护间隙又称为角隙避雷器,由角型间隙、支持瓷瓶、支持钢管及底座组成。常用的角型保护间隙如图 3-5-16 所示,它有两个空气间隙,分别是主间隙和辅助间隙,主间隙由角型或棒形电极组成。

保护间隙与设备并联,当雷电波侵入时,间隙击穿,工作母线接地释放电流,避免了被保护设备上的电压升高，从而保护了设备；过电压消失后，间隙中仍有由工作电压所产生的工频续流，此续流就是保护间隙安装处的短路电流，这时工频续流电弧在电动力和上升的热气流作用下，沿着开放的角型电极向外拉长，弧柱迅速变细并在大气中冷却而熄灭，于是系统恢复正常工作。

保护间隙没有专门的灭弧装置，过电压消失后在工作电压下产生工频电弧电流（续流），往往不能自行熄弧，将造成线路跳闸，因此可以和自动重合闸配合使用。

注意：保护间隙放电后，电弧的熄灭是靠短路电流过零时的自然熄弧，当短路电流较大时可能发生电弧的重燃，如果短路电流引起的电弧长期存在就可能产生弧光接地过电压，危及设备绝缘，因此需采用跳断路器来消除接地故障。

2）管型避雷器

管型避雷器实质上是一种具有较高熄弧能力的保护间隙，其结构如图 3-5-17 所示，产气管由纤维、塑料或橡胶等产气材料制成。管型避雷器有两个互相串联的间隙，一个装在管内，称为内间隙或灭弧间隙 S_1，由环形电极和棒形电极组成；另一个装在管外，称为外间隙 S_2，由棒、棒电极组成，其作用是隔离工作电压，避免产气管被工频电流烧坏，以及由于产气管受潮等原因发生沿面闪络而引起误动作。

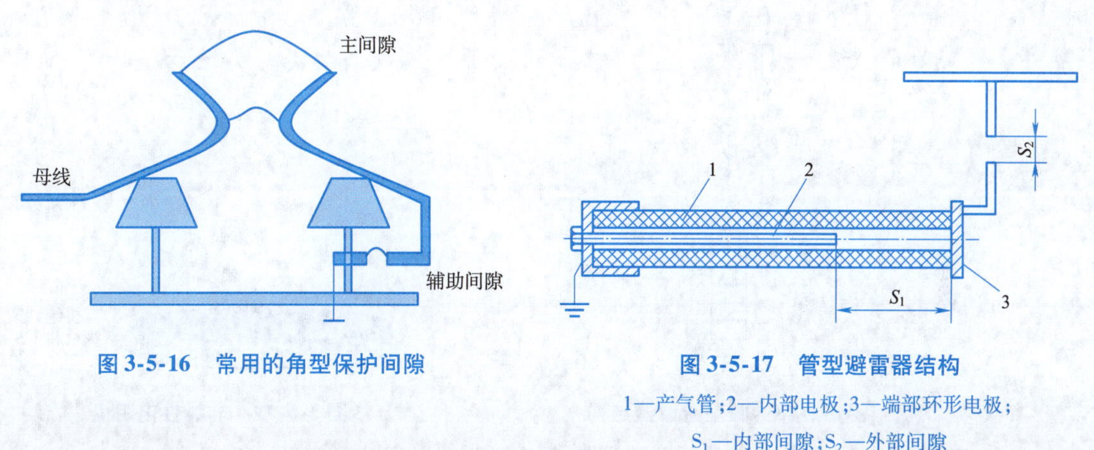

图 3-5-16　常用的角型保护间隙

图 3-5-17　管型避雷器结构

1—产气管；2—内部电极；3—端部环形电极；
S_1—内部间隙；S_2—外部间隙

管型避雷器利用电弧燃烧时产生的热量使产气管里的产气材料（如纤维、塑料、橡胶等）产生气体纵吹电弧，可以熄灭更大的工频电弧。动作时产生很陡的截波，对如电动机和变压器等高压设备的纵绝缘造成严重危害。间隙放电的伏秒特性很陡，很难用来保护伏秒特性比较平坦的设备绝缘，放电特性受大气条件影响较大，因此，主要用于变电站进线段保护。

保护间隙与管型避雷器的优点是简单、成本低。

保护间隙与管型避雷器的缺点概括为以下几点：

（1）间隙为不均匀电场，放电分散性大、伏秒特性陡，不易进行伏秒特性配合。

（2）灭弧能力差，引起断路器跳闸。

（3）放电时产生截波，对变压器纵绝缘不利。

由于存在上述问题，因此保护间隙和管型避雷器都不能承担主变压器和发电机等重要设备的保护任务,只能用于线路保护和进线段的保护。

3)阀型避雷器

阀型避雷器主要由火花间隙和阀片(非线性电阻)组成,其结构如图 3-5-18 所示。

火花间隙:

(1)由许多小间隙串联而成;

(2)在正常工作时将阀片与母线隔离,以避免阀片在工频电流下烧毁;

(3)工频电弧依靠间隙的自然熄弧能力熄灭;磁吹式间隙(串联了电感)比普通间隙的熄弧能力强;

(4)为了保证每个间隙上恢复电压的均匀与稳定,在间隙旁并联了电阻;

(5)过电压到来时,辅助间隙击穿,防止了电感阻流作用。

阀片(非线性电阻)也是由多个非线性电阻盘(SiC)串联而成。它的电阻值与流过的电流有关,电流越大电阻越小,电流越小电阻越大,如图 3-5-19 所示。

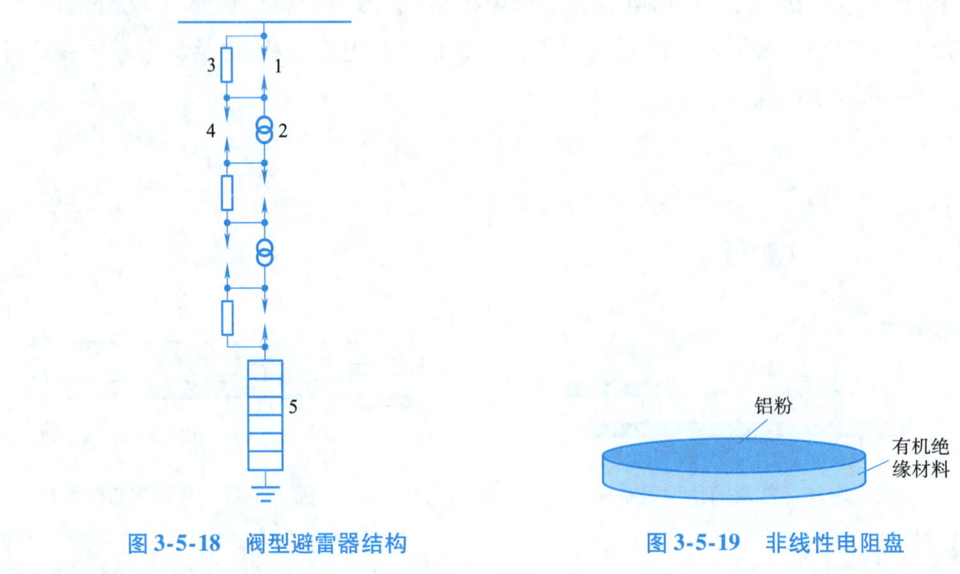

图 3-5-18　阀型避雷器结构

1—主间隙;2—磁吹电感;3—并联电阻;4—辅助间隙;5—阀片

图 3-5-19　非线性电阻盘

阀片工作原理:

(1)在系统正常工作时,放电间隙将阀片电阻与工作母线隔开,以免由于工作电压在阀片电阻中产生的电流将阀片烧坏。

(2)当系统中出现过电压,且幅值超过间隙的放电电压时,间隙被击穿,冲击电流通过阀片电阻流入大地;由于阀片电阻的非线性特性,其电阻值在流过很大的冲击电流时变得很小,因此在阀片上产生的压降(称为残压)将受到限制,只要此残压值低于被保护设备的冲击耐压值,设备就能得到保护。

(3)当过电压消失后,由工作电压所产生的工频续流仍将继续流过避雷器,而续流值远比冲击电流小,因此阀片电阻值变得很大,进一步限制了工频续流的数值,使间隙能在工频续流第一次过零时就将电弧切断,系统恢复正常运行。

4）氧化锌避雷器

普通阀型避雷器的阀片是 SiC 阀片，氧化锌避雷器的阀片以 ZnO 为主要原料，掺以少量其他金属氧化物（如氧化铋）等添加剂经高温焙烧而成，其非线性极好。在正常工作相电压作用下，流过氧化锌阀片的电流在 10^{-5} A 以下，如此小的电流使氧化锌阀片相当于一个绝缘体，由它构成的避雷器无须串联间隙。氧化锌、普通阀型和理想避雷器伏安特性比较如图 3-5-20 所示。

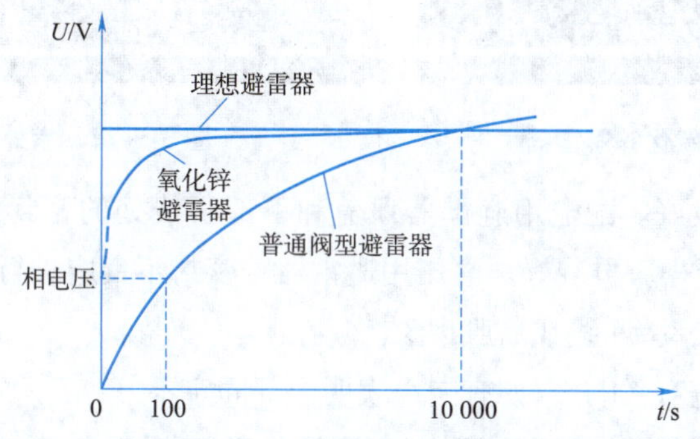

图 3-5-20　氧化锌、普通阀型和理想避雷器伏安特性比较

氧化锌避雷器的工作原理：

（1）在正常工作电压下，阀片具有极高的电阻呈绝缘状态；

（2）当电压超过某一定值（动作电压）时，阀片“导通”呈低阻状态，释放电流，“导通”后阀片上的残压与流过它的电流大小基本无关，而为一个定值；

（3）当电压降到动作电压以下时，阀片“导通”终止，迅速恢复高电阻绝缘状态，因此不存在工频续流。

氧化锌避雷器的优点：

（1）结构简单，体积小，可作为其他电器的支柱。

（2）无间隙。由于氧化锌避雷器不用串联间隙，因此结构简单、体积小、质量轻，不存在间隙放电电压随雷电波陡度增加而增大的问题，提高了可靠性。

（3）无续流。由于无工频续流流通，因此不存在灭弧问题，可做成直流避雷器，解决了直流电弧灭弧困难的问题，减少了避雷器动作时通过的能量，从而可以承受多次雷击，延长了工作寿命。

（4）通流容量大。不仅用于雷电过电压保护，也可以用于内部过电压保护。

（5）残压低。

氧化锌避雷器由于上述优点，近年来应用范围也越来越广。室内氧化锌避雷器如图 3-5-21 所示，室外氧化锌避雷器如图 3-5-22 所示。

3. 避雷器的维修及更换

1）避雷器的维修

（1）避雷器的外瓷套表面有无严重污秽和是否完整，如有破损和裂纹则不能使用。检查瓷表面有无闪络痕迹。

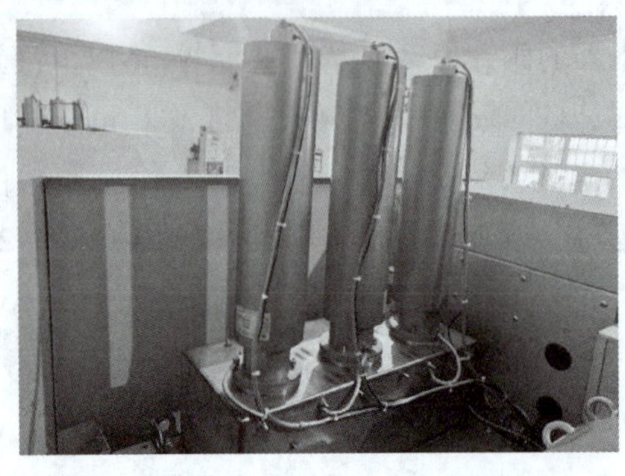

图 3-5-21　室内氧化锌避雷器

图 3-5-22　室外氧化锌避雷器

(2)检查密封是否良好。配电用避雷器顶盖和下部引线处的密封混合物若是有脱落或龟裂,则应将避雷器拆开干燥后再装好。高压用避雷器若密封不良应进行维修。

(3)检查引线有无松动、断线或断股现象。

(4)摇动避雷器检查有无响声,如有响声表明内部固定不好,应予检修。

(5)检查放电计数器是否完整和泄漏电流测量是否良好,计数器指示是否有改变,动作记录器内部有无积水。

(6)避雷器各节的组合及导线与端子的连接,对避雷器不应产生附加应力。

2)避雷器的更换

出现以下现象的避雷器应予以更换:

(1)电极严重烧伤。

(2)云母垫片严重受潮、膨胀分层。

(3)阀片击穿、闪络或严重受潮。

(4)非线性并联电阻严重老化,泄漏电流超过运行规程规定范围。

(5)橡胶密封件严重老化、龟裂、变形、失去弹性。

(6)瓷套碎裂。

小　　结

1. 雷电是大气中集声、光、电、热于一体,极为壮观的自然现象。

2. 防雷设备主要有避雷针、避雷线和避雷器。其中,避雷针、避雷线用于防止雷闪直接击中被保护物,称为直击雷保护装置。

3. 避雷线主要适用于保护狭长的物体,如架空电力线路,也可以用于保护发电厂、变电所。

4. 避雷器是限制线路传来的雷电过电压或由操作引起的内部过电压的一种电气设备。

习　题

一、填空题

1. 氧化锌避雷器的阀片电阻具有非线性特性，在＿＿＿＿＿，其阻值很小，相当于短路状态。

2. 避雷器的种类主要有保护间隙，管型避雷器，＿＿＿＿＿，氧化锌避雷器。

3. 保护间隙有两个空气间隙：分别是＿＿＿＿＿和辅助间隙。

4. 避雷针一般适用于保护集中的物体，如＿＿＿＿＿、变电所。

5. 避雷针由接闪器＿＿＿＿＿、接地引下线和＿＿＿＿＿三部分组成。

二、判断题

1. 雷电流波形波首部分有时可以视为一条斜直线（斜角波头）。（　）

2. 我国防雷设计中，一般取雷电流波首时间为40～50 μs。（　）

3. 年平均雷暴日小于15 d的为中雷区。（　）

4. 避雷器通常接在导线与地之间，与被保护设备串联。（　）

5. 阀型避雷器的阀片电阻值与流过的电流有关，电流越大电阻越大，电流越小电阻越小。（　）

6. 避雷线的主要作用是传输电能。（　）

7. 避雷线又称架空地线。（　）

8. 单支避雷针的保护范围是一个圆锥体。（　）

9. 山区宜采用较大保护角，保护才能更加可靠。（　）

10. 保护范围内的被保护物绝对不会遭受雷击。（　）

三、简答题

1. 简述避雷针的保护原理。

2. 简述避雷线的保护原理。

3. 简述避雷器的保护原理。

第6章 整流机组

学习目标

1. 了解整流机组的概念。
2. 掌握24脉波整流器的技术参数、原理、结构及维护使用。

学习重点

1. 整流机组的概念。
2. 24脉波整流器的技术参数、原理。
3. 24脉波整流器的结构及维护使用。

学习难点

1. 24脉波整流器的原理。
2. 24脉波整流器的结构。

视频

整流机组

在牵引变电所内通过整流变压器将AC 35 kV降到AC 1 180 V，经整流器转换成DC 1 500 V向接触网供电。每座牵引变电所内，由整流变压器和整流器组成整流机组。

6.1 整流机组简介

6.1.1 工作原理

视频

整流机组应用

早期城市轨道交通直流牵引系统通常采用三相桥式整流电路，随着技术的发展，已经逐步被12脉波和等效24脉波整流电路代替。24脉波整流电路由两组12脉波整流电路构成，12脉波整流由两个6脉波3相整流桥并联组成。其中，一个3相整流桥接向整流变压器的二次侧Y绕组，另一个3相整流桥接向整流变压器的二次侧△绕组。每台整流变压器二次侧Y绕组和△绕组相对应的线电压相位错开π/6，便可以得到两个三相桥并联组成的12脉波整流电路。当供给两台12脉波整流器的整流变压器高压网侧并联的绕组分别采用±7.5°外延△连接时，两套整流机组并联运行构成等效24脉波整流器，接线示意图如图3-6-1所示。

下面我们以中国中车24脉波整流器为例，介绍其工作环境条件、主要技术参数、整流器保护、结构、屏面说明。

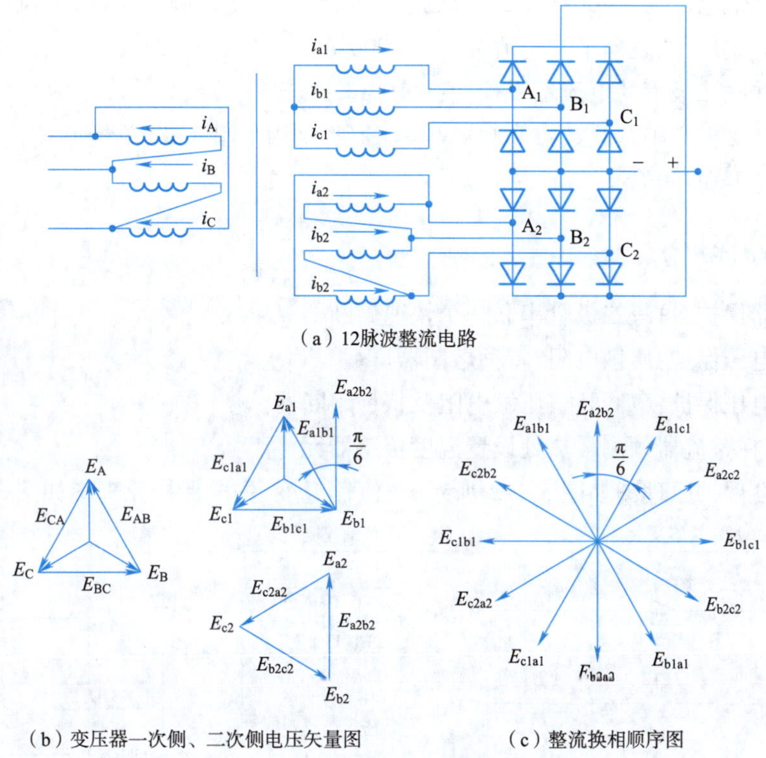

图 3-6-1　24 脉波整流器接线示意图

6.1.2　工作环境条件

环境温度:-20 ~ +50 ℃。

相对湿度:日平均值不大于 95%;月平均值不大于 90% (25 ℃);有凝露发生。

海拔:≤2 000 m。

地震烈度:7 度。

振动:f<10 Hz 时,振幅为 0.3 mm;10 Hz <f<150 Hz 时,加速度为 0.1 m/s²。

雷暴日:>90 d/年。

6.1.3　主要技术参数

额定功率:3 000 kW。

额定交流输入电压:1 180 V。

额定直流输出电压:1 500 V。

额定直流电流:2 000 A。

冷却方式:空气自然冷却。

过载能力:100% ——连续;150% ——2 h;300% ——1 min。

整流器耐压:主回路对地、主回路对辅助回路 6 kV;辅助回路对地 2 kV。

二极管采用平板式,3 000 kW 整流器二极管型号为 ZP2600-44,采用铝型材散热器。二极管的反向重复峰值电压为 4 400 V,二极管的正向平均电流为 2 600 A(6 m/s 风速下)。自然冷却工况下,单只二极管的正向平均电流为 867 ~900 A。

整流桥臂并联二极管的电流不平衡度:≤10% 。

整流器桥臂二极管串并联数:3 000 kW 整流器都采用 1 串 3 并,单柜形式。

整流器设计寿命:30 年。

6.1.4 整流器保护

快速熔断器保护:每只二极管串联一个快速熔断器。

交流侧过电压保护:压敏电阻、特种熔断器。

直流侧过电压保护:*RC* 回路、压敏电阻及特种熔断器。

温度保护:在整流器预测最热处设置温度传感器元件。

整流器快熔保护原理图如图 3-6-2 所示,整流器温度、失电保护原理图如图 3-6-3 所示。

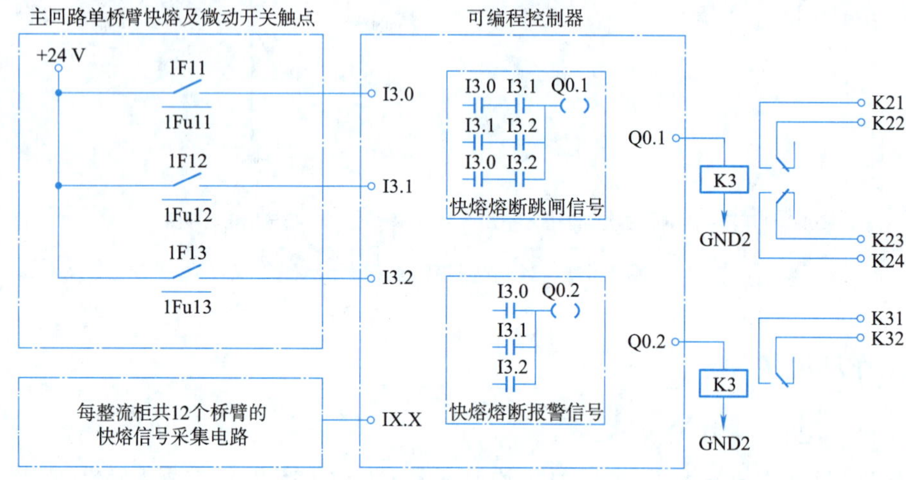

图 3-6-2 整流器快熔保护原理图

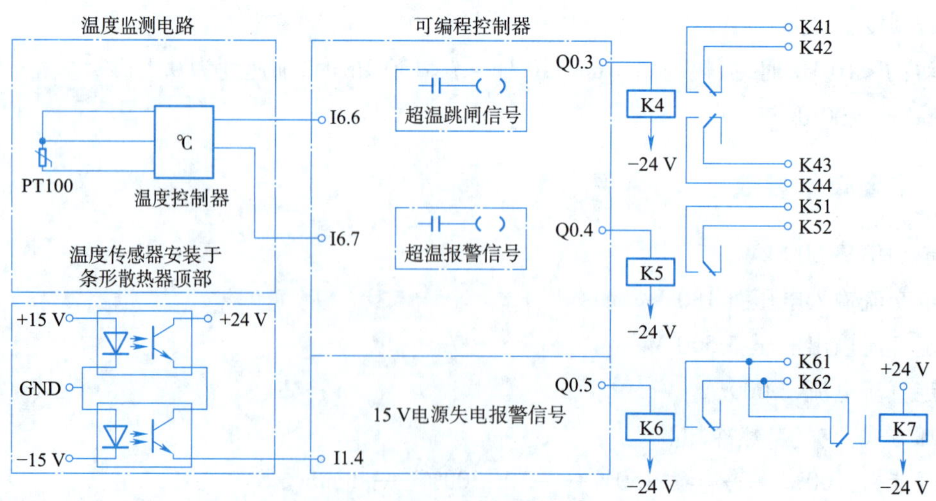

图 3-6-3 整流器温度、失电保护原理图

6.1.5 结构

整流柜采用1 200 mm×1 200 mm×2 300 mm(宽×深×高)的金属屏柜。柜体无焊接，全部采用螺栓连接。在柜体的前后门下部开有进气网孔，上部设有散热通风孔，两侧封盖。柜体经电镀锌处理，防腐性强，表面静电塑料喷粉。

两个三相整流桥分别装于两个屏柜内，整流器柜从前后开门可以清楚看到垂直排列的三列元件。其中，一个柜内放置4、6、2桥臂，另一柜内放置1、3、5桥臂。两个三相桥的对应序号桥臂1U1和2U1、1U3和2U3并联在一起，共阳极或共阴极组成一组整流堆，每组整流堆由一个加工成条状的散热器和4个块状的散热器压装上二极管组成，每组整流堆有4只二极管，每柜共6组整流堆。

交流汇流母排L1、L2、L3、L4、L5、L6及直流输出母排L+、L-集中在屏柜的下方进、出线。

快速熔断器一端接至交流母排上，另一端用铜排与块状(独立)散热器连接。

柜体的防护等级为IP20。柜前有模拟图，显示整流器的接线方式，每个整流柜质量为1 200 kg。

6.1.6 屏面说明

1. 仪表

(1)交流输入电压表:0~1 500 V。

(2)直流输出电流表:0~6 000 A。

(3)直流输出电压表:0~2 000 V。

2. 按钮及指示灯

(1)控制电源DC 220 V指示灯。

(2)开门报警。

(3)解除开门报警。

(4)加热按钮。

(5)凝露指示灯。

(6)复位按钮。

(7)故障指示灯。

3. 故障信息显示屏

(1)快速熔断器熔断显示:1Fu11~1Fu63、2Fu11~2Fu63。

(2)霍尔传感器电源故障显示:±15 V电源。

(3)整流器超温显示。

(4)温度仪表。

(5)整流器最热点温度显示。

整流器主回路原理图如图3-6-4所示。

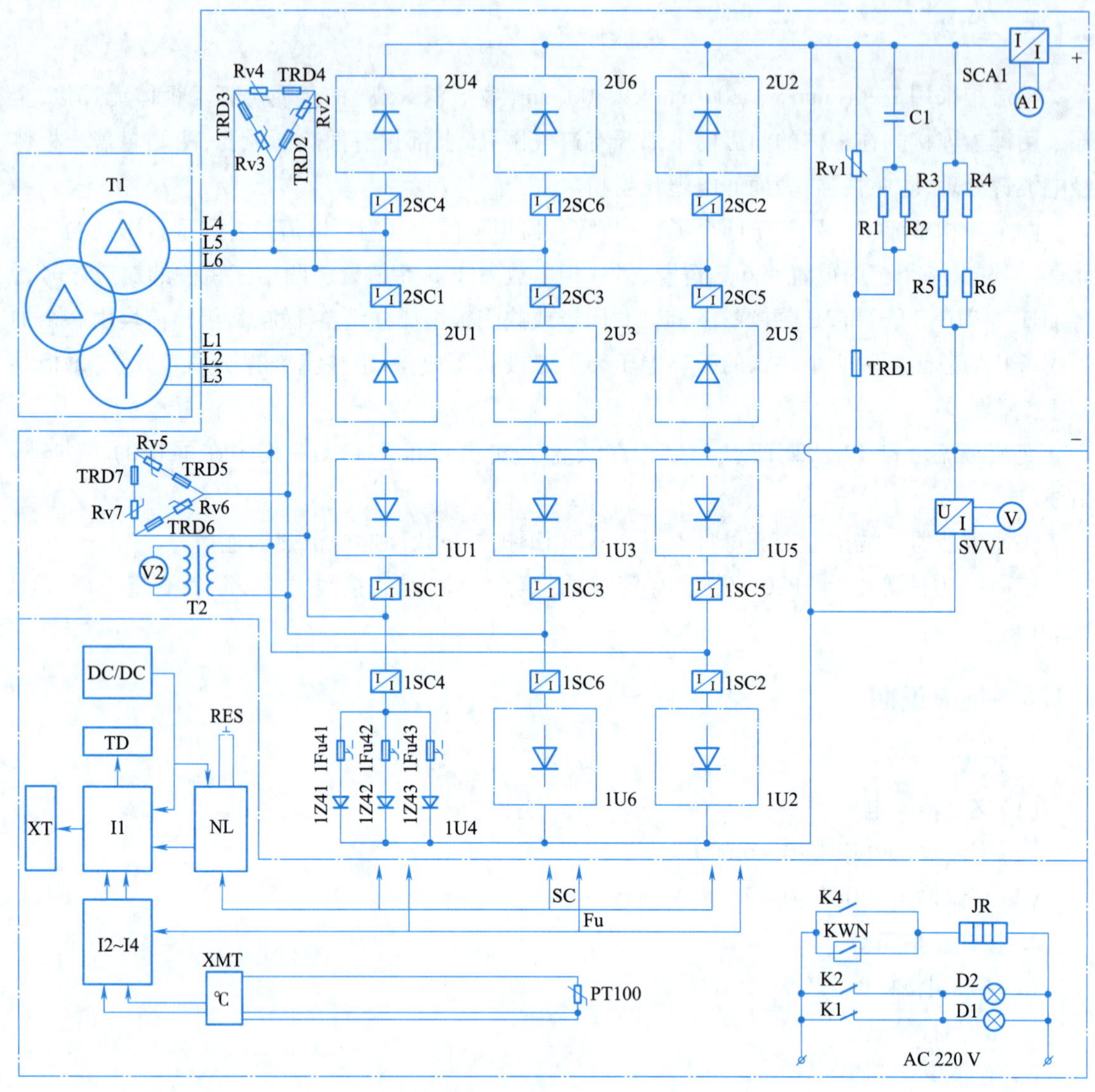

图 3-6-4 整流器主回路原理图

1Fu11 ~ 2Fu63—快速熔断器；Rv1 ~ Rv7—压敏电阻；PT100—温度传感器；XT—故障输出；XMT—温度控制器；KWN—凝露控制器；R1、R2、C1—直流侧吸收 *RC*；*R*3 ~ *R*6—负载电阻；V1—直流电压表；A1—直流电流表；V2—交流电压表；D1、D2—前后门照明灯；K1、K2—行程开关；K4—手动开关；JR1、JR2—电加热板；RES—复位按钮；I1 ~ I6—可编程控制器及辅件；TD—液晶显示屏；DC/DC—电源板。

6.2 整流机组的维护和检修

6.2.1 外观检查

外观检查内容如下：

(1)依照图纸检查主、辅电路接线正确与否。

(2)检查紧固件有无松动、裂纹，目测弹簧垫圈是否压平。

(3)检查母线有无过热、氧化发黑等痕迹;过电压吸收阻容有无过热烧损现象。

(4)检查熔断指示器有无跳出。

(5)用毛刷或吸尘器清扫柜下部进风网孔和上部出风网孔的灰尘,清扫电阻、电容、二极管、熔断器、绝缘子、传感器等表面的灰尘。

6.2.2 元器件检查

元器件检查内容如下:

(1)用万用表检查各二极管的正反向电阻值有无异常。

(2)用万用表检查保护用电阻、电容的参数有无异常,是否接入电路中。

6.2.3 动作检查

动作检查内容如下:

(1)人工短接同一桥臂的一个熔断器或不同桥臂的两个熔断器辅助触点,用万用表检查端子排有无报警信号输出;短接同一桥臂的两个熔断器辅助触点,检查端子排有无跳闸信号输出;观察液晶显示屏有无故障信息显示。

(2)人工短接测温元件的触点,模拟达到报警、跳闸温度,检查端子排有无报警信号输出。将温度显示仪表投入工作,检查显示温度是否与实际相符。

(3)在逆流保护电流传感器的二次侧施加电压信号,检查端子排有无跳闸信号输出,观察液晶显示屏有无故障信息显示。

小　　结

1. 在牵引变电所内通过整流变压器将 AC 35 kV 降到 AC 1 180 V,经整流器转换成 DC 1 500 V 向接触网供电。每座牵引变电所内,由整流变压器和整流器组成整流机组。

2. 以中国中车 24 脉波整流器为例,介绍其主要工作条件包括:环境温度、相对湿度、海拔高度、地震烈度等;介绍其主要技术参数包括额定功率、额定交流输入电压、额定直流输出电压、额定直流电流、冷却方式等;介绍其保护方式主要有快速熔断器保护、交流侧过电压保护、直流侧过电压保护、温度保护;并详细介绍了整流柜的结构、屏面说明,以及整流器的维护与使用方法。

习　　题

一、填空题

1. 整流机组由整流变压器和__________组成。

2. 24 脉波整流电路由__________12 脉波整流电路构成。

3. 整流器外观检查中检查紧固件有无__________、__________,目测弹簧垫圈是否压平。

二、判断题

1. 整流器保护中快速熔断器保护是给每只二极管串联两个快速熔断器。 ( )
2. 整流器保护中温度保护是在整流器预测最热处设置温度传感器元件。 ( )
3. 整流器元件检查中用万用表检查各二极管的正反向电阻值有无异常。 ( )

三、简答题

简述整流器维护使用方法。

第7章 SCADA设备

学习目标

1. 掌握 SCADA 系统的概念、应用范围。
2. 掌握 SCADA 系统网络设备的组成。
3. 掌握 SCADA 各级设备及作用。
4. 了解 SCADA 系统的维护与检修方法。

学习重点

1. SCADA 系统的概念、应用范围。
2. SCADA 系统网络设备的组成。
3. SCADA 各级设备的作用。
4. SCADA 系统的维护与检修。

学习难点

1. SCADA 系统网络设备的组成。
2. SCADA 系统的维护与检修。

数据采集与监视控制(Supervisory Control And Data Acquisition,SCADA)系统,是以计算机为基础的生产过程控制与调度自动化系统。它可以对现场的运行设备进行监视和控制,广泛应用在电力、冶金、石油、化工、燃气、铁路等领域的数据采集与监视控制以及过程控制。

视频

SCADA设备

SCADA 在铁道电气化远动系统上应用较早,可以对现场设备运行进行监视和控制,以实现数据采集、设备控制、测量、参数调节以及各类信号报警等功能。对保证电气化铁路的安全可靠供电,提高铁路运输的调度管理水平起到了很大的作用。

下面我们以 SCADA 系统在城市轨道交通中的应用为例,介绍其使用和维护。

视频

SCADA应用

7.1 SCADA 系统组成和作用

7.1.1 SCADA 系统网络设备的组成

城市轨道交通 SCADA 系统是对分布在地铁线路上的各个降压变电站、牵引变电站进行数据采集、监视和控制的系统,如图 3-7-1 所示。

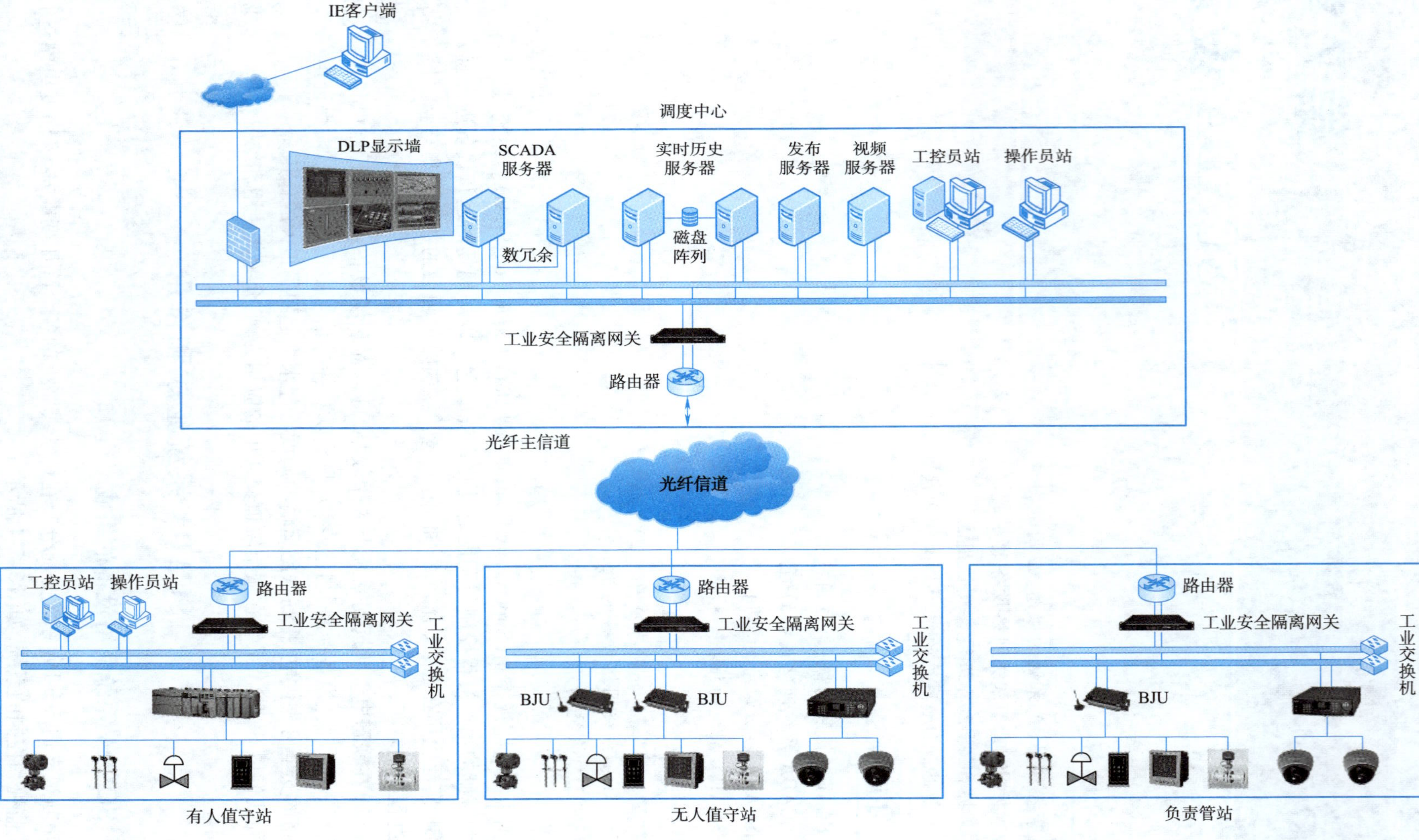

图 3-7-1 SCADA 系统组成框图

城市轨道交通电力监控供电系统,担负着运行所需要的一切电能的供应和传输,是城市轨道交通安全可靠运行的重要保证。供电负荷按其功能不同可分为两大部分:一是电动列车运行所需要的牵引负荷;二是车站、区间、车辆段、停车场、控制中心等建筑所需要的动力照明负荷,如通风机、空调系统、自动扶梯、液压梯、排水系统、照明系统、通信系统、信号系统等。保证城市轨道交通列车畅行,安全、可靠、便捷、舒适地运送乘客,是供电系统的根本目的。

城市轨道交通电力监控供电系统一般采用集中或分散的供电方式,主要包括外部电源、主变电所、牵引供电系统、动力照明供电系统、电力监控系统。其中,电力监控系统硬件结构分为三层:中央监控中心(Operation Control Center,OCC)主站层(包括复示系统);主变电所当地监控系统、车站(车辆段)级子站层;所内的基础设备监控及通信单元组成的自动化设备层。各物理层通过通信网络形成一个完整的系统结构,主站与子站间通常采用的通信方案是单模光纤,在车站变电所内,所有的站控层设备和间隔层设备的通信都是通过通信主干网实现的。

通信网络包括以下四层:

第一层,中央级局域网;

第二层,通信主干网;

第三层,车站级子站局域网;

第四层,自动化设备层通信网[混合型,工业以太网(电、光),网关、现场总线(RS-485、Profibus 等)]。

集散图如图 3-7-2 所示。

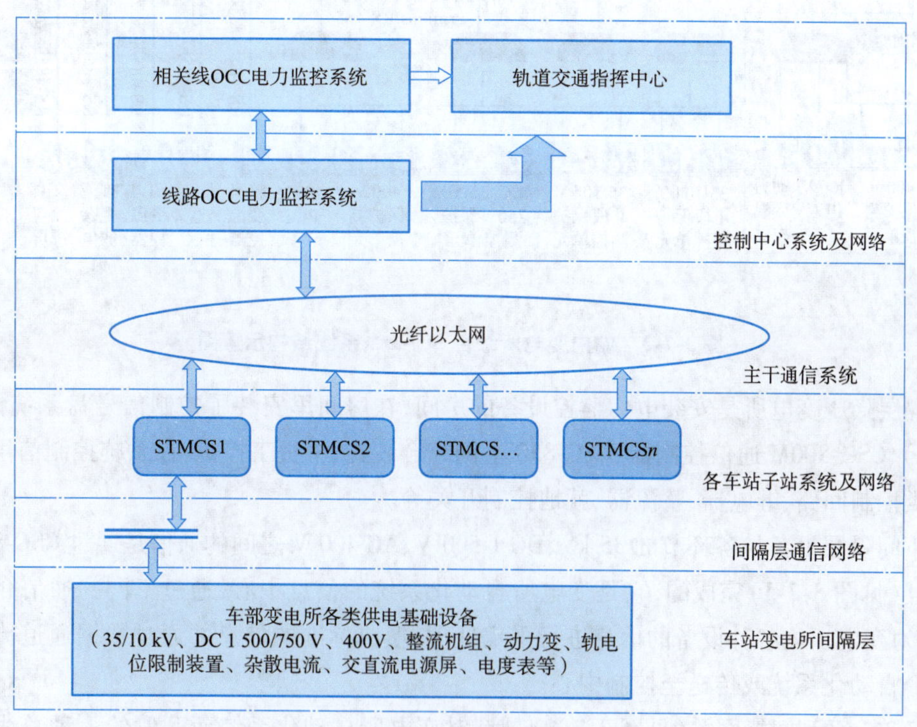

图 3-7-2　集散图

7.1.2 SCADA 系统各级设备的作用

站内变电所综合 SCADA 系统分为三层，即由站内管理层、数据通信层、基础设备层组成，以供电设备为对象，通过通信网络及相关通信转换接口设备将所内间隔层设备连接起来。其结构示意图如图 3-7-3 所示。

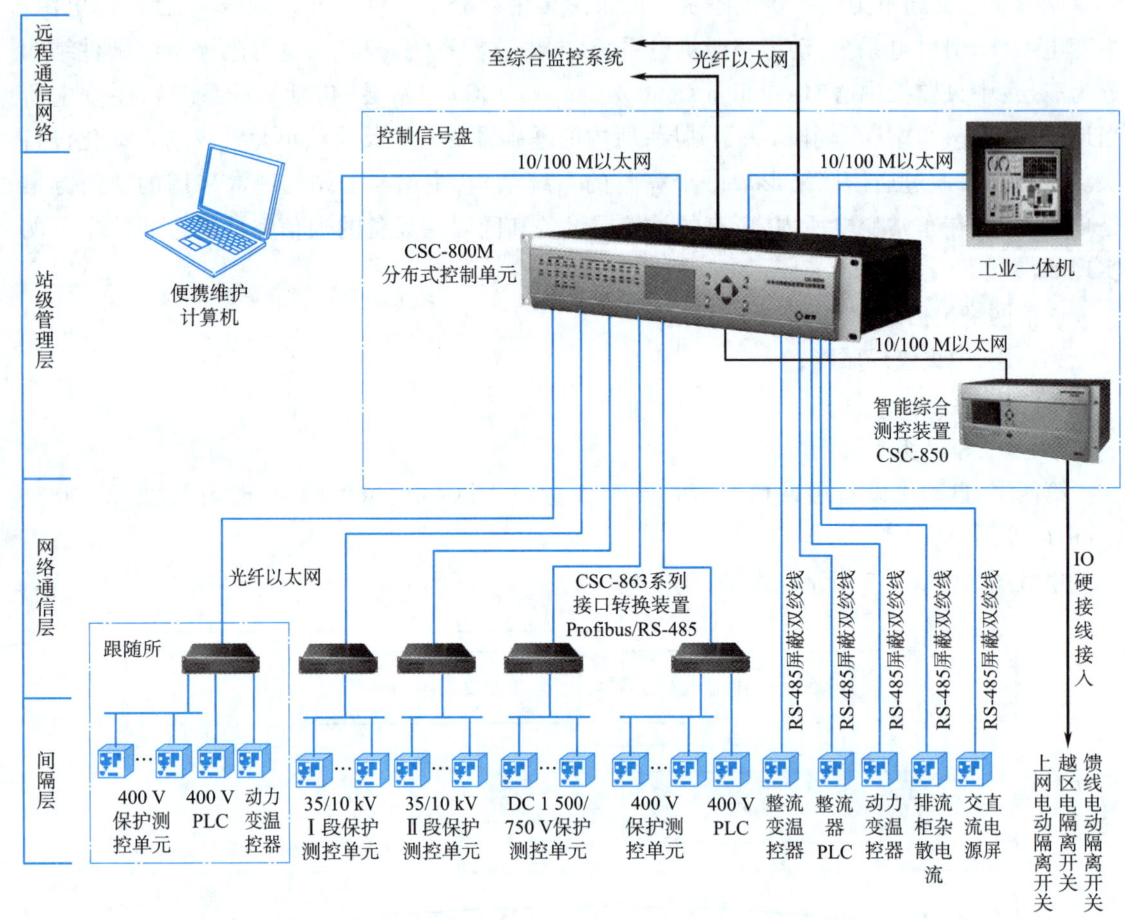

图 3-7-3 站内变电所综合 SCADA 系统结构示意图

间隔层降压变电所是安装电力监控设备的房间，在房间里安装了控制信号盘系统机柜（见图 3-7-4）、CSC-800M 通信控制器、CSC-850 上网综合装置、平板工控机；在系统控制信号盘里布置了各类控制回路、继电器、整流器、就地控制开关等。

站下间隔层设备与各环节的 35 kV、DC 1 500 V、AC 400 V 之间的通信是通过 CSC-800M 通信控制器（见图 3-7-5）完成的，它是变电所自动化系统的信息中心，通过不同的通信介质和通信规约，对变电所内各种设备的信息进行采集处理，形成标准的信息并通过数据通道传送到变电所综合自动化系统或传送至控制中心。

CSC-861 系列智能网关（见图 3-7-6）是针对变电所自动化系统而开发的一种总线转换装置，用于多种智能设备与当地监控、通信控制器等通信。智能网关处于中间层，对上与通信控制器等通信，对下与35 kV交流保护测控单元、0.4 kV交流测控单元通信，可将连接智能设备的各种现场总线（如RS-485、以太网总线等）转换为光纤以太网接口，实现通信控制器与智能设备的透明传输或者协议转换。

图3-7-4 控制信号盘系统机柜

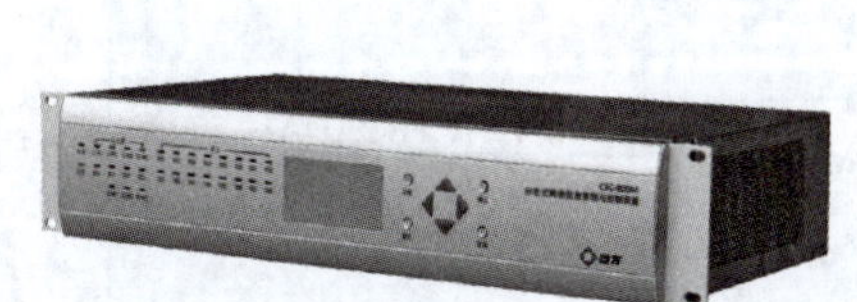
图3-7-5 CSC-800M通信控制器

图3-7-6 CSC-861智能网关

CSC-850可编程自动化控制器（见图3-7-7）选配相应的模块即可满足轨道交通各类变电所的智能综合测控需求，主要适用于接触网的上网、越区电动隔离开关、钢轨限位装置、设备的公用测控等。上网隔离开关等的I/O接点通过硬接线接入CSC-850可编程自动化控制器，通过以太网接口接入通信控制器。

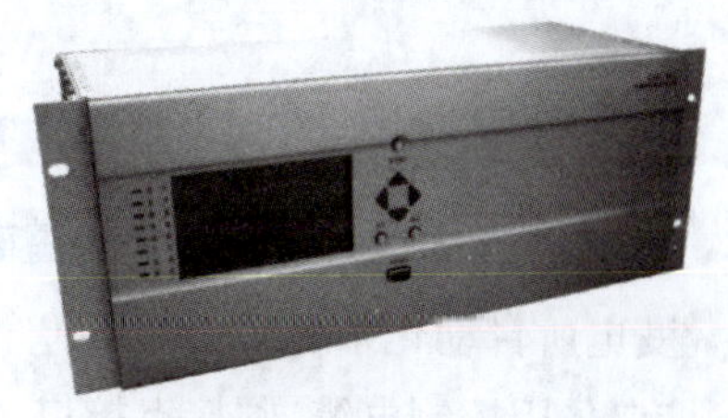
图3-7-7 CSC-850可编程自动化控制器

以上间隔层设备是实现城市轨道交通通信不可缺少的设备，由网络设备、所内/远程通信网络，以及设置于开关柜现场的通信接口转换设备等组成。

1. 变电所自动化系统与35 kV开关柜接口

变电所自动化系统的智能网络接口装置CSC-861C就地安装于35 kV母联开关柜内，通过CSC-861C实现与35 kV开关柜的连接。接口采用屏蔽双绞线，RS-485接口，采用ModBus/Rtu协议，如图3-7-8所示。

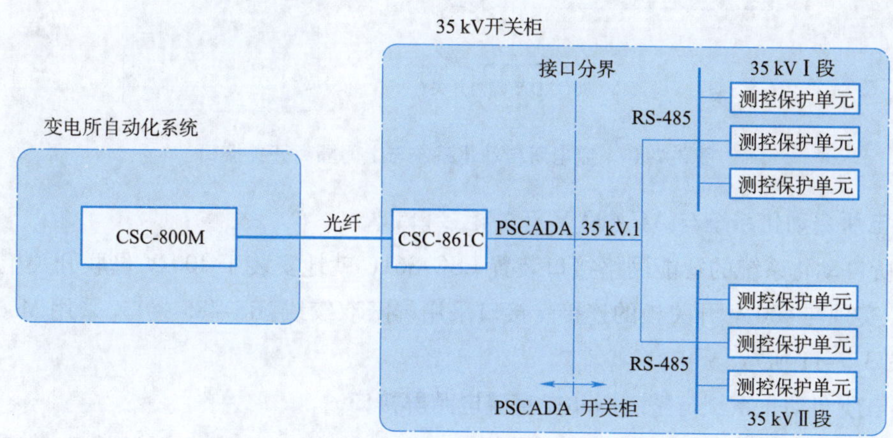

图3-7-8 变电所自动化系统与35 kV开关柜接口

2. 变电所自动化系统与DC 1 500 V开关柜接口

变电所自动化系统与基础设备层DC 1 500 V开关柜接口分界如图3-7-9所示，接口采用单模光纤，波长为1 310 nm，光纤以太网接口，采用ModBus/TCP协议。

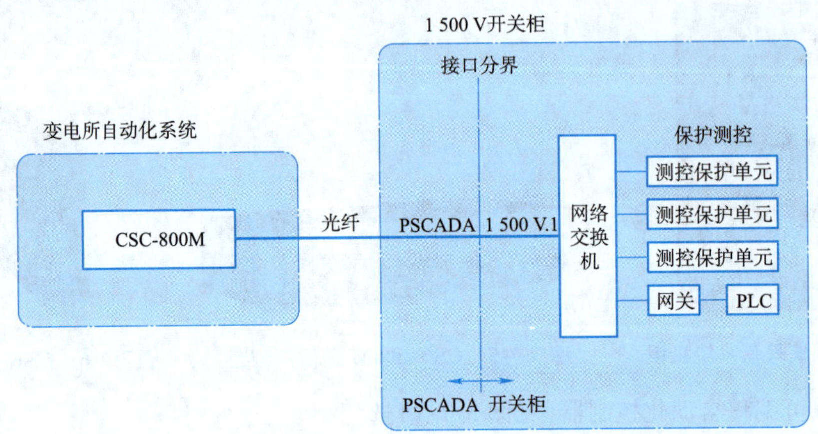

图3-7-9　变电所自动化系统与DC 1 500 V开关柜接口

3. 变电所自动化系统与上网隔离开关接口

变电所自动化系统的CSC-850智能综合测控装置通过控制电缆实现与上网隔离开关的连接，接口采用控制电缆，硬接点接口，如图3-7-10所示。

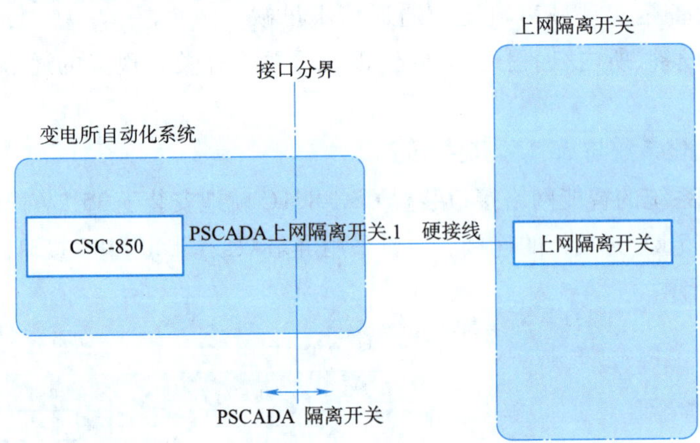

图3-7-10　变电所自动化系统与上网隔离开关接口

4. 变电所自动化系统与AC 400 V开关柜接口

变电所自动化系统的智能网络接口装置CSC-861C就地安装于400 V母联开关柜内，通过CSC-861C实现与400 V开关柜的连接。接口采用屏蔽双绞线，RS-485接口，采用ModBus/Rtu协议，如图3-7-11所示。

5. 变电所自动化系统与整流器和交直流电源屏接口

接口采用屏蔽双绞线，RS-485接口，采用ModBus/Rtu协议，如图3-7-12和3-7-13所示。

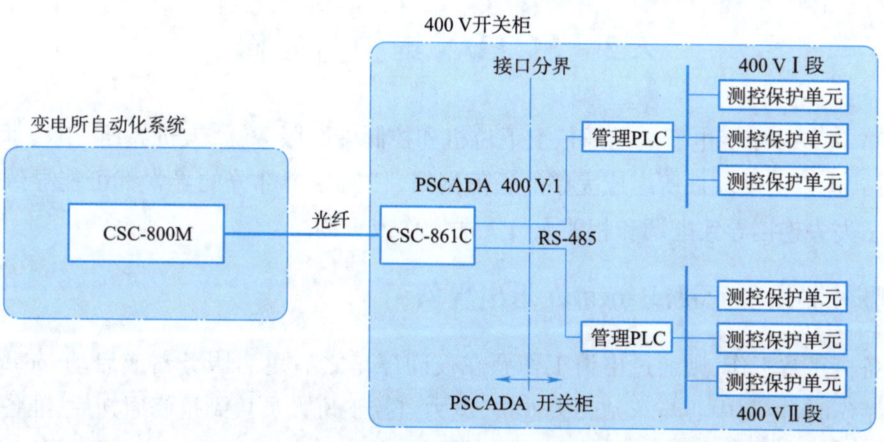

图 3-7-11 变电所自动化系统与 AC 400 V 接口

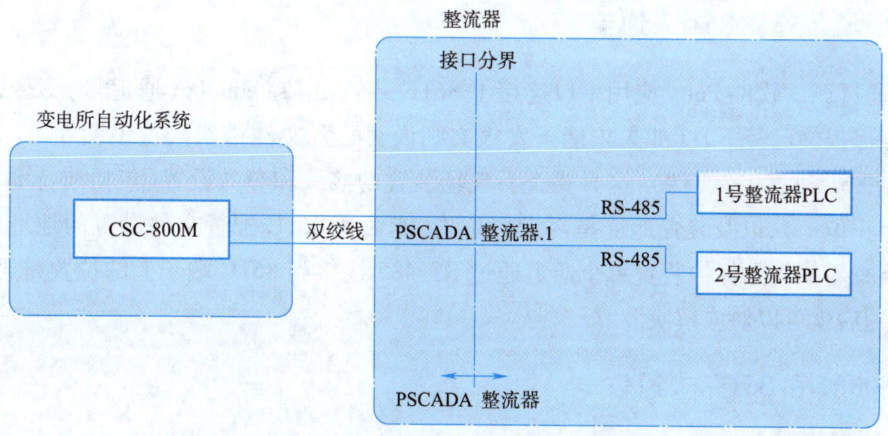

图 3-7-12 变电所自动化系统与整流器接口

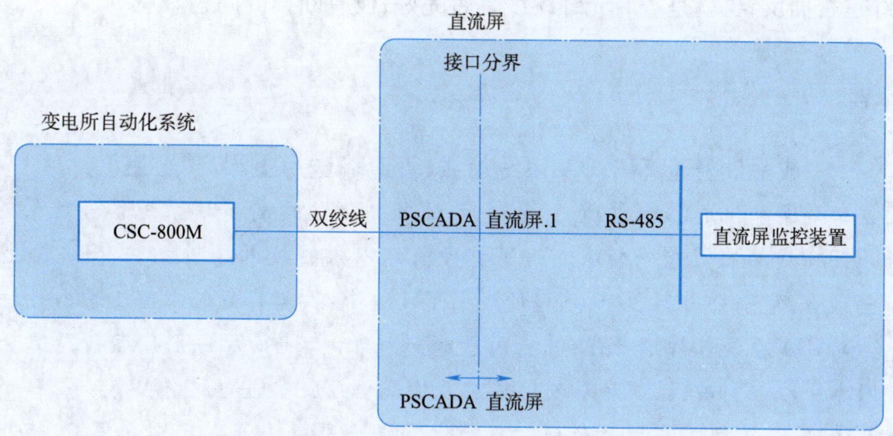

图 3-7-13 变电所自动化系统与直流屏接口

7.2 SCADA维护与检修

SCADA运行基于变电所内的通信上下位机和控制中心服务器、人机界面、工程师操作站和维修操作站，由以上硬软件所组成完整的通信网络，任何一个部分的异常都可能导致一个车站或多个车站失去连接导致电调和相关人员无法操作或查询。

7.2.1 服务器出现死机或localm退出现象

如果备机正常工作，则通过申请工作票在夜间停车之后重启服务器或启动localm。主、备服务器都瘫痪时，控制中心与车站失去连接，电力监控工班人员接到抢修通知后，准备相应的工具，立即赶赴控制中心进行紧急抢修服务器，进行重启服务器和启动localm进程，抢修工作结束后，做好工作记录和备份。

7.2.2 现场装置和861未通信

首先通过调试软件Putty应用串口连接上861C装置，用setchndbg(通道号)命令来发出报文，如果确保报文已经下发(如果未能下发报文则说明配置文件错误)，这说明861C以上没有问题(包括861C的配置文件)，这时要查看现场装置的接线和参数设置(包括波特率、数据位、校验位、停止位等)，以及装置地址是否设置正确，能否和861C配置文件设置的地址对应。另外，还需要查看的就是保护装置每个通道通过RS-485线接到861C端子上的位置是否正确，确定具体问题后就可以对应解决。

7.2.3 800M和861C未通信

在确保现场装置和861C通信正常的情况下，进一步解决这步通信的问题，这段通信主要就是通过光纤传输的，只要查看光纤通路是否畅通，因为是双路光纤一发一收，所以可以查看收发的两路光纤是否插反，再就是查看光纤跳线是否完好，没有断损的问题。

素养教育

成品油管道SCADA系统上线，管道输送用上国产"心脏"

我国首套全国产化成品油管道SCADA系统顺利上线运行。该系统是输送管道的"心脏"，广泛应用于成品油管道等领域。为了打破长期以来的技术垄断，降低系统全生命周期成本和安全风险，华南公司自2016年起便成立了攻关小组，与行业领先企业联合开展技术攻关，实现了SCADA系统软件国产化，并应用于珠三角管网，连续5年平稳运行。但受制于国内芯片技术水平难以突破，系统底层硬件依然无法完全摆脱对进口的依赖。

针对此情况，华南公司与杭州和利时自动化有限公司联手开发了国内首台(套)自主芯片和操作系统100%国产化的成品油管道SCADA系统。这是第一个实现全流程国产化的SCADA系统，真正实现了所有硬件、软件的国产化，芯片上的螺丝钉都是中国制造。

该系统实现了轻量化、高性能、国际水准,可适配工业领域三种主流体系架构CPU,支持多系统高效协同。系统以核心控制系统内生安全为基础,结合多层次、多维度防护与监控技术,嵌入安全可信芯片,防止恶意程序攻击,创新实现了可信计算在工业嵌入式控制的突破性应用,达到"自主可控、安全可信、高效可用"的目标。

国内首台(套)基于自主可控100%国产化成品油管道SCADA系统成功上线运行,是自主工业领域芯片、数据库、操作系统、工业软件、自动化技术与大型油气管道运输行业技术的完美结合,对保障国家能源安全具有重要意义。

小　　结

1. SCADA系统为数据采集与监视控制系统,是以计算机为基础的生产过程控制与调度自动化系统,它可以对现场的运行设备进行监视和控制。

2. SCADA系统在电力系统中的应用最为广泛,在铁道电气化远动系统上的应用较早,能够实现数据采集、设备控制、测量、参数调节以及各类信号报警等各项功能。

3. 变电所综合SCADA系统分为三层,即由站内管理层、数据通信层、基础设备层组成。系统以供电设备为对象,通过通信网络及相关通信转换接口设备将所内间隔层设备连接起来。站下间隔层设备与各环节的35 kV、DC 1 500 V、AC 400 V之间的通讯是通过CSC-800M通信控制器实现的。

4. SCADA系统出现以下三种故障时的检修方法:服务器出现死机或localm退出现象;现场装置和861未通信;800 M和861 C未通信。

5. SCADA系统优点是信息完整、效率显著,能帮助快速诊断出系统故障状态,它对提高电网运行的可靠性、安全性与经济效益至关重要,对实现电力调度自动化、现代化和提高调度效率方面有着不可替代的作用。

习　　题

一、填空题

1. SCADA系统对提高电网运行的__________、__________与经济效益,减轻调度员,实现电力调度自动化与现代化,提高调度的效率和水平方面有着不可替代的作用。

2. SCADA系统可以对现场的运行设备进行__________和__________,以实现数据采集、设备控制、测量、参数调节以及各类信号报警等各项功能。

3. 轨道交通供电系统一般采用__________或__________的供电方式。

4. 电力监控系统硬件结构分为三层:__________主站层;主变电所当地监控系统、车站级子站层;所内的基础设备监控及通信单元组成的自动化设备层。

5. 变电所综合自动化系统的智能网络接口装置CSC-861C就地安装于__________母联开关柜内,通过CSC-861C实现与35 kV开关柜的接口。

二、判断题

1. 通信网络包括以下三层:第一层,中央级局域网;第二层,通信主干网;第三层,车站级子站局域网。（　）

2. 站内变电所综合 SCADA 系统分为三层,即站内管理层、数据通信层、基础设备层。（　）

3. SCADA 系统任何一个部分的异常都可能导致一个车站或多个车站失去连接导致电调和相关人员无法操作或查询。（　）

三、简答题

1. 简述 SCADA 系统的概念。
2. 简述 SCADA 维修及故障处理方法。

第 8 章
智能化机器设备

学习目标

1. 了解传统变电所管理工作内容。
2. 了解已有电力监控平台情况。
3. 掌握变电所无人值守系统智能运维云平台功能。
4. 掌握变电站智能巡检机器人系统主要功能。

学习重点

1. 变电所无人值守系统智能运维云平台功能。
2. 变电站智能巡检机器人系统主要功能。

学习难点

1. 变电所无人值守系统智能运维云平台功能。
2. 变电站智能巡检机器人系统主要功能。

视频

智能化机器设备

变电所智能电力监测系统由智能运维云平台、智能巡检机器人两部分组成。

某公司自主研发的 DSC-9000 自动化监控软件、NDT650 变电所综合自动化系统，可实现设备的遥控、遥测、遥信、遥脉、SOE 等功能。其结构图如图 3-8-1 所示。

变电所智能电力监测系统，具有以下优势：

（1）多种设备统一管理，减少人员管理压力；

（2）巡检无人管理自动化，减少人工运维工作量，降低运维成本居，提升巡检效率；

（3）各类信息自动统计，为数据分析提供依据；

（4）故障预判防控，降低安全风险；

（5）降低环境、电力、人为等因素引发故障的概率，确保电力稳定传输。

视频

智能化机器设备应用

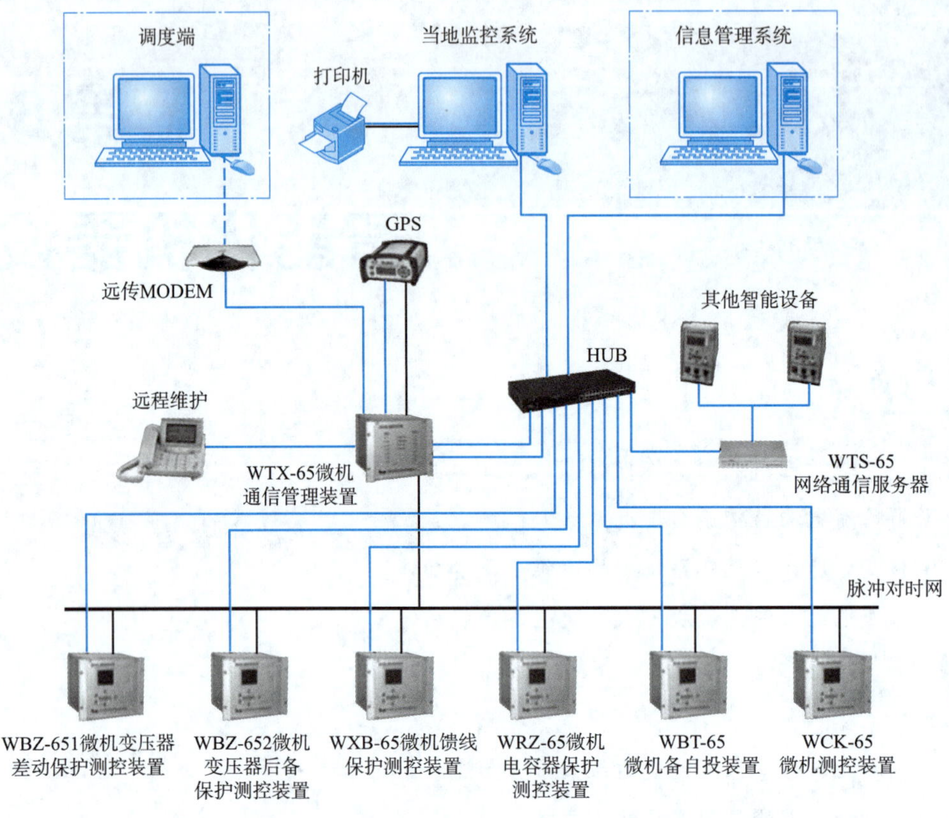

图 3-8-1　NDT650 变电所综合自动化系统结构

8.1　变电所智能运维云平台

变电所智能运维云平台具有基础数据配置,设备管理,在线监测,历史数据查询,运维管理,报表,统计数据和地图导航等主要功能。

(1)基础数据配置:用户管理,权限管理,测量装置配置。

(2)设备管理:设备档案(配电线缆、变压器、配电设备)设备检修、维修档案。

(3)在线监测:一次配电图,通信状态图,越限、故障告警,需量监测。

(4)历史数据查询:电气参数,环境参数,报警信息。

(5)运维管理:巡视计划,故障检修,派工、交接班,为运维公司提供线上数据服务。

(6)报表、统计数据:分时段用电统计,功率因数分析,事件统计、故障统计,分项能耗。

(7)地图导航:结合电子地图显示变电所的分布情况,并汇总变电所数量、累计装机容量、累计运行容量等信息,单击图标可跳转至变电所详细信息。

8.2　变电站智能巡检机器人

变电站智能巡检机器人集非制冷焦平面探测器、吊装轨道定位、红外探测、智能读表、图像

识别等核心技术于一体，对变电设备进行全天候巡检、数据采集、视频监控、温湿度测量、气压监测等，提供变电所内设备的安全运行。在发生异常紧急情况时，智能巡检机器人可作为移动式监控平台，代替人工及时查明设备故障，降低人员的安全风险。变电所智能运维管理云平台组网结构如图3-8-2所示。

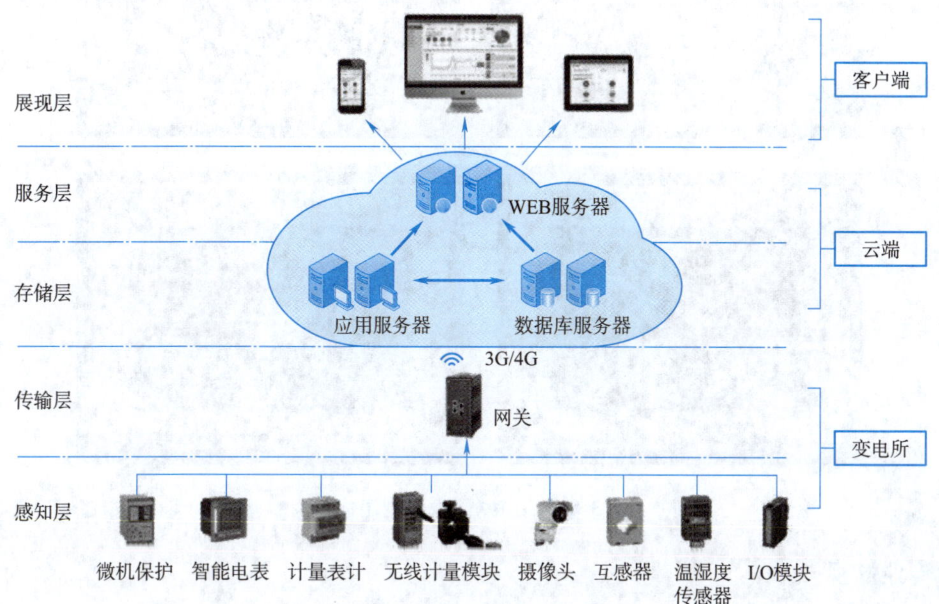

图3-8-2　变电所智能运维管理云平台组网结构

变电站智能巡检机器人系统主要功能有设备智能识别、仪器前端测温预警、全自动和遥控巡检等。

8.2.1　设备智能识别（型号、位置）

采用机器深度学习技术对图像进行配准提取，对可见光模块监测的图像进行实时处理，应用边缘检测、指针检测角度化算法等实现仪器仪表智能识别，具有精度高、处理速度快等优势，可识别电压表、电流表、SF_6气体压力开关、接地刀闸、贮能状态指示灯、空开状态等电力仪表仪器。

8.2.2　仪器前端测温预警

由前端热像仪完成所有测温工作，将红外图像及原始测温数据传输到信息中心或现场工作站，无信号压缩，信号无损失、抗干扰性强，保证测温数据的准确性、稳定性，发现目标设备温度异常自动报警，提示人员具体位置状况信息，以便马上排除故障，如图3-8-3所示。

8.2.3　全自动和遥控巡检

1. 日常巡视

日常巡视按照事先设定的巡视顺序，运行人员在主站查看各摄像头自动旋转巡检的信息，具备自动和手动巡视功能，夜间巡视自动开启照明灯。

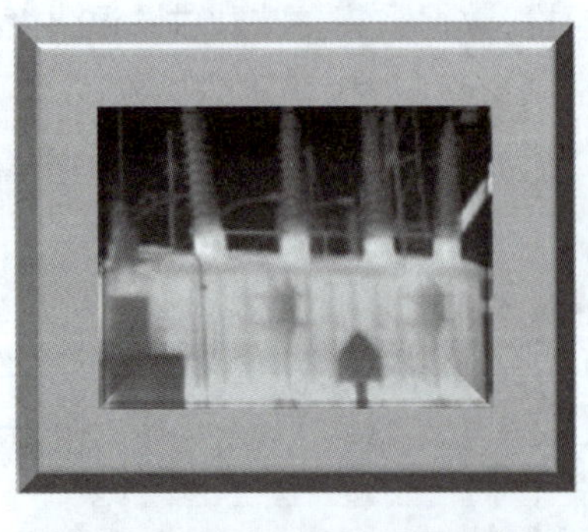

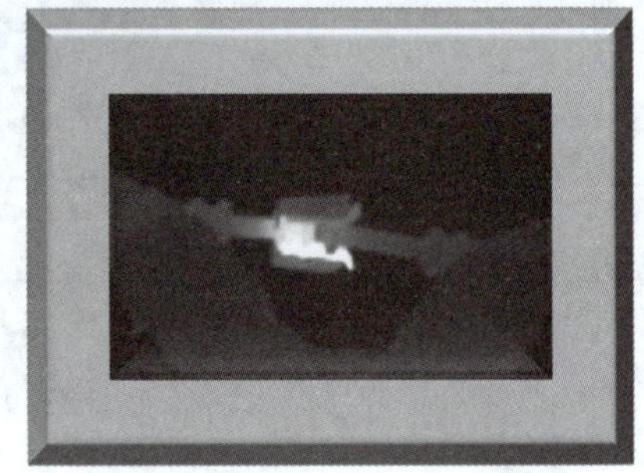

图 3-8-3　前端热像仪测温成像

2. 专业巡视

专业巡视依次查看设备的气体开关压力值、高压室湿度、变压器温度。

3. 特殊巡视

特殊巡视依据雷暴天气、设备运行情况可自由选择或自由设定部分设备的巡视。

4. 熄灯巡视

熄灯巡视利用视频和红外测温系统开展巡查,查看设备是否存在放电发热现象。

素养教育

西南铁路"黑科技"

伴随着阵阵机械运动的声响,一对对黄色的机械手将火车车轴、轮饼吊装至车床内加工,随后自动运送至智能存放仓库,进行自动配对组装……中国铁路成都局集团有限公司成都北车辆段轮轴车间内一片繁忙,与往年不同的是,整个加工生产过程几乎不需要人工操作。

成都北车辆段轮轴车间是中国西南地区最大的火车车轮生产检修基地,负责重庆市、贵州省、四川省火车轮对的新造、大修,年产客货车车轮达一万余条。2021 年春运,车轮生产智能化流水线在此投产,这也是中国铁路科技含量、智能化程度最高的流水线之一。

成都北车辆段轮轴车间车轮生产工艺分为车轴加工、轮饼加工和车轮组装三个步骤,细分为 10 余道工序。如图 3-8-4 和图 3-8-5 所示,智能化流水线投产后,11 台生产设备仅需两人进行监控即可完成全部加工生产。

图 3-8-4 检查、打磨火车车轴　　图 3-8-5 核对每一根车轴编号

在轮轴车间的中心地带，一间白色的小屋藏着另一项“黑科技”——数字可视化系统。该系统通过 3D 建模，造出了一个“虚拟车间”，不仅可以看到作业人员的在岗信息，且每件轮轴、轮饼的位置均精确显示在“虚拟车间”，轻轻点击便可获取所有产品的加工生产信息，遇故障还可自动报警。利用该“黑科技”，实现了车轮生产智能化，产能提升 40%。

小　　结

1. 变电所无人值守系统智能运维云平台，可实现设备的遥控、遥测、遥信、遥脉、SOE 等功能；该平台作为连接运维单位和用电企业的纽带，监视用户配电系统的运行状态和电量数据，为客户提供更好的运维服务，平台提供系统总览、电力数据监测、电能质量分析、用电统计分析和日/月/年电能统计报表、异常预警、事故报警和事件记录、运行环境监测、运维巡检派单等功能，并支持多平台、多终端数据访问。

2. 变电站智能巡检机器人集非制冷焦平面探测器、吊装轨道定位、红外探测、智能读表、图像识别等核心技术于一体，对变电设备进行全天候巡检、数据采集、视频监控、温湿度测量、气压监测等，保障变电所内设备的安全运行。

习　　题

一、填空题

1. 现有某公司自主研发的 DSC-9000 自动化监控软件、NDT650 变电所综合自动化系统，可实现设备的__________、遥测、__________、遥脉、SOE 等功能。

2. 变电站智能巡检机器人集非制冷焦平面探测器、吊装轨道定位、__________、__________、图像识别等核心技术于一体。

3. 变电所运维管理包括巡视计划，__________，派工、__________，为运维公司提供线上数据服务。

二、判断题

1. 传统变电所管理工作需要现场运维人员进行设备巡视、倒闸操作、两票管理和办理工作

许可等手续。 ( )

2. 变电所无人值守系统智能运维云平台可实现基础数据配置、设备管理、在线监测、历史数据查询、变电所运维管理、报表、统计数据等功能。 ( )

3. 变电站智能巡检机器人不能对变电设备进行全天候巡检、数据采集、视频监控、温湿度测量、气压监测等。 ( )

三、简答题

1. 简述变电所无人值守系统智能运维云平台功能。

2. 简述变电站智能巡检机器人系统主要功能。

第9章 成套设备

学习目标

1. 掌握高压开关柜的概念及分类。
2. 了解 GIS 的概念及设备的优越性。
3. 掌握 GIS 的主接线方式及室内配电装置的结构及布置。
4. 掌握室内 GIS 配电装置的防爆措施及安全措施。

学习重点

1. 高压开关柜的分类。
2. GIS 的主接线方式。
3. 室内配电装置的结构及布置。
4. 室内 GIS 配电装置的防爆措施及安全措施。

学习难点

1. GIS 的主接线方式。
2. 室内配电装置的结构及布置。
3. 室内 GIS 配电装置的防爆措施及安全措施。

成套设备是指按一次电路接线方案的要求,将有关一次设备及二次设备组合为一体的电气装置。

视频
成套设备

9.1 高压开关柜

高压开关柜是常用的高压成套配电装置,根据一次电路的要求可分别组合成进线柜、馈线柜、联络柜、电压互感器柜、避雷器柜等。

发电厂和变电站中常用的高压开关柜有固定式和手车式两大类。固定式的结构简单,成本低;手车式的检修方便,供电可靠性高。

9.1.1 固定式高压开关柜

固定式高压开关柜内的断路器、互感器和避雷器等所有电气部件都固定安装在不能移动的台架上，它具有构造简单、制造成本低、安装方便等优点，但当内部主要设备发生故障或需要检修时，就必须中断供电，直到故障消失或检修结束后才能恢复供电，因此一般用在企业的中小型变配电所。

固定式高压开关柜一般具有“五防”功能，即防误合、误分断路器，防带负荷分、合隔离开关，防带电挂接地线，防带地线误合隔离开关，防误入带电间隔。固定式高压开关柜如图 3-9-1 所示。

9.1.2 手车式高压开关柜

手车式高压开关柜是将高压断路器、电压互感器和避雷器等主要电气设备固定在可移动的手车上，另一部分电气设备则装在固定的台架上。由于可以把手车从柜内移开，因此又被称为移开式高压开关柜。当手车上的电气部件发生故障或需要检修、更换时，可以随同手车一起移出柜外，再把与原来同型号的备用手车推入，就可以立即恢复供电，相对于固定式开关柜，停电时间更短，运行与检修显得更加安全、灵活，供电可靠性高，但价格较高。手车式高压开关柜一般也有“五防”功能，安全可靠，主要用于大中型变配电所和负荷较重要、供电可靠性要求较高的场所，在 35 kV 及以下的电压等级中应用最广。手车式高压开关柜如图 3-9-2 所示。

图 3-9-1 固定式高压开关柜

图 3-9-2 手车式高压开关柜

视频

GIS应用

9.2 GIS

在电力工业中 GIS(Gas Insulated Switchgear，GIS)是指 SF_6 封闭式组合电器，国际上称为“气体绝缘金属封闭开关设备”，它将变电所中除变压器以外的一切设备，包括断路器、隔离开关、接地开关、电压互感器、电流互感器、避雷器、母线、电缆终端、进出线套管等，经优化设计有机地组合成一个整体，封闭在一个接地的金属壳内，壳内充以一定气压

的 SF_6 气体作为母线绝缘,它也是发电厂升压的开关站。GIS 成套装置如图 3-9-3 所示。

图 3-9-3　GIS 成套装置

9.2.1　GIS 设备的优越性

GIS 具有体积小、技术性能优良的特点。随着 GIS 设备使用的增多,应不断总结经验,在设计中充分考虑施工、运行、维护的方便,进一步优化和改进设计。GIS 的主要优点在于:

(1)占地面积小,一般情况下,220 kV GIS 设备的占地面积为常规设备的 37% ;110 kV GIS 设备占地面积为常规设备的 46% ,符合我国节约用地的基本国策,减少了征地、拆迁、赔偿等昂贵的前期费用。

(2)由于 GIS 设备的元件是全封闭式的,因此不受污染、盐雾、潮湿等环境的影响。GIS 设备的导电部分外壳屏蔽,接地良好,导电体产生的辐射、电场干扰、断路器开断的噪声均被外壳屏蔽了,且 GIS 设备被牢固地安装在基础预埋件上,产品重心低,强度高,具有优良的耐震性能,尤其适合在城市中心或居民区使用。

(3)SF_6 气体作为绝缘介质,气体本身不燃烧,防火性能好,而且具有优异的绝缘性能和灭弧性能,运行安全可靠,维护工作量少,检修周期长,适用于变电站无人值班,达到减人增效的目的。

(4)施工工期短。GIS 设备的各个元件通用性强,采用积木式结构,组装在一个运输单元中,运到施工现场就位固定。现场安装的工作量比常规设备减少了 80% 左右。

9.2.2　气隔

GIS 的每一个间隔,用不通气的气隔绝缘子划分为若干个独立的 SF_6 气室,即气隔单元。各独立气室在电路上彼此相通,而在气路上则相互隔离。设置气隔具有以下优点:

(1)可以将不同 SF_6 气体压力的各电器元件分隔开。

(2)特殊要求的元件(如避雷器等)可以单独设立一个气隔。

(3)在检修时可以减少停电范围。

(4)可以减少检查时 SF_6 气体的回收和充放气工作量。

(5)有利于安装和扩建工作。

每一个气隔单元有一套元件,即 SF_6 密度计、自封接头、SF_6 配管等。其中,SF_6 密度计带有

SF_6 压力表及报警接点。除可在密度计上直接读出所连接的气室的 SF_6 压力外,还可通过引线,将报警触电接入就地控制柜。当气室内 SF_6 气压降低时,则通过控制柜上光字牌指示灯及综自系统报文发出“SF_6 压力降低”的报警信号,如压力降至闭锁值以下,则发闭锁信号,同时切断断路器控制回路,将断路器闭锁。

9.2.3 GIS 设备主接线的选择

GIS 设备主接线的选择应遵守变电站电气主接线的设计原则:可靠性、灵活性及经济性。

根据 GIS 设备具有故障少、检修周期长、运行可靠性高的特点,其主接线可以简化。例如,110 kV 和 220 kV 配电装置一般可以不用旁路母线,但 GIS 设备发生故障时,其停电范围比常规设备大。当 GIS 设备局部发生故障后,检修故障元件时,必须把故障气室的 SF_6 气体全部抽出来,而 GIS 设备导电触头之间的距离是按充有一定压力的 SF_6 气体设计的,距离比空气绝缘时小得多,因此该气室的母线必须停电才能进行检修。这就要求变电站运行维护和检修人员对 GIS 的工作原理和结构比较熟悉,否则极易发生误操作或人为内部短路事故。为此,GIS 设备的主接线不能过分简单,110 kV 母线和 220 kV 母线都应采用分段的接线方式,避免局部故障造成母线全停,扩大故障范围。

目前,大型枢纽变电站 110 kV、220 kV 的 GIS 设备多数采用单母线分段或双母线分段的接线方式。单母线分段接线具有简单、经济、方便的特点,适用于 110 kV、220 kV 馈线为 4 回的变电站;双母线分段接线可以轮流检修母线,调度灵活,扩建方便,便于试验,适用于 110 kV、220 kV 馈线在 6 回以上的变电站。

9.2.4 室内配电装置

室内配电装置的结构,除与电气主接线形式、电压等级、母线容量、断路器形式、出线回路数、出线方式及有无电抗器等有密切关系外,还与施工、检修件、运行经验和习惯有关。进行配置时应注意以下几点:

(1)同一回路的电器和导体应布置在一个间隔内,以保证检修安全和限制故障范围。

(2)尽量将电源布置在每段母线的中部,使母线截面通过较小的电流。

(3)较重的设备(如电抗器)布置在下层,以减轻楼板的荷重并便于安装。

(4)充分利用间隔的位置。

(5)不仅要对称,而且要便于操作。

(6)容易扩建。

9.2.5 SF_6 封闭组合电器的布置

SF_6 封闭组合电器由各个独立的标准壳件组成,各元件间都可以通过法兰连接起来,具有积木式的特点。因此,对于不同电气主接线,可以用各种元件组合成不同形式的装置。但在一般情况下,断路器和母线筒的结构形式对布置影响最大。例如,室内式封闭组合电器若选用水平布置的断路器,一般将母线筒布置在下面,断路器布置在上面;若断路器选用垂直断口时,则断路器一般落地布置在侧面。室外式封闭组合电器,一般将断路器布置在下部,母线布置在上部用支架托起。室内式封闭组合电器的出线一般采用电缆或套管,进线端如果靠近变压器时,也可采用 SF_6 充气管道,并用 SF_6 油套管与变压器相连。室外式进出线大都采用 SF_6 套管,有时为了增加出线走廊宽度、减少投资,采用敞开式母线,称为混合式 SF6 封闭组合配电装置。

SF_6 封闭组合电器的布置如图 3-9-4 所示。

图 3-9-4 SF_6 封闭组合电器的布置

9.2.6 室内 GIS 配电装置的防爆措施及安全措施

封闭电器内部充有一定压力的 SF_6 气体,当内部发生电弧接地时,因封闭电器本身无断弧能力,若不采取措施会使金属封闭快速烧穿或内部气体压力升高造成外壳爆炸。按照目前的技术条件,可采取的外壳保护措施有:

(1)采用铸铁防爆膜过压泄放装置:当封闭电器压力超过允许值时,防爆膜破裂将气体排出,但是铸铁防爆膜质地不严密,易引起漏气,同时防爆压力整定困难,爆破后应有气体安全引外装置。

(2)采用快速接地开关保护:将封闭电器内部电弧电流通过接地开关接地并使之熄灭。

素养教育

中国西电集团成功研制 100 万 kW 机组用发电机断路器成套装置

中国西电集团有限公司(简称中国西电集团)成功研制 100 万 kW 机组水电、火电用发电机断路器,并通过鉴定验收,综合性能达到国际领先水平,填补了国内空白,如图 3-9-5 所示。这是中国西电集团继掌握40 万 kW、60 万 kW、80 万 kW 机组用大容量发电机断路器成套装置技术后的又一重大突破,标志着中国西电集团“卡脖子”技术难题再下一城,为我国重大技术装备国产化作出了重要贡献。

图 3-9-5　100 万 kW 机组水电、火电用发电机断路器

为实现重大装备国产化，攻破核心技术难题，从 2008 年起，中国西电集团与三峡集团决定联合研发发电机断路器产品，并持续取得突破。2011 年，60 万 kW 机组用大容量发电机断路器成套装置在国家高压电器质量监督检验中心完成全部试验，标志着我国正式迈入大容量发电机保护断路器成套装置研制时代，使我国跻身国际少数高端装备生产国家之一；2012 年，80 万 kW 机组用大容量发电机断路器成套装置在国家高压电器质量监督检验中心完成全部试验；2017 年，开展发电机断路器成套装置系列化研制，于 2018 年成功研制出 40 万 kW 机组用大容量发电机断路器，使得中国西电集团发电机断路器系列产品更加完整；2021 年，完成 100 万 kW 机组水电、火电用大容量发电机断路器研制，迈入更高端领域。

中国西电集团研发人员坚持不懈，不仅完成了发电机断路器成套装置系列国产化，也提高了超大容量电流开断灭弧技术领域的研究水平，并在大型开关设备研究、开发手段及制造工艺方面实现了明显提升。同时，“XD”品牌发电机断路器成套装置已成功应用于向家坝、溪洛渡、乌东德等国家重点工程，为推进国家重大装备国产化进程作出了应有贡献。2019 年，中国西电集团大容量发电机断路器首次实现出口海外，成功进入国际市场。

中国西电集团将始终心怀“国之大者”，加快“打造原创技术策源地、现代产业链链长”，努力成为原始创新和核心技术的需求提出者、创新组织者、技术供给者、市场应用者，掌握技术进步和产业发展主动权，继续引领输配电行业发展，为保障我国电力安全、能源安全贡献应有力量。

小　结

1. 高压开关柜是常用的高压成套配电装置，根据一次电路的要求可分别组合为进线柜、馈线柜、联络柜、电压互感器柜、避雷器柜等。高压开关柜分为固定式和手车式两大类。

2. 高压开关柜一般具有防止误操作和保证人身安全的闭锁装置。其闭锁就是为了实现“五防”功能。

3. GIS 是一种先进的新型成套电气装置，是将断路器、隔离开关、接地开关、电流互感器电压互感器、避雷器、母线、进出线套管、电缆终端等电气设备，按照二次主接线的要求，依次组成两个整体，将高压带电部分均封闭于接地的金属体内，并充以一定压力的SF6气体作为绝缘介质，GIS具有普通成套配电装置无法比拟的优越性。

习 题

一、填空题

1. 高压开关柜是常用的高压成套装置，根据一次电路的要求可分别组合成为__________、馈线柜、联络柜、电压互感器柜、__________等。

2. 发电厂和变电站中常用的高压开关柜有__________和__________两大类。

3. 在电力工业中，GIS是指SF_6封闭式组合电器，国际上称为__________。

4. GIS将变电所中除变压器以外的一切设备，包括__________、__________、接地开关、电压互感器、电流互感器、避雷器、母线、电缆终端、进出线套管等，经优化设计有机地组合成一个整体，封闭在一个接地的金属壳内。

5. GIS的每一个间隔，用不通气的盆式绝缘子__________划分为若干个独立的SF_6气室，即__________。

二、判断题

1. 固定式高压开关柜的柜内所有电气部件（包括其主要设备如断路器、互感器和避雷器等）都固定安装在不能移动的台架上。（ ）

2. 手车式高压开关柜是将成套高压配电装置中的某些主要电气设备（如高压断路器、电压互感器和避雷器等）固定在可移动的手车上。（ ）

3. GIS体积很大，占地面积大。（ ）

三、简答题

1. 室内配电装置进行配置时应注意什么？

2. 简述室内GIS配电装置的防爆措施及安全措施。

交互

数字万用表

轨道交通测量工具篇

第1章 万用表

学习目标

1. 掌握数字万用表的组成及测量各种电量的方法。
2. 掌握指针万用表的组成及测量方法。

学习重点

1. 数字万用表的组成及测量方法。
2. 指针万用表的组成及测量方法。

学习难点

1. 数字万用表的组成及测量方法。
2. 指针万用表的组成及测量方法。

万用表是一种带有整流器,可以测量交、直流电流、电压及电阻等多种电学参量的磁电式仪表。对于每一种电学量,一般都有几个量程,又称多用电表或简称多用表。万用表是由磁电系电流表(表头),测量电路和选择开关等组成的,通过选择开关的变换,可方便地对多种电学参量进行测量。其电路计算的主要依据是闭合电路欧姆定律。万用表种类繁多,使用时应根据不同的要求进行选择。万用表按显示方式分为指针万用表和数字万用表。一般大电流高电压的模拟电路测量中使用指针万用表,在低电压小电流的数字电路测量中使用数字万用表。但不是绝对的,可根据具体情况选用指针万用表和数字万用表。

1.1 数字万用表

视频

数字万用表

1.1.1 数字万用表简介

数字万用表是一种多用途的电子测量仪器,在电子线路等实际操作中有着重要的用途。一般包含安培表、电压表、欧姆表等功能,有时也称为万用计、多用计、多用电表,或三用电表。可以测量电阻、电容、二极管、三极管、电压、电流等电子元件和电量。自动量程数字万用表如图4-1-1所示。

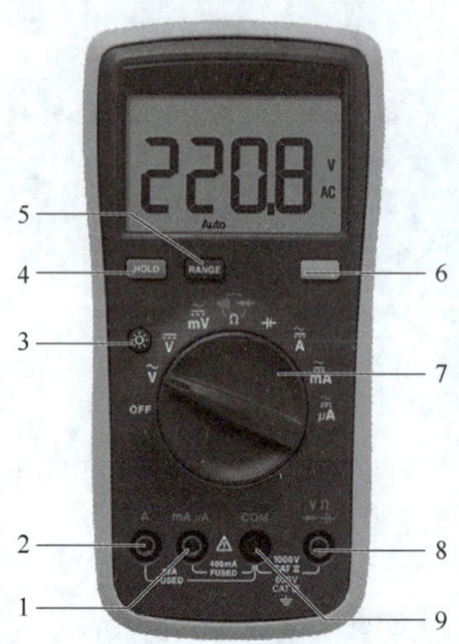

图 4-1-1　自动量程数字万用表

1—交/直流微安毫安测量;2—交/直流电流测量;3—背光键;4—数据保持;5—手动/自动量程切换;6—功能切换;7—多功能转盘;8—多功能物理单位测量;9—返回接线端

1.1.2　电阻的测量

1. 测量步骤

(1)将黑表笔插入 COM 孔,红表笔插入 VΩ 孔。

(2)将选择开关旋到"Ω"挡,如图 4-1-2。

(3)将两表笔跨接在被测电阻两端。

(4)读出 LCD 显示屏数字,如图 4-1-3 所示。

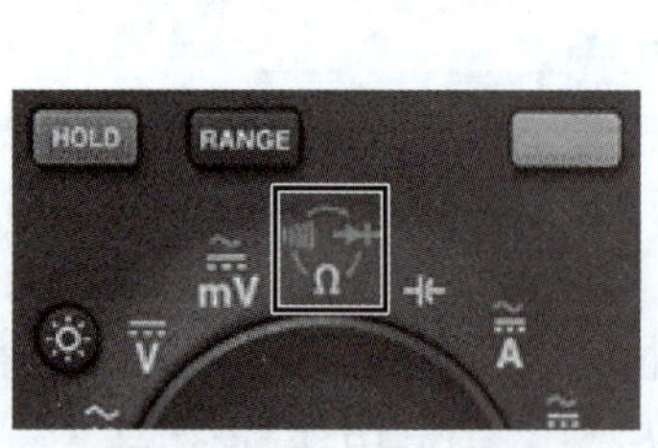

图 4-1-2　Ω 挡

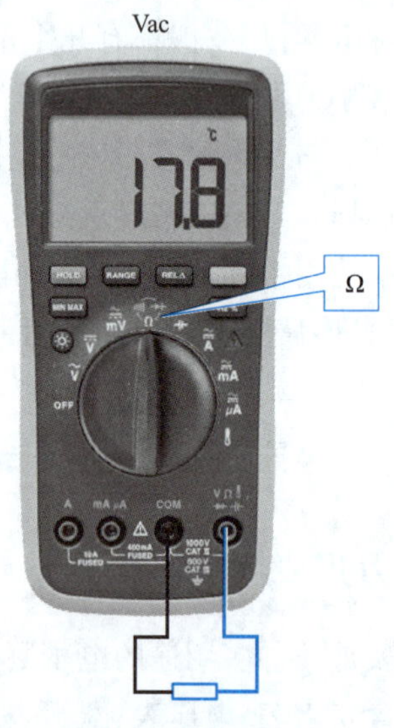

图 4-1-3　电阻的测量

2. 注意事项

(1)测量在线电阻时,需将电源关断,并将电容充分放电。

(2)多量程万用表需要选择合适的量程,如果用高挡位测量小阻值,测量精度会降低。如果被测电阻值超出所选量程,将显示过量程“1”,应使用更高的量程。对于大于1 MΩ或更高的电阻,测量过程比较缓慢,表头最后显示的稳定数值即为电阻值。

(3)两只手不能同时碰触被测电阻两端,因有人体电阻并联影响测量精度。

(4)测量前短接两表笔,查看万用表内阻(包括表笔)是否为零或更小。

(5)测量电阻时,不能带电测量。

(6)当没有连接好时,如开路,仪表显示为“1”。

1.1.3　电容的测量

1. 测量步骤

(1)将黑表笔插入COM孔,红表笔插入VΩ孔。

(2)将选择开关旋到“⊣⊢”挡,如图4-1-4所示。

(3)将两表笔跨接在被测电容两端。

(4)读出LCD显示屏数字,如图4-1-5所示。

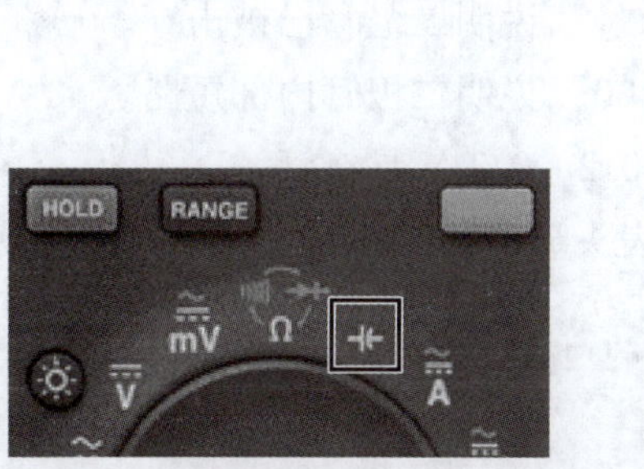

图4-1-4　⊣⊢挡

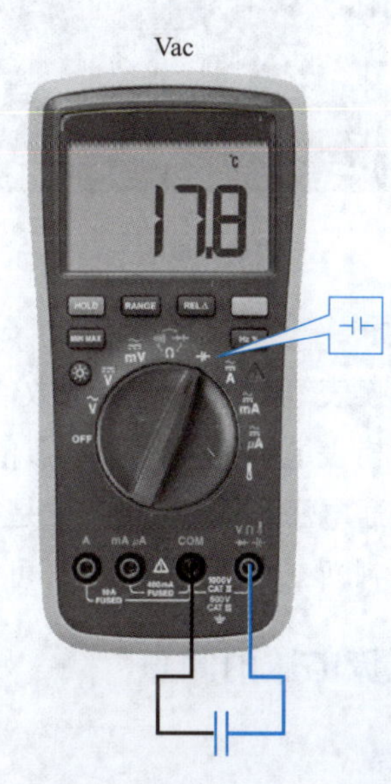

图4-1-5　电容的测量

2. 注意事项

(1)测量电容前后均需对电容进行放电处理,否则可能损坏数字万用表。

(2)仪器本身已对电容挡设置了保护,故在电容测试过程中不用考虑极性及电容充放电等情况。

(3)测量大电容时,稳定读数需要一定时间。

1.1.4　二极管的测量

1. 测量步骤

(1)将黑表笔插入COM孔,红表笔插入VΩ孔。

(2)将选择开关旋到(→|—)挡,如图4-1-6所示。

(3)将红表笔接二极管阳极,黑表笔接二极管阴极。

(4)读出LCD显示屏上数据,若显示数值为0.17~0.7,则二极管正向导通。

(5)两表笔换位,若显示数值为"1",二极管完好,反向截止;否则此二极管被击穿,如图4-1-7所示。

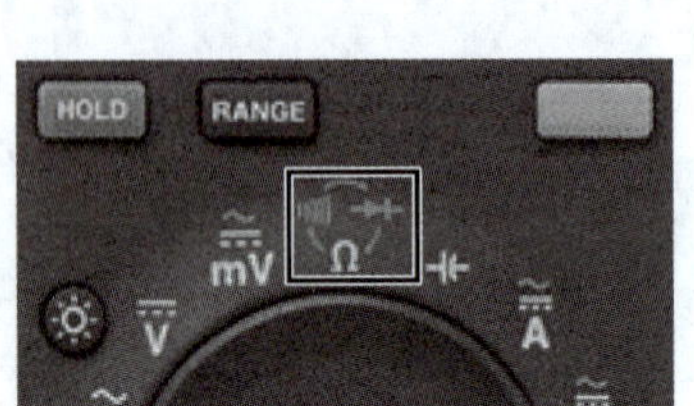

图4-1-6　→|—挡

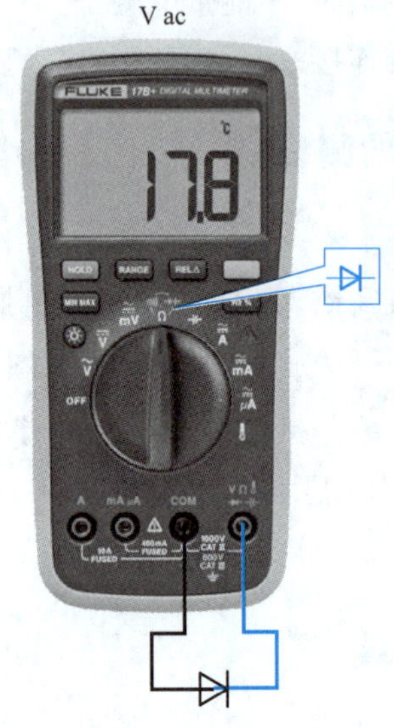

图4-1-7　二极管的测量

2. 注意事项

(1)如果调换表笔前后两次显示数值均为"1",说明二极管已被击穿。

(2)如果调换表笔前后两次显示数值均为"0",说明二极管内部短路。

(3)正向导通电压为0.6~0.7 V是硅管,0.2~0.3 V是锗管。

(4)在无法判断二极管阴阳极时,可依据表头显示数值判断二极管的阴阳极。

1.1.5　交、直流电压的测量

1. 测量步骤

(1)将黑表笔插入COM孔,红表笔插入VΩ孔。

(2)将选择开关旋到$\overline{\text{V}}$或$\tilde{\text{V}}$或$\widetilde{\overline{\text{mA}}}$挡。

(3)将两表笔并联在被测电路两端,如果被测电压大小未知,多量程万用表从最高挡依次手动换挡(以免损坏万用表),逐步提高测试灵敏度,最后换到所需量程挡位。显示数值即为被测电压值,如图4-1-8所示。

2. 注意事项

(1)选择开关调解至相应电压挡。

(2)测量时,不能带电切换挡位。

(3)当电压高于安全电压时,为了人身安全,请单手操作。

(4)多量程万用表表头若显示为"1",表明量程太小,加大量程后再行测量。

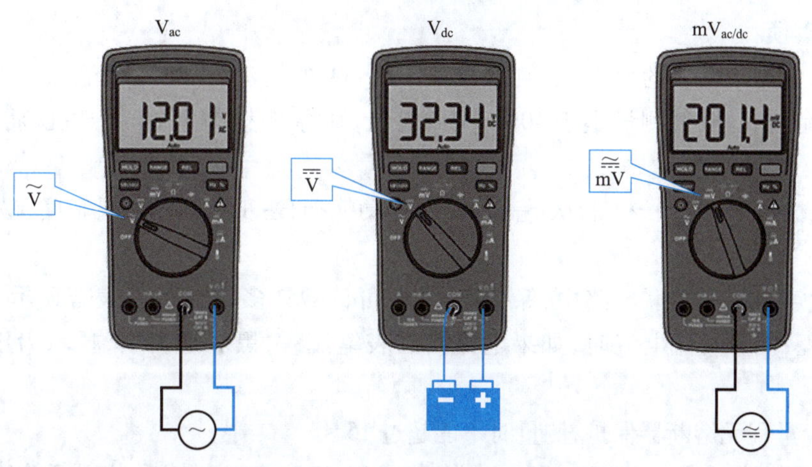

图 4-1-8　交、直流电压的测量

(5)直流电压测量时,若显示数值左边出现“ - ”,则表明红表笔接的是负极。

(6)当误用交流电压挡去测量直流电压,或者误用直流电压挡去测量交流电时,显示屏将显示“000”,或低位上的数字出现跳动。

(7)禁止在测量高电压(220 V 以上)时切换量程,以防止产生电弧,烧毁开关触点。

1.1.6　交、直流电流的测量

1. 测量步骤

(1)断开电路。

(2)先将黑表笔插入 COM 孔,将红表笔插入 A 或 mA 插孔。

(3)将选择开关旋到 $\overset{\cong}{\text{A}}$ $\overset{\cong}{\text{mA}}$ $\overset{\cong}{\mu\text{A}}$ $\overset{\cong}{\text{mA}}$ $\overset{\cong}{\mu\text{A}}$ 挡。

(4)断开被测线路,将数字万用表串接到被测线路中。

(5)接通电路。

(6)读出 LCD 显示屏数字,如图 4-1-9 所示。

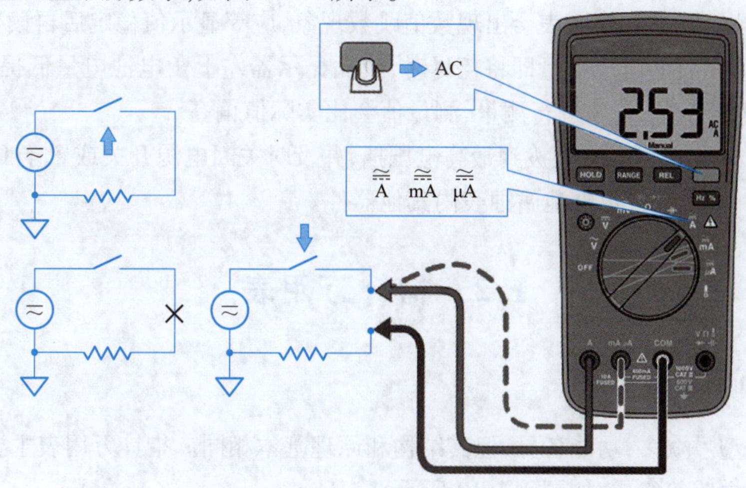

图 4-1-9　直流电流的测量

2. 注意事项

(1)估算电路中电流的大小,若测量大于400 mA的电流,则将红表笔插入10 A插孔并将选择开关旋到$\widetilde{\overline{A}}$挡;若测量小于400 mA的电流,则将红表笔插入mA插孔,将选择开关旋到$\widetilde{\overline{mA}}$挡。

(2)如果被测电流大小未知,从最高挡依次手动换挡,逐步提高测试灵敏度,最后换到所需电流挡。

(3)将数字万用表串联电路中,保持稳定,即可读数。多量程万用表若显示为“1”,那么需要加大量程;测量直流电流时,如果电流由红表笔流入,黑表笔流出,显示为正值,反之为负值。

(4)10 A量程无熔断器保护,测量时不能超过15 s。

(5)禁止在测量大电流(0.5 A以上)时切换量程,以防止产生电弧,烧毁开关触点。

1.1.7 数字万用表使用注意事项

数字万用表使用注意事项如下:

(1)使用前应仔细阅读数字万用表的说明书,熟悉电源开关、功能及量程转换开关、各功能键、输入插孔、专用插口、旋钮及附件的作用。

(2)检查表笔绝缘棒有无裂纹,红表笔与黑表笔绝缘层是否破损,表笔位置是否插错,以确保操作人员和仪表的安全。

(3)每一次准备测量前,必须明确要测量的种类、测量方法,选择合适的测量种类和量程。在开始测量前,要再次核对测量种类、量程开关的位置、插孔位置。

(4)若事先无法估计被测电压(电流)的大小,应先用最大量程试测,再选择合适的量程。若最高位显示“1”或“0L”,其他位均消隐,表明万用表已发生过载现象,应选择更高的量程。

(5)在测量过程中,不能更换挡位,尤其是在测量高电压或大电流时,更应注意。否则,会使数字万用表毁坏。如需换挡,应先断开表笔,换挡后再去测量。

(6)刚开始测量时数字万用表会出现数值跳数现象,应等显示值稳定后再读数。

(7)当数字万用表的电池电量即将耗尽时,液晶显示器左上角电池电量低提示。会有电池符号显示,此时电量不足,若仍进行测量,测量值会比实际值偏高。

(8)测量完毕,应将量程开关拨到最高电压挡,并及时关断电源开关或置于OFF挡,长期不使用时应取出表内电池,以免电池腐蚀表内其他器件。

1.2 指针万用表

1.2.1 指针万用表简介

指针万用表型号众多,功能各异,但其结构和原理基本相同。指针万用表主要由表头、转换开关、表笔、测量电路等组成,如图4-1-10所示。

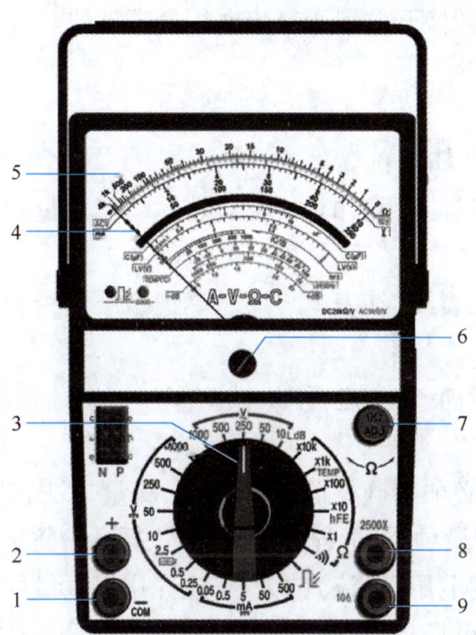

图 4-1-10　指针万用表

1—黑表笔插孔；2—红表笔插孔；3—转换开关；4—指针；5—表盘；
6—机械调零旋钮；7—电阻调零旋钮；8—2 500 V 插孔；9—10 A 插孔

（1）表头

表头由指针和表盘组成。万用表的表头实际上是一个灵敏电流计，指针是测量的显示装置；表盘印有刻度线和数值。第一条是电阻刻度（从右向左读数），第二条是交、直流电压电流刻度（从左向右读数）。

（2）转换开关

转换开关由多个挡位和量程组成。转换开关用来选择被测电量的种类和量程（或倍率）。量程尽量选择指针摆动范围在全量程的 1/2 ~ 2/3 处。

（3）表笔

表笔由红、黑两只表笔组成。使用时，红表笔插入标有“ + ”号的插孔中，黑表笔插入标有“ - ”号的插孔中。某些型号指针万用表还提供 2 500 V 交直流电压扩大插孔以及 10 A 的直流电流扩大插孔。使用时分别将红表笔移至对应插孔中即可。

（4）调零旋钮

调零旋钮有机械调零和电阻挡调零。机械调零主要用于测量前指针调零。电阻挡调零主要用于电阻挡测量指针调零。

1.2.2　使用方法

指针万用表使用方法如下：

（1）根据被测项目，正确选择万用表上的测量项目及量程，一般以指针偏转角不小于最大刻度的 30% 为合理量程；

（2）根据测量的需要，完成测量电路连接；

（3）读取表头测量数值（指针稳定指示数值）；

(4)测量操作完毕,将表转换开关置于交流电压最高挡位。

1.2.3 使用注意事项

指针万用表使用注意事项如下:

(1)使用前应仔细阅读指针万用表的说明书,熟悉功能及量程转换开关、输入插孔、专用插口、旋钮及附件的作用。

(2)检查表笔绝缘棒有无裂纹,红表笔与黑表笔绝缘层是否破损,表笔位置是否插错,以确保操作人员和仪表的安全。

(3)使用指针万用表测量前,首先进行“机械调零”,使指针归零,使用欧姆挡测量电阻时还要进行欧姆调零。

(4)每一次准备测量前,必须明确要测量的种类、测量方法,选择合适的测量种类和量程。在开始测量前,要再次核对测量种类、量程开关的位置、插孔位置。

(5)若事先无法估计被测电压(电流)的大小,应先用最大量程试测,再选择合适的量程。

(6)在测量过程中,不能更换挡位,尤其是在测量高电压或大电流时,更应注意。否则,会使数字式万用表毁坏。如需换挡,应先断开表笔,换挡后再去测量。

(7)万用表在使用时,必须水平放置,其倾斜角度不许过大,不许有振动,以免造成误差。同时,还要注意到避免外界磁场对指针万用表的影响。

(8)测量完毕,应将量程开关拨到最高电压挡,长期不使用时应取出表内电池,以免电池腐蚀表内其他器件。

小　　结

1. 数字万用表是一种多用途的电子测量仪器,一般包含安培计、电压表、欧姆计等功能,有时也称为万用计、多用计、多用电表,或三用电表。可以测量电阻、电容、二极管、三极管、电压、电流等电子元件和电量。

2. 指针万用表主要由表头、转换开关、表笔、测量电路等组成,测量项目同数字万用表。

习　　题

一、填空题

1. 万用表是一种带有整流器的、可以测量交、直流________、________及________等多种电学参量的磁电式仪表。

2. 数字万用表是一种多用途的电子测量仪器,在电子线路等实际操作中有着重要的用途。一般包含________、________、________等功能。

3. 指针万用表的结构主要由________、________、________、________等组成。

二、判断题

1. 多量程万用表,如果用高挡位测量小阻值,测量精度会降低。　　(　　)

2. 测量电阻时，不能带电测量。（　　）

3. 测量完毕，应将量程开关拨到最低电压挡，并及时关断电源开关。（　　）

4. 正确选择指针万用表上的测量项目及量程，一般以指针偏转角不小于最大刻度的50%为合理量程。（　　）

三、简答题

1. 万用表的组成及分类？

2. 简述数字万用表测量二极管的方法。

第2章
钳形电流表

学习目标

1. 掌握钳形电流表的组成及使用方法。
2. 掌握钳形电流表的使用注意事项。

学习重点

1. 钳形电流表的组成及使用方法。
2. 钳形电流表的使用注意事项。

学习难点

1. 钳形电流表的组成及使用方法。
2. 钳形电流表的使用注意事项。

视频

钳形电流表

钳形电流表也称钳形表或钳表,是常用电工测量工具。钳形表是集电流互感器与电流表于一身的仪表,是数字万用表的一个重要分支,其工作原理与电流互感器测量电流原理相同。

2.1 钳形表简介

钳形表最初是用来测量交流电流的,但是现在大部分钳形表已经集成了万用表的相关功能。钳形表可以通过转换开关的拨挡,切换不同的测量项目及量程,但不允许带电进行拨挡操作。钳形表准确度一般不高,通常为2.5~5级。

钳形表主要是由电流感测钳、钳口开关、锁定读数按钮、功能盘、液晶显示屏、表笔插孔及部分附件构成,如图4-2-1所示。

(1)电流感测钳:用于电流测量。利用电磁感应原理测量线路中的电流。

(2)钳口开关:控制钳口开闭。按下时钳口张开,松开时钳口闭合。

(3)锁定读数按钮:锁定测量数据,方便读取记录数据。

(4)功能盘:针对钳形表一表多用的特点,进行不同检测项目及量程的切换。

(5)液晶显示屏:用于显示检测数据、数据单位、数据类型等信息。

(6)表笔插孔:用于连接表笔。红表笔连接 VΩ 插孔,黑表笔连接接地端 COM。使用方法同数字万用表。

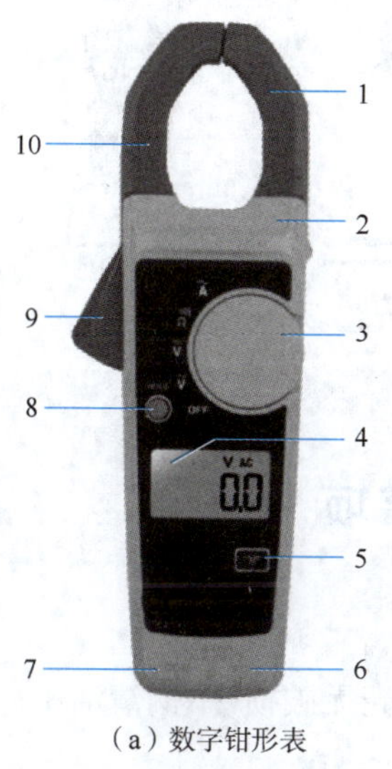

(a)数字钳形表

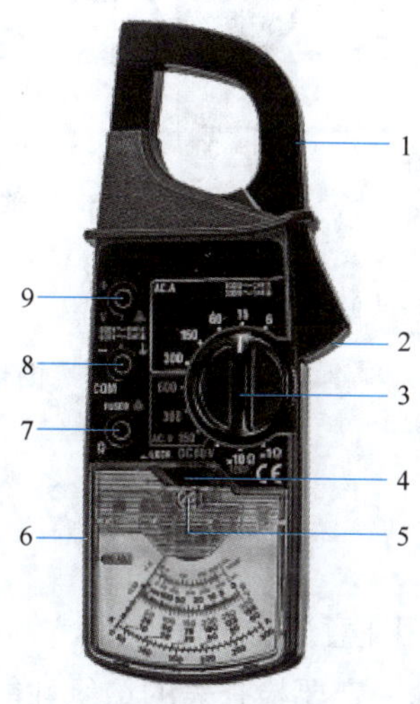

(b)指针钳形表

图 4-2-1　钳形表

1—电流感测钳;2—触摸挡板;3—功能盘;4—液晶显示屏;5—背光按钮;6—(电压/电阻)输入插口;7—公共输入插口;8—HOLD 锁定读数按钮;9—钳口开关;10—对准标记,导线必须与两个标记对准。

1—夹钳;2—钳形开关;3—量程选择器及开关;4—指针锁按钮;5—调零;6—欧姆调零;7—欧姆终端;8—过程终端;9—伏特终端

钳形表由电流感测元件和电流表组合而成。电流感测元件的铁芯在按压钳口开关时张开,放开后闭合,不必切断被测电流所通过的导线便可进行电流测量,穿过铁芯的被测导线便成为电流感测元件的一次线圈,通过电流电磁效应便在二次线圈中感应出电流。从而使与二次线圈相连接的电流表显示数值——被测线路的电流。

2.2　使用方法

钳形表在测量电流时,不需要与待测电路连接,只需将一根供电导线穿过电流感测钳,便可直接进行电流的测量,如图 4-2-2(a)所示。

(1)选择合适的量程。多量程钳形表测量前应先估计被测电流的大小,再决定用哪一量程。若无法估计,可先用最大量程挡然后进行切换。不能使用小电流挡去测量大电流,以防损坏仪表。

(2)如果被测电流较小,可将载流导线多绕几个圈放入电流感测钳内进行测量,但是,应将测量数值除以绕线圈数才是实际的电流值。

(3)测量三相对称电路时,可以单相逐一测量,也可以三相同时测量,此时表上数字应为零,当钳口内有两根相线时,表上显示数值为第三相的电流值。

(4)测量结束后将调节开关拨至最大量程挡(或 OFF)。

此外,钳形表还可用于电压、电阻测量,以及通断检测,分别如图 4-2-2(b)、(c)所示。

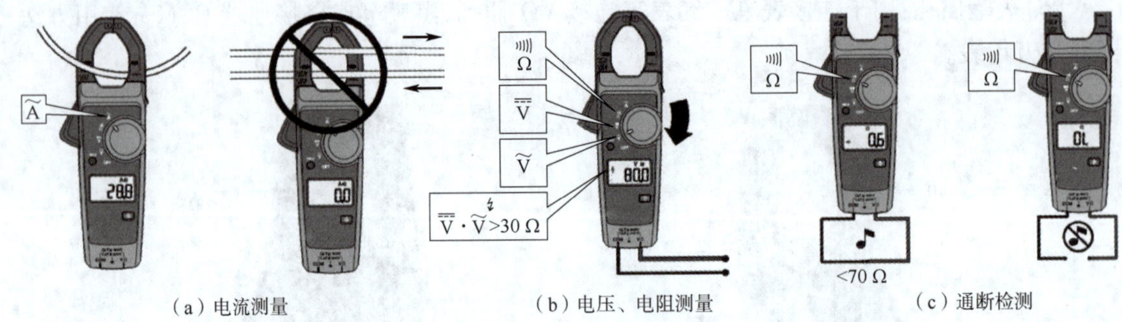

（a）电流测量　（b）电压、电阻测量　（c）通断检测

图 4-2-2　钳形表使用

2.3　使用注意事项

钳形表使用注意事项如下：

（1）测量前一定要检查表的绝缘性能是否良好，即外壳无破损，手柄清洁干燥。

（2）测量时，应戴绝缘手套或干净的线手套。

（3）测量时，应注意身体各部分与带电体保持安全距离（低压系统安全距离为 0.1～0.3 m）。

（4）钳形电流表不能测量裸导体的电流，以防触电和短路。

（5）严禁在测量进行过程中切换钳形电流表的挡位；若需要换挡时，应先将被测导线从钳口退出再更换挡位。

（6）严格按电压等级选用钳形电流表。严禁将钳形电流表用于 380 V 以上电路的电流测量。

（7）测量结束后把调节开关拨至最大量程挡（或 OFF），以免下次使用时不慎过流；并应保存在干燥的室内。

小　结

1. 钳形电流表也称钳形表或钳表，是集电流互感器与电流表一身的仪表，是数字万用表的一个重要分支，其工作原理与电流互感器测量电流原理相同。

2. 钳形表可以通过转换开关的拨挡，切换不同的测量项目及量程。但不允许带电进行拨挡操作。

3. 钳形表主要是由电流感测钳、钳口开关、锁定读数按钮、功能盘、液晶显示屏、表笔插孔及部分附件构成。

习　题

一、填空题

1. 钳形表是集__________与__________于一身的仪表。

2. 钳形表可以通过__________的拨挡，切换不同的测量项目及量程。

3. 钳形表主要是由电流感测钳、__________、锁定读数按钮、__________、液晶显示屏、__________及部分附件构成。

二、判断题

1. 钳形表工作原理与电流互感器测量电流原理相同。（　　）
2. 钳形表准确度很高，通常为2.5～5级。（　　）
3. 钳形表允许带电进行拨挡操作。（　　）

三、简答题

1. 简述钳形电流表组成及功能。
2. 简述钳形电流表使用注意事项。

第3章 兆欧表

学习目标

1. 掌握兆欧表的结构。
2. 掌握兆欧表的使用方法。

学习重点

1. 兆欧表的结构。
2. 兆欧表的使用方法。

学习难点

1. 兆欧表的结构。
2. 兆欧表的使用方法。

视频

兆欧表

兆欧表是电力、通信、机电安装和维修的常用仪表，适用于测量各种绝缘材料的电阻值及变压器、电动机、电缆等电气设备的绝缘电阻。

3.1 兆欧表简介

兆欧表又称绝缘电阻摇表，是一种测量高电阻的仪表，经常用于测量电气设备或供电线路的绝缘电阻值。它是一种便携式仪表，表盘刻度以兆欧（MΩ）为单位，外形如图 4-3-1 所示。兆欧表主要由高压手摇发电机、比率型磁电系测量机构及测量电路等组成。

兆欧表的常用规格有 250 V、500 V、1 000 V、2 500 V 和 5 000 V 等。兆欧表的选用，主要是选择其电压及测量范围，根据电气设备额定电压选择合适规格兆欧表。一般选择原则是：500 V 以下的电气设备选用 500 ~ 1 000 V 的兆欧表；瓷瓶、母线、刀闸应选用 2 500 V 以上的兆欧表。

兆欧表有三个接线柱，“E”（接地）、“L”（线路）和“G”（保护环或叫屏蔽端子）。“G”的作用是消除外壳表面“L”与“E”接线柱间的漏电和被测绝缘物表面漏电的影响。

测量电力线路或照明线路的绝缘电阻时“L”端接被测线路上，“E”端接地线；测量电动机的绝缘电阻时，“E”端接电动机的外壳，“L”端接电动机的绕组；测电气设备内两绕组之间的绝缘电阻时，将“L”端和“E”端分别接两绕组的接线端；当测量电缆的绝缘电阻时，“L”端接线芯,"E"端接外壳,"G"端接线芯与外壳之间的绝缘层。

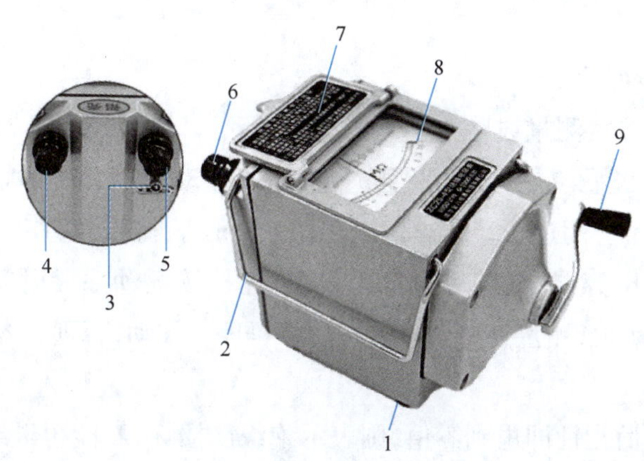

图 4-3-1　兆欧表

1—橡胶底座;2—不锈钢手提;3—保护环;4—"E"接线柱;5—"L"接线柱;6—接线柱;7—表盖;8—刻度盘;9—摇表手柄

3.2　使用方法

3.2.1　使用前的准备工作

兆欧表使用前的准备工作如下:

(1)选用合适规格的兆欧表。

(2)测量前必须将被测设备电源切断,并对地短路放电,决不允许设备带电进行测量,以保证人身和设备的安全。

(3)对可能感应出高压电的设备,必须消除这种可能性后(兆欧表使用时应放在平稳、牢固的地方,且远离大的外电流导体和外磁场),才能进行测量。

(4)测量前要检查兆欧表是否处于正常工作状态,主要检查其"0"和"∞"两点,即顺时针摇动手柄至 120 r/min,兆欧表在"L""E"短路时应指在"0"位置,但时间不宜过长;"L""E"开路时应指在"∞"位置。

(5)被测物表面要清洁,减少接触电阻,确保测量结果的正确性,如图 4-3-2 所示。

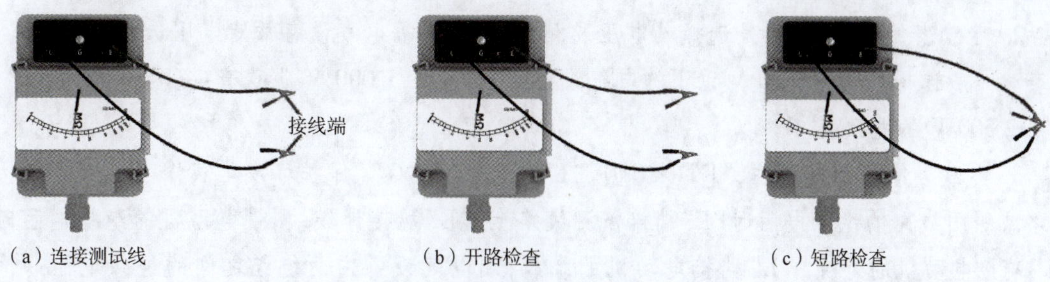

(a)连接测试线　(b)开路检查　(c)短路检查

图 4-3-2　兆欧表使用前的准备

3.2.2 兆欧表的使用步骤

兆欧表的使用步骤如下：

(1)按照测量项目连接测量线路。

(2)将兆欧表保持水平，左手按住表身，右手匀速摇动手柄，一般规定为 120 r/min，允许有 ±20% 的变化，最多不应超过 ±25%。匀速转动 1 min 后，待指针稳定后读取数值。

(3)如被测电路为电容器、电缆等大电容设备，先持续摇动一段时间，让兆欧表对电容充电，待指针稳定后读取数值，测量完毕断开接线后方可停止摇动，否则电容电流将通过兆欧表的线圈放电而烧损表计。

(4)如果摇动手柄后指针即甩到零值，则表示绝缘已损坏，不能再继续摇，否则将使表内线圈烧坏。

(5)测量完毕，应对设备充分放电，否则容易引起触电事故。

3.2.3 使用注意事项

兆欧表使用注意事项如下：

(1)“L”“E”“G”与被测物的连接线必须用单根线，绝缘良好，不得绞合，表面不得与被测物体接触，并尽可能短些。

(2)摇测过程中不得用手触及被试设备，还要防止外人触及。

(3)兆欧表未停止转动以前，切勿用手去触及设备的测量部分或兆欧表接线桩。拆线时也不可直接去触及引线的裸露部分。

(4)兆欧表应定期校验。校验方法是直接测量有确定值的标准电阻，检查其测量误差是否在允许范围以内。

小　结

1. 兆欧表又称绝缘电阻摇表，是一种测量高电阻的仪表，经常用于测量电气设备或供电线路的绝缘电阻值。主要由高压手摇发电机、比率型磁电系测量机构及测量电路等组成。

2. 兆欧表的选用，主要是选择其电压及测量范围，根据电气设备额定电压选择合适规格兆欧表。一般选择原则是：500 V 以下的电气设备选用 500 ~ 1 000 V 兆欧表；瓷瓶、母线、刀闸应选用 2 500 V 的兆欧表。

3. 兆欧表有三个接线柱，“E”(接地)、“L”(线路)和“G”(保护环或屏蔽端子)。测量电力线路或照明线路的绝缘电阻时“L”端接被测线路上，“E”端接地线；测量电动机的绝缘电阻时，“E”端接电动机的外壳，“L”端接电动机的绕组；测电气设备内两绕组之间的绝缘电阻时，将“L”端和“E”端分别接两绕组的接线端；当测量电缆的绝缘电阻时，“L”端接线芯，“E”端接外壳，“G”端接线芯与外壳之间的绝缘层。

习　题

一、填空题

1. 兆欧表又称__________，是一种测量__________的仪表，经常用于测量电气设备或供电线路的绝缘电阻值。

2. 兆欧表的表盘刻度以__________为单位。

3. 兆欧表有三个接线柱，“E”__________、“L”__________和“G”__________。

二、判断题

1. 用兆欧表测量电力线路绝缘电阻时，“L”接被测线路上，“E”接地线。（　　）

2. 用兆欧表测量电动机的绝缘电阻时，“E”接电动机外壳，“L”接地线。（　　）

3. 用兆欧表测电气设备内两绕组之间的绝缘电阻时，将“L”和“E”分别接两绕组的接线端。（　　）

三、简答题

1. 简述兆欧表的组成及作用。

2. 简述测量照明或电力线路对地绝缘电阻的接线方法。

第4章 验电器

学习目标

1. 掌握高压验电器的使用方法及注意事项。
2. 了解低压验电器的使用方法及注意事项。

学习重点

1. 高压验电器的使用方法及注意事项。
2. 低压验电器的使用方法及注意事项。

学习难点

1. 高压验电器的使用方法及注意事项。
2. 低压验电器的使用方法及注意事项。

视频

高压验电器介绍

验电器是检验电气设备是否带电的一种安全用具，按测量电压的高低分为高压验电器和低压验电器两种，低压验电器俗称验电笔，简称电笔。

4.1 高压验电器

4.1.1 高压验电器简介

高压验电器是由电子集成电路制成的声光报警装置，性能稳定、可靠，具有全电路自检功能和抗干扰性强等特点。高压验电器适用于 220 ~ 500 V、6 kV、10 kV、35 kV、110 kV、220 kV、500 kV 交流输配电线路和设备的验电，无论是白天或夜晚、室内变电所站或室外架空线上，都能正确、可靠地使用，是电力系统、电气部门必备的安全工具。

常用的高压验电器为声光型高压验电器，一般由检测部分、绝缘部分、握柄部分组成，特点是在发光型验电器中装入了有电报警器。它是利用电场效应作用于蜂鸣器发声的原理制成的。声光型高压验电器如图 4-4-1 所示。

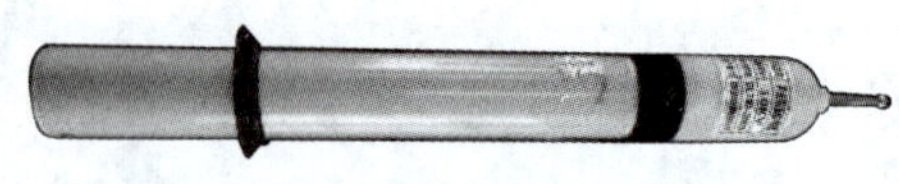

图 4-4-1　声光型高压验电器

使用验电器时，必须使用相应电压等级而且合格的接触式验电器，在装设接地线或合接地刀闸处对各相分别验电。验电前,应先在有电设备上进行试验,验证验电器良好,无法在有电设备上试验时可用高压发生器等确证验电器良好。如果在木杆、木梯或木架构上验电,不接地线不能指示者,可在验电器上接地线,但必须经运行值班负责人许可。

高压验电必须戴绝缘手套、验电器的伸缩式绝缘杆长度应拉足,验电时手应握在手柄处不得超过护环,人体与验电设备保持安全距离,雨雪天气时不得进行室外直接验电。

对无法进行直接验电的设备,可以进行间接验电,即检查隔离开关(刀闸)的机械指示位置、电气指示、仪表及带电指示装置的指示变化,若进行遥控操作,则应同时检查隔离开关(刀闸)的就地状态指示,遥测、遥控信号及带电显示装置的指示。

4.1.2　声光型高压验电器使用方法

声光型高压验电器使用方法如下:

(1)必须选择相应电压等级而且合格的验电器。

(2)在使用前必须进行自检,方法是用手指按动自检按钮,如图4-4-2所示,指示灯有间断闪光,并发出间断报警声,说明该仪器正常。

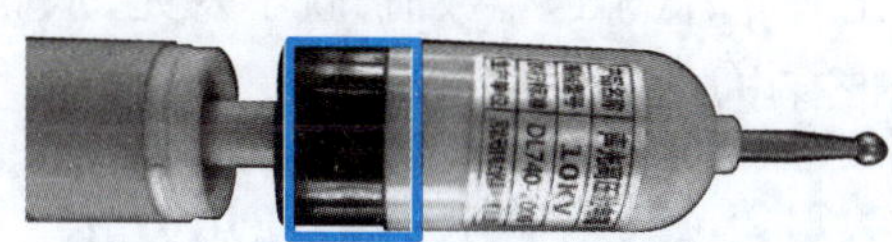

图4-4-2　声光验电器自检按钮位置

(3)进行10 kV以上验电作业时,必须按照《电业安全工作规程》执行,操作人员戴绝缘手套、穿绝缘靴(鞋)并保证与带电设备的安全距离。

(4)操作人员在使用验电器时,拉伸验电棒,手握绝缘杆最下边部分,不得超过护环,以确保绝缘杆的有效长度,并根据《电业安全工作规程》的规定,先在有电设施上进行检验,验明验电器确实性能完好,方能使用。

(5)无法直接验电的设备可以进行间接验电。

(6)使用完毕后,在收缩绝缘棒放入包装袋之前,应将表面尘埃擦拭干净,并存放在干燥通风的地方,以免受潮。不得强烈振动或冲击,也不准擅自调整拆装。

4.1.3　声光型高压验电器的注意事项

声光型高压验电器的注意事项如下:

(1)用高压验电器进行测试时,两人进行,一人监护,一人操作,操作人必须戴绝缘手套、穿绝缘靴(鞋)。测试时,要防止发生相间或对地短路事故;人体与带电体应保持足够的安全距离,10 kV高压的安全距离为0.7 m以上,室外使用时,天气必须良好,雨、雪、雾及湿度较大的天气中不宜进行验电,以防发生危险。

(2)使用前,要按所测设备(线路)的电压等级将绝缘棒拉伸至规定长度,选用合适型号的验电器,并对指示器进行检查,投入使用的高压验电器必须是经电气试验合格的。

(3)验电器应存放在干燥、通风无腐蚀气体的场所。

(4)对线路的验电应逐相进行;对联络用的断路器或隔离开关或其他检修设备验电时,应在其进、出线两侧各相分别验电;对同杆塔架设的多层电力线路进行验电时,先验低压,后验高压,先验下层,后验上层。

(5)在电容器组上验电应待其放电完毕后再进行。

(6)为保证使用安全,验电器应每半年进行一次预防性电气试验,定期试验,确保其性能良好。

4.2 低压验电器

4.2.1 低压验电器简介

低压验电器分钢笔式和螺钉式两种,由工作触头、氖管、电阻、弹簧和笔身组成,是用来检验低电压的电气设备,也是家庭中常用的电工安全工具,如图 4-4-3 所示。这种验电器是利用电流通过验电器、人体、大地形成回路,使氖管发光的原理制成的。只要带电体与大地之间电位差超过一定数值(36 V 以下),验电器就会发出辉光,低于这个数值,就不发光,从而来判断低压电气设备是否带有电压。

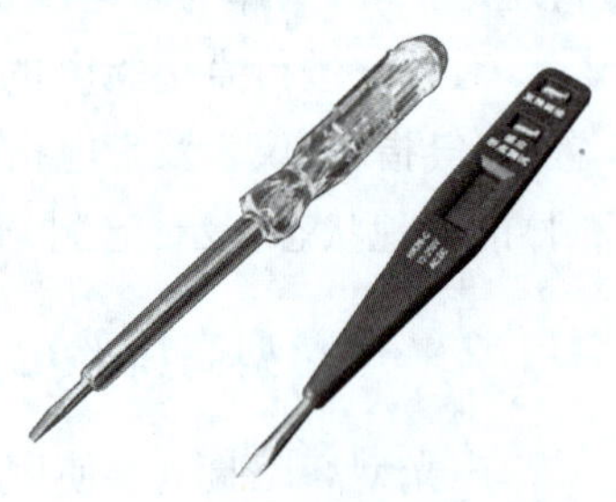

图 4-4-3 低压验电器

4.2.2 低压验电器的使用方法

低压验电器的使用方法如下:

(1)使用前应在确认有电的设备上进行试验,确认验电器良好后方可进行验电,在强光下验电时应采取遮挡措施,以防误判断。

(2)验电器可区分火线和地线,接触时氖泡发光的线是火线(相线),氖泡不亮的线是地线(中性线或零线)。

(3)验电器可区分交流电还是直流电,氖管两极发光的是交流电;一极发光的是直流电,且发光的一极是直流电源的负极。

4.2.3 低压验电器的使用注意事项

低压验电器的使用注意事项如下:

(1)在使用前,首先应检查验电笔的完好性,四大组成部分是否缺少,氖管是否损坏。

(2)验电前在有电部位验明验电笔完好后,才可进行验电。

(3)在使用时,一定要手握笔帽端金属挂钩或尾部螺钉,笔尖金属探头接触带电设备,不要湿手验电,不要用手接触笔尖金属探头。

小　　结

1. 常用的高压验电器为声光型高压验电器,一般由检测部分、绝缘部分、握柄部分组成。

2. 使用验电器时,必须使用相应电压等级而且合格的接触式验电器,在装设接地线或合接地刀闸处对各相分别验电。验电前,应先在有电设备上进行试验,验证验电器良好,无法在有电设备上试验时可用高压发生器等验证验电器良好。

3. 用高压验电器进行测试时,二人进行,一人监护,一人操作,操作人必须戴绝缘手套、穿绝缘靴(鞋)。

4. 低压验电器由工作触头、氖管、电阻、弹簧和笔身组成。它是用来检验低电压的电气设备,也是家庭中常用的电工安全工具。低压验电器利用电流通过验电器、人体、大地形成回路,其漏电电流使氖泡发光。只要带电体与大地之间电位差超过一定数值,验电器就会发出辉光,低于这个数值,就不发光,从而来判断低压电气设备是否带有电压。

5. 低压验电器使用前应在确认有电的设备上进行试验,确认验电器良好后方可进行验电,在强光下验电时应采取遮挡措施,以防误判断。

习　　题

一、填空题

1. 验电器按测量电压的高低分__________和__________两种。
2. 验电笔由__________、__________、弹簧和笔身组成。
3. 高压验电器分__________、__________、风车式三类。
4. 整组直流验电器由__________、仪器部分、__________、电阻杆、绝缘操作杆、接地夹、接地线组成。
5. 为保证人身和设备的安全,验电器必须按规定每__________进行一次定期预防性试验。

二、判断题

1. 高压验电必须戴绝缘手套、验电器的伸缩式绝缘杆长度应拉足,验电时手应握在手柄处不得超过护环,人体与验电设备保持安全距离,雨雪天气时不得进行室外直接验电。（　）
2. 对无法进行直接验电的设备,可以进行间接验电。（　）
3. 低压验电器它是利用电流通过验电器、人体、大地形成回路,使氖管起辉发光而工作的。（　）
4. 带电体与大地之间电位差低于一定数值(36 V以下),验电器就会发出辉光。（　）
5. 不佩戴绝缘手套,绝缘靴或安全帽也可以使用直流验电器验电操作。（　）

三、简答题

1. 简述声光验电器使用方法。
2. 简述高压验电器的注意事项。
3. 简述低压验电器的使用方法。

第5章 接地电阻测试仪

学习目标

1. 掌握ZC29B-2型接地电阻测试仪结构、使用方法及注意事项。
2. 掌握BY2571型数字式接地电阻测试仪结构、使用方法及注意事项。
3. 掌握ETCR2000型数字式接地电阻测试仪的使用方法。

学习重点

1. ZC29B-2型接地电阻测试仪结构、使用方法及注意事项。
2. BY2571型数字式接地电阻测试仪结构、使用方法及注意事项。
3. ETCR2000型数字式接地电阻测试仪结构、使用方法及注意事项。

学习难点

1. ZC29B-2型接地电阻测试仪使用方法及注意事项。
2. BY2571型数字式接地电阻测试仪使用方法及注意事项。
3. ETCR2000型数字式接地电阻测试仪的使用方法及注意事项。

接地电阻测试仪可以测量各种接地装置的接地电阻,主要的类型有指针式和数字式。最早使用的指针式接地电阻测试仪型号有ZC-8型、ZC29B-2型等,目前数字式接地电阻测试仪由于其具有较高的精确度和灵敏性,得到了广泛的应用。

视频

ZC29B-2型接地电阻测试仪

5.1 ZC29B-2型接地电阻测试仪

5.1.1 ZC29B-2型接地电阻测试仪简介

ZC29B-2型接地电阻测试仪主要由接线端子、电位器刻度盘、倍率开关、检流计、摇表手柄组成。ZC29B-2型接地电阻测试仪如图4-5-1所示。

当测量接地体电阻大于或等于1 Ω时,将E-E端子用连接片短接,如图4-5-2所示。

当测量接地体电阻小于1 Ω时,将E-E端子连接片打开,如图4-5-3所示。

图 4-5-1　ZC29B-2 型接地电阻测试仪

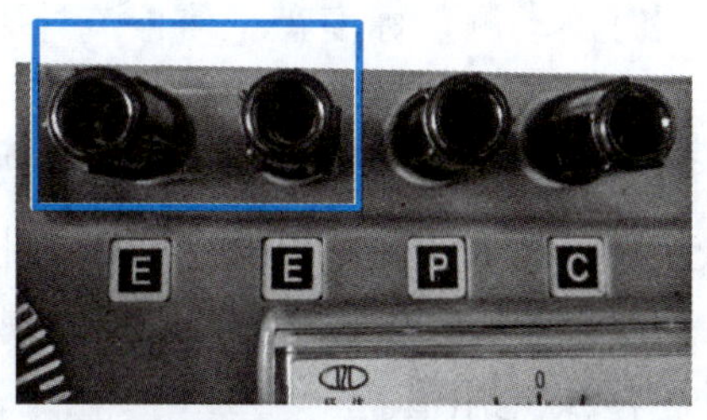

图 4-5-2　ZC29B-2 型接地电阻测试仪 E-E 端子用连接片短接

图 4-5-3　ZC29B-2 型接地电阻测试仪 E-E 端子连接片打开

5.1.2　ZC29B-2 型接地电阻测试仪使用前检查

ZC29B-2 型接地电阻测试仪使用前检查如下：

(1)仪表以及零部件检查：测试仪是否完好，辅助接地棒二根，导线 5 m、20 m、40 m 各一根。

(2)检查仪表是否正常：用该仪表附件中 40 m 或 20 m 的导线，分别将导线头、尾连接到 E 端和 P 端，E-E 和 P-C 分别短接，倍率开关指在 ×1 或 ×0.1 挡，摇动发电机摇柄(120 r/min)，转动电位器刻度使检流计指在“0”位上，此时刻度盘读数乘以倍率挡为 1 Ω 或 0.5 Ω 左右，说明该仪表为正常。

(3)对待测接地体进行除锈处理，以保证电气连接可靠。

5.1.3　ZC29B-2 型接地电阻测试仪的使用方法

ZC29B-2 型接地电阻测试仪的使用方法如下：

(1)接地电阻测试仪应放置在离测试点 1 ~3 m 处，放置应平稳，便于操作。每个接线头、接线柱都必须接触良好，连接牢固。

(2)测量接地电阻时，E-E 两个接线柱用镀铬铜板连接片短接，并接在随仪表配套的 5 m 长纯铜导线上，导线的另一端接在待测的接地体测试点上。测量屏蔽体电阻时，应打开镀铬铜板连接片，一个 E 接线柱接接地体，另一个 E 接线柱接屏蔽。

(3)P 柱接随仪表配套的 20 m 纯铜导线，导线另一端接插针；C 柱接随仪表配套的 40 m 纯铜导线，导线的另一端接插针。

(4)沿被测接地极(线)E′使电位探棒 P′和电流探棒 C′沿直线彼此相距 20 m，且电位探棒 P′系在 E′和 C′之间。接线示意图如图 4-5-4 所示。不得用其他导线代替随仪表配套的 5 m、20 m、40 m 长的纯铜导线。

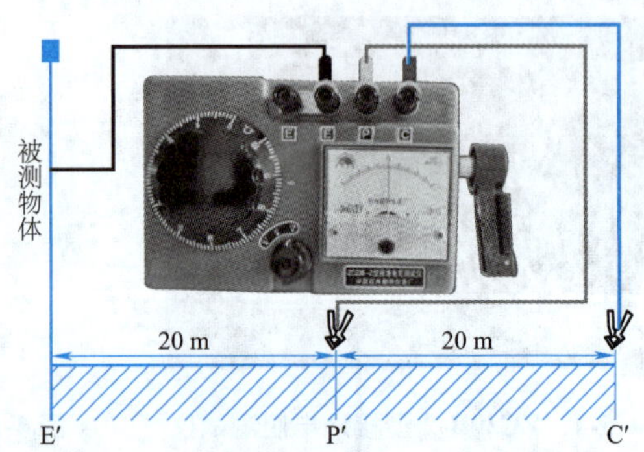

图 4-5-4　ZC29B-2 型测接地电阻接线示意图

(5)将倍率开关置于最大倍率慢慢转动发电机的摇柄,同时旋动测量标度盘。使检流计指针指在“0”位上。

(6)当检流计的指针接近平稳时,加快发电机摇柄转速,使其达到 120 r/min,继续转动电位器刻度盘,使检流计平衡,此时刻度盘的读数乘以倍率即为被测接地电阻值。

(7)当刻度盘读数小于 1 时,应将倍率开关置于较小一挡倍率,重新调整刻度盘以得到正确读数。

(8)测量结束后,仪表阻值挡位要放置在最大位置即 ×10 挡位,整理好三根测试导线,清理插针上的脏物,收拾工具,清理现场。

5.1.4　ZC29B-2 型接地电阻测试仪的使用注意事项

ZC29B-2 型接地电阻测试仪的使用注意事项如下:

(1)两插针设置的土质必须坚实,不能设置在泥地、回填土、树根旁、草丛等位置。

(2)雨后连续 7 个晴天后才能进行接地电阻的测试。

(3)待测接地体应先进行除锈等处理,以保证可靠的电气连接。

(4)测试仪设置符合规范后才开始接地电阻值的测量。

(5)测量前,接地电阻挡位旋钮应旋在最大挡位即 ×10 挡位,调节接地电阻值旋钮应放置在 6 ~7 Ω 位置。

(6)缓慢转动手柄,若检流表指针从中间的“0”平衡点迅速向右偏转,说明原量程挡位选择过大,可将挡位选择到 ×1 挡,如偏转方向还是向右,可将挡位选择转到 ×0.1 挡。

(7)通过步骤(6)选择后,缓慢转动手柄,检流表指针从“0”平衡点向右偏移,则说明接地电阻值仍偏大,在缓慢转动手柄同时,接地电阻标度盘应缓慢顺时针转动,当检流表指针归“0”时,逐渐加快手柄转速,使手柄转速达到 120 r/min,此时接地电阻标度盘指示的电阻值乘以挡位的倍数,就是测量接地体的接地电阻值。如果检流表指针缓慢向左偏转,说明接地电阻标度盘所处在的阻值小于实际接地阻值,可缓慢逆时针旋转,调大仪表电阻指示值。

(8)如果缓慢转动手柄时,检流表指针跳动不定,说明两支接地插针设置的地面土质不密实或有某个接头接触点接触不良,此时应重新检查两插针设置的地面或各接头。

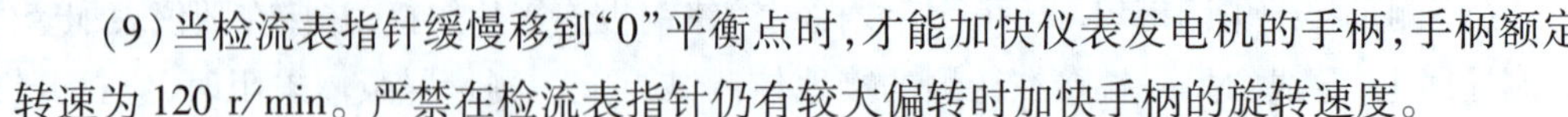

(9)当检流表指针缓慢移到“0”平衡点时,才能加快仪表发电机的手柄,手柄额定转速为 120 r/min。严禁在检流表指针仍有较大偏转时加快手柄的旋转速度。

视频

BY2571型数字式接地电阻测试仪

5.2　BY2571 型数字式接地电阻测试仪

5.2.1　BY2571 型数字式接地电阻测试仪简介

数字接地电阻测试仪摒弃了传统的人工手摇发电工作方式,采用先进的大规模集

成电路，应用 DC/AC 变换技术将三端钮、四端钮测量方式合并为一种新型接地电阻测量仪。

BY2571 型数字式接地电阻测试仪如图 4-5-5 所示。经过辅助接地极 C 和被测物 E 组成回路，被测物上产生交流压降，经辅助接地极 P 送入交流放大器放大，再经过检波送入表头显示。借助倍率开关，可得到三个不同的量程：0～2 Ω，0～20 Ω，0～200 Ω。接线形式如图 4-5-6 所示。

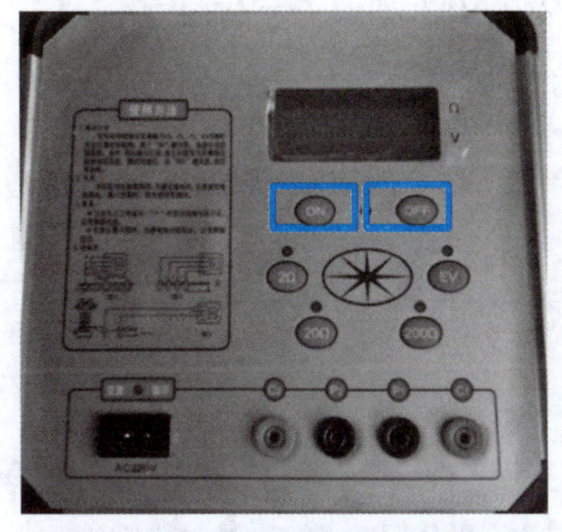

图 4-5-5　BY2571 型数字式接地电阻测试仪

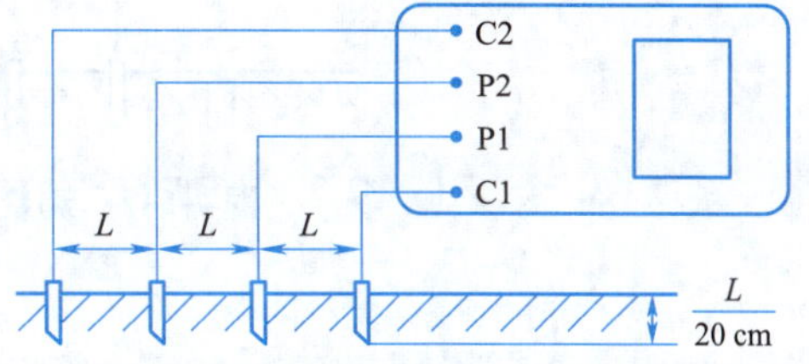

图 4-5-6　接地电阻测量接线

5.2.2　BY2571 型接地电阻测试仪使用前检查

BY2571 型接地电阻测试仪使用前检查如下：

(1)检查仪表外观。

(2)检查仪表检定合格证。

5.2.3　BY2571 型接地电阻测试仪使用方法

BY2571 型接地电阻测试仪使用方法如下：

(1)接线，四端钮接线：

① 仪表 C2 端接 5 m 线，另一端接接地扁钢 E 上端；

② 仪表 P2 端接 5 m 线，另一端接接地扁钢 E 下端；

③ 仪表 P1 端接 20 m 线，放线，另一端接接地探针 P，探针 P 插地；

④ 仪表 C1 端接 40 m 线，沿 P2、P1 路线放线，另一端接接地探针，探针 C 插地。

(2)开机，按下“ON”键开机。

(3)选择量程，选择量程 20 Ω，指示灯亮。

(4)测量、读数、记录，表头指示值为所测接地电阻值。

(5)按“OFF”键关机。

(6)拆线，收回仪表、2 个地极、4 根测试线摆放整齐，汇报完工。

5.2.4　BY2571 型接地电阻测试仪使用注意事项

BY2571 型接地电阻测试仪使用注意事项如下：

(1)仪表外观应无破损。

(2)仪表检定合格证日期应在有效期内。

(3)确保四端钮接线正确,接线牢固,接触良好,P2、P1、C1(E-P-C)三点成一直线,P1、C1两线重叠,导线排列整齐美观、无弯曲、交叉,探针要插到底。

(4)正确读数、读出单位,测量结果小于 10 Ω 为合格。

(5)测量保护接地电阻时,一定要断开电气设备与电源的连接。在测量小于 1 Ω 的接地电阻时,应分别用专用导线连在接地柱上,C2 在外侧 P2 在内侧,如图 4-5-7 所示。

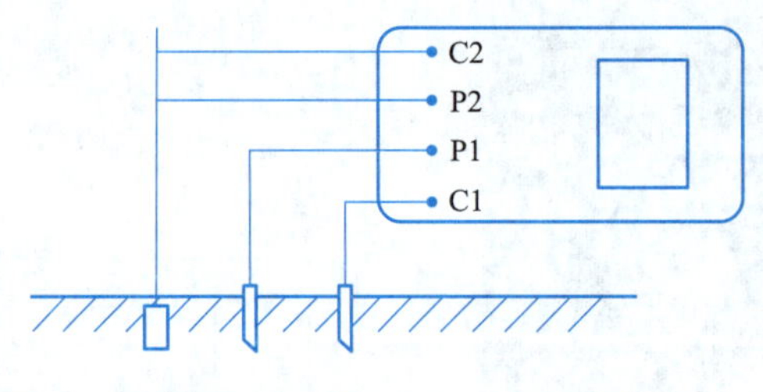

图 4-5-7　测量保护接地电阻接线

视频

ETCR2000型数字式接地电阻测试仪

5.3　ETCR2000 型数字式接地电阻测试仪

5.3.1　ETCR2000 型数字式接地电阻测试仪简介

ETCR2000 型数字式接地电阻测试仪如图 4-5-8 所示。钳形接地电阻测试仪测量接地电阻时不需要断开接地引下线,不需要辅助电极,精度可达到 0.001 Ω,可测量出传统测量方法无法检测出的故障。ETCR2000 型数字式接地电阻测试仪各按钮功能如图 4-5-9 所示。

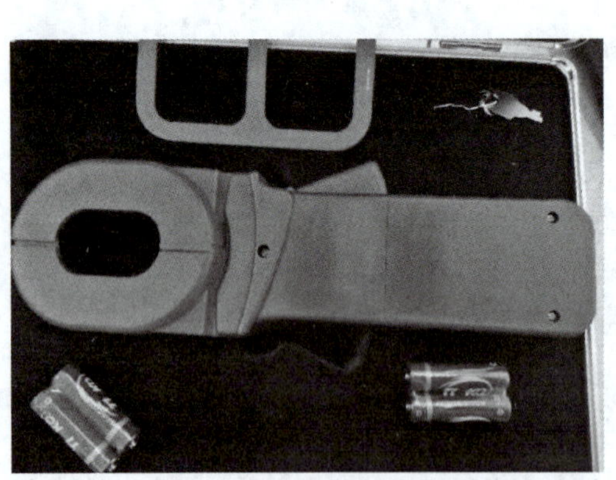

图 4-5-8　ETCR2000 型数字式接地电阻测试仪

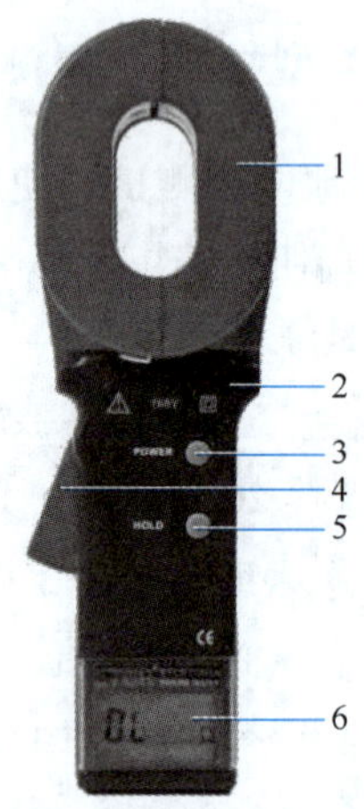

图 4-5-9　ETCR2000 型数字式接地电阻测试各按钮功能

1—钳头;2—机身;3—POWER 键:开机/关机;4—扳机;5—HOLD 键:锁定/解除显示;6—液晶显示屏。

5.3.2　ETCR2000 型接地电阻测试仪使用前检查

ETCR2000 型接地电阻测试仪使用前检查如下:

(1)检查仪表外观。

(2)检查仪表检定合格证。

5.3.3　ETCR2000 型接地电阻测试仪使用方法

ETCR2000 型接地电阻测试仪使用方法如下：

(1)开机前，扣压扳机一两次，确保钳口闭合良好。

(2)按“POWER”键，进入开机状态，首先自动测试液晶显示器，其符号全部显示。然后开始自检，当显示“OL”后，自检完成，自动进入电阻测量模式，如图 4-5-10 所示。

(3)自检过程中，不要扣压扳机，不能张开钳口，不能钳任何导线。

(4)自检过程中，要保持钳表的自然静止状态，不能翻转钳表，不能对钳口施加外力，否则不能保证测量的准确度。

(5)如果开机自检后未显示“OL”，而是显示一个较大的阻值。但用测试环检测时，仍能给出正确的结果，这说明钳表仅在测大阻值时有较大误差，而在测小阻值时仍保持原有准确度。

(6)开始电阻测量：开机自检完成后，显示“OL”即可进行电阻测量。此时，扣压扳机，打开钳口，钳住待测回路(例如接地引下线)，即可读取接地电阻值，如图 4-5-11 所示。

(7)按住“HOLD”按钮可以保持仪表读数，若要退出 HOLD 模式可再按一次“HOLD”按钮，如果按下“HOLD”按钮约 3 s 再松开，则进入读数据状态。

(8)若测量者认为有必要，可用随机的测试环检验一下，其显示值应与测试环上的标称值一致，如图 4-5-12 所示。

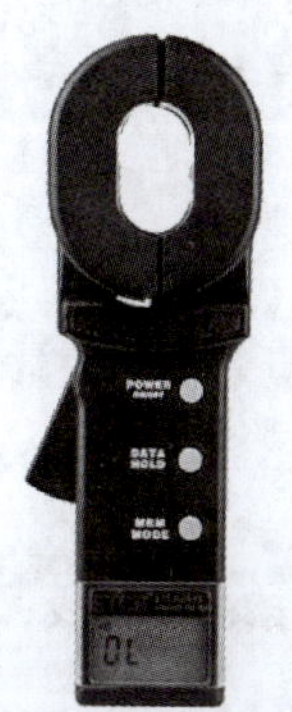

图 4-5-10　自检完成

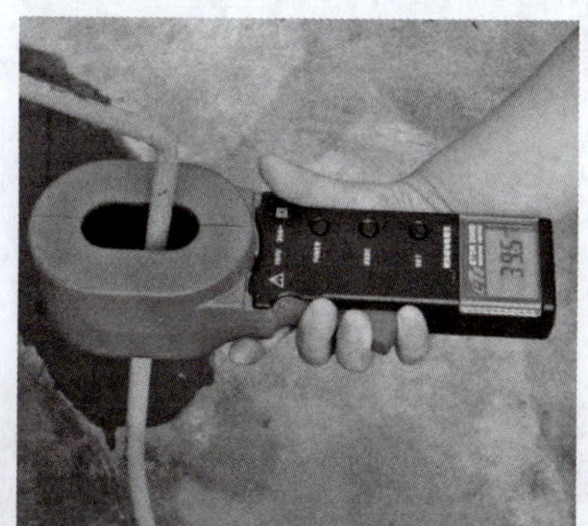

图 4-5-11　测量电阻

图 4-5-12　测试环检验

5.3.4　ETCR2000 型接地电阻测试仪使用注意事项

ETCR2000 型接地电阻测试仪使用注意事项如下：

(1)仪表外观应无破损。

(2)仪表检定合格证日期应在有效期内。

(3)经试验钳口应无污染、闭合良好。

(4)自检液晶符号全显、出现“OL”，自检完成，自检完成后测量电阻；自检过程不扣扳机、不张钳口、不钳导线、不翻转、不加力、钳口不绕导线。

(5)测试环检验液晶显示屏显示 5.1 Ω 或 5.0～5.2 Ω 都属正常。

(6)测量过程,液晶闪烁按开机键,继续测量,不能出现自动关机。

(7)测量结果小于 10 Ω 为合格。

小　结

1. ZC29B-2 型接地电阻测试仪主要由接线端子、电位器刻度盘、倍率开关、检流计、摇表手柄组成。

2. BY2571 型数字式接地电阻测试仪摒弃了传统的人工手摇发电工作方式,采用先进的大规模集成电路,应用 DC/AC 变换技术将三端钮、四端钮测量方式合并为一种新型接地电阻测量仪。借助倍率开关,可得到三个不同的量限:0 ~2 Ω,0 ~20 Ω,0 ~200 Ω。

3. ETCR2000 型数字式接地电阻测试仪测量接地电阻时不需要断开接地引下线,不需要辅助电极,精度可达到 0.001 Ω,可测量出传统测量方法无法检测出的故障。

习　题

一、填空题

1. 接地电阻测试仪可以测量各种接地装置的接地电阻,主要的类型有__________和__________。

2. 数字接地电阻测试仪摒弃了传统的__________发电工作方式,采用先进的大规模__________,应用 DC/AC 变换技术将三端钮、四端钮测量方式合并为一种新型接地电阻测量仪。

3. ZC29B-2 型接地电阻测试仪主要由__________、__________、__________、__________、__________组成。

二、判断题

1. ETCR2000 型数字式接地电阻测试仪测量接地电阻时不需要断开接地引下线,不需要辅助电极。 (　　)

2. 解开和恢复接地引下线时均应戴绝缘手套。 (　　)

3. ZC29B-2 型接地电阻测试仪当测量接地体电阻小于等于 1 Ω 时,将 E-E 端子用连接片短接。 (　　)

三、简答题

1. 简述 ZC29B-2 型接地电阻测试仪的使用方法。

2. 简述 BY2571 型数字式接地电阻测试仪的使用方法。

3. 简述 ETCR2000 型数字式接地电阻测试仪的使用方法。

参考文献

[1] 丘关源. 电路[M]. 北京:高等教育出版社,2003.

[2] 林平勇,高嵩. 电工电子技术[M]. 北京:高等教育出版社,2018.

[3] 黄冬梅. 电子技术[M]. 北京:中国轻工业出版社,2015.

[4] 徐卓农,李士军. 电工与电子技术:下册[M]. 北京:北京大学出版社,2006.

[5] 刘耀元. 电工与电子技术[M]. 北京:北京工业大学出版社,2006.

[6] 刘春梅. 电工电子技术基础[M]. 北京:化学工业出版社,2019.

[7] 张云龙,展希才,郭婵. 电工电子技术[M]. 北京:北京理工大学出版社,2017.

[8] 马克联,张宏. 电工基本技能项目化实训指导[M]. 北京:化学工业出版社,2018.

[9] 李文革. 电工基础[M]. 郑州:河南科学技术出版社,2017.

[10] 陈斗,刘志东. 电工技术应用[M]. 北京:化学工业出版社,2019.

[11] 吴舒辞,朱俊杰. 电工与电子技术:上册[M]. 北京:北京大学出版社,2019.

[12] 赵先堃,窦婷婷. 牵引变电系统运行与维护[M]. 成都:西南交通大学出版社,2016.

[13] 铁道部劳动和卫生司,铁道部运输局. 高速铁路变配电设备检修岗位[M]. 北京:中国铁道出版社,2012.

[14] 郭艳红,于红. 牵引供变电技术[M]. 成都:西南交通大学出版社,2015.

[15] 李建民,罗军. 安全用电[M]. 北京:中国铁道出版社,2019.

[16]《牵引变电所运行检修作业》编委会. 牵引变电所运行检修作业[M]. 北京:中国铁道出版社有限公司,2021.